맨처음 토익

토익

기본편

RC

지은이 다락원 토익연구소
펴낸이 정규도
펴낸곳 ㈜다락원

초판 1쇄 발행 2021년 12월 16일
초판 4쇄 발행 2024년 11월 25일

책임 편집 홍인표
디자인 윤지영, 박선영

다락원 경기도 파주시 문발로 211
내용 문의 (02)736-2031 내선 500
구입 문의 (02)736-2031 내선 250~252
Fax (02)732-2037
출판 등록 1977년 9월 16일 제406-2008-000007호

Copyright ⓒ 2021 (주)다락원

저자 및 출판사의 허락 없이 이 책의 일부 또는 전부를 무단 복제·
전재·발췌할 수 없습니다. 구입 후 철회는 회사 내규에 부합하는 경우에
가능하므로 구입 문의처에 문의하시기 바랍니다. 분실·파손 등에 따른
소비자 피해에 대해서는 공정거래위원회에서 고시한 소비자 분쟁 해결
기준에 따라 보상 가능합니다. 잘못된 책은 바꿔 드립니다.

ISBN 978-89-277-0999-2 14740
ISBN 978-89-277-0997-8 14740 (set)

http://www.darakwon.co.kr
다락원 홈페이지를 방문하시면 상세한 출판 정보와 함께 MP3 자료 등의
다양한 어학 정보를 얻으실 수 있습니다.

맨처음 토익
토익

기본편

RC

다락원

해마다 많은 분들이 목표하는 점수를 달성하기 위해 시험에 응시합니다. 학생들은 취업을 목표로, 직장인들은 승진 등 다양한 사내에서의 필요에 의해서, 수험생들은 시험 응시 자격 기준을 획득하기 위해서 등 그 목적 또한 매우 다양합니다.

응시 목적에 따라 목표하는 점수 또한 다양합니다. 공무원 시험이나 여러 가지 자격증 시험에 응시하기 위해 요구되는 점수인 700점 정도일 수도 있고, 취업을 위해 만점에 가까운 점수가 필요한 수험자들도 있을 것입니다.

기본적으로 영어 실력이 뛰어난 사람들은 어렵지 않게 원하는 점수를 받을 수 있을 것입니다. 하지만 그렇지 못한 사람들에게 목표하는 점수를 달성하는 것은 쉽지 않은 일입니다. 빨리 목표하는 점수를 얻고 토익에서 졸업한다면 더할 나위 없이 좋겠지만, 안타깝게도 기대한 만큼 성적이 오르지 않는 것이 현실입니다. 기대만큼 성적이 오르지 않는 이유는 단순한데, 스스로 인정하고 싶지 않지만 '기본기'가 부족하기 때문입니다.

토익 입문서 학습을 통해 토익 시험의 기초적인 지식을 가지고 있는 학습자들은 기본기가 부족할경우 어려움을 겪습니다. 토익에 대한 기초적인 내용들을 알고 있다고 하더라도 영어의 기본기가 없다면 매번 시험을 볼 때마다 점수의 편차가 크고, 점수도 기대만큼 나오지 않기 때문입니다.

〈맨 처음 토익 기본편〉 시리즈는 이와 같이 토익의 기초적인 지식은 있지만 영어 실력의 기본기가 부족한 분들을 위한 교재입니다. 이 책의 특징은 다음과 같습니다.
• 토익에 출제되는 문제 유형에 따라 필수적인 학습 내용이 빠짐없이 정리되어 있어, 실제 시험에서 출제되는 모든 유형의 문제들에 대비할 수 있습니다.
• 반드시 알아야 하는 문법 사항들이 알기 쉽게 정리되어 있기 때문에 토익 시험에 대비하는 것뿐만이 아니라 기본적인 문법 실력을 키울 수 있습니다.
• 필수적인 내용을 학습한 다음, 실제 시험에 출제될 가능성이 높은 예상 적중 문제를 풀어 보면서 학습한 내용이 시험에서 어떻게 출제되는지 파악할 수 있습니다.
• 교재의 마지막에 1회분의 Actual Test가 수록되어 있어서, 교재를 모두 학습하고 난 후 자신의 실력이 얼마나 향상되었는지 측정해볼 수 있습니다.

이 책과 함께 토익의 기본기를 튼튼하게 다질 뿐만 아니라 기본적인 영어 실력을 키워서 여러분이 목표로 하는 점수를 하루빨리 달성할 수 있게 되기를 바랍니다.

다락원 토익연구소

목차

이 책의 구성

파트에 대한 소개

해당 파트의 구성과 대비 요령을 소개하고 파트별
출제 경향과 풀이 전략을 제시하고 있습니다.

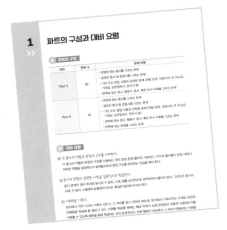

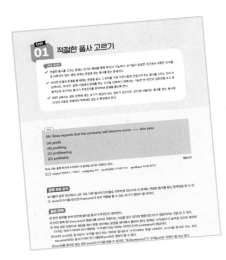

유닛에 대한 소개

유닛에서 다루게 될 유형의 학습 포인트를 제시
하고, 예제를 통해 유형 분석 및 풀이 전략을 설명
하고 있습니다.

기본기 다지기

Part 5·6에서는 필수 문법 사항이 정리되어
있으며, Part 7에서는 유닛에서 학습하게 되는
유형과 관련하여 기본적으로 알고 있어야 하는
사항들이 정리되어 있습니다.

기본기 체크업

단순한 문제들을 풀어 보면서, 기본기 다지기에서
학습한 내용을 복습하고 예상 적중 문제를 풀기
위한 준비를 할 수 있습니다.

예상 적중 문제

실제 토익 시험에 출제되는 유형의 문제를 풀어 본 다음,
문제 해설을 통해 풀이 과정을 학습할 수 있습니다. 또한
MORE & MORE 코너를 통해 예상 적중 문제와 관련된
문제들을 추가로 풀어 볼 수 있습니다.

유닛 연습 문제

유닛에서 학습한 유형의 문제들로 구성된 토익 실전 문제
를 풀어 보면서 학습한 내용을 잘 이해하고 있는지 점검할
수 있습니다. 뿐만 아니라 학습한 내용이 실제 시험에서
어떻게 출제되는지 파악할 수 있습니다.

파트 실전 문제 연습

각 파트가 끝날 때마다, 파트별 실전 모의고사를 풀
어 볼 수 있습니다. 파트별로 학습한 내용을 다시 한
번 점검하면서 실제 시험에 익숙해질 수 있습니다.

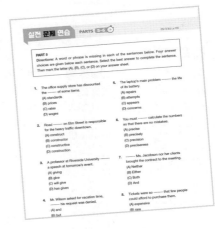

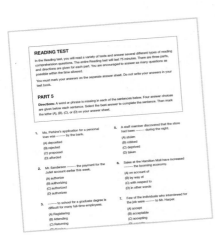

Actual Test

교재의 마지막 부분에는 1회분의 Actual Test가
수록되어 있습니다. 실제 시험과 같은 난이도의
문제들을 풀어 보면서, 자신의 실력이 어느 정도
인지 확인할 수 있습니다.

토익 시험 소개

토익(TOEIC)은 Test of English for International Communication의 약자로서, 영어를 모국어로 사용하지 않는 사람이 국제 환경에서 생활을 하거나 업무를 수행할 때 필요한 실용 영어 능력을 평가하는 시험입니다. 현재 한국과 일본은 물론 전 세계 약 60개 국가에서 연간 4백만 명 이상의 수험생들이 토익에 응시하고 있으며, 수험 결과는 채용 및 승진, 해외 파견 근무자 선발 등 다양한 분야에서 활용되고 있습니다.

시험 구성

구성	PART	내용		문항 수	시간	배점
Listening Comprehension	1	사진 묘사		6	45분	495점
	2	질의-응답		25		
	3	대화문		39	100문제	
	4	담화문		30		
Reading Comprehension	5	단문 공란 채우기		30	75분	495점
	6	장문 공란 채우기		16		
	7	독해	단일 지문	29	100문제	
			복수 지문	25		
Total				200문제	120분	990점

출제 분야

토익의 목적은 일상 생활과 업무 수행에 필요한 영어 능력을 평가하는 것이기 때문에 출제 분야도 이를 벗어나지 않습니다. 비즈니스와 관련된 주제를 다루는 경우라도 전문적인 지식을 요구하지는 않으며, 아울러 특정 국가나 문화에 대한 이해도 요구하지 않습니다. 구체적인 출제 분야는 아래와 같습니다.

일반적인 비즈니스 (General Business)	계약, 협상, 마케팅, 영업, 기획, 회의 관련
사무 (Office)	사내 규정, 일정 관리, 사무 기기 및 사무 가구 관련
인사 (Personnel)	구직, 채용, 승진, 퇴직, 급여, 포상 관련
재무 (Finance and Budgeting)	투자, 세금, 회계, 은행 업무 관련
생산 (Manufacturing)	제조, 플랜트 운영, 품질 관리 관련
개발 (Corporate Development)	연구 조사, 실험, 신제품 개발 관련
구매 (Purchasing)	쇼핑, 주문, 선적, 결제 관련
외식 (Dining Out)	오찬, 만찬, 회식, 리셉션 관련
건강 (Health)	병원 예약, 진찰, 의료 보험 업무 관련
여행 (Travel)	교통 수단, 숙박, 항공권 예약 및 취소 관련
엔터테인먼트 (Entertainment)	영화 및 연극 관람, 공연 관람, 전시회 관람 관련
주택 / 법인 재산 (Housing / Corporate Property)	부동산 매매 및 임대, 전기 및 가스 서비스 관련

응시 방법

시험 접수는 한국 TOEIC 위원회 웹사이트(www.toeic.co.kr)에서 온라인으로 할 수 있습니다.
접수 일정 및 연간 시험 일정 등의 정보 또한 이곳에서 확인이 가능합니다.

시험 당일 일정

수험생들은 신분증과 필기구(연필 및 지우개)를 지참하고 고사장에 입실해야 합니다. 입실 시간은 오전 시험의 경우 9시 20분, 오후 시험의 경우 2시 20분까지입니다.

	시간	
오전	9:30 – 9:45	**오리엔테이션**
오후	2:30 – 2:45	답안지에 이름, 수험 번호 등을 표시하고 직업이나 응시 횟수 등을 묻는 설문에 응합니다.
오전	9:45 – 9:50	**휴식**
오후	2:45 – 2:50	5분간의 휴식 시간 동안 화장실을 이용할 수 있습니다.
오전	9:50	**입실 마감**
오후	2:50	50분부터 출입을 통제하므로 늦어도 45분까지는 고사장에 도착하는 것이 좋습니다.
오전	9:50 – 10:05	**신분증 검사**
오후	2:50 – 3:05	LC 시험 시작 전에 감독관이 신분증을 검사하고 답안지에 확인 서명을 합니다. RC 시험 시간에는 감독관이 돌아다니면서 다시 한 번 신분증을 검사하고 확인 서명을 합니다.
오전	10:05 – 10:10	**파본 검사**
오후	3:05 – 3:10	받은 문제지가 파본이 아닌지 확인한 후 문제지에 수험 번호를 적고 답안지에 문제지 번호를 적습니다. 파본이 확인되더라도 시험이 시작되면 문제지를 교체해 주지 않으므로 이때 문제지를 빨리, 제대로 확인하는 것이 중요합니다.
오전	10:10 – 10:55	**LC 문제 풀이**
오후	3:10 – 3:55	45분 동안 LC 문제를 풉니다.
오전	10:55 – 12:10	**RC 문제 풀이**
오후	3:55 – 5:10	75분 동안 RC 문제를 풉니다.

성적 확인

TOEIC 홈페이지에 안내된 성적 발표일에 인터넷 홈페이지와 어플리케이션을 통해 성적을 확인할 수 있습니다. 성적표 발급은 시험 접수 시에 선택한 방법으로, 즉 우편이나 온라인으로 이루어집니다.

학습 플랜

〈맨 처음 토익 RC 기본편〉은 토익 RC의 기본기를 튼튼하게 다질 수 있도록 20일 동안 학습할 수 있는 분량으로 구성하였습니다. 아래에 제시된 플랜에 따라 학습을 마치고 나면 자신의 실력이 향상된 것을 확인하실 수 있을 것입니다.

추천 학습 플랜

1일	2일	3일	4일	5일
PART 5·6 빈칸 채우기 ·Unit 01 적절한 품사 I. 문장의 형식 II. 명사	·Unit 01 적절한 품사 III. 형용사와 부사 IV. 구와 절 ·Unit 01 연습 문제	·Unit 02 동사/동사 변형 I. 동사의 종류와 수 일치 II. 시제	·Unit 02 동사/동사 변형 III. 태 IV. to부정사	·Unit 02 동사/동사 변형 V. 동명사 VI. 분사 ·Unit 02 연습 문제
6일	7일	8일	9일	10일
·Unit 03 기타 문법 사항 I. 전치사 II. 대명사	·Unit 03 기타 문법 사항 III. 비교급과 최상급 IV. 접속사	·Unit 03 기타 문법 사항 V. 관계사 VI. 가정법 ·Unit 03 연습 문제	·Unit 04 어휘 I. 명사 어휘 II. 동사 어휘	·Unit 04 어휘 III. 형용사 및 부사 어휘 ·Unit 04 연습 문제
11일	12일	13일	14일	15일
·Part 5·6 실전 문제 연습	**PART 7 독해** ·Unit 01 주제 및 목적 I	·Unit 02 주제 및 목적 II ·Unit 01–02 연습 문제	·Unit 03 세부 사항 I	·Unit 04 세부 사항 II ·Unit 03–04 연습 문제
16일	17일	18일	19일	20일
·Unit 05 일치/불일치	·Unit 06 추론 및 어휘 ·Unit 05–06 연습 문제	·Unit 07 글쓴이의 의도 및 문장 삽입 ·Unit 07 연습문제	·Part 7 실전 문제 연습	Actual Test

<맨 처음 토익 RC 기본편>을 마치고…

▶ 〈맨 처음 토익 RC 기본편〉을 며칠 만에 학습했나요?

시작일 _____   **완료일** _____

▶ 학습 플랜대로, 또는 본인이 세운 학습 진도표에 맞춰 학습을 끝내지 못했다면 문제점은 무엇인가요?
또한, 문제점은 어떻게 해결할 것인가요?

문제점 _____

해결 방안 _____

My Study Plan

실제 자신의 학습 진도를 매일매일 기록하고, 보다 효과적인 토익 학습 일정을 계획해 보세요. 가능한 한 30일 이내에 이 책을 끝내는 것을 목표로 하세요. 학습 기간이 길어지면 도중에 포기해 버리기 쉽기 때문에, 학습 일수는 최대한 40일을 넘기지 않도록 하세요.

1일	2일	3일	4일	5일
시작	시작	시작	시작	시작
끝	끝	끝	끝	끝

6일	7일	8일	9일	10일
시작	시작	시작	시작	시작
끝	끝	끝	끝	끝

11일	12일	13일	14일	15일
시작	시작	시작	시작	시작
끝	끝	끝	끝	끝

16일	17일	18일	19일	20일
시작	시작	시작	시작	시작
끝	끝	끝	끝	끝

21일	22일	23일	24일	25일
시작	시작	시작	시작	시작
끝	끝	끝	끝	끝

26일	27일	28일	29일	30일
시작	시작	시작	시작	시작
끝	끝	끝	끝	끝

31일	32일	33일	34일	35일
시작	시작	시작	시작	시작
끝	끝	끝	끝	끝

36일	37일	38일	39일	40일
시작	시작	시작	시작	시작
끝	끝	끝	끝	끝

PARTS
5·6

단문 공란 채우기
장문 공란 채우기

- PART 5는 빈칸이 있는 단문을 보고 4개의 보기 중에서 빈칸에 들어갈 가장 적절한 단어 및 표현을 묻는 문제들로 구성된다. PART 5의 문제는 크게 문법 문제와 어휘 문제로 구분할 수 있다.

- PART 6는 4개의 지문으로 구성되며, 각 지문당 4개의 문제가 출제된다. PART 6의 경우, 기본적인 문제 유형은 PART 5와 동일하지만 하나의 긴 지문 속에서 문제가 출제된다는 점에서 PART 5와는 차이가 있다. 또한 문장 삽입 문제는 PART 6에서만 볼 수 있는 문제 유형이다.

1 파트의 구성과 대비 요령

A 파트의 구성

파트	문항 수	문제 유형
Part 5	30	• 문법에 맞는 품사를 고르는 문제 • 알맞은 동사 및 준동사를 고르는 문제 • 기타 주요 문법 사항과 관련된 문제 (관용 표현, 대명사의 격, 비교급, 가정법, 상관접속사, 전치사 등) • 문맥에 맞는 명사, 형용사, 동사, 혹은 부사 어휘를 고르는 문제
Part 6	16	• 문법에 맞는 품사를 고르는 문제 • 알맞은 동사 및 준동사를 고르는 문제 • 기타 주요 문법 사항과 관련된 문제 (관용 표현, 대명사의 격, 비교급, 가정법, 상관접속사, 전치사 등) • 문맥에 맞는 명사, 형용사, 동사, 혹은 부사 어휘를 고르는 문제 • 문맥에 맞는 문장을 고르는 문제

B 대비 요령

ⓐ 각 품사의 역할과 문장의 구조를 이해한다.

각 품사의 역할과 문장의 구조를 이해하는 것이 문법 문제 풀이의 기본이다. 각각의 품사들이 문장 내에서 어떠한 역할을 담당하는지 살펴봄으로써 문장 구조를 파악하는 연습을 해야 한다.

ⓑ 동사의 변형과 관련된 사항을 집중적으로 학습한다.

동사 문제의 경우 주어와 동사의 수 일치, 시제, 태를 순차적으로 파악하면서 풀어야 한다. 그러므로 동사의 시제, 수 일치, 수동태와 능동태의 차이는 확실히 정리해 두어야 한다.

ⓒ 어휘력을 기른다.

토익에서 자주 나오는 어휘는 반드시 그 의미를 알고 있어야 하는데, 토익에서 다루어지는 주제와 관련된 어휘들을 학습해 둘 필요가 있다. 어휘를 학습할 때에는 해당 어휘가 실제 문장에서 어떻게 사용되는지를 이해할 수 있도록 예문을 통해 학습하는 것이 효과적이다. 한편 형태가 비슷해서 그 의미가 혼동되는 어휘들은 각각의 의미 차이를 확실히 알아 두어야 한다.

2 출제 경향과 풀이 전략

A 출제 경향

파트	출제 경향
Part 5	• 문법 문제의 경우 빠른 시간 내에 풀어야 하기 때문에, 전체를 해석하지 않고 우선 문장 구조를 파악하여 푸는 연습을 해야 한다. 이와 같은 방법으로 풀리지 않을 경우에는 문장의 의미와 각 품사의 역할을 파악하여 풀어야 한다. • 어휘 문제의 경우에도 어려운 어휘들이 점점 더 많이 등장하고 있기 때문에 이를 대비하기 위한 폭넓은 어휘 학습도 필요하다.
Part 6	• 동사와 관련된 문제가 PART 5에서보다 상대적으로 더 많이 출제되며, 빈칸이 있는 문장뿐만 아니라 그 앞뒤의 내용을 파악해야 풀 수 있는 문제들이 상당수 존재한다. • 특히 문장 삽입 문제는 빈칸 앞뒤의 문장과 가장 자연스럽게 어울릴 수 있는 완전한 형태의 문장이 무엇인지 묻는데, 이때에는 지문의 내용을 이해해야 정답을 찾을 수 있다.

B 풀이 전략

ⓐ 보기를 먼저 확인하여 해당 문제가 문법 문제인지 어휘 문제인지를 확인한다.

먼저 문제의 보기를 훑어 본 후 해당 문제가 문법 문제인지 어휘 문제인지 확인한다. 문법 문제의 보기들은 같은 어근에서 비롯된 단어들로 이루어져 있고, 어휘 문제의 보기들은 품사는 같지만 의미가 다른 단어들로 이루어져 있다.

ⓑ 문법 문제는 최대한 빠르게 풀어야 한다.

문장 전체를 해석하지 않고 빈칸 앞뒤를 보고 문법 지식만으로 빠르게 문제를 풀어 시간을 아껴야 한다. 이와 같은 방법으로 문제를 풀 수 없는 경우 전체적으로 문장을 읽으면서 빈칸에 어떤 의미의 단어가 들어가는 것이 좋을지 생각해 본다. 어휘 문제의 경우, 보기의 어휘들을 하나씩 빈칸에 넣어보면서 오답을 소거하는 방식으로 문제를 해결하도록 한다.

ⓒ 앞뒤 문맥에 어울리는 보기를 정답으로 고른다.

PART 6의 문장 삽입 문제의 경우, 빈칸 바로 앞 문장에서 정답의 단서가 드러나는 경우가 많다. 이때 지문이나 보기에서 사용된 접속사나 접속부사, 혹은 대명사 등이 결정적인 단서가 될 수 있다. 따라서 이러한 단서를 활용하여 가장 자연스러운 문맥을 완성시키는 문장을 찾도록 한다.

적절한 품사 고르기

✔ 적절한 품사를 고르는 문제는 보기의 형태를 통해 확인이 가능하다. 보기들이 동일한 어근에서 비롯된 단어들로 이루어진 경우, 해당 문제는 문법에 맞는 품사를 묻는 문제이다.

✔ 이러한 유형의 문제를 풀 때에는 문장을 읽고 그 의미를 가장 자연스럽게 연결시켜 주는 품사를 고르는 것이 이상적이다. 하지만, 실제 시험에서 문제를 푸는 시간을 단축하기 위해서는 가능한 한 빈칸의 앞뒤만을 보고 문법적으로 요구되는 품사가 무엇인지를 파악하여 문제를 풀도록 한다.

✔ PART 6에서는 앞뒤 문맥에 맞는 보기가 정답이 되는 경우가 있으므로, 빈칸에 어울리는 품사를 찾는 동시에 이것이 지문의 전체적인 맥락에도 맞는지 확인해야 한다.

예제

Mr. Ross expects that the company will become more ------- this year.

(A) profit
(B) profiting
(C) profiteering
(D) profitable

Ross 씨는 올해 회사의 수익성이 더 높아질 것으로 기대하고 있다. 　　　　　　　　　　　　　　　정답 (D)

어휘 expect 예상하다, 기대하다　company 회사　profitable 수익성이 있는　profiteer 폭리를 취하다

문제 유형 분석

보기들이 같은 어근에서 나온 서로 다른 품사의 단어들로 이루어져 있으므로 이 문제는 적절한 품사를 묻는 문제임을 알 수 있다. more의 수식을 받으면서 become의 보어 역할을 할 수 있는 보기가 정답이 될 것이다.

풀이 전략

❶ 빈칸 앞뒤를 보며 빈칸에 들어갈 품사가 무엇인지 생각한다.

❷ 빈칸 앞에 동사 become이 형용사를 보어로 취한다는 사실을 알고 있다면 형용사인 (D)가 정답이라는 것을 알 수 있다.

❸ 위와 같은 방법으로 정답을 찾지 못할 경우에는 문장을 해석해서 풀어야 한다. 문맥상 '수익성이 더 높아질 것으로 예상된다'라는 의미가 되어야 하기 때문에, '수익성이 있는'이라는 의미인 (D)의 profitable이 정답이다.

❹ (A)의 profit은 동사로서 '수익을 얻다'라는 의미와 명사로서 '수익'이라는 뜻을 나타낸다. profit을 동사로 보는 경우, become이라는 동사가 이미 있기 때문에 profit은 정답이 될 수 없다.

❺ profit을 명사로 보는 경우 more의 수식을 받을 수 있지만, '회사(company)'가 '수익(profit)' 자체가 될 수는 없다.

Ⅰ 문장의 형식

모든 문장은 어떠한 품사로 이루어지는지에 따라 아래와 같이 다섯 가지 형식으로 분류할 수 있는데, 이를 '문장의 5형식'이라고 한다. 참고로 수식어는 문장의 형식에 아무런 영향을 끼치지 않는다.

일반적으로 품사는 명사, 대명사, 동사, 형용사, 부사, 전치사, 접속사, 감탄사로 구분되며, 문장 성분은 주어, 서술어, 보어, 목적어, 수식어로 구분된다. 참고로 우리말과 달리 영어에서는 동사만 서술어로 쓰이기 때문에 서술어를 동사로 지칭하는 경우가 많다.

> **Tip**
> 품사와 문장 성분을 혼동해서는 안 된다. 품사란 단어 자체가 가지고 있는 의미에 의해 결정되는 것이고, 문장 성분이란 해당 단어가 문장 내에서 어떠한 역할을 하는지에 따라 결정되는 것이다.

❶ 1형식 문장: 「주어 + 동사」

목적어나 보어를 필요로 하지 않는 동사를 완전자동사라고 한다. 완전자동사는 1형식 문장을 이끈다.

<u>Jason</u> usually **goes** to work by bus. Jason은 보통 버스를 타고 출근한다.
 ↓   ↓
 주어   동사

cf. 자동사와 타동사로 모두 쓰일 수 있는 동사들도 있다.

open 자 열리다 타 열다	read 자 읽히다 타 읽다	sell 자 팔리다 타 팔다
cut 자 잘리다 타 자르다	change 자 바뀌다 타 바꾸다	leave 자 떠나다 타 남기다

This store **sells** electronic appliances. 이 매장에서는 전자 제품들을 판매한다. [타동사]
What price is that item **selling** for? 그 제품은 얼마에 판매되나요? [자동사]

❷ 2형식 문장: 「주어 + 동사 + 보어」

보어를 필요로 하고 목적어는 필요로 하지 않는 동사를 불완전자동사라고 한다. 보어란 '보완' 혹은 '보충 설명'의 역할을 하는 문장 성분이다.

<u>He</u> will <u>become</u> a **doctor**. 그는 의사가 될 것이다. [명사 보어]
↓   ↓   ↓
주어 동사 보어

<u>Sarah</u> <u>was</u> **beautiful** in her youth. Sarah는 어렸을 때 예뻤다. [형용사 보어]
 ↓ ↓ ↓
 주어 동사 보어

cf. 감각을 나타내는 동사 다음에도 보어로서 형용사가 뒤따른다.

look 보이다	feel 느껴지다	smell 냄새가 나다	taste 맛이 나다	sound 들리다

The music **sounds** <u>wonderful</u>. ~~(wonderfully)~~. 그 음악은 좋게 들린다.

❸ 3형식 문장: 「주어 + 동사 + 목적어」

목적어를 필요로 하는 동사를 완전타동사라고 한다. 목적어 자리에는 명사가 위치하는 것이 원칙이며, 명사의 역할을 하는 to부정사나 동명사가 올 수도 있다.

Mr. Thompson will make a **decision** soon. Thompson 씨가 곧 결정을 내릴 것이다. [명사 목적어]
   ↓   ↓   ↓
  주어   동사   목적어

Who wants **to take** a trip this weekend? 이번 주말에 누가 여행을 하고 싶나요? [to부정사 목적어]
 ↓   ↓   ↓
주어 동사 목적어

Ms. Miller enjoys **playing** sports in her free time. Miller 씨는 여가 시간에 운동하는 것을 즐긴다. [동명사 목적어]
  ↓   ↓   ↓
 주어   동사   목적어

❹ 4형식 문장: 「주어 + 동사 + 간접목적어 + 직접목적어」

4형식 문장은 '~에게(간접목적어) …을(직접목적어) 주다'라는 의미를 나타내는 문장으로, 4형식 문장에 사용되는 동사를 '수여동사'라고 부른다. 4형식 문장은 전치사를 이용하여 3형식 문장으로 바꿀 수 있다.

● **대표적인 수여동사**

give ~에게 …을 주다	offer ~에게 …을 제공하다	send ~에게 …을 보내다
show ~에게 …을 보여 주다	teach ~에게 …을 가르치다	tell ~에게 …을 말하다
buy ~에게 …을 사 주다	make ~에게 …을 만들어 주다	write ~에게 …을 쓰다

She will give the **secretary** the **application**. 그녀는 비서에게 지원서를 줄 것이다.
              ↓   ↓
          간접목적어   직접목적어

= She will give the **application** to the secretary. [3형식 문장]
              ↓
          목적어

❺ 5형식 문장: 「주어 + 동사 + 목적어 + 목적격 보어」

5형식 문장은 목적어와 목적격보어를 이용해 만들 수도 있고, 가목적어인 it을 이용해서 만들 수도 있다. 대표적인 5형식 동사에는 make, find, keep, consider, call 등이 있다.

(1) 일반적인 5형식 문장

The smell made **everyone hungry**. 그 냄새가 모든 사람을 배고프게 만들었다.
               ↓   ↓
              목적어   목적격보어

(2) 가목적어 it을 이용한 5형식 문장

목적어가 너무 긴 경우에는 목적어 자리에 it을 쓰고 진짜 목적어는 맨 뒤로 보내는 것이 일반적이다. 이때의 it을 가목적어라고 하고 원래의 목적어를 진목적어라고 한다.

The Web site makes **it** easy **to register for a membership**.
                ↓   ↓
            가목적어   진목적어

그 웹사이트는 회원 가입을 손쉽게 할 수 있도록 하고 있다.

A 밑줄 친 부분을 올바르게 고치세요.

1 The two men plan to <u>alternation</u> taking turns working the night shift.

2 The job <u>requirements</u> every applicant to have a college degree.

B 밑줄 친 부분 중 잘못된 것을 고르세요.

1 We (a) <u>are hope</u> (b) <u>to get</u> approval for the project we (c) <u>have</u> in mind to do.

2 Mr. Gregory (a) <u>is expected</u> (b) <u>resigning</u> his position since he (c) <u>is getting</u> older.

C 빈칸에 들어갈 알맞은 말을 고르세요.

1 Ms. Patterson expressed her ------- of the work that the marketing team had done.
    (a) approve
    (b) approval
    (c) approving

2 Sally wanted to go to the conference, but Jina went -------.
    (a) instead
    (b) throughout
    (c) because

3 The new intern is ------- asking questions about everything in the office.
    (a) continual
    (b) continualness
    (c) continually

4 Could someone please ------- the window since it is too hot in here?
    (a) open
    (b) be opened
    (c) opening

어휘

alternation 교대
take turn 교대하다
shift 근무조
applicant 지원자
degree 학위

get approval 승인을 얻다
have ~ in mind ~을 염두에 두다
resign 물러나다, 사임하다
express one's approval
찬성하는 뜻을 표현하다

conference 학회, 회의
throughout ~에 걸쳐서
instead 대신에
intern 인턴 사원
continually 끊임없이

빈칸에 들어갈 가장 알맞은 보기를 고르세요.

Some of the works of art that Thomas Carter collects are ------- of masterpieces.

(A) reproduce

(B) reproducer

(C) reproduced

(D) reproductions

🔒 문제 해설

- 문장의 동사가 be동사인 are이므로 2형식 문장이다. be동사는 보어로서 명사와 형용사를 필요로 하기 때문에 동사인 (A)와 (C)는 정답에서 제외된다.

- 명사인 (B)와 (D) 중에서 정답을 골라야 하는데, 빈칸 앞에 be동사의 복수형인 are가 있으므로 명사의 복수형인 (D)의 reproductions가 정답이 된다.

⭐ 해석

Thomas Carter가 수집한 미술 작품 중 일부는 걸작을 복제한 것이다.

(A) reproduce

(B) reproducer

(C) reproduced

(D) reproductions

어휘

collect 모으다, 수입하다
reproduction 복제, 복제품
masterpiece 걸작

🎓 MORE & MORE

정답 p.002

밑줄 친 부분이 올바르면 ○, 그렇지 않으면 ×에 표시하세요.

❶ There are some animals that are incapable of <u>reproduced</u>.　　(○ | ×)

❷ The students learned about the body's <u>reproductive</u> system today.　　(○ | ×)

❸ The new currency is not <u>reproducible</u>, so no one can counterfeit it.　　(○ | ×)

예상적중문제 02   빈칸에 들어갈 가장 알맞은 보기를 고르세요.

Douglas Bank has made it ------- for clients to open savings accounts.

(A) easiness

(B) easily

(C) easier

(D) easiest

🔒 문제 해설

- 주어진 문장은 5형식 문장으로, 빈칸에는 목적어인 it을 보충해서 설명해 주는 보어가 들어가야 한다.

- 따라서 각각 형용사의 비교급과 최상급인 (C)의 easier(보다 쉬운)와 (D)의 easiest(가장 쉬운)가 정답이 될 가능성이 있는데, (D)의 easiest는 의미상으로도, 그리고 최상급은 the와 함께 사용되어야 한다는 점 때문에 정답이 될 수 없다. 따라서 정답은 (C)의 easier가 된다.

- (A)는 의미상 정답이 될 수 없으며, (B)의 easily(쉽게)는 부사이기 때문에 정답이 될 수 없다.

묘수풀이

- make, find, keep, consider, call은 대표적인 5형식 동사이다.
- 이와 같은 5형식 동사 뒤에 목적어가 있고 그 뒤에 빈칸이 있는 경우에는 보어 역할을 할 수 있는 보기를 정답으로 고른다.

⭐ 해석

Douglas 은행은 고객들이 예금 계좌를 개설하는 것을 보다 수월하게 만들었다.

(A) easiness

(B) easily

(C) easier

(D) easiest

어휘

client 고객

savings account
보통 예금 계좌

easiness 용이함

🎓 MORE & MORE

정답 p.002

밑줄 친 부분이 올바르면 ○, 그렇지 않으면 ×에 표시하세요.

① Mr. Walker answered all of the questions with <u>ease</u>.   (○ | ×)

② Carol Marlowe <u>easily</u> passed the first round of interviews.   (○ | ×)

③ A salad is one of the <u>easy</u> foods that a person can make.   (○ | ×)

Ⅱ 명사

명사란 사람 및 사물의 이름이나 명칭을 가리키는 품사로, 문장 내에서 **주어, 목적어, 보어 역할**을 할 수 있다.

① 명사의 형태

명사형 접미사	예시			
-tion, -sion	translation 번역	invitation 초대	correction 수정, 정정	vision 시력; 비전
-ance, -ence	assistance 도움, 원조	entrance 입구	importance 중요성	difference 차이
-ty, -ry, -y	safety 안전　certainty 확실성　ability 능력		bravery 용감함, 용맹	delivery 배달
-ment	development 발전	argument 논쟁	improvement 개선, 향상	
-ness	happiness 행복	politeness 공손함	weakness 약점	
-al	proposal 제안	denial 거부, 부인	arrival 도착	

cf. -er, -or, -ist, -ian, -ant 등의 접미사는 사람을 나타낸다.

manager 관리자	**competitor** 경쟁자	**scientist** 과학자	**politician** 정치인	**participant** 참가자

② 명사의 기능

명사의 기능	예시
주어	**David** works in an office. David는 사무실에서 일한다.
목적어	She attends a **university**. 그녀는 대학에 다닌다.
보어	Joseph is a **lawyer**. Joseph은 변호사이다.
전치사의 목적어	He is going to the conference with **his coworker**. 그는 동료와 함께 학회에 갈 것이다.

cf. 전치사는 목적어를 필요로 하기 때문에, 전치사 뒤에 대명사가 오는 경우 목적격을 사용해야 한다.

I spoke with **her**. 나는 그녀와 이야기했다.

③ 가산명사와 불가산명사

명사는 셀 수 있는지의 여부에 따라 가산명사와 불가산명사로 나눌 수 있다.

(1) 가산명사

셀 수 있는 명사로서 단수일 경우 앞에 부정관사 a/an이 오며, 복수일 경우 일반적으로 뒤에 –(e)s를 붙인다.

There is **a document** on your desk. 당신 책상에 서류 한 장이 있다.

There are three **documents** on your desk. 당신 책상에 세 부의 서류가 있다.

(2) 불가산명사

셀 수 없는 명사로서 단수/복수 구분이 없다. 따라서 부정관사 a/an과 함께 쓰이지 않고, 복수 형태를 만들 수도 없다.

● 대표적인 불가산명사

information 정보	advice 조언, 충고	clothing 의류
furniture 가구	money 돈	funding 기금
luggage 수화물	baggage 수화물, 짐	equipment 장비, 기기
company 일행	music 음악	leave 휴가

We need **information** on new machinery. 새 기기에 대한 정보가 필요하다.

We need **an information** on new machinery. (X)

Mr. Jones always gives good **advice** to me. Jones 씨는 항상 내게 좋은 충고를 해 준다.

Mr. Jones always gives good **advices** to me. (X)

> **cf.** 하나의 명사가 의미에 따라 가산명사로도, 불가산명사로도 쓰일 수 있다.

The IT company achieved huge **success** in Asia. [success: 성공 - 불가산명사]
그 IT 기업은 아시아에서 큰 성공을 거두었다.

The movie was regarded as a **success**. [success: 성공작 - 가산명사]
그 영화는 성공작으로 간주되었다.

❹ 복합명사

둘 이상의 명사가 결합되어 만들어진 명사를 복합명사라고 하는데, 원어민이 아닌 이상 「복합명사」와 「형용사 + 명사」 형태를 구분하기란 쉽지 않다. 따라서 복합명사 문제를 풀기 위해서는 가능한 한 많은 복합명사들을 하나의 단어처럼 외우고 있어야 한다.

(1) 대표적인 복합명사 I

awards ceremony 시상식	opening remarks 개회사
business proposal 사업 제안서	instruction manual 사용 설명서
charity event 자선 행사	application form 신청 양식
arrival date 도착일	expiration date 만기일
identification card 신분증	boarding ticket 탑승권
shipping costs 운송비	sales report 판매 보고서

What is your **arrival date** in Japan? 당신이 일본에 도착하는 날은 언제인가요?

Read the **instruction manual** before you begin the installation.
설치를 시작하기 전에 사용 설명서를 읽으세요.

We will attend a **charity event** this Friday. 우리는 이번 주 금요일에 자선 행사에 참석할 것이다.

Stephanie Carter will make a few **opening remarks**. Stephanie Carter가 간략한 개회사를 할 것이다.

(2) 대표적인 복합명사 II

employee productivity 직원 생산성	performance review 인사 고과
sales figure 판매량, 실적	training session 연수
day [night] shift 주간 [야간] 교대 근무	training course 교육 과정
research findings 조사 결과	sales representative 판매 사원
attendance record 출석률	customer loyalty 고객 충성도
pay raise 급여 인상	return policy 환불 정책
research program 연구 프로그램	advertising strategy 홍보 전략
job opening 공석, 일자리	communication skills 의사 소통 능력

The **sales figures** for May are higher than average. 5월 판매량은 평균치보다 높다.

Lisa works as a **sales representative** for Freehold, Inc. Lisa는 Freehold 주식회사의 판매 사원으로 일한다.

Please try to improve your **communication skills**. 의사 소통 능력을 기르도록 노력하세요.

The **training session** for new employees will begin at 9:00 A.M.
신입 직원을 위한 연수는 오전 9시에 시작될 것이다.

❺ 「전치사 + 명사 + 전치사」 형태의 관용 표현

전치사와 명사로 이루어진 관용 표현을 묻는 문제 역시 자주 출제되는 유형이다. 아래의 표현들은 반드시 알아두도록 하자.

at the expense [cost] of ~을 대가로	at the mercy of ~에 좌우되는
at the risk of ~의 위험을 무릅쓰고	at the speed of ~의 속도로
by means of ~에 의해	for the purpose of ~할 목적으로
for the sake of ~을 위하여	in charge of ~을 책임지는
in comparison with ~와 비교하면	in honor of ~을 기념하여, ~에게 경의를 표하여
in need of ~을 필요로 하는	in return for ~에 대한 보답으로
in terms of ~의 견지에서, ~의 차원에서	on account of ~ 때문에
on behalf of ~을 대신하여	with regard to ~에 관하여

John Taylor donated the money **in honor of** his parents. John Taylor는 부모를 기리기 위하여 돈을 기부했다.

The picnic is **at the mercy of** the weather today. 야유회는 오늘 날씨에 따라 개최가 좌우될 것이다.

The game was canceled **on account of** everyone's busy schedule.
모든 사람들의 일정이 바빠서 경기가 취소되었다.

기본기 체크업

A 밑줄 친 부분을 올바르게 고치세요.

1 Ms. Sullivan is expecting some <u>companies</u> at her home tonight.

2 All of the <u>contestant</u> on the show won prizes worth a lot of money.

B 밑줄 친 부분 중 잘못된 것을 고르세요.

1 There are several job (a) <u>opens</u> at companies in Texas since the (b) <u>economy</u> there is (c) <u>expanding</u>.

2 The sudden (a) <u>appeared</u> of the (b) <u>manager</u> made the (c) <u>employees</u> start working again.

C 빈칸에 들어갈 알맞은 말을 고르세요.

1 Mr. Jenkins is in ------- of an assistant who is willing to work hard.

   (a) need
   (b) needing
   (c) needed

2 Sam Walters finished the ------- of his writing by Wednesday.

   (a) remains
   (b) remaining
   (c) remainder

3 The success of the store has led to the opening of ------- around the state.

   (a) franchise
   (b) franchises
   (c) franchising

4 None of the ------- was qualified enough for the position.

   (a) applicants
   (b) applications
   (c) applies

어휘

company 함께 있는 사람들, 손님; 회사
contestant 경쟁자, 대회 참가자
win a prize 상을 받다
economy 경제
expand 확장하다

appear 나타나다
in need of ~을 필요로 하는
assistant 조수
be willing to 기꺼이 ~하다
remainder 남아 있는 것, 나머지

lead to ~으로 이어지다
franchise 가맹점, 체인점, 프랜차이즈
state 주, 국가
qualified 자격이 있는
position 위치; 직책

The ------- that Mr. Ritchie has to the company that hired him is impressive.

(A) dedicate

(B) dedicator

(C) dedicative

(D) dedication

🔒 문제 해설

● 빈칸 앞에 정관사 the가 있으므로 빈칸은 명사 자리이다. 따라서 (B)와 (D) 중에서 정답을 고른다.

● 빈칸 뒤의 관계대명사절인 that Mr. Ritchie has to the company that hired him의 수식을 받기에 적절한 명사는 '헌신'이라는 의미의 명사인 (D)의 dedication이다.

● (B)의 dedicator는 '헌정자'라는 뜻의 명사로서 관계대명사절의 의미를 고려하면 문맥상 적절하지 않다.

● (A)의 dedicate는 '헌신하다'라는 의미의 동사이고 (C)의 dedicative는 '헌정의'라는 의미의 형용사이다.

⭐ 해석

Ritchie 씨가 자신을 고용한 회사에 바치고 있는 헌신은 인상적이다.

(A) dedicate

(B) dedicator

(C) dedicative

(D) dedication

어휘
dedication 헌신
hire 고용하다
impressive 인상적인
dedicate 헌신하다

MORE & MORE

정답 p.003

밑줄 친 부분이 올바르면 ○, 그렇지 않으면 ×에 표시하세요.

❶ Everyone was amazed by Emily's <u>dedicate</u> to her family.   (○ | ×)

❷ The <u>dedicator</u> said a few words to the audience.   (○ | ×)

❸ How much <u>dedicative</u> does it take to work on a project for years?   (○ | ×)

예상적중문제 04

빈칸에 들어갈 가장 알맞은 보기를 고르세요.

Mr. Lawton realized his employees needed a ------- course for the software.

(A) train

(B) trainer

(C) trains

(D) training

문제 해설

묘수풀이

- 빈칸이 관사와 명사 사이에 있으므로, 명사를 수식하는 형용사나 복합명사를 완성 시키는 명사를 정답으로 고른다.

- 보기에 형용사는 없으므로 명사인 (B)와 (D) 중에서 정답을 골라야 하는데, 문맥상 'Lawton 씨는 직원들에게 소프트웨어 OO 과정이 필요하다는 점을 깨달았다'라는 의미가 되어야 한다. 따라서 course와 함께 '교육 과정'이라는 의미를 만드는 (D)의 training(교육)이 정답이다.

- 명사인 (B)의 trainer(트레이너)는 문맥과 어울릴 수 없으므로 정답이 될 수 없고, 동사인 (A)와 (C) 역시 정답이 될 수 없다.

- 'training course'는 명사와 명사가 결합되어 '교육 과정'이라는 의미를 갖는 복합명사이다.

- 이와 같은 복합명사는 하나의 단어 처럼 외워 두어야 한다.

해석

Lawton 씨는 직원들에게 소프트웨어 교육 과정이 필요하다는 사실을 깨달았다.

(A) train

(B) trainer

(C) trains

(D) training

어휘

realize 깨닫다

employee 직원, 피고용인

training course 교육 과정

MORE & MORE

정답 p.003

밑줄 친 부분이 올바르면 ○, 그렇지 않으면 ×에 표시하세요.

1. There are several <u>trainee</u> taking the course.　　　　　(○ | ×)

2. Many people have been <u>trained</u> to use the software.　　　　(○ | ×)

3. Mr. Powell is considered one of the world's top animal <u>trainers</u>.　(○ | ×)

예상적중문제 **05-08**   지문을 읽고, 빈칸에 들어갈 알맞은 보기를 고르세요.

Questions 05-08 refer to the following notice.

-------. Work needs to be done on the roof to ------- the leaks caused by the most recent
    05.   **06.**

storm. The gym should be closed for approximately two weeks. It is expected to open

for business again on April 28. Members who still wish to work out may ------- the South
                                                           07.

Hampton Gym at 44 Maple Avenue. Please bring your membership card with you. You

will need it to gain ------- to the gym.
                     08.

05. (A) Mercer Gym has some new classes
      this month.

    (B) Thank you for purchasing a
      membership to Mercer Gym.

    (C) The ownership at Mercer Gym has
      recently changed.

    (D) Mercer Gym has been temporarily
      closed for repairs.

06. (A) restore

    (B) repair

    (C) revise

    (D) reveal

07. (A) visit

    (B) visits

    (C) visiting

    (D) visited

08. (A) enter

    (B) entrance

    (C) enters

    (D) entered

05 ● 빈칸 바로 뒤의 내용을 보면 폭우로 인해 천장에 생긴 구멍을 보수하는 작업을 할 것이라는 내용이 있고, 이어지는 문장에서는 체육관이 문을 닫는 기간을 알려 주고 있다.
   ● 따라서 '체육관이 수리를 위해 문을 닫을 것'이라는 내용의 (D)가 정답이다.

06 ● 빈칸 뒤 목적어에 해당하는 내용이 '폭풍으로 인해 생긴 새는 곳들'이므로 '수리하다'라는 의미의 repair가 빈칸에 들어가기에 가장 적절하다.

07 ● 빈칸에 들어갈 알맞은 동사의 형태를 골라야 하므로 -ing 형태인 (C)는 정답에서 제외된다.
   ● 빈칸은 조동사 뒤에 있으므로 동사원형인 (A)의 visit이 정답이 된다.

08 ● 빈칸에 들어갈 알맞은 품사를 고르는 문제이다.
   ● 빈칸 앞에 동사 gain이 있으므로, gain의 목적어 역할을 할 수 있는 명사인 (B)의 entrance가 정답이다.
   ● gain은 'gain entrance/access/entry to'의 형태로 '~에 들어가다/접근하다/참가하다'라는 의미로 사용된다.

⭐ **해석**

Mercer 체육관이 수리를 위해 잠시 문을 닫습니다. 가장 최근의 폭풍우로 인해 생긴 새는 곳들을 수리하기 위하여 지붕에서 작업이 진행되어야 합니다. 체육관은 약 2주 동안 문을 닫을 것입니다. 4월 28일에 영업이 재개될 것으로 예상됩니다. 운동하기를 원하는 회원들은 메이플가 44번지에 있는 사우스햄튼 체육관에 방문하시면 됩니다. 회원 카드를 소지하시기 바랍니다. 체육관에 출입하시려면 그것이 필요할 것입니다.

- -

05. (A) Mercer 체육관은 이번 달에 몇몇 신규 수업을 개설합니다.
    (B) Mercer 체육관의 회원권을 구매해 주신 것에 대해 감사 드립니다.
    (C) Mercer 체육관의 소유권이 최근에 변경되었습니다.
    (D) Mercer 체육관이 수리를 위해 잠시 문을 닫습니다.

06. (A) restore
    (B) repair
    (C) revise
    (D) reveal

07. (A) visit
    (B) visits
    (C) visiting
    (D) visited

08. (A) enter
    (B) entrance
    (C) enters
    (D) entered

어휘 leak 새는 곳, 틈, 구멍   approximately 대략   open for business 영업을 하다

MORE & MORE

정답 p.003

밑줄 친 부분이 올바르면 ○, 그렇지 않으면 ×에 표시하세요.

❶ She is working to <u>restore</u> the old clock to its previous condition.   (○ | ×)

❷ He will <u>visits</u> his parents in their hometown this weekend.   (○ | ×)

❸ Visitors should <u>enter</u> the building through the front door.   (○ | ×)

Ⅲ 형용사와 부사

형용사와 부사는 모두 수식어 역할을 하는 품사로서, 형용사는 명사를 수식하며 부사는 동사, 형용사, 부사, 그리고 문장 전체를 수식한다. 부사는 수식어의 역할만 할 수 있지만 형용사는 문장에서 보어로 사용될 수 있다.

❶ 형용사

형용사는 어떠한 상태나 성질을 나타내는 품사로, 문장 내에서 수식어나 보어로 사용될 수 있다.

(1) 형용사의 형태

ⓐ 형용사형 접미사를 가진 형용사

형용사형 접미사	예시		
-ful	successful 성공적인	powerful 강력한	colorful 다채로운, 화려한
-ble	agreeable 동의할 수 있는	portable 휴대용의	profitable 이익이 되는
-ous	mysterious 기이한	famous 유명한 dangerous 위험한	nervous 초조한
-ive	creative 창의적인	decorative 장식의	protective 보호하는
-ant/-ent	significant 의미가 있는, 중요한		independent 독립적인
-al	personal 개인의	essential 필수의	typical 전형적인
-tic	domestic 국내의	drastic 과감한	enthusiastic 열광적인

ⓑ 「명사 + -ly」 형태의 형용사

costly 비싼	daily 날마다의	deadly 치명적인
friendly 친절한, 우호적인	manly 남자다운	lively 활발한
cowardly 비겁한	elderly 나이가 많은	lonely 외로운
orderly 정돈된	timely 시기가 적절한	worldly 세속적인

The stewardess was **friendly** to all of the passengers. 그 스튜어디스는 모든 승객들에게 호의적이었다.

Please wait to enter in an **orderly** manner. 질서 있게 입장을 기다려 주십시오.

cf. 형용사와 동사의 형태가 같은 단어들도 있다.

calm ⑱ 차분한 ⑧ 진정시키다	free ⑱ 자유로운 ⑧ 풀어 주다
clean ⑱ 깨끗한 ⑧ 청소하다	empty ⑱ 비어 있는 ⑧ 비우다
double ⑱ 두 배의 ⑧ 두 배로 만들다	open ⑱ 열린 ⑧ 열다

The room is completely **empty** right now. 그 방은 지금 완전히 비어 있다. [형용사]

I **emptied** the garbage can into the dumpster. 나는 쓰레기통을 대형 쓰레기통에 비웠다. [동사]

(2) 형용사의 기능

ⓐ 명사를 수식

형용사는 일반적으로 명사의 앞에서 명사를 수식할 수 있다.

She works in a **small** building. 그녀는 작은 빌딩에서 일한다.

They are eating a **delicious** meal. 그들은 맛있는 음식을 먹고 있다.

ⓑ 보어로 사용

형용사는 3형식 문장에서는 주격보어로, 5형식 문장에서는 목적격보어로 쓰일 수 있다.

Ms. Wilson looks **tired**. Wilson 씨는 지쳐 보인다. [주격보어]

She makes her friends **pleased**. 그녀는 친구들을 기쁘게 만든다. [목적격보어]

(3) 주의해야 할 형용사

형태는 비슷하지만 서로 다른 의미를 나타내는 형용사에 대해 알아 보도록 하자.

confident 자신감 있는	confidential 비밀의
economic 경제의, 경제학의	economical 경제적인
favorite 가장 좋아하는	favorable 우호적인
considerate 사려 깊은	considerable 상당한
sensitive 민감한	sensible 분별력이 있는
understandable 이해하기 쉬운	understanding 이해하는

The Beatles are my **favorite** band. 비틀즈는 내가 가장 좋아하는 밴드이다.

Most critics wrote **favorable** reviews of their new album.
대부분의 비평가들의 그들의 새 앨범에 우호적인 리뷰를 작성했다.

The government will announce a new **economic** policy. 정부가 새 경제 정책을 발표할 것이다.

It would be more **economical** to buy a used car. 중고차를 사는 것이 더 경제적일 것이다.

(4) 「be동사 + 형용사 + of」 형식의 관용 표현

be afraid of ~을 두려워하다	be ashamed of ~을 부끄러워하다
be capable of ~을 할 수 있다	be careful of ~을 조심하다
be full of ~으로 가득 차다	be fond of ~을 좋아하다
be proud of ~을 자랑스럽게 여기다	be sure of ~을 확신하다
be scared of ~을 무서워하다	be worthy of ~할 가치가 있다

She **is fond of** traveling abroad. 그녀는 해외 여행을 좋아한다.

Mr. Simmons **is ashamed of** his actions. Simmons 씨는 자신의 행동을 부끄러워한다.

He **is worthy of** being promoted. 그에게는 승진할 자격이 있다.

❷ 부사

부사는 보통 형용사에 -ly를 붙여서 만들 수 있다. 부사는 명사를 제외한 품사, 즉 동사, 형용사, 및 다른 부사와 문장 전체를 수식하는 역할을 한다.

(1) 부사의 기능

ⓐ 동사 수식

She **suddenly** stood up and left. 그녀는 갑자기 일어서서 자리를 떠났다.

He **angrily** yelled at the troublemakers. 그는 말썽꾸러기들에게 화를 내며 고함을 질렀다.

ⓑ 형용사 수식

This necklace is **fairly** expensive. 이 목걸이는 상당히 비싸다.

She owns a **really** nice car. 그녀는 정말로 멋진 차를 가지고 있다.

ⓒ 부사 수식

He smiled **rather** happily. 그는 다소 기쁜 듯이 미소를 지었다.

She loved her present **very** much. 그녀는 선물을 매우 많이 좋아했다.

ⓓ 문장 전체 수식

Apparently, it is going to rain today. 보아하니, 오늘은 비가 올 것이다.

Usually, we go to the gym three times a week. 보통, 우리는 일주일에 세 번 체육관에 간다.

(2) 주의해야 하는 부사

형태와 의미에 주의해야 하는 부사에 대해 알아보도록 하자.

hard 🐾 열심히 🐾 단단한	hardly 🐾 거의 ~ 않다
late 🐾 늦게 🐾 늦은	lately 🐾 최근에
high 🐾 높이, 높게 🐾 높은	highly 🐾 매우
fair 🐾 공정하게 🐾 공정한	fairly 🐾 꽤, 상당히

I had to stay **late** to finish the project. 나는 프로젝트를 끝내기 위해 늦게까지 남아 있어야 했다.

Ms. Kennedy has **lately** returned from France. Kennedy 씨는 최근에 프랑스에서 돌아왔다.

> **cf.** fast는 형용사와 부사의 형태가 같은 단어이다.

Jeremy drives a **fast** car. Jeremy는 빠른 차를 운전한다. [형용사]

Rachel finished the assignment **fast**. Rachel은 업무를 빨리 끝냈다. [부사]

정답 p.003

Ⓐ 밑줄 친 부분을 올바르게 고치세요.

1 The biotechnology company was purchased for an <u>astronomy</u> figure.

2 Do you have a <u>feasibility</u> plan to solve this problem?

Ⓑ 밑줄 친 부분 중 잘못된 것을 고르세요.

1 Mr. Lincoln requested that the (a) <u>bank</u> loan him a (b) <u>considerably</u> (c) <u>amount</u> of money.

2 The (a) <u>particularly</u> work in the laboratory was (b) <u>constantly</u> (c) <u>documented</u> by one of the lab assistants.

Ⓒ 빈칸에 들어갈 알맞은 말을 고르세요.

1 The game is scheduled to start ------- twenty minutes from now.
(a) rough
(b) rougher
(c) roughly

2 Several speakers at the seminar will give talks about ------- aspects of marketing.
(a) various
(b) variety
(c) vary

3 There will be ------- rain from noon to around midnight tomorrow.
(a) heavily
(b) heavy
(c) heaviness

4 We will contact you in the future if a job becomes -------.
(a) avail
(b) available
(c) availably

어휘

biotechnology 생명 공학
purchase 구매하다
astronomical 천문학적인
figure 수치
feasible 실행 가능한

request 요청하다
considerable 상당한
particularly 특별히
constantly 항상
document 문서; 문서로 기록하다

be scheduled to ~할 예정이다
roughly 대략
various 다양한
aspect 측면
variety 다양성

The Crown Corporation has been the nation's ------- commercial supplier of fabric dyes for over 25 years.

(A) leads

(B) leader

(C) to lead

(D) leading

🔒 **문제 해설**

● 빈칸에는 commercial supplier라는 명사(구)를 꾸며 줄 수 있는 형용사가 들어가야 하므로 형용사인 (D)가 정답이다.

● 문맥상으로 파악해 보더라도 'Crown 사는 OO한 섬유 염색제 기업이다'라는 의미가 되어야 하므로, '선도적인'이라는 의미의 형용사인 leading이 정답으로 가장 적절하다.

● (A)의 leads는 '이끌다'라는 의미의 동사이고, (B)의 leader는 '지도자'라는 의미의 명사이므로 이들은 정답이 될 수 없다.

● to부정사가 명사를 수식할 때에는 명사 뒤에 위치하기 때문에, to부정사 형태를 갖추고 있는 (C)의 to lead 역시 정답이 될 수 없다.

⭐ **해석**

Crown 사는 그 나라에서 25년 이상 섬유 염색제를 생산해 온 선두적인 기업이다.

(A) leads

(B) leader

(C) to lead

(D) leading

어휘
leading 선두적인
commercial 상업적인
supplier 공급업자, 공급업체
fabric 섬유의

MORE & MORE

정답 p.004

밑줄 친 부분이 올바르면 ○, 그렇지 않으면 ×에 표시하세요.

❶ He <u>leads</u> an important team at the company.   (○ | ×)

❷ She does not know who the <u>lead</u> of the group is.   (○ | ×)

❸ The JD Corporation is the <u>leading</u> company in the business.   (○ | ×)

Since Ms. Badger and Mr. Winston ------- completed the project, they received bonuses.
(A) success
(B) successive
(C) successful
(D) successfully

문제 해설

● 빈칸에는 동사인 completed를 수식할 수 있는 부사가 들어가야 하므로 부사인 (D)가 정답임을 쉽게 알 수 있다.

● 문맥으로 파악해 보면 'Badger 씨와 Winston 씨가 OO하게 프로젝트를 마쳤기 때문에 보너스를 받았다'는 의미가 되어야 하므로, '성공적으로'라는 의미인 (D)의 successfully가 정답으로 가장 적절하다.

● 참고로 success(성공), successful(성공적인), successfully(성공적으로)는 동사인 succeed의 '성공하다'라는 의미에서 파생된 단어들이고, successive(연속적인)는 succeed의 또 다른 의미인 '뒤를 잇다' 혹은 '물려받다'라는 의미에서 비롯된 단어이다.

해석

Badger 씨와 Winston 씨는 성공적으로 프로젝트를 마쳤기 때문에 보너스를 받았다.
(A) success
(B) successive
(C) successful
(D) successfully

어휘
successfully 성공적으로
complete 완료하다, 완성하다
successive 연속적인

MORE & MORE

정답 p.004

밑줄 친 부분이 올바르면 O, 그렇지 않으면 ×에 표시하세요.
❶ A person can become <u>successive</u> by working hard. (O | ×)
❷ The meeting was <u>successful</u> since they agreed to a contract. (O | ×)
❸ She credited her <u>successfulness</u> to Mr. Perkins, her mentor. (O | ×)

Ⅳ 구와 절

두 개 이상의 단어가 모여서 단어보다는 크고 문장보다는 작은 의미 단위를 만들 수 있는데, 구와 절이 이러한 단위에 속한다. 문법 문제를 풀기 위해서는 문장을 분석할 수 있어야 하는데, 이를 위해서는 구와 절의 개념을 확실하게 이해하고 있어야 한다.

① 구

구는 두 개 이상의 단어가 모여 만들어지는 의미 단위로, 문장 내에서 명사, 동사, 형용사, 부사의 역할을 할 수 있다.

(1) 명사구

명사와 마찬가지로, 명사구는 문장에서 주어, 목적어, 보어 역할을 한다

It is obligatory for doctors **to take care of their patients**. 의사가 환자들을 돌보는 것은 의무이다. [주어]

The city council has decided **to construct a community center**. [목적어]
시 의회는 지역 센터를 건설하기로 결정했다.

The patient appears **to be getting better**. 그 환자는 회복되고 있는 것으로 보인다. [보어]

(2) 동사구

동사구는 문장에서 동사의 역할을 하며, '동사 + 전치사', '동사 + 부사', '동사 + 목적어 + 전치사' 형태로 사용된다.

Kevin **belongs to** the Golden Stream Country Club. [동사 + 전치사]
Kevin은 Golden Stream 컨츄리 클럽에 속해 있다.

The museum will be **torn down** three weeks later. 박물관은 3주 후에 철거될 것이다. [동사 + 부사]

You can **take advantage of** the sale until this Friday. [동사 + 목적어 + 전치사]
당신은 이번 주 금요일까지 세일을 이용할 수 있다.

(3) 형용사구

형용사구는 명사를 수식하거나 보어의 역할을 한다. 분사나 to부정사구가 형용사구를 이끌 수 있다.

The man **standing in the corner** is an engineer. 코너에 서 있는 남자는 엔지니어이다. [the man 수식]

We have no time **to waste here**. 여기에서 허비할 시간은 없다. [time 수식]

(4) 부사구

문장 내에서 부사의 역할을 하며, 시간, 장소, 원인, 목적, 결과 등의 의미로 사용된다. 아래와 같이 다양한 전치사 등이 부사구를 이끌 수 있다.

원인 (~ 때문에)	because of, due to, thanks to, owing to
목적 (~을 위해)	in order to, so as to
결과 (~해서 결국 …하다)	only to

Because of his sickness, he stayed home all day. 아파서 그는 하루 종일 집에 있었다. [원인]

Neil is saving money **in order to** buy a new laptop. [목적]
Neil은 새 노트북 컴퓨터를 사기 위해 돈을 모으고 있다.

❷ 절

절 역시 구와 마찬가지로 두 개 이상의 단어로 하나의 의미 단위를 형성하지만, 절에는 주어와 동사가 있다는 점에서 구와 구별된다.

(1) 명사절

that, if, whether, 그리고 의문사 등이 명사절을 이끌 수 있다. '~하는 것', 혹은 '~하는지'라는 의미로 해석한다.

Whether you know the truth or not is important. [주어]
당신이 사실을 알고 있는지 모르고 있는지가 중요하다.

Sam remembers **that Jessica used to help him a lot**. [목적어]
Sam은 Jessica가 한때 자신을 많이 도와 주었다는 점을 기억하고 있다.

Mr. Powell talked about **what he intends to do tomorrow**. [전치사의 목적어]
Powell 씨는 그가 내일 하려는 일에 관해 이야기했다.

> **cf 1.** 접속사 that이 동격을 나타내는 경우도 있다.

The fact **that** you got angry is very important. [the fact = that you got angry]
당신이 화를 냈다는 사실이 매우 중요하다.

> **cf 2.** if가 이끄는 명사절은 목적어로만 사용된다. '~인지 아닌지'의 의미를 가진 명사절이 주어 역할을 하기 위해서는 if 대신에 whether를 사용해야 한다.

Whether or not I am going is not important. 내가 갈 것인지, 가지 않을 것인지는 중요하지 않다.

If or not I am going is not important. (X)

(2) 형용사절

관계대명사나 관계부사가 형용사절을 이끌 수 있다. '~하는'이라는 의미로 해석한다.

They are some new clients **whom I have not met**. 그들은 내가 만나 보지 못했던 새로운 고객들이다.

He owns a company **which made a large profit last year**.
그는 작년에 큰 이익을 냈던 회사를 소유하고 있다.

You can see the document **when you get to work** on Monday morning.
당신은 출근하는 월요일 아침에 그 서류를 볼 수 있다.

This is the hospital **where he was born**. 이곳은 그가 태어난 병원이다.

(3) 부사절

전치사구, 분사구문, 종속접속사 등이 부사절을 이끌 수 있다. '~할 때'(시간), '~한다면'(조건), '~이기 때문에'(이유) 등의 의미로 해석한다.

She always takes a shower **when she wakes up in the morning**. [시간]
그녀는 아침에 일어나면 항상 샤워를 한다.

He invested his money **because the economy was booming**. [이유]
경기가 호황이었기 때문에 그는 투자를 했다.

You should not drive fast **if there is ice on the roads**. [조건]
도로가 얼어 있는 경우에는 차를 빨리 몰아서는 안 된다.

cf1. 접속사 if는 부사절을 이끌 수도 있고 명사절을 이끌 수도 있다.

If you have time, let's meet this evening. 시간이 있다면 오늘 저녁에 만납시다. [부사절]

Nobody knows **if the negotiations will be successful**. 협상이 성공할 것인지는 아무도 모른다. [명사절]

cf2. 역할이 아니라 형태에 따라 구와 절을 구분할 수도 있다. 예컨대 전치사가 맨 앞에 오는 구는 전치사구라고 부른다.

예시	형태에 따른 구분	역할에 따른 구분
The desk **in the corner** used to belong to my grandfather. 코너에 있는 책상은 내 할아버지 것이었다.	전치사구	형용사구
Jogging in the morning is great exercise. 아침에 하는 조깅은 좋은 운동이 된다.	동명사구	명사구
Let's visit the park **that recently opened**. 최근에 개장한 공원에 가 보자.	관계대명사절	형용사절

③ 단문과 복문

문장을 구성하는 절의 개수에 따라 단문과 복문으로 구분할 수 있다.

(1) 단문

문장을 구성하는 절이 하나인 경우로서 하나의 주어와 동사만이 존재한다.

We eat dinner at 6:00. 우리는 6시에 저녁을 먹는다.

Mark called his parents on the phone. Mark는 부모에게 전화를 걸었다.

(2) 복문

문장을 구성하는 절이 두 개 이상인 경우로, 절의 개수만큼의 주어와 동사가 존재한다. 절과 절은 접속사로 연결된다.

Sally studies during the day, <u>and</u> **she works** at night. Sally는 낮에 공부를 하고 밤에는 일을 한다.

We expect <u>that</u> **you will do** your best at all times. 우리는 당신이 항상 최선을 다할 것으로 기대한다.

정답 p.004

Ⓐ 밑줄 친 부분을 올바르게 고치세요.

1 We hope <u>to</u> more employees will start taking public transportation.

2 The team members managed to achieve their goal <u>although</u> the poor economy.

Ⓑ 밑줄 친 부분 중 잘못된 것을 고르세요.

1 (a) <u>Despite</u> Mr. Henry has worked here (b) <u>for</u> ten years, many other employees do not know (c) <u>who</u> he is.

2 The employees received bonuses (a) <u>consequently</u> they had done their jobs well (b) <u>and</u> helped the company make a (c) <u>profit</u>.

Ⓒ 빈칸에 들어갈 알맞은 말을 고르세요.

1 After a brief ------- with the store owner, the journalist was ready to write his article.
   (a) discuss
   (b) discusses
   (c) discussion

2 The outdoor concert will be postponed ------- the weather turns bad.
   (a) and
   (b) if
   (c) however

3 We have no open positions now, ------- we will be hiring people next month.
   (a) so
   (b) because
   (c) but

4 Please show Mr. Shaw ------- you would like to put on the board.
   (a) what
   (b) whether
   (c) if

어휘

public transportation 대중교통
manage to 가까스로 ~하다
although ~에도 불구하고
consequently 결과적으로

make a profit 이익을 내다
brief 간략한
journalist 저널리스트; 기고가
article 기사

outdoor 야외의
concert 음악회, 콘서트
postpone 연기하다, 미루다

The equipment has been improved thanks to the company's ------- in it.

(A) invest

(B) investment

(C) investor

(D) investors

🔓 문제 해설

● 전치사구인 thanks to 다음에는 명사(구)가 이어져야 하므로, 소유격인 company's 뒤의 빈칸에는 명사가 와야 한다. 따라서 (B), (C), (D) 중에서 정답을 고른다.

● 주어진 문장은 '회사의 (설비에 대한) OO 덕분에 설비들이 개선되고 있다'는 의미가 되어야 한다. 따라서 '투자'라는 의미인 (B)의 investment가 들어가는 것이 가장 적절하다.

● (A)의 invest는 '투자하다'라는 의미를 갖는 동사이므로 정답이 될 수 없다.

● (C)의 investor와 (D)의 investors는 각각 '투자자', 그리고 '투자자들'이라는 의미인데, 빈칸 뒤의 전치사 in과 함께 쓰였을 때 그 의미가 자연스럽게 연결되지 못하므로 정답이 될 수 없다.

⭐ 해석

회사의 투자 덕분에 설비들이 개선되고 있다.

(A) invest

(B) investment

(C) investor

(D) investors

어휘
equipment 장비, 설비
improve 향상시키다, 개선하다
investment 투자

🎓 MORE & MORE

정답 p.004

밑줄 친 부분이 올바르면 ○, 그렇지 않으면 ×에 표시하세요.

❶ A wise <u>investment</u> is to purchase gold at a low price.   (○ | ×)

❷ Mr. Lakewood is an <u>investor</u> in foreign markets.   (○ | ×)

❸ Jay made an <u>investors</u> in a small computer company.   (○ | ×)

PART 5

예상적중문제 12 빈칸에 들어갈 가장 알맞은 보기를 고르세요.

If it is ------- for you, please work on the file that just arrived.

(A) convenience

(B) convenient

(C) conveniently

(D) convene

🔒 문제 해설

● 빈칸이 포함된 절은 if로 시작하는 부사절로서, 이는 완전한 절의 형태가 되어야 한다.

● 빈칸에는 동사 is의 보어가 들어가야 하므로 명사인 (A)와 형용사인 (B) 중에서 정답을 고른다.

● 주어진 문장은 문맥상 '당신에게 OO하다면, 방금 도착한 파일에 대한 작업을 해 달라'는 의미가 되어야 한다.

● 따라서 빈칸에는 '편리한'이라는 의미의 형용사인 (B)의 convenient가 들어가야 한다.

⭐ 해석

괜찮으시다면, 방금 도착한 파일에 대한 작업을 해 주십시오.

(A) convenience

(B) convenient

(C) conveniently

(D) convene

어휘
convenient 편리한, 편한
arrive 도착하다

🎓 MORE & MORE

정답 p.004

밑줄 친 부분이 올바르면 ○, 그렇지 않으면 ×에 표시하세요.

❶ Shopping on the Internet is a <u>convenience</u> many people like.　　(○ | ×)

❷ The <u>convenient</u> store at the corner is open all night.　　(○ | ×)

❸ Karen <u>conveniently</u> forgot to arrive early for the meeting.　　(○ | ×)

Unit 01 **41**

예상적중문제 **13-16**   지문을 읽고, 빈칸에 들어갈 알맞은 보기를 고르세요.

Questions 13-16 refer to the following e-mail.

To: David Harper <david_h@personalmail.com>

From: Andrea Rose <ar@economicsmonthly.com>

Subject: Welcome

Date: July 19

Dear Mr. Harper,

Thank you for subscribing to *Economics Monthly*. -------. It will be sent to your home
13.
address as you -------.
14.

We hope you enjoy reading our magazine. We have some of the top writers and analysts
in the industry. Our magazine covers all the ------- stories affecting the domestic and
15.
international markets.

If you have any comments, please provide us with feedback. It will help us improve the
------- of our magazine.
16.

Regards,

Andrea Rose

Managing Editor, *Economics Monthly*

---

13. (A) You still need to pay to start your
subscription.

(B) Your first issue should arrive around
July 29.

(C) It was great to have you as a
subscriber.

(D) We are the most popular economics
magazine.

14. (A) requested

(B) were requested

(C) request

(D) will request

15. (A) majorly

(B) major

(C) majority

(D) majors

16. (A) rate

(B) subscription

(C) quality

(D) price

🔓 문제 해설

13
● 빈칸 뒤에 대명사가 있을 경우 그것이 가리키는 것이 무엇인지를 보기에서 찾는 것이 정답을 찾는 방법이 될 수 있다.
● 빈칸 뒤 문장의 주어 it은 '잡지책'을 의미하는데, (B)의 first issue가 잡지의 '첫 호'를 의미하므로 정답은 (B)이다.

14
● 이메일 작성자는 잡지를 받을 독자의 주소를 이미 알고 있는 상태이므로, 독자가 요청한 시점은 과거일 것이다.
● 따라서 정답은 (A)의 requested이다.

15
● 빈칸 앞에 정관사 the가 있고 빈칸 뒤에는 명사인 stories가 있으므로 형용사인 (B)의 major가 정답이다.

16
● 의미상 적절한 명사를 고르는 문제인데, 빈칸 앞의 improve와 의미상 어울리는 명사를 정답으로 골라야 한다.
● 잡지의 질을 향상시킨다는 의미가 되어야 자연스러우므로 정답은 (C)의 quality이다.

⭐ 해석

수신: David Harper 〈david_h@personalmail.com〉
발신: Andrea Rose 〈ar@economicsmonthly.com〉
제목: 환영합니다.
날짜: 7월 19일

Harper 씨께,

*Economics Monthly*을 구독해 주셔서 감사합니다. **귀하의 첫 호는 7월 29일 경에 도착할 것입니다.** 이는 귀하가 신청하셨던 집 주소로 배송될 것입니다.

저희는 귀하가 저희 잡지를 즐겁게 읽으시기를 바랍니다. 저희는 업계 최고의 작가들과 애널리스트들을 보유하고 있습니다. 저희의 잡지는 국내 및 해외 시장에 영향을 미치는 중요한 이야기들을 포함하고 있습니다.

의견이 있으시다면, 저희에게 피드백을 보내 주시기 바랍니다. 저희가 잡지의 질을 향상시키는 데 도움이 될 것입니다.

Andrea Rose 드림,
Economics Monthly 편집장

---

13. (A) 귀하는 구독을 시작하기 위해 구독료를 지불하셔야 합니다.
    (B) 귀하의 첫 호는 7월 29일 경에 도착할 것입니다.
    (C) 귀하와 같은 분을 구독자로 맞이할 수 있어서 기쁩니다.
    (D) 저희는 가장 인기 있는 경제 잡지입니다.

14. (A) requested
    (B) were requested
    (C) request
    (D) will request

15. (A) majorly
    (B) major
    (C) majority
    (D) majors

16. (A) rate
    (B) subscription
    (C) quality
    (D) price

어휘 subscribe 구독하다   analyst 분석가, 애널리스트   industry 산업   cover 다루다   domestic 국내의

🎓 MORE & MORE

정답 p.005

밑줄 친 부분이 올바르면 ○, 그렇지 않으면 ×에 표시하세요.

❶ Some files <u>were requested</u> by Mr. Thompson.   (○ | ×)

❷ A <u>majority</u> of residents voted against the new tax.   (○ | ×)

❸ She plans to <u>subscription</u> to the newspaper next month.   (○ | ×)

Part 5 문장을 읽고 빈칸에 들어갈 가장 적절한 말을 고르세요.

1. Ms. Tyson hopes ------- any accidents from occurring at the construction site.
   (A) prevent
   (B) preventing
   (C) to prevent
   (D) has prevented

2. Unless you type the correct password, you cannot gain ------- to your account.
   (A) access
   (B) accessing
   (C) accessible
   (D) accession

3. The citizens became upset with the ------- for breaking his campaign promises.
   (A) politics
   (B) politician
   (C) political
   (D) politically

4. The worried guard ------- pressed the button on the control panel to lock the door.
   (A) repeat
   (B) repeats
   (C) repeated
   (D) repeatedly

5. The patient told the doctor at the hospital that she has an ------- stomach.
   (A) upset
   (B) upsetting
   (C) upsets
   (D) upsettingly

6. Mr. Hemingway makes it ------- to learn about the past in his history class.
   (A) fascinate
   (B) fascinatingly
   (C) fascinated
   (D) fascinating

7. The books ------- on the shelf in the bookstore are on sale this weekend.
   (A) display
   (B) displayer
   (C) displayed
   (D) to display

8. Most of the items ------- at the retail store are from other countries.
   (A) sell
   (B) to sell
   (C) sold
   (D) seller

9. One of the secretaries is going to handle the ------- arrangements for Ms. Coffey.
   (A) travel
   (B) traveler
   (C) traveled
   (D) travels

10. Despite protests by ------- citizens, the construction project began on schedule.
    (A) concern
    (B) concerning
    (C) concerned
    (D) to concern

11. City officials are urging drivers to avoid the Westside Mall due to the ------- traffic there.
    (A) heavy
    (B) heavily
    (C) heaviness
    (D) heavies

12. It is much ------- to order items online today than it was ten years ago.
    (A) easy
    (B) easier
    (C) easiest
    (D) easily

13. The school's recycling program is working better than ------- had expected.
    (A) anything
    (B) anyone
    (C) anywhere
    (D) anyway

14. It is important that all of the regulations regarding safety be ------- followed.
    (A) precise
    (B) preciseness
    (C) precisely
    (D) precision

15. It is necessary to register in ------- if you intend to attend the conference.
    (A) advances
    (B) advancing
    (C) advanced
    (D) advance

16. The public transportation system in Centerville has been ------- improving.
    (A) steady
    (B) steadiness
    (C) steadier
    (D) steadily

Part 6 지문을 읽고 빈칸에 들어갈 가장 적절한 말을 고르세요.

Questions 17-20 refer to the following advertisement.

Larry's Bakery

Does someone you know have a birthday coming soon? Then why not buy a birthday cake from Larry's Bakery? We sell all ------- of cakes: vanilla, chocolate, strawberry, and more.
17.

We ------- in custom-made cakes. Tell us what you want, and we can make it. Our prices are
18.
------- than those of our competitors, too. -------.
19. **20.**

Check out our Web site at www.larrysbakery.com to see some pictures of our cakes. You can even purchase a cake online.

---

17. (A) flavor
(B) flavors
(C) flavoring
(D) flavored

18. (A) specialize
(B) concentrate
(C) focus
(D) research

19. (A) low
(B) lower
(C) lowest
(D) lowly

20. (A) We can make all kinds of cupcakes, cookies, and breads.
(B) There are many styles of cakes for you to choose from.
(C) Give us 12 hours' notice, and we can do the job.
(D) We aren't the cheapest, but we're definitely the best.

Questions 21-24 refer to the following advertisement.

Eat at Golden Light

Golden Light is the city's newest Chinese restaurant. Owned by two natives of China, Golden Light serves ------- Chinese cuisine. You will be impressed by the quality of the food we serve.
      21.

------- Wednesday night, Golden Light has a special buffet dinner. -------. This lasts from 6:00
22.   **23.**
P.M. to 9:00 P.M. for only $12 per person. Golden Light is open from 1:00 P.M. to 11:00 P.M. every day of the year, including holidays. Call 628-9532 to make a reservation or to get

------- information.
24.

---

21. (A) authentic
    (B) authenticate
    (C) authenticated
    (D) authentically

22. (A) Total
    (B) Long
    (C) Each
    (D) Since

23. (A) Customers can have all they can eat then.
    (B) This takes place each day of the week.
    (C) Supplies are limited during this special offer.
    (D) Reservations are not required then.

24. (A) many
    (B) any
    (C) more
    (D) lot

02 동사 및 동사의 변형

학습 포인트

✔ 시제 및 태에 어울리는 동사의 형태를 묻거나, 준동사의 쓰임에 대해 묻는 문법 문제들이 출제될 수 있다.

✔ 이러한 문제가 등장하면 주어와 동사의 수 일치, 동사의 시제, 태, 그리고 준동사들의 다양한 용법에 유의하여 정답을 찾도록 한다.

예제

Mr. Wilson ------- his managers by doing the work quickly and properly.

(A) impress

(B) impressed

(C) impressing

(D) was impressed

Wilson 씨는 일을 빠르고 적절하게 함으로써 관리자들에게 인상을 남겼다.

정답 (B)

어휘 impress 인상을 남기다, 감명을 주다　quickly 빠르게　properly 적절히, 적합하게

문제 유형 분석

동사 impress의 여러 가지 형태가 보기로 제시되어 있으므로 이 문제는 동사의 변형 문제임을 알 수 있다. 빈칸에는 주어진 문장의 의미를 가장 자연스럽게 완성시키면서 3인칭 단수 주어인 Mr. Wilson과 어울릴 수 있는 동사가 들어가야 한다.

풀이 전략

❶ 알맞은 형태의 동사를 찾기 위해서는 주어와 동사의 수일치, 현재, 과거, 미래, 진행, 완료 등 시제, 그리고 수동태와 능동태를 고려해야 한다.

❷ 주어가 3인칭 단수인 Mr. Wilson이므로, (B)와 (D) 중에서 정답을 고른다.

❸ 문맥상 'Wilson 씨는 일을 빠르고 적합하게 함으로써 관리자들에게 인상을 남겼다'라는 의미가 되어야 하기 때문에, '인상을 남겼다'라는 의미인 (B)의 impressed가 정답이다. 이는 능동의 의미이므로 수동태인 (D)는 정답에서 제외된다.

❹ 주어가 3인칭 단수 형태인 Mr. Wilson이므로, 현재시제이면서 1, 2인칭 단수 주어나 복수 주어 뒤에 올 수 있는 (A)의 impress는 정답이 될 수 없다.

❺ (C)의 impressing은 '인상을 남기는'이라는 의미의 분사이므로 정답이 될 수 없다.

Ⅰ 동사의 종류와 수 일치

동사는 주어의 동작이나 행위, 혹은 상태를 나타낸다. **동사는 문장 내에서 서술어로 사용되며, 주어의 뒤에 위치한다.**

수 일치란 주어에 따라 동사의 형태를 올바르게 변형하여 사용하는 것을 말한다. 동사 문제를 풀 때에는 수 일치를 가장 먼저 생각한 다음, 이어서 학습하게 될 시제와 태를 고려하면서 문제를 풀어야 한다.

❶ 동사의 종류

(1) 1형식 동사: 완전자동사

보어나 목적어를 필요로 하지 않는 동사이다.

> **start** 시작하다　**end** 끝나다　**rise** 오르다　**fall** 떨어지다　**increase** 증가하다　**decease** 감소하다　**matter** 중요하다 등

STC Industry's sales increased last year. STC 산업의 작년 매출은 증가했다.

cf. 특정 전치사와 어울려 사용되는 자동사들을 정리해 두자.

come up with 아이디어 등을 떠올리다	**respond to** ~에 응하다, ~에 답하다
participate in ~에 참여하다	**apologize for** ~에 대해 사과하다
comply with (규정 등을) 따르다, 준수하다	**register for** ~에 등록하다
contribute to ~에 기여하다	**agree to/with** ~에 동의하다

(2) 2형식 동사: 불완전자동사

보어를 필요로 하지만 목적어를 필요로 하지 않는 동사이다.

> **be동사** ~이다　**become** ~이 되다　**get** ~이 되다　**appear** ~으로 보이다　지각동사, 감각동사 등

Soon, the weather will become warmer. 곧 날씨가 더 따뜻해질 것이다. [보어: warmer]

(3) 3형식 동사: 완전타동사

보어를 필요로 하지 않지만 목적어를 필요로 하는 동사이다.

We need your help. 우리는 당신의 도움이 필요하다. [목적어: your help]

The customer wanted to meet the manager of the store. [목적어: to meet]
그 고객은 매장의 관리자를 만나고 싶어 했다.

Roy enjoys watching horror movies. Roy는 공포 영화를 보는 것을 좋아한다. [목적어: watching]

cf. 특정 명사와 어울려 사용되는 타동사들도 알아 두자.

meet a deadline 마감을 지키다	**implement a plan** 계획을 실행하다
conduct a survey 설문 조사를 실시하다	**hold a meeting** 회의를 열다
complete a form 양식을 작성하다	**issue a statement** 성명을 발표하다

(4) 4형식 동사: 수여동사

간접목적어와 직접목적어를 필요로 하는 동사이다.

| give 주다 | grant 수여하다 | show 보여 주다 | teach 가르치다 | tell 말하다 | pass 건네다 등 |

Management gave all the workers a big bonus. 경영진은 모든 직원들에게 많은 보너스를 지급했다.
[간접목적어: all the workers, 직접목적어: a big bonus]

(5) 5형식 동사: 불완전타동사

보어와 목적어를 모두 필요로 하는 동사이다.

You will **find** the article useful and interesting. 그 기사가 유용하고 재미있다는 것을 알게 될 것이다.
[목적어: article, 목적보어: useful and interesting]

❷ 수 일치

주어가 단수일 경우에는 단수동사를 사용해야 하며, 주어가 복수일 경우에는 복수동사를 사용해야 한다.

구분	단수 주어		복수 주어	
	현재시제	과거시제	현재시제	과거시제
be동사	am/is	was	are	were
일반동사	동사원형 + -s/-es	동사의 과거형	동사원형	동사의 과거형

Cindy **takes** the bus home. Cindy는 버스를 타고 집에 간다.
We **were** preparing lunch in the morning. 우리는 오전에 점심 식사를 준비하고 있었다.

(1) 주어를 단수로 취급하는 경우

주어가 가산단수명사, 불가산명사, 또는 명사구/명사절인 경우에는 단수로 취급한다.

The sign **reads** "No Trespassing." 그 표지 판에는 "출입 금지"라고 적혀 있다. [가산단수명사]
My desire **is** to work as an archaeologist. 나의 바람은 고고학자로서 일하는 것이다. [불가산명사]
Surfing at the beach **is** my favorite sport. 해변에서 서핑하는 것은 내가 가장 좋아하는 스포츠이다. [명사구]

(2) 주어를 복수로 취급하는 경우

주어가 가산복수명사, 「명사 and 명사」인 경우에는 복수로 취급한다.

Prizes **are** given to all of the children. 모든 아이들에게 상이 수여된다. [가산복수명사]
Sue and Rachel **are** my coworkers. Sue와 Rachel은 나의 동료들이다. [명사 and 명사]

cf. 주어 뒤에 수식어구가 있을 경우, 수식어구를 삭제한 다음 주어와 동사를 일치시킨다.

All of the employees (in the office) **look** tired. 사무실의 모든 직원들이 피곤해 보인다.

정답 p.008

Ⓐ 밑줄 친 부분을 올바르게 고치세요.

1 Please <u>submit of</u> your receipts from your business trip as soon as possible.

2 The thunderstorm knocked down many power lines and <u>damaging</u> two generators.

Ⓑ 밑줄 친 부분 중 잘못된 것을 고르세요.

1 The politicians (a) <u>has to</u> consider the (b) <u>will</u> of the (c) <u>local residents</u>.

2 Mr. Walker has (a) <u>agreed</u> the plans for the house, so construction will (b) <u>begin</u> (c) <u>immediately</u>.

Ⓒ 빈칸에 들어갈 알맞은 말을 고르세요.

1 Since Arnold ------- in China, he is learning to speak the language.

(a) lives

(b) was living

(c) is lived

2 You must ------- the regulations that are posted on the Web site, or you may get in trouble.

(a) following

(b) followed

(c) follow

3 It is necessary to ------- to all requests by customers within 24 hours.

(a) response

(b) respond

(c) responsible

4 In the third quarter, Mr. Thompson's sales team ------- its performance by 38%.

(a) increasing

(b) increase

(c) increased

어휘

submit 제출하다
generator 발전기
politician 정치가
resident 거주자, 주민
construction 공사

immediately 즉시
regulation 규정
post 게재하다
get in trouble 곤란에 처하다
respond 응답하다

request 요청
quarter 분기
performance 실적

Leading a healthy lifestyle can ensure that a person ------- in good shape.

(A) remain

(B) remains

(C) to remain

(D) remaining

🔓 문제 해설

● 문장의 동사는 ensure이고 that절이 ensure의 목적어 역할을 하고 있다.

● 빈칸에는 that절의 주어인 'a person'과 어울릴 수 있는 동사 형태가 들어가야 하는데, 'a person'은 3인칭 단수이므로 (B)의 remains가 정답이다.

● (A)의 remain은 주어가 복수일 경우에 사용될 수 있는 형태이고, (C)의 to remain과 (D)의 remaining은 동사 역할을 할 수 없다.

⭐ 해석

건강한 생활 방식을 영위하면 건강을 유지할 수 있다.	**어휘**
(A) remain	**lead** 이끌다
(B) remains	**ensure** 확실히 하다, 보장하다
(C) to remain	**in good shape**
(D) remaining	상태가 좋은, 건강한

MORE & MORE

정답 p.008

밑줄 친 부분이 올바르면 ○, 그렇지 않으면 ×에 표시하세요.

❶ Please remain in your seats during the entire performance.　　(○ | ×)

❷ Nobody knows how many people remains in the stadium.　　(○ | ×)

❸ It is important to remain calm during an emergency.　　(○ | ×)

PART 5

예상적중문제 02 빈칸에 들어갈 가장 알맞은 보기를 고르세요.

While his specialty is computer programming, he ------- computers as well.

(A) repair

(B) repairs

(C) repairing

(D) repaired

🔒 **문제 해설**

- 동사 repair(수리하다)의 알맞은 형태를 묻는 문제이다.

- 빈칸 앞의 주어인 he가 3인칭 단수이므로 3인칭 단수에 쓰일 수 있는 동사인 (B)와 (D) 중에서 정답을 고른다.

- 콤마 앞의 부사절에서 동사의 시제가 현재이므로, 빈칸에 들어갈 동사의 시제 또한 현재여야 한다. 따라서 정답은 (B)이다.

- 현재분사인 (C)의 repairing(수리하는)은 동사가 아니기 때문에 정답이 될 수 없다.

⭐ **해석**

그의 특기는 컴퓨터 프로그래밍이지만, 그는 컴퓨터도 수리한다.

(A) repair

(B) repairs

(C) repairing

(D) repaired

어휘

specialty 전문, 특기
repair 수리하다
as well 또한

밑줄 친 부분이 올바르면 ○, 그렇지 않으면 ×에 표시하세요.

정답 p.008

① The employees at the company <u>repair</u> televisions. (○ | ×)

② Jason and Mindy <u>repairs</u> bicycles at their shop. (○ | ×)

③ They were <u>repairing</u> several computers at once. (○ | ×)

Ⅱ 시제

동사의 시제는 **단순시제, 진행시제, 완료시제**로 구분되며, 각각의 시제는 **현재/과거/미래**로 다시 나뉜다. 동사 문제를 풀 때, **수 일치, 시제, 태**를 고려해야 하므로, 각각의 시제를 정확히 이해해야 한다.

❶ 단순시제

단순시제는 현재시제, 과거시제, 미래시제로 구분할 수 있으며, 현재/과거/미래의 특정 시점에 일어난 일이나 상태를 표현한다.

(1) 현재시제

현재의 상황을 나타낼 때에는 현재시제를 사용한다. 반복적인 행동, 일반적인 사실 또한 현재시제로 나타낸다. be동사는 am/are/is의 형태이며, 일반동사의 경우 '동사원형 + −s/−es'의 형태이다.

The sun **rises** in the east and **sets** in the west. 태양은 동쪽에서 뜨고 서쪽으로 진다.

cf. 현재시제와 함께 사용되는 부사

now 현재	currently 현재	usually 보통	always 항상	sometimes 때때로

Henry <u>usually</u> **goes** to work by bus. Henry는 보통 버스를 타고 출근을 한다.

(2) 과거시제

과거의 상황이나 과거에 이루어진 일을 나타낼 때 사용한다. be동사는 was/were, 일반동사는 '동사원형 + −ed'의 형태이지만, 불규칙하게 변화하는 동사들이 많다.

The employees **ate** together in the cafeteria. 직원들은 구내 식당에서 함께 식사를 했다.

cf. 과거시제와 함께 사용되는 부사

yesterday 어제	last 지난	ago ~ 전에	then 그때	once 한때

Ten years <u>ago</u>, around 35,000 people **lived** in the city. 10년 전 그 도시에는 약 35,000명이 살고 있었다.

(3) 미래시제

미래의 동작이나 상태를 나타낼 때 사용한다. 'will + 동사원형'의 형태나 'be going to + 동사원형'의 형태이다. 'be scheduled to, be supposed to, be expected to, be due to' 등의 표현들도 미래의 의미를 나타낸다.

It is believed that Mr. Lee **is going to get** a promotion. Lee 씨가 승진할 것으로 생각된다.
Your bus **is scheduled to** depart at noon. 당신의 버스는 정오에 출발할 예정이다.

cf. 미래시제와 함께 사용되는 부사

tomorrow 내일	next ~ 다음	soon 곧	shortly 곧

We will **send** your order <u>tomorrow</u> morning. 귀하의 주문품을 내일 오전에 발송할 것입니다.

❷ 진행시제

진행시제는 「be동사 + -ing」 형태로 나타내며, 특정한 시점에 진행 중인 일을 표현할 때 사용된다.

(1) 현재진행시제

현재 진행 중인 동작을 표현할 때 사용되며, 'am/are/is + -ing'의 형태이다.

Mr. Robinson **is talking** on the phone to a client. Robinson 씨는 전화로 고객과 통화 중이다.

(2) 과거진행시제

과거에 진행 중인 동작을 표현할 때 사용되며, 'was/were + -ing'의 형태이다.

I **was writing** a sales report at that time. 나는 그때 판매 보고서를 작성 중이었다.

(3) 미래진행시제

미래에 진행 중일 동작을 표현할 때 사용되며, 'will be + -ing'의 형태이다.

I **will be working** at 8:00 P.M. tomorrow. 나는 내일 오후 8시에 일하고 있을 것이다.

❸ 완료 시제

완료시제는 '시점'이 아닌 '기간' 개념의 시제이다. 즉, 특정한 시점부터 그 이후의 한 시점까지 동작이나 상태가 지속되거나 영향일 미치는 경우에 사용된다. 완료시제는 「have(has)/had/will have + 과거분사」의 형태이다.

(1) 현재완료시제

과거의 동작이나 상황이 현재에 영향을 미칠 때 현재완료가 사용된다. 현재완료는 「have + 과거분사」의 형태이며 예문에서 볼 수 있듯이 다양한 의미를 지닌다.

She **has learned** the piano since she was eight. 그녀는 8살 이후로 피아노를 배웠다.
→ '계속'의 의미: 8살에 피아노를 배우기 시작했고 현재에도 피아노를 배우고 있다.

She **has lost** her bag in the mall. 그녀는 쇼핑몰에서 가방을 잃어버렸다.
→ '결과'의 의미: 가방을 잃어버려서 지금도 찾지 못하고 있다.

Have you **tried** Vietnamese food? 베트남 음식을 먹어본 적이 있나요?
→ '경험'의 의미로 베트남 음식을 먹어 본 경험이 있는지를 묻고 있다.

(2) 과거완료시제

과거보다 이전 시점의 동작이나 상황을 설명할 때 사용되는 시제로서 「had + 과거분사」의 형태이다. 과거완료는 기준이 되는 시점이 없는 경우에는 단독으로 사용되지 않는다.

It **had rained** heavily before the sun came out. 해가 나기 전까지 비가 세차게 내렸다.

We **had** already **had** dinner when Ms. Hamilton arrived.
Hamilton 씨가 도착했을 때 우리는 이미 저녁을 먹은 상태였다.

(3) 미래완료시제

미래의 특정한 시점까지 동작이나 상황이 계속되거나 완료되는 상황을 설명할 때 사용된다. 「will have + 과거분사」의 형태로, 'by + 미래시점', 'by the time + 현재시제'와 함께 사용된다.

I **will have finished** the task by the time the manager comes back.
관리자가 돌아올 때쯤, 나는 일을 끝냈을 것이다.

❹ 시제 일치

(1) 주절과 종속절의 시제 일치

주절과 종속절의 시제는 상황에 맞게 쓰여야 한다. 주절의 시제가 현재·미래·현재완료일 경우 종속절에는 모든 시제가 가능하다.

I **think** Tom **is** a hard worker. 나는 Tom이 부지런하다고 생각한다.
I **think** Tom **was** a hard worker. 나는 Tom이 부지런했다고 생각한다.

Eric **said** that he **would go** to Ireland. Eric은 자신이 아일랜드에 갈 것이라고 말했다.
Eric **said** that he ~~will go~~ to Ireland. (X)

(2) 시제 일치의 예외

ⓐ 일반적인 사실, 습관, 불변의 진리

일반적인 사실이나 습관, 혹은 불변의 진리를 의미하는 경우에는 항상 현재시제를 사용해야 한다.

Diana **said** she **goes** jogging **every morning**. Diana는 자신이 매일 아침 조깅을 한다고 말했다.
They **learned** that light **travels** faster than sound. 그들은 빛이 소리보다 빠르다는 점을 배웠다.

ⓑ 시간/조건의 부사절

주절의 동사가 미래시제일 경우에도 시간 및 조건을 의미하는 부사절의 동사는 현재시제를 사용해야 한다.

● 시간 접속사

when ~할 때	while ~ 동안	after ~ 후에	before ~ 전에
until ~할 때까지	as soon as ~ 하자마자	by the time ~할 때쯤에	

We **will visit** the museum **after** we **go** to the gallery. 우리는 미술관에 다녀온 후에 박물관에 갈 것이다.

● 조건 접속사

if ~라면	unless 만약 ~이 아니라면	providing / provided ~이라고 가정하면

The game **will take** place **unless** it **rains** today. 오늘 비가 오지 않는다면 그 경기는 실시될 것이다.

ⓒ 주장, 요구, 명령, 제안의 동사 / 의무 형용사

주장, 요구, 명령, 제안을 의미하는 동사, 또는 의무를 의미하는 형용사 뒤에 that절이 올 경우, 주절의 시제에 상관없이 that절의 동사는 동사원형이어야 한다. 이때, 동사 앞에는 조동사 should가 생략되어 있다.

● 주장, 요구, 명령, 제안 동사

insist 주장하다	order 명령하다	suggest 제안하다	recommend 추천하다
propose 제안하다	request 요구하다	require 요구하다	demand 요구하다

The professor **demanded** that every student **submit** the report by Friday.
교수는 모든 학생에게 금요일까지 보고서를 제출할 것을 요구했다.

● 의무 형용사

essential 필수적인	imperative 반드시 해야 하는	necessary 필요한
important 중요한	natural 당연한	vital 필수적인

It is **imperative** that every driver **observe** the traffic signals.
모든 운전자가 교통 신호를 지키는 것은 필수적이다.

Ⓐ 밑줄 친 부분을 올바르게 고치세요.

1 Matt is <u>scheduling</u> to meet with Amanda Perkins right before lunch.

2 If you <u>will lose</u> your receipts, you will not be reimbursed the money that you spend.

Ⓑ 밑줄 친 부분 중 잘못된 것을 고르세요.

1 It is not (a) <u>known</u> when the first game of the day (b) <u>is going</u> to (c) <u>begun</u>.

2 Our profits have (a) <u>increasing</u> in three of the last five years (b) <u>thanks to</u> the hard work by our sales (c) <u>force</u>.

Ⓒ 빈칸에 들어갈 알맞은 말을 고르세요.

1 Nobody ------- the phone in the office for the past twenty minutes.

(a) answers

(b) answered

(c) has answered

2 Mr. Brown ------- a seat on the first flight to Dallas tomorrow morning.

(a) reserving

(b) has reserved

(c) be reserved

3 Peter and Greg, who both know Matt, ------- the issue right now.

(a) discusses

(b) is discussing

(c) are discussing

4 Mr. Douglas's plane is ------- arrive at the airport at 5:35 in the morning.

(a) around

(b) forward to

(c) due to

어휘

be scheduled to ~할 예정이다
receipt 영수증
reimburse 배상하다, 변상하다

spend 쓰다, 소비하다
profit 이익
sales force 판매 인력, 판매 부서

both 둘 다
be due to ~할 예정이다

Few customers ------- the store since it reopened in the morning.

(A) visits

(B) visiting

(C) were visited

(D) have visited

🔓 문제 해설

- 부사절인 'since it reopened in the morning'을 삭제하면, 이 문제는 'few customers(거의 없는 손님들)'라는 주어에 어울리는 동사의 형태를 고르는 문제이다.
- (A)의 visits는 주어가 단수일 때 사용할 수 있는 동사이므로 빈칸에 들어갈 수 없고, (B)의 visiting은 분사이거나 동명사이 므로 서술어 역할을 할 수 없다.
- (C)의 were visited는 수동태로 '방문되었다'는 의미이므로 문맥에 맞지 않는다.
- 따라서 현재완료 형태인 (D)의 have visited(방문했다)가 정답이다.

⭐ 해석

아침에 문을 다시 연 이후로 매장을 방문한 손님이 거의 없었다.	**어휘**
(A) visits	few 거의 없는
(B) visiting	reopen
(C) were visited	다시 문을 열다; 재개하다
(D) have visited	

🎓 MORE & MORE

정답 p.009

밑줄 친 부분이 올바르면 O, 그렇지 않으면 ×에 표시하세요.

❶ The engineers, who work at JL, Inc., <u>visits</u> the new client tomorrow.   (O | ×)

❷ Several foreign students are <u>visiting</u> the museum this afternoon.   (O | ×)

❸ Mr. Kennedy and his family <u>were visited</u> several countries in Europe.   (O | ×)

If Eric Denver does well on this project, Mr. Perkins ------- him to a higher position.

(A) promotes

(B) promoting

(C) will promote

(D) has promoted

🔒 문제 해설

● 동사 promote(승진시키다)의 알맞은 형태를 찾아야 하는 문제이다.

● 주어진 문장은 'Eric Denver가 이번 프로젝트를 잘 해낸다면, Perkins 씨가 그를 더 높은 직위로 승진시킬 것이다'라는 의미가 되어야 한다.

● 따라서 '승진시킬 것이다'라는 의미인 (C)의 will promote가 가장 적절하다.

● (A)의 promotes는 '승진시키다'라는 현재시제이므로 정답이 될 수 없고, (B)의 promoting(승진하는)은 현재분사이므로 동사 역할을 할 수 없다.

● (D)의 has promoted는 '승진시켰다'라는 현재완료시제이므로 이 역시 정답이 될 수 없다.

⭐ 해석

Eric Denver가 이번 프로젝트를 잘 해낸다면 Perkins 씨는 그를 더 높은 직위로 승진시킬 것이다.

(A) promotes

(B) promoting

(C) will promote

(D) has promoted

어휘

promote 승진시키다; 홍보하다

position 위치; 직, 직위

MORE & MORE

정답 p.009

밑줄 친 부분이 올바르면 ○, 그렇지 않으면 ×에 표시하세요.

❶ This brochure <u>promotes</u> the activities people do at the lake.   (○ | ×)

❷ RTT Media <u>will promote</u> the new product in a variety of ways.   (○ | ×)

❸ Sue Waters <u>has promoted</u> to director thanks to her hard work.   (○ | ×)

Ⅲ 태

문장의 주어와 동사의 관계에 따라 **능동태**와 **수동태**로 구분된다. 동사 문제를 풀 때에는 수 일치, 시제와 함께 **능동태**와 **수동태**를 고려해야 한다. 능동태와 수동태의 동사 형태를 시제에 따라 정리하면 아래의 표와 같다.

시제	능동태	수동태
기본시제	동사	be동사 + 과거분사(p.p.)
진행시제	동사 + –ing	be동사 + being + 과거분사(p.p.)
완료시제	have동사 + 과거분사(p.p.)	have동사 + been + 과거분사(p.p.)

❶ 능동태와 수동태

(1) 능동태와 수동태의 개념

능동태는 '주어가 어떠한 행위를 하다'라는 의미이며, 수동태는 '주어가 어떠한 행위를 당하다'라는 의미이다.

They **established** the company in 1996. 그들은 1996년에 회사를 설립했다.

→ The company **was established** by them in 1996. 그 회사는 1996년에 그들에 의해 설립되었다.

(2) 수동태 문장 만들기

능동태 문장을 수동태로 전환하는 방법은 ① 능동태 문장의 목적어를 주어 자리에 위치시키고, ② 동사를 「be + 과거분사」 형태로 바꾼 다음, ③ 능동태 문장의 주어를 「by + 목적격」 형태로 표시한다. 「by + 목적격」이 일반적인 사람이거나 중요하지 않을 때에는 이를 생략할 수 있다.

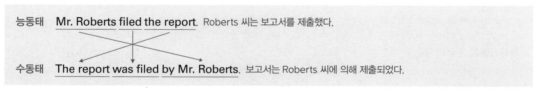

> 능동태 Mr. Roberts filed the report. Roberts 씨는 보고서를 제출했다.
>
> 수동태 The report was filed by Mr. Roberts. 보고서는 Roberts 씨에 의해 제출되었다.

cf. 수동태는 행위의 대상을 강조하고 싶을 때, 혹은 행위의 주체를 밝히기가 어려울 때 주로 사용된다.

That woman **was born** fifty years ago. 그 여자는 50년 전에 태어났다.
→ 행위의 주체인 '낳은 사람'보다 행위의 대상인 '태어난 사람'을 강조

Kevin **was blamed** for the accident. Kevin은 사고에 대한 비난을 받았다.
→ 행위의 주체인 '비난을 한 사람들'을 밝히기가 어려움

(3) 능동태와 수동태의 구분

능동태 문장에는 목적어가 있고 수동태 문장에는 목적어가 없다. 이는 당연한 것이지만 토익 문제를 풀 때 유용하게 활용될 수 있다. 즉, 문장에 목적어가 있는지를 확인하면 동사의 형태가 능동태여야 하는지 수동태여야 하는지를 쉽게 파악할 수 있다.

The Dolphins **defeated** the Lions in last night's game. 어젯밤 경기에서 Dolphins 팀이 Lions 팀을 이겼다.
→ 목적어가 있으므로 동사가 능동태 형태이다.

The soldiers **were defeated** by the enemy. 그 군인들은 적들에게 패배를 당했다.
→ 목적어가 없으므로 동사가 수동태 형태이다.

❷ 주의해야 할 수동태

진행형은 「be동사 + −ing」의 형태이고 완료시제는 「have동사 + 과거분사」의 형태이기 때문에, 진행형의 수동태는 「be동사 + being + 과거분사」가 되고 완료시제의 수동태는 「have동사 + been + 과거분사」가 된다.

(1) 진행형 + 수동태: be동사 + being + 과거분사

The negotiations **are being conducted** now. 현재 협상이 진행 중이다.

The engineer **is being shown** the safety procedures. 엔지니어에게 안전 절차가 안내되고 있다.

(2) 완료형 + 수동태: have동사 + been + 과거분사

The door **has been unlocked**. 문이 열려 있다.

They **have been warned** about their behavior. 그들은 자신들의 행동에 대해 경고를 받았다.

(3) 4형식 문장의 수동태

간접목적어와 직접목적어 모두 수동태의 주어 자리에 올 수 있지만, 의미에 따라 간접목적어를 주어로 사용할 수 없는 경우도 있다.

Mr. Tanaka **gave** us a piece of advice. Tanaka 씨가 우리에게 조언을 해 주었다.

→ We **were given** a piece of advice by Mr. Tanaka. [간접목적어가 주어 자리에 위치]

→ A piece of advice **was given** to us by Mr. Tanaka. [직접목적어가 주어 자리에 위치]

> **cf.** 간접목적어를 주어로 사용할 수 없는 경우

I **sent** Sam an e-mail this morning. 나는 오늘 아침에 Sam에게 이메일을 보냈다.

→ An e-mail **was sent** to Sam this morning by me. [직접목적어가 주어 자리에 위치]

→ Sam **was sent** an e-mail this morning by me. (X)

(4) 5형식 문장의 수동태: be동사 + 과거분사 + 보어

5형식 문장의 경우 능동태 문장의 목적격보어가 수동태 문장에서 'be동사 + 과거분사' 뒤에 그대로 남게 되며, 이는 주격보어 역할을 하게 된다.

They **considered** Mr. Collins the greatest actor. 그들은 Collins 씨를 가장 위대한 배우라고 생각했다.
[the greatest actor: 목적격보어]

→ Mr. Collins **was considered** the greatest actor by us. Collins 씨는 가장 위대한 배우로 여겨졌다.
[the greatest actor: 주격보어]

(5) 조동사가 있는 경우

조동사가 들어 있는 능동태 문장은 「조동사 + be동사 + 과거분사」 형태의 수동태 문장으로 바꿀 수 있다.

They **will employ** at least 15 individuals. 그들은 최소 15명을 채용할 것이다.

→ At least 15 individuals **will be employed** by them. 최소 15명이 채용될 것이다.

(6) 부정문의 수동태: be동사 + not + 과거분사

부정문을 수동태로 변환하는 경우에는 be동사와 과거분사 사이에 not을 위치시킨다.

Emily **did not send** the e-mail. Emily는 그 이메일을 보내지 않았다.

The e-mail **was not sent** by Emily. 그 이메일은 Emily가 보낸 것이 아니다.

❸ 수동태 문장에서 by 이외의 전치사를 사용하는 경우

수동태 문장에서 행위의 주체는 주로 전치사 by를 사용하여 나타내지만 by 이외의 전치사들이 사용되는 경우도 많다.

be worried about ~에 대해 걱정하다	be derived from ~으로부터 유래하다
be interested in ~에 관심이 있다	be composed of ~으로 구성되다
be tired of ~하는 데 싫증이 나다	be scared of ~을 무서워하다
be married to ~와 결혼하다	be pleased with ~으로 기쁘다
be covered with ~으로 덮여 있다	be filled with ~으로 가득하다
be related to ~와 관련이 있다	be divided into ~으로 구분되다
be enclosed with ~와 함께 동봉되다	be equipped with ~이 구비되다

We **are worried about** the new contract. 우리는 새로운 계약에 대해 걱정하고 있다.

I **am tired of** making mistakes. 나는 실수하는 것에 진절머리가 난다.

The CEO **is pleased with** his new receptionist. 대표 이사는 새로운 접수 담당자를 마음에 들어 한다.

The sky **is filled with** birds flying south. 하늘이 남쪽으로 날아가는 새들로 가득하다.

❹ 수동태 전환이 불가능한 경우

능동태를 수동태로 전환하기 위해서는 문장에 반드시 목적어가 있어야 한다. 그러므로 목적어를 필요로 하지 않는 1형식 문장과 2형식 문장은 수동태로 전환할 수 없다.

occur 일어나다, 발생하다	exist 존재하다	last 지속되다
originate 비롯되다	disappear 사라지다	emerge 나타나다
remain ~한 상태로 남아 있다	become ~이 되다	seem ~으로 보이다

Life cannot **exist** without water. 물 없이는 살 수 없다.

The orientation session **lasted** for two hours. 오리엔테이션은 2시간 동안 계속되었다.

> **cf.** 능동의 의미이지만 수동의 의미로 생각하기 쉬운 동사들에 주의해야 한다.

defeat 패배시키다 (패배하다 X)	seat 앉히다 (앉다 X)
injure 다치게 하다, 부상을 입히다 (다치다 X)	locate 놓다, 위치시키다 (위치하다 X)
surprise 놀라게 하다 (놀라다 X)	excite 흥분하게 만들다 (흥분하다 X)

Please **seat** yourself in a chair. 의자에 앉으세요.

The diners **were seated** by the waiter. 식당 손님들이 웨이터의 안내에 따라 자리에 앉았다.

Ⓐ **밑줄 친 부분을 올바르게 고치세요.**

1 Nobody is <u>permission</u> to enter the lab unless Dr. Wilson is there.

2 Mr. Jenkins <u>has appointed</u> the vice president by the CEO last night.

Ⓑ **밑줄 친 부분 중 잘못된 것을 고르세요.**

1 Everyone (a) <u>is expected</u> (b) <u>to follow</u> the regulations that (c) <u>are listing</u> in the employee handbook.

2 (a) <u>According to</u> the terms, members (b) <u>will charge</u> lower rates than (c) <u>nonmembers</u>.

Ⓒ **빈칸에 들어갈 알맞은 말을 고르세요.**

1 The rent for the office must ------- no later than the fifteenth of every month.

(a) pay

(b) be paid

(c) have paid

2 Every receipt that you receive should ------- and not thrown away.

(a) keep

(b) keeping

(c) be kept

3 The budget ------- by Clark Kellogg next month.

(a) will determine

(b) will be determined

(c) have determined

4 Last night, Governor Ed Wallis ------- by his opponent, Rick Arnold.

(a) defeated

(b) was defeating

(c) was defeated

어휘

permission 허가
lab 실험실, 연구실
appoint 임명하다
vice president 부사장
regulation 규정

employee handbook 직원 안내서
rent 임대료
no later than 늦어도
throw away 버리다
budget 예산

determine 결정하다
governor 주지사
opponent 상대
defeat 물리치다

예상적중문제 05   빈칸에 들어갈 가장 알맞은 보기를 고르세요.

ATQ Industries ------- for the excellent quality of its products.

(A) knows

(B) knew

(C) has known

(D) is known

🔓 **문제 해설**

- 주어진 문장은 'ATQ 산업은 뛰어난 품질의 제품으로 잘 알려져 있다'는 수동의 의미가 되어야 한다. 따라서 빈칸에는 '알려져 있다'라는 수동의 의미를 지닌 표현이 들어가야 한다.

- (A)의 knows(알다)는 현재시제, (B)의 knew(알았다)는 과거시제 동사이다. 그리고 (C)의 has known(알았다)은 현재완료시제의 동사로, 이들은 모두 능동의 의미를 나타낸다.

- 따라서 정답은 「be + 과거분사」의 형태를 이용하여 수동의 의미를 나타내고 있는 (D)의 is known이다.

묘수풀이

known을 이용한 관용 표현을 알고 있으면 이와 같은 문제를 쉽게 풀 수 있다.
- be known to: ~에게 알려져 있다
- be known as: ~으로 알려져 있다
- be known for: ~으로 잘 알려져 있다, 혹은 ~으로 유명하다

⭐ **해석**

ATQ 산업은 제품의 품질이 뛰어난 것으로 유명하다.

(A) knows

(B) knew

(C) has known

(D) is known

어휘
be known for ~으로 유명하다,
excellent 탁월한, 뛰어난
quality 질, 품질

MORE & MORE

정답 p.010

밑줄 친 부분이 올바르면 ○, 그렇지 않으면 ×에 표시하세요.

❶ Someone in the office <u>knows</u> how to solve the problem.   (○ | ×)

❷ Did Jessica <u>knew</u> what to do to help you?   (○ | ×)

❸ Peter <u>has known</u> by a lot of people in the industry.   (○ | ×)

Ms. Williams ------- by many people to be a leader in the manufacturing sector.

(A) considers

(B) is considered

(C) is considering

(D) will consider

📝 문제 해설

● 보기의 동사인 consider는 '~라고 여기다'라는 의미이다.

● consider는 5형식 동사로서 능동태로 사용되려면 'consider + 목적어 + 목적보어' 형태가 되어야 한다.

● 그런데 빈칸 뒤에 목적어가 아닌 'by + 목적격'이 있으므로 수동태인 (B)가 정답이라는 것을 알 수 있다.

● 해석을 통해서도 'Williams 씨는 제조업 분야에서 리더가 되었다고 여겨진다'는 의미가 되어야 자연스럽다는 사실을 확인할 수 있다.

⭐ 해석

Williams 씨는 제조업 분야에서 리더가 되었다고 여겨진다.

(A) considers

(B) is considered

(C) is considering

(D) will consider

어휘

manufacturing 제조업

sector 분야

consider ~라고 여기다

MORE & MORE

정답 p.010

밑줄 친 부분이 올바르면 ○, 그렇지 않으면 ✕에 표시하세요.

❶ Many employees <u>considers</u> Dr. Williamson to be a good boss.   (○ | ✕)

❷ Ms. Lewis, the head of the department, <u>is considering</u> hiring more workers.   (○ | ✕)

❸ The board of directors <u>will consider</u> expanding into the Asian market.   (○ | ✕)

Questions 07-10 refer to the following article.

Turkish Delights, a local restaurant ------- in Middle Eastern food, is opening a new
                                    07.
restaurant. Mert Hambi, the owner of Turkish Delights, said he hopes the new restaurant

is a success. "The new restaurant will be located downtown," he commented. "Many

customers at my store in the east side come from downtown. -------." Turkish Delights
                                                            08.
------- in 2012. Since then, it has won several awards ------- received many positive
  09.   **10.**
reviews. Its customers often talk about the high quality of the food.

07. (A) specializing
　　　(B) specializes
　　　(C) specialize
　　　(D) will specialize

08. (A) Prices have gone up more than
　　　　　expected.
　　　(B) It's the only restaurant I will ever
　　　　　have.
　　　(C) It closed down around two years
　　　　　ago.
　　　(D) Now they won't have to travel so far.

09. (A) establish
　　　(B) was established
　　　(C) was establishing
　　　(D) established

10. (A) and
　　　(B) but
　　　(C) as well
　　　(D) because

07 ● 빈칸부터 food까지는 빈칸 앞의 restaurant를 수식하는 역할을 하므로 빈칸에는 동사가 사용될 수 없다. 따라서 현재분사인 (A)의 specializing이 정답이 된다. 나머지 보기는 모두 동사이다.

08 ● 빈칸 앞의 문장은 '기존 식당에 오는 다수의 고객들이 시내에서 온다'는 내용이며, 그 앞의 문장은 새 식당이 시내에 (downtown) 생겼다는 내용이다.
● 두 문장에 이어지기에 자연스러운 것은 '고객들이 더 이상 먼 곳으로 이동하지 않아도 된다'는 내용의 (D)이다.

09 ● 빈칸 뒤에 특정 연도가 있는데, 문장의 주어가 식당 이름인 Turkish Delights이므로 '설립되었다'는 의미의 수동태가 되어야 한다. 따라서, (B)의 was established가 정답이다.

10 ● 빈칸 앞에 '여러 번 수상했다'는 내용이 있고, 빈칸 뒤에는 '많은 긍정적인 리뷰를 받았다'는 내용이 있다.
● 두 내용은 대등하다고 볼 수 있으므로 정답은 등위접속사인 (A)의 and이다.

⭐ 해석

중동 음식을 전문으로 하는 지역의 식당인 Turkish Delights가 새 식당을 개업한다. Turkish Delights의 주인인 Mert Hambi 는 새 식당이 성공하기를 바란다고 말했다. 그는 "새 식당은 시내에 위치하고 있습니다"라고 말했다. "동부에 있는 저희 점포의 많은 고객들은 시내에서 오십니다. **이제 그분들은 그렇게 멀리 이동하실 필요가 없을 것입니다.**" Turkish Delights는 2012년에 설립되었다. 그때부터, 이곳은 여러 번 상을 받았고 긍정적인 리뷰를 많이 받았다. 이곳의 고객들은 뛰어난 음식의 질에 대해 자주 이야기한다.

- -

07. (A) specializing
    (B) specializes
    (C) specialize
    (D) will specialize

08. (A) 가격은 예상했던 것보다 인상되었습니다.
    (B) 이곳은 저의 첫 번째 식당입니다.
    (C) 이곳은 2년 전에 문을 닫았습니다.
    (D) 이제 그분들은 그렇게 멀리 이동하실 필요가 없을 것입니다.

09. (A) establish
    (B) was established
    (C) was establishing
    (D) established

10. (A) and
    (B) but
    (C) as well
    (D) because

어휘 downtown 시내에   comment 논평하다, 의견으로 진술하다   customer 고객   several 몇몇의   positive 긍정적인

🎓 MORE & MORE

정답 p.010

밑줄 친 부분이 올바르면 ○, 그렇지 않으면 ×에 표시하세요.

❶ One of the programmers <u>specializes</u> in creating new apps.   (○ | ×)

❷ The restaurant <u>established</u> by Mr. Collins in 1994.   (○ | ×)

❸ They hope to finish this project soon and another one <u>as well</u>.   (○ | ×)

Ⅳ to부정사

동사 원형 앞에 to를 붙임으로써 동사를 명사, 형용사, 혹은 부사처럼 사용할 수 있는데, 이를 to부정사라고 한다. 이와 같이 동사 이외의 품사로 활용하기 위해 동사의 형태를 변형한 것을 준동사라고 한다. 준동사에는 부정사, 동명사, 분사가 있다.

종류	동사의 형태	역할
to부정사	to + 동사원형	명사, 형용사, 부사
동명사	동사원형 + –ing	명사
분사	동사원형 + –ing / 동사원형 + –ed	형용사

❶ to부정사의 용법

(1) 명사적 용법
to부정사는 명사처럼 문장 내에서 주어, 보어, 목적어 역할을 할 수 있다.

ⓐ **주어 역할**

To argue with everyone is not polite. 모든 사람들과 논쟁을 벌이는 것은 공손하지 못한 일이다.

It is impossible **to inspect all the facilities in a single day**.
단 하루에 모든 시설을 점검하는 것은 불가능하다.

ⓑ **보어 역할**

Our goal is **to make the best products in the world**. 우리의 목표는 세계 최고의 제품을 만드는 것이다.

ⓒ **목적어 역할**

They need **to speak with their boss**. 그들은 사장과 이야기를 나누어야 한다.

(2) 형용사적 용법
to부정사는 형용사와 같이 명사를 수식하거나 문장에서 보어 역할을 할 수 있다.

ⓐ **명사 수식**

She chose a blue dress **to wear**. 그녀는 자신이 입을 파란색 드레스를 선택했다.

ⓑ **보어 역할**

I am **to interview** at the company tomorrow. 나는 내일 그 회사에서 면접을 볼 것이다.

(3) 부사적 용법
to부정사는 부사처럼 수식어 역할을 할 수 있으며, 목적이나 결과 등의 의미를 나타낼 수 있다.

I visited the bus station **to pick up my parents**. [목적: ~하기 위하여]
나는 부모님을 마중하기 위해 버스 터미널로 갔다.

She grew up **to be a famous pianist**. [결과: 결국 ~하다]
그녀는 자라서 유명한 피아니스트가 되었다.

cf. 목적의 의미를 확실히 나타내기 위해 'in order to', 'so as to'를 사용할 수도 있다.

You should get a patent **in order to** protect the rights to your invention.
발명품에 대한 권리를 보호받기 위해서는 특허를 얻어야 한다.

Take a break **so as to** keep from getting tired. 지치지 않도록 휴식을 취하세요.

❷ to부정사의 의미상 주어

문장의 주어와 to부정사의 주어가 서로 다른 경우에는 to부정사의 의미상 주어를 'for + 목적격'으로 나타낸다. to부정사의 의미상 주어는 to 앞에 위치한다.

There are lots of assignments <u>**for me to complete**</u>. 내가 끝내야 하는 과제들이 많이 있다.
↓
complete이라는 행위의 주체

❸ to부정사의 쓰임

(1) 의문사 + to부정사

의문사가 to부정사와 함께 쓰여 명사구를 만들 수 있다.

ⓐ how + to부정사: 어떻게 ~하는지

Many people have never learned **how to drive**. 많은 사람들이 운전하는 법을 배워본 적이 없다.

ⓑ what + to부정사: 무엇을 ~할지

Do you know **what to do** next? 다음에 무엇을 해야 하는지 알고 있나요?

ⓒ when + to부정사: 언제 ~할지

Their boss tells them **when to take** a break. 그들의 상사는 언제 휴식을 취해야 하는지 그들에게 알려 준다.

ⓓ where + to부정사: 어디에서 ~할지

Let's choose **where to eat** tonight. 오늘 밤에 어디에서 식사를 할지 정해요.

(2) to부정사를 목적어로 취하는 동사

attempt 시도하다	choose 선택하다	decide 결정하다
expect 예상하다, 기대하다	fail 실패하다, 못하다	hope 바라다
intend 의도하다	plan 계획하다	pretend ~인 척하다
promise 약속하다	refuse 거절하다, 거부하다	want 원하다

Mr. Romney **intends to establish** a new company. Romney 씨는 새로운 회사를 설립할 생각이다.

Everyone **decided to order** pizza for lunch. 모든 사람이 점심 식사로 피자를 시키기로 결정했다.

Will you **promise to be** honest at all times? 항상 정직하겠다고 약속할 수 있나요?

(3) to부정사를 목적격 보어로 취하는 동사

tell A to B A에게 B하라고 말하다	**order A to B** A에게 B하라고 지시[명령]하다
ask [require] A to B A에게 B할 것을 요구하다	**request A to B** A에게 B할 것을 요청하다
allow [permit] A to B A가 B하는 것을 허락하다	**force A to B** A에게 B할 것을 강요[강제]하다
forbid A to B A가 B하는 것을 금지하다	**enable A to B** A가 B할 수 있게 하다

Please **ask** someone **to give** you some assistance. 도움을 달라고 누군가에게 요청하세요.

The manager **allowed** the customer **to exchange** the item. 매니저는 고객이 제품을 교환하도록 허락했다.

She **forced** her team members **to do** the work. 그녀는 팀원들에게 그 일을 하라고 강요했다.

④ 원형부정사

지각동사나 사역동사의 목적격 보어가 부정사인 경우 to가 생략된 형태인 동사 원형이 와야 하는데, 이를 원형부정사라고 한다.

(1) 지각동사 + 목적어 + 원형부정사

지각동사에는 see, watch, look at, hear, feel, notice 등이 있다.

I **saw** Mr. Gibson **walk** in the park. 나는 Gibson 씨가 공원에서 걷는 것을 보았다.

(2) 사역동사 + 목적어 + 원형부정사

사역동사에는 let, have, make 등이 있다.

Because her computer was broken, I **let** Emma **use** my laptop.
그녀의 컴퓨터가 고장 나서, 나는 Emma가 내 노트북을 쓰도록 해주었다.

> **cf.** help는 원형부정사와 to부정사를 모두 목적격 보어로 취할 수 있다.

Mr. Letterman **helped** Ms. Apu **(to) work** on her paper.
Letterman 씨는 Apu 씨가 그녀의 논문 작업을 하는 것을 도와 주었다.

⑤ to부정사의 관용 표현

be able to ~할 수 있다	**be apt to** ~하기 쉽다, ~하는 경향이 있다
be eager to ~하기를 열망하다	**be [feel] free to** 마음껏 ~하다
be hesitant to ~하는 것을 주저하다	**be inclined to** ~할 의향이 있다
be likely [liable] to ~하기 쉽다	**be obliged to** 어쩔 수 없이 ~하다
be ready to ~할 준비가 되다	**be reluctant to** ~하는 것을 꺼리다
be sure to 반드시 ~하다	**be willing to** 기꺼이 ~하다

Fred **is eager to fly** to Rome next week. Fred는 다음 주에 로마에 가게 되기를 고대하고 있다.

You are not **obliged to accept** the transfer. 당신은 전근을 수락하지 않아도 된다.

Ms. Mahoney **was reluctant to speak** in public. Mahoney 씨는 사람들 앞에서 이야기하는 것을 꺼렸다.

정답 p.010

A 밑줄 친 부분을 올바르게 고치세요.

1 It is necessary to <u>submission</u> all receipts to the Accounting Department.

2 I am <u>aptitude</u> to be satisfied if the work gets finished on time.

B 밑줄 친 부분 중 잘못된 것을 고르세요.

1 (a) <u>Learning</u> how to (b) <u>operation</u> the machinery takes several months to (c) <u>accomplish</u>.

2 After (a) <u>arranging</u> a meeting with Mr. Lewis, Stan (b) <u>hurried</u> to the airport to (c) <u>caught</u> his flight to Spain.

C 빈칸에 들어갈 알맞은 말을 고르세요.

1 Ms. Landers is expecting you, so please feel free ------- her office.

(a) entering

(b) to enter

(c) enter

2 If it snows on Thursday, it will be necessary ------- for work earlier than normal.

(a) departing

(b) depart

(c) to depart

3 Mr. Jackson is liable ------- his former employer for failing to follow the terms of his contract.

(a) to sue

(b) suing

(c) sue

4 They expect all of their employees ------- their duties efficiently and effectively.

(a) perform

(b) to perform

(c) performing

어휘

submit 제출하다
be apt to ~하기 쉽다
machinery 기계 장치
accomplish 완수하다
arrange 준비하다

flight 항공편
feel free to 마음껏 ~하다
necessary 필요하다
earlier than normal 평소보다 일찍
be liable to ~할 것 같다

sue 고소하다
former 예전의
terms (계약의) 조건
efficiently 효율적으로
effectively 효과적으로

Please be sure ------- all of the equipment to the shelf when you finish with it.

(A) return

(B) returning

(C) returned

(D) to return

🔒 문제 해설

● '반드시 ~하다' 혹은 '잊지 말고 ~하다' 라는 의미는 'be sure to'를 이용하여 나타낼 수 있다.

● 따라서 정답은 (D)의 to return인데, 이와 같은 관용표현은 외워 두어야 한다.

⭐ 해석

사용을 마친 후에는 잊지 말고 모든 장비들을 선반에 다시 가져다 놓으세요.

(A) return

(B) returning

(C) returned

(D) to return

어휘
be sure to 반드시 ~하다, 잊지 말고 ~하다
equipment 장비
shelf 선반

MORE & MORE

정답 p.010

밑줄 친 부분이 올바르면 ○, 그렇지 않으면 ×에 표시하세요.

❶ You can <u>return</u> the books at the library's front desk.   (○ | ×)

❷ Having <u>returning</u> from Europe, Mary immediately began looking for a job.   (○ | ×)

❸ Peter forgot <u>returned</u> the car keys he borrowed from Pamela.   (○ | ×)

예상적중문제 **12**   빈칸에 들어갈 가장 알맞은 보기를 고르세요.

The manager encourages his workers ------- hard to learn the new technology.

(A) will train

(B) have trained

(C) training

(D) to train

🔒 문제 해설

● 빈칸은 동사 encourage의 목적보어 자리이다. 따라서 동사인 (A)와 (B)는 정답에서 제외된다.

● encourage는 to부정사를 목적보어로 취하는 동사이므로 정답은 (D)이다.

● 이와같이 to부정사를 목적보어로 취하는 동사들을 정리해 두면 정답을 쉽게 고를 수 있다.

⭐ 해석

관리자는 그의 직원들이 새로운 기술을 배우기 위해 열심히 교육받을 것을 권장한다.

(A) will train

(B) have trained

(C) training

(D) to train

어휘

encourage 권장하다

technology 기술

MORE & MORE

정답 p.011

밑줄 친 부분이 올바르면 ○, 그렇지 않으면 ×에 표시하세요.

① The new employees <u>will train</u> all day long last week.　　(○ | ×)

② Nobody <u>have trained</u> on the forklift in the warehouse yet.　　(○ | ×)

③ Several people are taking a <u>training</u> program to learn the new software.　　(○ | ×)

Ⅴ 동명사

동명사는 「동사 + -ing」 형태로서 '~하는 것'이라는 의미가 되어 문장에서 명사처럼 사용된다. 동명사는 **명사의 특성**과 동사의 특성을 모두 가지고 있는데, 예를 들면 동사처럼 목적어를 취할 수 있다. 주의해야 할 것은 동명사가 동사의 특성을 가지고 있기는 하지만 문장에서 동사로 사용될 수는 없다는 점이다.

① 동명사의 특성

(1) 명사로서의 특성

동명사는 명사처럼 사용되기 때문에 주어, 목적어, 보어 역할을 할 수 있다.

ⓐ 주어 역할

Piloting an airplane is a difficult skill to learn. 비행기를 조종하는 것은 배우기 어려운 기술이다.

ⓑ 보어 역할

Kelly's hobby is **playing** the piano. Kelly의 취미는 피아노를 치는 것이다.

ⓒ 동사의 목적어 역할

They prefer **attending** rock concerts. 그들은 록 콘서트에 가는 것을 좋아한다.

ⓓ 전치사의 목적어 역할

He arrived here by **driving** his car. 그는 자신의 차를 운전해서 여기에 도착했다.

(2) 동사로서의 특성

동명사는 동사의 특성을 가지고 있기 때문에 동사처럼 목적어를 취할 수 있다.

Greeting customers is good manners for salespeople.
판매 직원들에게 있어서 고객에게 인사하는 것은 좋은 매너이다.
→ 동명사인 greeting은 동사는 아니지만 동사의 성질을 갖고 있어서 customers를 목적어로 취하고 있다.

② 동명사의 의미상 주어

문장의 주어와 동명사의 주어가 서로 다른 경우에는 동명사의 의미상 주어를 '소유격'으로 나타낸다. 의미상 주어는 동명사 앞에 위치한다.

I was satisfied with **your delivering** my order on time. 나는 당신이 제시간에 주문품을 배송한 것에 만족한다.
deliver라는 행위를 한 주체

❸ 동명사의 쓰임

(1) 동명사를 목적어로 취하는 동사

consider 고려하다	mind 꺼리다	keep 유지하다
enjoy 즐기다	finish 끝내다, 마치다	anticipate 예상하다
quit 그만두다	admit 인정하다	avoid 피하다

The air conditioner **keeps** <u>making</u> noise. 그 에어컨에서는 계속해서 소음이 난다.

Tim **admitted** <u>making</u> a mistake on the report. Tim은 보고서에 실수가 있었다는 것을 인정했다.

(2) 목적어의 형태에 따라 의미가 달라지는 동사

try, remember, 그리고 forget은 목적어로서 to부정사와 동명사 모두를 취할 수 있지만, 어느 것을 목적어로 취하느냐에 따라 그 의미가 달라진다. 일반적으로 목적어로 동명사를 취하면 과거의 의미를, to부정사를 취하면 미래의 의미를 가진다.

try + to부정사: ~하려고 노력하다	try + 동명사: 시험 삼아 ~해보다
remember + to부정사: ~할 것을 기억하다	remember + 동명사: ~했던 것을 기억하다
forget + to부정사: ~할 것을 잊다	forget + 동명사: ~했던 것을 잊다

Henry will **try to remember** the event. Henry는 그 사건을 기억하려고 노력할 것이다.

I **tried calling** the customer. 나는 그 고객에게 시험 삼아 전화해 보았다.

Please **remember to** send the fax. 팩스를 보내야 한다는 것을 기억해 주세요.

Janet **remembers refunding** the money. Janet은 환불을 받았다는 사실을 기억하고 있다.

cf. stop은 동명사만을 목적어로 취하는 동사이다. stop 다음에 to부정사가 오는 경우 stop은 자동사이며, 이때 to부정사는 부사적 용법으로 사용된 것일 뿐 stop의 목적어가 아니다.

He **stopped smoking** because of his bad health. 그는 건강 악화로 담배를 끊었다.
     ↓
   stop의 목적어

Sometimes he **stops to smoke** on a bench. 그는 때때로 벤치에서 담배를 피기 위해 걸음을 멈추었다.
       ↓
   stop의 목적어가 아닌 부사의 역할을 하는 to부정사

❹ 동명사의 관용 표현

be dedicated [devoted] to –ing ~에 헌신하다	have difficulty (in) –ing ~하는 데 어려움을 겪다
be worth –ing ~할 가치가 있다	cannot help –ing ~하지 않을 수 없다
when it comes to –ing ~에 대해 말하자면	by busy –ing ~하느라 바쁘다
look forward to –ing ~을 고대하다	be accustomed [used] to –ing ~하는 데 익숙하다

Ms. Woods **was dedicated to helping** children. Woods 씨는 어린 아이들을 돕는 일에 헌신했다.

The article **is worth paying** attention to. 그 기사는 주의를 기울일 만한 가치가 있다.

정답 p.011

Ⓐ 밑줄 친 부분을 올바르게 고치세요.

1 Most of the workers enjoy <u>learn</u> new skills to improve their abilities.

2 Erica Jackson does not mind <u>to stay</u> late after work some evenings.

Ⓑ 밑줄 친 부분 중 잘못된 것을 고르세요.

1 Ms. Jackson (a) <u>concluded</u> her (b) <u>speech</u> by (c) <u>introduce</u> the new CEO.

2 We (a) <u>look up to</u> meeting you (b) <u>and</u> to doing business with (c) <u>some</u> of your employees.

Ⓒ 빈칸에 들어갈 알맞은 말을 고르세요.

1 Both speaking and ------- well are important skills that all office workers must possess.
(a) written
(b) writing
(c) to write

2 You can start ------- out at the gym immediately.
(a) worked
(b) work
(c) working

3 Mr. Schnell was given a reward for ------- the stolen item that he found.
(a) return
(b) returning
(c) to return

4 ------- merchandise abroad is something Mr. Anderson hopes to do.
(a) Sell
(b) Sold
(c) Selling

어휘

improve 향상시키다
ability 능력
mind 꺼려하다
conclude 끝마치다

speech 연설
introduce 소개하다
look forward to ~을 고대하다
do business 사업을 하다, 일을 하다

possess 소유하다, 갖추다
work out 운동하다
reward 보상
merchandise 물품, 상품

예상적중문제 13   빈칸에 들어갈 가장 알맞은 보기를 고르세요.

The engineer stopped ------- on the machinery in the factory after it was repaired.

(A) check

(B) did check

(C) checking

(D) was checking

🔓 문제 해설

● 빈칸 앞에 동사 stop이 있으므로 동사인 (B)와 (D)는 정답에서 제외된다.

● stop은 동명사를 목적으로 취하는 동사이므로 정답은 (C)이다.

● check을 명사로 볼 경우 이는 가산명사이므로 관사와 함께 사용되어야 한다. 그런데 빈칸 앞에 관사가 없으므로 (A)도 정답이 될 수 없다.

⭐ 해석

그 기술자는 그것이 수리된 이후에 기계를 점검하는 것을 멈췄다.

(A) check

(B) did check

(C) checking

(D) was checking

어휘
engineer 기술자, 기사
machinery 기계류, 기계
repair 수리하다

MORE & MORE

정답 p.011

밑줄 친 부분이 올바르면 O, 그렇지 않으면 ×에 표시하세요.

❶ The inspector must <u>check</u> all of the machinery this afternoon.   (O | ×)

❷ Apparently, the clerk <u>did check</u> for the item in the storage room.   (O | ×)

❸ Several people <u>was checking</u> to see if there were any problems.   (O | ×)

Nobody in the office remembers ------- for the package from the post office yesterday.

(A) signed

(B) signing

(C) to sign

(D) has signed

🔒 문제 해설

● 빈칸 앞에 동사 remember가 있으므로 동사인 (A)와 (D)는 정답에서 제외된다.

● 동사 remember가 to부정사를 목적어로 취할 경우 미래에 할 일을 기억한다는 의미이며, 동명사를 목적어로 취할 경우 과거에 했던 일을 기억한다는 의미이다.

● 문장의 맨 뒤에 yesterday가 있으므로 정답은 (B)이다.

⭐ 해석

사무실의 어느 누구도 어제 소포를 수령했다고 서명했던 것을 기억하지 못한다.

(A) signed

(B) signing

(C) to sign

(D) has signed

어휘

sign for something
~을 수령했다고 서명하다

MORE & MORE

정답 p.011

밑줄 친 부분이 올바르면 ○, 그렇지 않으면 ×에 표시하세요.

❶ She <u>signed</u> the contract as soon as she read all of the terms. (○ | ×)

❷ It is important <u>to sign</u> the form if you understand everything. (○ | ×)

❸ Only one person <u>has signed</u> the sheet to volunteer this weekend. (○ | ×)

PART 5
예상적중문제 15 빈칸에 들어갈 가장 알맞은 보기를 고르세요.

Mr. Anderson forgot ------- Ms. Westmoreland at a sales conference two years ago.

(A) meet

(B) met

(C) has met

(D) meeting

🔒 **문제 해설**

● 빈칸은 동사 forget 뒤에 있으므로 목적어 자리이다.

● 그런데 빈칸 뒤에 Ms. Westmoreland라는 명사가 있으므로, 빈칸에는 목적어 역할을 하는 명사인 동시에 목적어를 취할 수 있는 동사의 성질도 갖고 있는 준동사가 와야 한다.

● 따라서 동명사인 (D)의 meeting이 정답이 된다.

⭐ **해석**

Anderson 씨는 2년 전 판매 회의에서 Westmoreland 씨를 만났던 것을 잊었다.
(A) meet
(B) met
(C) has met
(D) meeting

어휘
conference 회의, 학회

🎓 **MORE & MORE**

정답 p.011

밑줄 친 부분이 올바르면 ○, 그렇지 않으면 ×에 표시하세요.

❶ They are <u>meet</u> in the café to negotiate a solution to the problem. (○ | ×)

❷ The CEO <u>met</u> all of the members of his legal team. (○ | ×)

❸ <u>Meeting</u> in her office is how Ms. Cleveland likes to do business. (○ | ×)

VI 분사

동사에 –ing나 –ed를 붙여 동사를 형용사처럼 사용할 수 있는데, 이를 분사라고 한다. 분사는 수식어 및 보어 역할을 할 수 있고, 분사구문을 이끌 수도 있다.

① 현재분사와 과거분사

수식을 받는 명사와 분사의 관계가 능동이면 현재분사를, 수동이면 과거분사를 사용한다. 분사가 단독으로 사용될 때에는 수식을 받는 명사 앞에, 다른 어구들과 함께 사용될 때에는 수식을 받는 명사 뒤에 위치한다.

(1) 현재분사: 능동의 의미

현재분사는 '동사 + –ing'의 형태이다. 수식을 받는 명사와 분사는 능동의 관계이다.

Most employees working at the hotel are very professional.
→ employee와 working은 능동의 관계이다.
그 호텔에서 일하는 대부분의 직원들은 매우 프로답다.

(2) 과거분사: 수동의 의미

과거분사는 '동사 + –ed'의 형태이다. 수식을 받는 명사와 분사가 수동의 관계이다.

Mr. Martinez will resume the delayed project next month.
→ project와 delayed는 수동의 관계이다.
Martinez 씨는 연기된 프로젝트를 다음달에 다시 시작할 것이다.

② 분사의 역할

분사는 형용사의 역할을 하므로 명사를 수식하거나 보어로 사용될 수 있다.

(1) 명사 수식

Anyone requesting more than three days of sick leave must have a note from a doctor.
3일 이상의 병가를 신청하는 사람은 의사의 진단서를 소지해야 한다.

(2) 보어

ⓐ 주격 보어

The product can become overheated if used too long. 제품을 너무 오래 사용할 경우 과열될 수 있습니다.

ⓑ 목적격 보어

The movie made him interested in studying history. 그 영화는 그가 역사를 공부하는 데 관심을 가지도록 했다.

❸ 분사구문

분사구문이란 분사로 시작되는 구를 뜻하는데, ① 부사절의 접속사를 삭제하고, ② 중복되는 주어를 생략한 후, ③ 부사절의 동사를 분사로 변형하여 만든다. 분사구문은 이유, 조건, 시간, 양보 등의 의미를 나타낸다.

(1) 시간

When she finished her work, she smiled.
→ **Finishing** her work, she smiled. 일을 마쳤을 때, 그녀는 미소를 지었다.

(2) 원인/이유

Because I need a job, I am applying to many companies.
→ **Needing** a job, I am applying to many companies. 일자리가 필요하기 때문에, 나는 여러 회사에 지원하고 있다.

(3) 양보

Although he was asked to give a speech, he declined the offer.
→ **Asked** to give a speech, he declined the offer. 강연 요청을 받았음에도, 그는 그러한 제안을 거절했다.

> cf. 의미를 분명히 하기 위해, 접속사를 삭제하지 않고 분사구문 앞에 남겨 둘 수도 있다.

After reviewing the files, Ms. Harper made a decision. 파일들을 검토한 후, Harper 씨는 결정을 내렸다.
Before returning home, he bought some souvenirs for his friends.
집으로 돌아가기 전에, 그는 친구들을 위해 몇 가지 기념품을 구입했다.

❹ 의미에 주의해야 하는 분사

감정의 의미를 지니고 있는 분사들은 사물을 수식하는 경우 현재분사의 형태를, 사람을 수식하는 경우 과거분사의 형태를 갖는다.

confusing 혼란스럽게 하는	confused 혼란스러운
disappointing 실망시키는	disappointed 실망한
satisfying 만족스러운	satisfied 만족한
worrying 걱정하게 만드는	worried 걱정되는
fascinating 매혹적인	fascinated 매혹되는
boring 지루하게 만드는	bored 지루해 하는
surprising 놀라게 하는	surprised 놀라워 하는
interesting 흥미로운	interested 흥미를 느끼는

The refund policy looks **confusing**. 환불 정책은 혼란스러워 보인다.
The manager was **confused** by a customer's question. 매니저는 한 고객의 질문에 혼란스러워했다.

I liked the movie although some of the scenes were **boring**. 몇몇 장면은 지루했지만 나는 그 영화가 좋았다.
Everyone was **bored** by Mr. Thompson's long speech. Thompson 씨의 긴 연설에 모두가 지루해 했다.

Ⓐ 밑줄 친 부분을 올바르게 고치세요.

1 My performance on the exam was highly <u>disappointed</u>.

2 While the workers are very <u>experiences</u>, they still make mistakes from time to time.

Ⓑ 밑줄 친 부분 중 잘못된 것을 고르세요.

1 Doug was (a) <u>satisfying</u> when his boss (b) <u>approved</u> his (c) <u>increasing</u> involvement in the ongoing project.

2 (a) <u>Winners</u> may pick up their (b) <u>prizes</u> at the information desk (c) <u>location</u> on the first floor.

Ⓒ 빈칸에 들어갈 알맞은 말을 고르세요.

1 None of the employees is ------- in attending the special event this evening.
   (a) interest
   (b) interested
   (c) interesting

2 ------- to the swimmer's assistance, the lifeguard made sure he was all right.
   (a) Rushed
   (b) Be rushing
   (c) Rushing

3 Anyone ------- more than three days of sick leave must have a note from a doctor.
   (a) request
   (b) requesting
   (c) be requested

4 Before ------- material on the bulletin board, you must receive permission from Mr. Bonhoeffer.
   (a) post
   (b) posted
   (c) posting

어휘

performance 성적
disappoint 실망시키다
experience 경험
mistake 실수
satisfy 만족시키다

approve 승인하다
involvement 관여
ongoing 진행하는
prize 상품, 상금
information desk 안내 데스크

attend 참석하다
sick leave 병가
material 자료
permission 허가, 허락
post 게시하다

PART 5

예상적중문제 16   빈칸에 들어갈 가장 알맞은 보기를 고르세요.

The book ------- people on how to be confident became a bestseller.

(A) instructs

(B) instructing

(C) instructed

(C) instruction

🔓 문제 해설

- 문장의 동사 became이 있으므로, 빈칸부터 confident까지는 주어인 the book을 꾸며주는 수식어구이다. 그러므로 현재분사인 (B)와 과거분사인 (C) 중에서 정답을 골라야 한다.

- 'the book'과 'instruct'의 관계를 생각해 보면, '책이 사람들에게 자신감을 갖는 방법을 알려 준다'는 능동의 관계이다.

- 따라서 현재분사인 (B)의 instructing이 정답이다.

⭐ 해석

사람들이 자신감을 갖는 방법을 알려 주는 그 책이 베스트셀러가 되었다.

(A) instructs

(B) instructing

(C) instructed

(C) instruction

어휘
confident 자신감 있는
instruct 가르치다, 알려 주다

🎓 MORE & MORE

정답 p.012

밑줄 친 부분이 올바르면 ○, 그렇지 않으면 ×에 표시하세요.

① The user's manual <u>instructs</u> people on the proper usage of the item.   (○ | ×)

② He will <u>instructed</u> by the top trainer at the company.   (○ | ×)

③ She <u>instruction</u> Mr. Kennedy when he came to the computer lab.   (○ | ×)

The ------- candidate was called and offered a job at the company.

(A) selecting

(B) selected

(C) to select

(D) will select

🔓 문제 해설

● 빈칸은 뒤에 있는 명사인 candidate를 꾸며주는 수식어가 들어가야 하는 자리이다.

● 보기 중에서 뒤의 명사를 수식할 수 있는 것은 현재분사인 (A)와 과거분사인 (B)이다.

● 분사와 명사가 수동의 관계이므로 과거분사인 (B)의 selected가 정답이 된다.

☆ 해석

선발된 지원자는 전화를 받았고 회사에서 일자리를 제안 받았다.

(A) selecting

(B) selected

(C) to select

(D) will select

어휘
candidate 지원자; 후보자
offer 제안하다
select 선발하다

MORE & MORE

정답 p.012

밑줄 친 부분이 올바르면 ○, 그렇지 않으면 ×에 표시하세요.

❶ He wants <u>selecting</u> the members of the team by himself.   (○ | ×)

❷ Is it important <u>to select</u> a wide range of items for the store.   (○ | ×)

❸ We <u>will select</u> all of the answers to the questions soon.   (○ | ×)

예상적중문제 18   빈칸에 들어갈 가장 알맞은 보기를 고르세요.

After getting -------, Mr. Jarvis told everyone in his office the good news.

(A) transfer

(B) to transfer

(C) be transferred

(D) transferred

🔒 문제 해설

- 접속사가 생략되지 않은 형태의 분사구문 문장이다.
  After 뒤에 주어인 Mr. Jarvis가 생략되어 있을 것이므로, '전근된 후' 라는 수동태 문장이다.

- 「be동사 + 과거분사」의 형태를 이용하여 수동태를 만들 수 있지만, be동사 대신 get을 쓸 수도 있다.

- 따라서 빈칸에는 과거분사가 들어가야 하므로 정답은 (D)의 transferred이다.

묘수풀이

- be동사를 이용한 수동태는 '상태'의 의미가, get을 이용한 수동태는 '동작'의 의미가 강조된다.

  He is married to a teacher.
  그는 교사와 결혼했다. (현재 결혼한 상태임을 강조)

  He got married two times.
  그는 두 차례 결혼을 했다. (결혼을 했다는 행위를 강조)

⭐ 해석

전근된 후, Jarvis 씨는 사무실의 모든 사람들에게 좋은 소식을 전했다.

(A) transfer

(B) to transfer

(C) be transferred

(D) transferred

어휘

transfer 옮기다, 이동하다;
전근시키다

MORE & MORE

정답 p.012

밑줄 친 부분이 올바르면 ○, 그렇지 않으면 ×에 표시하세요.

❶ Some employees would like to <u>transfer</u> to the Dallas branch. (○ | ×)

❷ You must <u>to transfer</u> the files from the computer today. (○ | ×)

❸ Dr. Samuels <u>be transferred</u> to the hospital downtown. (○ | ×)

Questions 19-22 refer to the following e-mail.

To: Kate Armstrong <kate_a@destiny.com>

From: Edward Hamner <ehamner@destiny.com>

Subject: Your Request

Date: August 12

Dear Ms. Armstrong,

Your request to travel to Barcelona ------- the marketing seminar has been approved.
                                    19.
You should speak with Irene Watts regarding your travel -------. Ms. Watts can book your
                                                          20.
ticket, hotel room, and rental car. You will be given a company credit card as well. You

may spend up to $120 a day on food. -------. When you return, you will be expected to
                                     21.
give a talk to your colleagues about what you learned at the seminar. I suggest that you

------- notes in order to remember as much as you can.
  22.

Regards,

Edward Hamner

---

19. (A) has attended

    (B) attended

    (C) attending

    (D) to attend

20. (A) arranges

    (B) arranging

    (C) arrangements

    (D) arrange

21. (A) Be sure to keep all of your receipts.

    (B) I hope you had a productive trip.

    (C) Submit an application form for approval.

    (D) I expect you to pay for the trip.

22. (A) took

    (B) take

    (C) will take

    (D) should have taken

19 ● 빈칸 뒤에 'the marketing seminar'가 있는데, '참석하기 위해서'라는 뜻이 되어야 한다.
 ● 보기 중에서 목적을 나타낼 수 있는 것은 to부정사 형태인 (D)의 to attend이다.

20 ● 빈칸 앞의 regarding은 전치사로서 목적어를 필요로 하므로 빈칸에는 명사인 (C)의 arrangements가 와야 한다.

21 ● 빈칸 앞에 신용카드 사용에 대한 내용이 있다. 보기 중에서 이와 관련된 것은 '영수증을 보관하라'는 내용의 (A)이다.
 ● 보기의 내용과 빈칸 앞뒤의 표현들 사이의 연관성을 찾아 문제를 풀면 되는데, (A)에 사용된 단어인 receipts와 앞 문장의 credit card, spend up to $120 등의 표현 사이에 의미상 연관성을 찾을 수 있어야 한다.

22 ● 주절의 동사는 suggest인데, suggest의 목적어절의 동사는 동사원형이어야 하므로 정답은 (B)의 take이다.
 ● 제안, 요구, 명령, 주장을 의미하는 동사의 that절에는 'should + 동사원형'이 와야 하며, should는 생략될 수 있다.

🌟 해석

수신: Kate Armstrong 〈kate_a@destiny.com〉
발신: Edward Hamner 〈ehamner@destiny.com〉
제목: 당신의 요청
날짜: 8월 12일

Armstrong 씨께,

마케팅 세미나에 참석하기 위한 당신의 바르셀로나 출장 요청이 승인되었어요. 당신의 출장 준비와 관련해서는 Irene Watts와 이야기해야 해요. Watts 씨는 당신의 티켓, 호텔 객실, 그리고 렌터카를 예약할 수 있어요. 당신은 회사의 신용카드도 받게 될 거예요. 하루에 식비로 120달러까지 사용할 수 있어요. **반드시 당신의 영수증을 모두 보관해야 해요.** 복귀할 때, 세미나에서 배운 것들에 대해 동료들에게 이야기해 주기를 기대해요. 최대한 많이 기억할 수 있도록 필기할 것을 추천해요.

Edward Hamner 드림

- -

19. (A) has attended
 (B) attended
 (C) attending
 (D) to attend

21. (A) 반드시 당신의 영수증을 모두 보관해야 해요.
 (B) 당신이 생산적인 출장을 다녀 왔기를 바라요.
 (C) 승인을 위해 신청서를 제출하세요.
 (D) 당신이 출장비를 지불하기를 바라요.

20. (A) arranges
 (B) arranging
 (C) arrangements
 (D) arrange

22. (A) took
 (B) take
 (C) will take
 (D) should have taken

어휘 request 요청 travel 출장 approve 승인하다 regarding ~에 관하여 colleague 동료 take note 필기하다, 메모하다

🎓 MORE & MORE

정답 p.012

밑줄 친 부분이 올바르면 ○, 그렇지 않으면 ×에 표시하세요.

❶ He took a year off while he was <u>attending</u> college. (○ | ×)
❷ He found the items <u>arranging</u> in alphabetical order. (○ | ×)
❸ Mr. Woodson <u>took</u> a class on marketing at the local university. (○ | ×)

Part 5 문장을 읽고 빈칸에 들어갈 가장 적절한 말을 고르세요.

1. When he called the manager with the problem, Mr. Fleming ------- that the store refund his money.
   (A) demand
   (B) demanding
   (C) to demand
   (D) demanded

2. According to its ads, the post office ------- a package there in two days.
   (A) deliver
   (B) can deliver
   (C) has been delivering
   (D) will be delivered

3. The architect ------- the design of the suspension bridge by next week.
   (A) completed
   (B) will complete
   (C) has completed
   (D) is completed

4. Mr. Angus ------- the tickets for his business trip to Lisbon, Portugal, already.
   (A) reserving
   (B) will reserve
   (C) has reserved
   (D) had been reserved

5. Due to her continuous efforts, Matilda ------- her goal of launching her own restaurant.
   (A) accomplished
   (B) to accomplish
   (C) accomplishing
   (D) accomplish

6. The plans for the residence ------- by the top architect at the firm.
   (A) are designing
   (B) will design
   (C) have designed
   (D) will be designed

7. A well-done presentation ------- the managers to try a new approach.
   (A) is convinced
   (B) can convince
   (C) was convinced
   (D) ought to be convinced

8. Ms. Jefferson does not remember ------- off the lights last night.
   (A) to turn
   (B) turning
   (C) have turned
   (D) to be turning

9. The pilot expects ------- at the airport approximately thirty minutes late.
   (A) arriving
   (B) will arrive
   (C) to arrive
   (D) having arrived

10. Somebody in the office ------- to turn off the lights before leaving last night.
    (A) forgets
    (B) forgot
    (C) was forgotten
    (D) to forget

11. The renovations on the historic building ------- to take three months.
    (A) schedule
    (B) schedules
    (C) to schedule
    (D) are scheduled

12. The employees were pleased that the ------- project became a success.
    (A) completion
    (B) to complete
    (C) completed
    (D) completes

13. The deadline for ------- the data is exactly three days from now.
    (A) submit
    (B) submission
    (C) submitting
    (D) submitted

14. By working overtime, Ms. Cooper managed ------- her weekly pay by 25%.
    (A) increase
    (B) increasing
    (C) to increase
    (D) was increased

15. By sending the package express mail, it ------- within two business days.
    (A) arriving
    (B) is arriving
    (C) will arrive
    (D) was arrived

16. The employees in the Marketing Department ------- to a new office tomorrow.
    (A) moved
    (B) are moving
    (C) have been moving
    (D) were moved

Part 6 지문을 읽고 빈칸에 들어갈 가장 적절한 말을 고르세요.

Questions 17-20 refer to the following notice.

------. From January 10 to January 16, the library will be closed to the public. The library will
17.
------ some renovations during that period. The reading room, the computer lab, and the
18.
reference section will be renovated.

------ may not check out any books during that time. However, they may return books they
19.
have borrowed. Simply put them in the drop-off box in front of the library. Individuals may

renew books online or by calling 692-5843 between 9:00 A.M. and 6:00 P.M. We ------- for
20.
any inconvenience during this period.

17. (A) We have some new librarians at the
Danvers Public Library.
(B) The Danvers Public Library is going
to be shutting its doors for one week.
(C) Come to see the newly finished
renovations at the Danvers Public
Library.
(D) The Danvers Public Library has many
activities planned for this January.

18. (A) undergo
(B) undergoing
(C) undergone
(D) to undergo

19. (A) Customers
(B) Patrons
(C) Owners
(D) Renters

20. (A) apologize
(B) were apologizing
(C) apologized
(D) have been apologized

February 19

Dear Dr. Washington,

My name is Timothy Chambers. I am the organizer of the fourth annual International
Biomedical Conference ------- held in Dallas, Texas from July 10-14. Your work in the field of
21.
biomedicine is well known. I am therefore requesting that you serve as the keynote speaker
at the conference.

-------. We also want you to serve on a panel and to run a workshop. We cannot pay you, but
22.
we will cover all of your -------. These include round-trip first-class airfare, your hotel stay,
23.
and all of your meals. Please let me know if you ------- our offer.
24.

Sincerely,

Timothy Chambers

Organizer, International Biomedical Conference

---

21. (A) is
(B) be
(C) being
(D) will be

22. (A) We would like you to give a one-hour
speech on July 10.
(B) The speech you gave was loved by
everyone at the event.
(C) There will be financial compensation
if you agree to speak.
(D) We'd like you to attend all three days
of the conference.

23. (A) commerce
(B) money
(C) funds
(D) expenses

24. (A) are accepted
(B) will be accepted
(C) will accept
(D) have been accepted

03 기타 주요 문법 사항

✔️ 앞에서 다루지 않은 주요 문법 사항으로는 전치사, 대명사, 접속사, 관계사, 비교급과 최상급, 그리고 가정법 등이 있다.

✔️ 전치사의 경우 빈칸 뒤의 명사를 보고 적절한 전치사를 고르는 유형이 대표적이며, 구 전치사 및 관용 표현을 암기해 두어야 풀 수 있는 문제들도 출제된다.

✔️ 전치사 이외의 문법 사항들의 경우 각각의 문법 사항별로 출제 빈도가 높지는 않지만, 이러한 문제들을 놓치지 않도록 각각의 문법 사항들 또한 학습해 두어야 한다.

예제

Moving ------- one country to another can be difficult for people.

(A) at
(B) in
(C) from
(D) between

한 나라에서 다른 나라로 이주하는 것은 사람들에게 어려운 일일 수 있다.　　　　　　　　　　　정답 (C)

어휘 move 이동하다, 이사하다　from A to B A에서 B까지　country 나라; 시골　difficult 어려운

문제 유형 분석

여러 가지 전치사들이 보기로 제시되어 있으므로, 빈칸에 들어갈 알맞은 전치사를 골라야 하는 문제임을 알 수 있다.

풀이 전략

❶ 전치사는 장소, 위치, 시간, 기간 등 다양한 의미를 지니기 때문에, 어떠한 명사 앞에 사용되는지를 파악하여 풀어야 하는 유형이 대표적이며, 구 전치사나 관용표현을 묻는 유형도 있다.

❷ 이 문제의 경우, 'A에서 B까지'라는 의미로 쓰이는 'from A to B'라는 표현을 알고 있으면 쉽게 풀 수 있는 문제이다.

❸ 이러한 표현을 모르더라도 전치사 to가 '~ 쪽으로'라는 방향의 의미를 나타낼 수 있다는 점을 알고 있으면, '~으로부터'라는 from이 빈칸에 가장 잘 어울리는 전치사라고 생각해 볼 수 있다.

I 전치사

전치사는 명사나 명사구, 혹은 명사절 앞에 위치하여 **시간, 기간, 시점, 장소** 등 다양한 의미를 나타내는 품사이다.

① 전치사의 위치

The items are located **in** <u>the closet</u>. 그 제품들은 벽장 안에 있다. [전치사 + 명사]

The girls have been warned **about** <u>talking in the library</u>. [전치사 + 명사구]
그 여자아이들은 도서관에서 이야기하지 말라는 경고를 받았다.

Let's prepare **for** <u>when the meeting begins</u>. 회의가 시작할 때를 위한 준비를 합시다. [전치사 + 명사절]

② 전치사의 종류

(1) 시간 전치사

at ~에 (+ 특정일, 시각)	on ~에 (+ 날짜, 요일)	in ~ 에 (+ 년도, 계절, 월)

The meeting will start **at** 2:00 P.M. 회의는 오후 2시에 시작될 것이다.

Mr. Cole is expected to start working **on** September 1. Cole 씨는 9월 1일부터 근무를 시작할 예정이다.

The bridge was built **in** the 1700s. 그 다리는 1700년대에 건설되었다.

(2) 시점 전치사

until ~까지 (계속의 의미)	by ~까지 (완료의 의미)	since ~ 이래로

The museum will be closed **until** April 10. 박물관은 4월 10일까지 문을 닫을 것이다. [계속]

Tony should finish the project **by** Monday. Tony는 월요일까지 프로젝트를 끝내야 한다. [완료]

(3) 기간 전치사

during ~ 동안 (+ 특정 기간)	for ~ 동안 (+ 기간의 길이)	within ~ 이내에

Greg plans to go to Paris **during** his summer vacation. Greg은 여름 휴가 기간 동안 파리에 갈 계획이다.

Mr. Lee has lived in Berlin **for** 20 years. Lee 씨는 베를린에 20년 동안 살고 있다.

Our surveys are normally completed **within** one month. 설문 조사는 보통 한 달 안에 끝난다.

(4) 장소 전치사

in ~에 (+ 공간)	on ~에 (접촉의 의미)	at ~에 (+ 장소, 지점)

Mr. Hamilton was transferred to a branch **in** Mexico. Hamilton 씨는 Mexico에 있는 지사로 발령 받았다.

The meeting room is **on** the second floor. 회의실은 2층에 있다.

The salesman will show the items to the customers **at** the store.
영업사원은 매장에서 고객들에게 제품들을 보여 줄 것이다.

(5) 위치, 방향 전치사

into ~의 안으로	out of ~에서 밖으로	across ~을 건너서, ~을 가로질러
over ~의 위에, ~을 넘어	around ~ 주위에	through ~을 통해, ~을 관통하여
next to ~의 옆에	along ~을 따라서	past ~을 지나서
above ~의 위에	below ~의 아래에	behind ~의 뒤에

The bakery is right **across** the street. 그 빵집은 길 건너편에 있다.

Smoke is coming **out of** the building. 연기가 건물에서 밖으로 나오고 있다.

We need to drive **through** the tunnel. 우리는 차를 몰고 터널을 통과해야 한다.

❸ 구전치사

두 개 이상의 단어로 이루어진 전치사를 구전치사라고 부른다.

according to ~에 따르면	because of (= due to, owing to) ~ 때문에
contrary to ~와 대조적으로	instead of ~ 대신에
regardless of ~와 상관없이	with regard to ~에 관해서
in spite of ~에도 불구하고	in addition to ~ 이외에도
along with ~와 함께	as long [far] as ~하는 한
as for ~에 대해 말하자면	on the way to ~으로 가는 도중에
as a token of ~의 표시로	on a regular basis 규칙적으로

Guests will receive drinks **along with** cookies and cake.
손님들은 쿠키 및 케이크와 함께 음료를 받게 될 것이다.

You may study here **as long as** you are quiet. 조용히 있는 한 여기서 공부해도 좋다.

You can apply for a free gift **in addition to** getting a coupon. 쿠폰을 받는 것 이외에도 경품을 신청할 수 있다.

❹ 「전치사 + 명사 + 전치사」 형태의 관용 표현

at the expense [cost] of ~을 대가로	at the mercy of ~에 좌우되는
at the risk of ~의 위험을 무릅쓰고	at the speed of ~의 속도로
by means of ~에 의해	for the purpose of ~할 목적으로
for the sake of ~을 위하여	in charge of ~을 책임지는
in comparison with ~와 비교하면	in honor of ~을 기념하여, ~에게 경의를 표하여
in return for ~에 대한 보답으로	on behalf of ~을 대신하여
in terms of ~의 견지에서, ~의 차원에서	on account of ~ 때문에

John Taylor donated the money **in honor of** his parents. John Taylor는 부모를 기리기 위하여 돈을 기부했다.

The picnic is **at the mercy of** the weather today. 야유회는 오늘 날씨에 따라 개최가 좌우될 것이다.

The game was canceled **on account of** everyone's busy schedule.
모든 사람들의 일정이 바빠서 경기가 취소되었다.

A 밑줄 친 부분을 올바르게 고치세요.

1 The project will continue <u>in addition to</u> the lack of money in the budget.

2 <u>By means of</u> herself, Tanya decided that she wanted to take a one-week vacation.

B 밑줄 친 부분 중 잘못된 것을 고르세요.

1 (a) <u>Because</u> there is construction on the highway, a (b) <u>few</u> people will be late (c) <u>in spite of</u> the traffic jam.

2 (a) <u>Neither</u> Eric (b) <u>nor</u> Janice accepted the job at PTR, Inc. (c) <u>despite of</u> the company having a good reputation.

C 빈칸에 들어갈 알맞은 말을 고르세요.

1 ------- the downtown area, the bus suddenly broke down in the middle of the street.
   (a) On the way to
   (b) By way of
   (c) In spite of

2 Since nobody was talking to him ------- the event, George decided to leave early.
   (a) from
   (b) at
   (c) with

3 Please accept this small gift ------- a token of our appreciation for your hard work.
   (a) on
   (b) as
   (c) with

4 Thanks to its Internet presence, Kaylee, Inc. is increasing its sales ------- the world.
   (a) to
   (b) about
   (c) around

어휘

lack 부족	traffic jam 교통 체증	suddenly 갑자기
budget 예산	accept 받아들이다	break down 고장 나다
in spite of ~에도 불구하고	despite ~에도 불구하고	in the middle of ~의 한 가운데에서
as for ~에 대해 말하자면	reputation 평판	appreciation 감사
highway 고속 도로	downtown 시내, 도심	presence 존재

Cars that travel ------- the tunnel should turn on their headlights.

(A) without

(B) through

(C) about

(D) between

문제 해설

- 빈칸 뒤에 장소 명사인 the tunnel이 있다.
- 문맥상 '터널을 통과하여 이동하는 자동차들은 전조등을 켜야 한다'는 의미가 되어야 한다.
- 따라서 빈칸에는 'tunnel(터널)'이라는 공간과 'travel(이동하다)'이라는 이동의 의미를 자연스럽게 연결시켜 줄 수 있는 전치사가 들어가야 한다.
- 정답은 '～을 통과하여'라는 방향의 의미를 나타내는 (B)의 through이다.
- (A)의 without은 '～ 없이', (C)의 about은 '～에 관하여', (D)의 between은 '～ 사이에'라는 의미이다.

해석

터널을 통과하여 이동하는 자동차들은 전조등을 켜야 한다.

(A) without

(B) through

(C) about

(D) between

어휘

travel 여행하다, 이동하다

tunnel 터널

headlight 전조등, 헤드라이트

MORE & MORE

정답 p.016

밑줄 친 부분이 올바르면 ○, 그렇지 않으면 ×에 표시하세요.

❶ Individuals <u>without</u> boarding passes may not get onto the plane. (○ | ×)

❷ Part of the tour will involve a trip <u>through</u> the jungle. (○ | ×)

❸ The staff listened <u>about</u> the manager very carefully. (○ | ×)

예상적중문제 02   빈칸에 들어갈 가장 알맞은 보기를 고르세요.

It is necessary to travel ------- the river over a bridge to get to Fairbanks.

(A) through

(B) across

(C) between

(D) with

🔒 문제 해설

- 장소 앞에 사용되기에 적절한 전치사를 고르는 문제로서, 01번 문제와 비교해 보도록 한다.
- 01번 문제와 같이 빈칸 앞에 '이동하다'라는 의미의 동사인 travel이 있고, 빈칸 뒤에는 장소를 의미하는 명사인 the river 가 있다.
- '강을 건너서'라는 의미가 되어 야 하므로, 'through(~을 통과하여)'가 아닌 'across(~을 건너서)'가 정답이 된다.

⭐ 해석

페어뱅크스에 가려면 강을 건너야 할 필요가 있다.

(A) through

(B) across

(C) between

(D) with

어휘

necessary 필요한

travel 이동하다

MORE & MORE

정답 p.016

밑줄 친 부분이 올바르면 ○, 그렇지 않으면 ×에 표시하세요.

❶ Cars are going <u>through</u> the road over the mountain.   (○ | ×)

❷ The pharmacy is located <u>between</u> the florist on Main Street.   (○ | ×)

❸ Mr. Kenmore works <u>with</u> a very good team of engineers.   (○ | ×)

Ⅱ 대명사

대명사는 명사를 대신하여 사용되는 품사이다. 비교적 난이도가 낮은 문제 유형이므로 기본적인 문법 사항들을 학습한다면 어렵지 않게 정답을 찾을 수 있다.

❶ 인칭대명사

구분		주격	소유격	목적격	소유대명사	재귀대명사
단수	1인칭	I	my	me	mine	myself
	2인칭	you	your	you	yours	yourself
	3인칭	he	his	him	his	himself
		she	her	her	hers	herself
		it	its	it	–	itself
복수	1인칭	we	our	us	ours	ourselves
	2인칭	you	your	you	yours	yourselves
	3인칭	they	their	them	theirs	themselves

(1) 주격: 주어 역할

You are a guest. 당신은 손님이다.

(2) 소유격: 명사 앞에 위치

The robot is doing **its** job. 로봇이 자신의 일을 하고 있다.

(3) 목적격: 타동사와 전치사의 목적어 역할

The employees remember **her**. 직원들은 그녀를 기억하고 있다. [타동사의 목적어]
Mark will go with **him**. Mark가 그와 함께 갈 것이다. [전치사의 목적어]

(4) 소유대명사

소유대명사는 소유격과 명사가 합쳐진 것이기 때문에 소유대명사 뒤에는 명사가 올 수 없다.

Which umbrella is **yours**? 어떤 우산이 당신의 것인가요? [yours = your umbrella]

(5) 재귀대명사

❶ 강조 용법: 내용을 강조하는 의미로 사용된다. 강조 용법의 재귀대명사는 생략할 수 있다.

Emily (**herself**) painted this picture. Emily 자신이 이 그림을 그렸다.

❷ 재귀 용법: 동사나 전치사의 목적어로 사용된다. 이때의 재귀대명사는 생략할 수 없다.

Henry sometimes talks to **himself**. Henry는 때때로 혼잣말을 한다.

ⓒ 재귀대명사의 관용 표현

| by oneself 혼자서, 홀로 | for oneself 혼자 힘으로 | of itself 저절로 | in itself 본질적으로 |

Tony managed to fix the printer **by himself.** Tony가 혼자서 프린터를 고쳤다.

❷ 지시대명사

(1) this와 that

상대적으로 가까운 대상을 가리킬 때에는 this를 쓰고 먼 대상을 가리킬 때에는 that을 쓴다. this와 that의 복수는 각각 these와 those로 나타낸다.

This is much more expensive than **that.** 이것이 저것보다 훨씬 더 비싸다.

These are our new perfume lines. 이것들이 우리의 새로운 향수 제품입니다.

> cf. this와 that은 지시형용사로 사용될 수도 있다.

This blouse is much more expensive than **that** one. 이 블라우스가 저 블라우스보다 훨씬 더 비싸다.

(2) that과 those의 쓰임

that과 those는 앞에서 언급된 대상을 가리킬 수 있으며, 이때 of의 수식을 받을 수 있다.

The French economy will grow faster than **that** of Germany. [that = economy]
프랑스 경제가 독일 경제보다 더 빠르게 성장할 것이다.

Flu symptoms are very similar to **those** of a cold. [those = symptoms]
독감 증상은 감기 증상과 매우 유사하다.

(3) those who: ~하는 사람들

those who는 '~하는 사람들'이라는 의미를 나타내며 복수로 취급한다.

Those who are interested in marketing will attend the conference.
마케팅에 관심이 있는 사람들이 학회에 참가할 것이다.

❸ 부정대명사

(1) some과 any

'일부' 또는 '몇몇'이라는 의미는 some과 any로 나타낼 수 있다. some은 평서문과 긍정문에, any는 의문문과 부정문에 주로 사용된다. some과 any는 부정형용사로 사용될 수도 있다.

Some of the students have not finished their homework. 몇몇 학생들은 아직 숙제를 끝내지 못했다. [대명사]
She has **some** cookies for you. 그녀가 당신을 위한 쿠키를 가지고 있다. [형용사]

Have you tried **any** of these appliances? 이 가전 제품들 중에서 써 본 것이 있나요? [대명사]
Do you have **any** money on you? 수중에 돈을 가지고 있나요? [형용사]

(2) other

other가 부정대명사로 사용되면 '다른 것'이라는 의미를 나타내며, 정관사 the와 함께 쓰일 수도 있고 복수형으로도 만들 수 있다. other는 부정형용사로도 사용될 수 있는데, 이때는 '다른'이라는 의미로 명사 앞에 위치한다.

This car has four doors, but **the other** has two.
이 차에는 문이 네 개 있지만, 다른 차에는 두 개가 있다. [the other: 둘 중에서 다른 하나]

Some investors made money, but lots of **others** lost everything.
몇몇 투자가들은 돈을 벌었지만, 다른 많은 사람들은 모든 것을 잃었다. [others: 정해져 있지 않은 다른 것들, 다른 사람들]

Sally went to the conference with two **other** people. Sally는 다른 두 명의 사람과 함께 학회에 갔다.

cf. another(또 다른)는 'an + other'의 의미를 나타낸다.

Would you like **another** cup of coffee? 커피를 한 잔 더 드시겠어요?

> **Tip**
> other와 관련된 문법 문제들은 결국 a와 the, 그리고 단수와 복수의 차이를 구별할 수 있는지를 묻는 문제로 단순하게 접근하면 된다.

(3) 부정대명사의 관용 표현

each other, one another 서로 one thing ~ another ~와는 별개이다	one after another, one after the other 차례로, 교대로

All kinds of animals live alongside **one another** in the forest. 온갖 종류의 동물들이 숲에서 함께 살고 있다.

The passengers exited the bus **one after another**. 승객들이 버스에서 차례로 하차했다.

Working alone is **one thing** while working in a group is **another**.
혼자서 일하는 것과 단체로 일하는 것은 별개의 것이다.

❹ 수량표현

'약간 있는'이라는 의미는 a few와 a little로 나타낼 수 있다. a few는 셀 수 있는 대상을, a little은 셀 수 없는 대상을 가리킨다. few와 little은 '거의 없는'이라는 부정적인 의미를 나타낸다.

Please save **a few** pieces of pizza for us. 저희에게 피자 몇 조각을 남겨주세요.

He spent **a little** money at the shopping center. 그는 쇼핑 센터에서 약간의 돈을 지출했다.

She knows **few** people in her new neighborhood. 새로 이사 온 지역에는 그녀가 아는 사람이 거의 없다.

There is **little** gas in the automobile. 그 자동차에는 기름이 거의 없다.

Ⓐ 밑줄 친 부분을 올바르게 고치세요.

1 We do not feel that <u>yourself</u> will be able to repay the loan.

2 Both of the men put their papers away before they shook hands with <u>the other</u>.

Ⓑ 밑줄 친 부분 중 잘못된 것을 고르세요.

1 Cindy looked for (a) <u>hers</u> missing bracelet, but (b) <u>she</u> could not find (c) <u>it</u> anywhere.

2 Mr. Davis did better than the (a) <u>any</u>; (b) <u>however</u>, (c) <u>compared to</u> everyone else, he has a poor attitude.

Ⓒ 빈칸에 들어갈 알맞은 말을 고르세요.

1 The wide variety of exotic animals at the zoo makes ------- a popular tourist attraction.
(a) it
(b) its
(c) itself

2 Dr. Daniels does not like people to disturb ------- when she is working.
(a) she
(b) her
(c) hers

3 Mr. Campbell, who is the manager, wants all of his employees to report to ------- daily.
(a) he
(b) himself
(c) him

4 Some of the seminars were informative, but ------- provided little new information.
(a) other
(b) others
(c) ones

어휘

loan 대출금
put away 치우다
shake hands with ~와 악수하다
each other 서로서로
bracelet 팔찌

attitude 태도
a wide variety of 매우 다양한
exotic 외래의
tourist attraction 관광 명소
disturb 방해하다

manager 매니저, 관리자, 부장
report 보고하다
daily 매일
informative 정보를 주는, 유익한
provide 제공하다

Ms. Lewis requested that everyone send the forms to -------.

(A) she

(B) her

(C) hers

(D) herself

🔒 문제 해설

● 전치사 뒤에는 대명사의 목적격이 와야 한다는 사실을 알고 있으면 쉽게 풀 수 있는 문제이다.

● Ms. Lewis에서 Ms.는 여성을 나타내는 호칭이기 때문에 보기들이 she, her, hers, herself로 제시되어 있다. 이 중 목적격은 her이므로 정답은 (B)이다.

묘수풀이

• herself도 목적격이 될 수 있지만, 재귀대명사는 자신의 한 행동의 대상이 자신이 될 때 사용될 수 있다. 즉, 'Ms. Lewis sent an e-mail to herself.'(Lewis 씨는 자기 자신에게 이메일을 보냈다)로 쓸 수는 있다.

⭐ 해석

Lewis 씨는 모든 사람들이 자신에게 양식을 보내 줄 것을 요청했다.

(A) she

(B) her

(C) hers

(D) herself

어휘

request 요구하다

form 양식

MORE & MORE

정답 p.017

밑줄 친 부분이 올바르면 ○, 그렇지 않으면 ×에 표시하세요.

❶ Melissa enjoys reading books on <u>she</u> day off. (○ | ×)

❷ Please contact <u>her</u> if you need some more information. (○ | ×)

❸ While that bag is <u>hers</u>, this one belongs to Mark. (○ | ×)

PART 5

예상적중문제 04   빈칸에 들어갈 가장 알맞은 보기를 고르세요.

Only ------- of the items on sale were popular with customers.

(A) each

(B) some

(C) little

(D) few

🔓 **문제 해설**

- 주어진 문장은 문맥상 '세일 제품 중 일부만이 고객들에게 인기가 많았다'는 의미가 되어야 한다.

- 보기 중에서 '일부' 혹은 '몇몇'이라는 의미를 가지면서 대명사로 쓰일 수 있는 단어는 some밖에 없으므로 (B)가 정답이다.

- (A)의 each는 '각각'이라는 의미이며, (C)와 (D)는 모두 '거의 없는'이라는 의미인데, 이들이 only와 같이 쓰이기 위해서는 only a few 혹은 only a little과 같은 형태를 취해야 한다.

⭐ **해석**

세일 제품 중 몇 개만이 고객들에게 인기가 많았다.

(A) each

(B) some

(C) little

(D) few

어휘
popular 인기가 많은, 유명한
customer 고객, 손님

🎓 **MORE & MORE**

정답 p.017

밑줄 친 부분이 올바르면 ○, 그렇지 않으면 ×에 표시하세요.

❶ There are <u>some</u> magazines lying on the desk in the office.   (○ | ×)

❷ A search of the Internet provided <u>little</u> new information.   (○ | ×)

❸ <u>Few</u>, if any, applicants are willing to work on the weekend.   (○ | ×)

Ⅲ 비교급과 최상급

비교급과 최상급은 형용사나 부사를 이용하여 둘 이상의 대상을 서로 비교하는 문법 사항이다. 비교급과 최상급의 종류와 형태를 알아 두어야 한다.

❶ 비교급

(1) 형태

1음절 단어 뒤에는 −(e)r을 붙이고 2음절 이상의 단어는 more를 사용해서 비교급을 만들 수 있다. −ing나 −ed, 혹은 −ly로 끝나는 형용사와 −ly로 끝나는 부사의 경우에도 more를 사용하여 비교급을 만든다.

Tom is nicer than Kevin.
Tom이 Kevin보다 친절하다.

The laptop is more affordable than the desktop.
그 노트북 컴퓨터는 데스크탑 컴퓨터보다 저렴하다.

The turtle moved more slowly than before.
그 거북이는 전보다 더 느리게 움직였다.

> **Tip**
> 비교급은 'than(~보다)'과 자주 어울려 사용된다.
> Mount Everest is **more impressive than** Mount Hood.
> 에베레스트 산이 후드 산보다 더 인상적이다.

cf. 비교급과 최상급의 불규칙 변화에도 주의해야 한다.

원급	비교급	최상급
good / well 좋은 / 좋게	better	best
bad / ill 나쁜 / 나쁘게	worse	worst
many, much 많은	more	most
little 적은	less	least

(2) 비교급 강조

비교급은 much, still, a lot, even, far 등으로 강조할 수 있다.

This report is much better than the last one was. 이 보고서는 지난번 보고서보다 훨씬 뛰어나다.

There is still more work to complete. 끝내야 할 일들이 훨씬 더 많이 있다.

Jack's car is a lot faster than Steve's. Jack의 차는 Steve의 차보다 훨씬 더 빠르다.

(3) 비교급의 관용 표현

more than ~ 이상의	less than ~이하의
the + 비교급, the + 비교급 ~할수록 더 ~하다	no later than 늦어도 ~까지
no longer (= not ~ anymore) 더 이상 ~않다	than expected 예상보다 더

The more you work, the higher your income. 더 많이 일할수록 더 많이 번다.

The application should be submitted no later than next Friday.
신청서는 늦어도 다음주 금요일까지 제출되어야 한다.

❷ 최상급

(1) 형태

최상급은 단어 뒤에 –(e)st를 붙이거나 단어 앞에 most를 붙여서 만들 수 있다. 최상급의 의미는 '단 하나인 존재'를 나타내기 때문에, 원칙적으로 형용사의 최상급 앞에는 정관사 the가 붙는다.

The Sahara Desert is the hottest place in Africa.
사하라 사막은 아프리카에서 가장 더운 지역이다.

Mark is the busiest employee at the company.
Mark는 회사에서 가장 바쁜 직원이다.

> **Tip**
> 최상급은 '~ 내에서' 혹은 '~ 중에서'
> 라는 의미인 「in, among, of」와 자주
> 어울려 사용된다.
> **This is the most popular**
> museum in the city.
> 이곳이 도시에서 가장 인기 있는 박물관
> 이다.

cf. 의미에 따라 두 가지 형태의 비교급과 최상급을 갖는 단어들도 있다.

원급	의미	비교급	최상급
late	시간	later 더 늦은	latest 가장 늦은; 최신의
	순서	latter 후자의	last 마지막의
far	심리적 거리, 정도	further 더 먼, 더	furthest 가장 먼, 가장
	물리적 거리	farther 더 먼	farthest 가장 먼

(2) 최상급 강조

최상급은 by far, the very 등으로 강조할 수 있다.

This is by far the tastiest meal I have ever eaten. 이것은 내가 먹어본 것 중 정말로 가장 맛있는 음식이다.

She owns the very best computer on the market. 그녀는 시장에서 정말로 가장 좋은 컴퓨터를 소유하고 있다.

(3) 최상급의 관용 표현

at the earliest 아무리 빨라도	at the latest 아무리 늦어도
at best 기껏해야	at worst 최악의 경우
at most 아무리 많아봐야, 기껏해야	at least 아무리 적어도, 최소한
at first 처음에는	for the most part 대부분, 전체적으로
not in the least 조금도 ~하지 않는	at one's best 전성기에

You need to answer his e-mail by tomorrow afternoon at the latest.
아무리 늦어도 내일 오후까지는 그의 이메일에 답신을 해야 한다.

She spends at least 100 dollars a month. 그녀는 한 달에 최소 100달러를 쓴다.

For the most part, the performance of the sales team was excellent.
전체적으로, 영업팀의 성과는 매우 뛰어났다.

❸ 원급 비교

「as + 형용사/부사 + as」 구문을 이용하여 비교의 의미를 만들 수 있다. 이때 형용사/부사 자리에는 원급이 온다.

(1) as + 형용사 + as: ~만큼 …한

This show is **as entertaining as** that one. 이 쇼는 저 쇼만큼 재미있다.

The truck is **not as fast as** the sports car. 트럭은 스포츠카만큼 빠르지 않다.

(2) as + 부사 + as: ~만큼 …하게

He solved the questions **as quickly as** he could. 그는 가능한 한 빠르게 문제들을 풀었다.

Ted speaks French **as well as** Pierre. Ted는 Pierre만큼 프랑스어를 잘 한다.

> cf. as와 as 사이에 many나 much가 들어가는 경우에는 명사가 함께 쓰이기도 한다.

Diana has **as many friends as** Carol. Diana에게는 Carol만큼 많은 친구들이 있다.

He has **as much money as** a millionaire. 그는 백만장자만큼 많은 돈을 가지고 있다.

(3) 원급 비교 문제에서 품사 고르기

원급 비교는 as와 as 사이에 형용사나 부사가 오는 형태이다. 따라서 원급 비교 문제는 형용사와 부사 중에서 정답을 고르는 문제이다. 그러므로 토익 문제에서 as와 as 사이에 빈칸이 있을 경우 as와 as를 삭제한 다음 형용사와 부사의 원급 중에서 정답을 고르면 된다.

Mr. Kent is ~~as~~ (**diligent** / diligently) ~~as~~ anyone else at the company.
Kent 씨는 회사에서 누구 못지않게 부지런하다.
→ as와 as가 없다고 생각하면, be동사인 is 뒤에 올 수 있는 품사를 골라야 하므로 형용사인 diligent가 정답이 된다.

The athlete ran ~~as~~ (quick / **quickly**) ~~as~~ possible during the race.
그 운동선수는 경주에서 최대한 빠르게 달렸다.
→ as와 as가 없다고 생각하면, 일반동사인 ran을 수식할 수 있는 품사를 골라야 하므로 부사인 quickly가 정답이 된다.

(4) 원급 비교의 관용 표현

as soon as ~하자마자	as ~ as possible 가능한 한 ~한, 가능한 한 ~하게
not so much A as B A보다는 오히려 B	as many/much as ~ 만큼이나 많이

As soon as you arrive at the airport, please call Mr. Brown. 공항에 도착하자마자 Brown 씨에게 전화하세요.

We will process your return **as quickly as** possible. 최대한 빨리 환불 처리해 드리겠습니다.

기본기 체크업

정답 p.017

Ⓐ 밑줄 친 부분을 올바르게 고치세요.

1　Mr. Kane will finish the work as <u>quick</u> as possible.

2　Dr. Gonzales is the <u>more</u> famous scientist in the biochemical field.

Ⓑ 밑줄 친 부분 중 잘못된 것을 고르세요.

1　(a) <u>Most</u> passengers prefer to purchase the (b) <u>cheap</u> ticket (c) <u>possible</u> when they fly.

2　The most (a) <u>efficiently</u> vacuum cleaner will still be (b) <u>on</u> sale (c) <u>for</u> the next two weeks.

Ⓒ 빈칸에 들어갈 알맞은 말을 고르세요.

1　Malcolm Turner is the ------- man in the entire city.
　(a) rich
　(b) richer
　(c) richest

2　Some of the employees are working as ------- as possible.
　(a) swift
　(b) swiftly
　(c) swiftness

3　The ratings for the new cooking show were ------- higher than those of its competitors.
　(a) much
　(b) more
　(c) very

4　After the accident, Ms. Vernon finally began to be ------- than before during her experiments.
　(a) cautious
　(b) more cautious
　(c) most cautious

어휘		
biochemical 생화학의	on sale 할인 중인	rating 시청률, 청취율
passenger 승객	entire 전체의	competitor 경쟁자
prefer 선호하다	swiftly 빠르게	accident 사고
efficient 효율적인	as ~ as possible	experiment 실험
vacuum cleaner 진공청소기	가능한 한 ~하게	cautious 조심하는

빈칸에 들어갈 가장 알맞은 보기를 고르세요.

The new computer system operates ------- than the old one did.

(A) efficiency

(B) efficiently

(C) more efficiently

(D) most efficiently

문제 해설

● 빈칸 뒤에 than(~보다)이라는 단어가 있기 때문에 빈칸에는 비교급 형태의 부사가 들어가야 한다.

● 보기 중에서 비교급 형태를 갖추고 있는 것은 (C)의 more efficiently뿐이므로 (C)가 정답이다.

● 문장을 해석해 보더라도 '새로운 컴퓨터 시스템은 기존 시스템보다 OO하게 작동하고 있다'라는 의미가 되어야 하므로 비교급이 정답이라는 것을 알 수 있다.

해석

새로운 컴퓨터 시스템은 기존 시스템보다 더 효율적으로 작동한다.

(A) efficiency

(B) efficiently

(C) more efficiently

(D) most efficiently

어휘

operate 작동하다, 가동하다

efficiently 효율적으로

MORE & MORE

정답 p.018

밑줄 친 부분이 올바르면 O, 그렇지 않으면 ×에 표시하세요.

❶ The efficiency of the engine saves a lot of gasoline.　　　　(O | ×)

❷ Mr. Palmer claims that his method is extremely efficiently.　　　　(O | ×)

❸ If the machine is more efficiently, then the customers will buy it.　　　　(O | ×)

PART 5

예상적중문제 06

빈칸에 들어갈 가장 알맞은 보기를 고르세요.

Nobody at the company works as ------- as Ms. Summers.

(A) efficient

(B) efficiencies

(C) efficiency

(D) efficiently

문제 해설

- 빈칸이 as와 as 사이에 있으므로 원급 비교 문제임을 알 수 있다.
- 주어진 문장은 '회사의 그 누구도 Summers 씨만큼 ○○하게 일하지 못한다'는 의미가 되어야 하므로, 빈칸에는 동사인 works를 수식하는 부사가 들어가야 한다.
- 따라서 '효율적으로'라는 의미의 부사인 (D)의 efficiently가 정답이다. 05번 문제의 비교급과 06번 문제의 원급비교의 차이점을 알아 두자.

묘수풀이

- 05번 문제와 같이 빈칸 뒤에 'than' 이 있으면 비교급이 정답이며, 06 번 문제와 같이 빈칸이 as와 as 사 이에 있으면 원급이 정답이다.
- 원급비교 문제를 풀 때에는 as와 as를 삭제한 다음, 문장의 구조를 파악하여 형용사와 부사 중에서 정답을 고르면 된다.

해석

회사의 누구도 Summers 씨만큼 효율적으로 일하지 못한다.

(A) efficient

(B) efficiencies

(C) efficiency

(D) efficiently

어휘

as ~ as ~만큼 …한

efficiency 효율성

MORE & MORE

정답 p.018

밑줄 친 부분이 올바르면 ○, 그렇지 않으면 ×에 표시하세요.

❶ That is the most efficient engine the company manufactures.　　　(○ | ×)

❷ He accomplished his goal in an efficiencies manner.　　　(○ | ×)

❸ An efficiency worker never wastes time or money.　　　(○ | ×)

Questions 07-10 refer to the following information.

The Danvers Art Gallery is ------- in the city of Birmingham. The gallery ------- in
                        07.   **08.**
Impressionist and Modern art. There are three wings in the galleries. Two wings contain
permanent -------. The third features various paintings created by local artists. The gallery
          09.
is open every day of the year except on Christmas and New Year's Day. Admission is
$5.00 for adults and free for children and senior citizens. -------.
                                                            10.

07. (A) old
    (B) the oldest
    (C) older
    (D) the older

08. (A) is specialized
    (B) specializes
    (C) specializing
    (D) was specialized

09. (A) shelves
    (B) versions
    (C) exhibits
    (D) relics

10. (A) Thank you for visiting our Web site.
    (B) The gallery will be closed the rest of
        the day.
    (C) Art is becoming popular in
        Birmingham.
    (D) Call 985-2231 for more information.

07 ● 빈칸 뒤에 'in the city of Birmingham'이라는 지역명이 언급되어 있다.
● 이와 같이 지역이나 범위를 한정하는 표현 앞에는 최상급이 사용되므로 정답은 (B)이다.

08 ● 빈칸은 문장의 동사 자리이므로 (C)는 정답에서 제외된다.
● 보기의 동사 'specialize in'은 '~을 전문으로 하다'라는 의미인데, 주어인 the gallery가 인상파와 현대 미술을 전문으로 하고 있다는 능동의 의미가 되어야 하므로 정답은 (B)이다.

09 ● 문장의 주어인 wing은 '부속 건물, 동'이라는 의미이다. 보기 중에서 미술관 건물에 무엇이 있을지 생각해 보면 '전시품'이라는 뜻의 exhibit이 의미상 가장 적절하다.
● 참고로 permanent exhibit은 '상설 전시품', temporary exhibit은 '임시 전시품'이다.

10 ● 빈칸 바로 앞 문장에서 입장료에 대해 안내하고 있으며, 지문 전체적으로 미술관에 대한 정보를 전달하고 있다.
● 따라서 더 많은 정보를 얻으려면 전화해 달라는 내용의 (D)가 빈칸에 오기에 가장 적절하다.

⭐ **해석**

Danvers 미술관은 버밍엄 시에서 가장 오래되었습니다. 이 미술관은 인상파와 현대 미술을 전문적으로 다루고 있습니다. 미술관에는 세 곳의 동이 있습니다. 두 곳의 동에는 상설 전시품들이 있습니다. 세 번째 동은 지역 화가들의 다양한 작품들을 특징으로 삼고 있습니다. 미술관은 크리스마스와 새해 첫날을 제외하고 매일 문을 엽니다. 성인 입장료는 5달러이며 어린이와 노인들은 무료입니다. **더 많은 정보를 얻으시려면 985-2231로 전화해 주세요.**

07. (A) old
    (B) the oldest
    (C) older
    (D) the older

08. (A) is specialized
    (B) specializes
    (C) specializing
    (D) was specialized

09. (A) shelves
    (B) versions
    (C) exhibits
    (D) relics

10. (A) 저희 웹사이트에 방문해 주셔서 감사합니다.
    (B) 미술관은 오늘 하루 문을 닫을 것입니다.
    (C) 미술은 버밍엄에서 인기가 좋아지고 있습니다.
    (D) 더 많은 정보를 얻으시려면 985-2231로 전화해 주세요.

어휘 art gallery 미술관   wing 부속 건물, 동   permanent 상설의; 영구적인   feature 특징으로 삼다   admission 입장료

🎓 **MORE & MORE**

정답 p.018

밑줄 친 부분이 올바르면 ○, 그렇지 않으면 ×에 표시하세요.

① The building on Hawthorne Street is the <u>old</u> in the city.   (○ | ×)
② <u>Specializing</u> in one particular field is important for many people.   (○ | ×)
③ The books have been placed on the <u>shelves</u> in the back.   (○ | ×)

Ⅳ 접속사

두 개의 단어, 구, 절을 서로 연결시켜 주는 품사를 접속사라고 한다. 두 대상을 서로 동등한 자격으로 연결시켜 주는 접속사를 등위접속사라고 하고, 다른 자격으로 연결시켜 주는 접속사를 종속접속사라고 한다.

❶ 등위접속사

등위접속사는 문법적으로 대등한 관계의 대상들을 연결한다. 즉, 연결되는 두 대상은 형태와 종류가 같아야 한다. 등위접속사에는 and, but, or, so가 있다.

She speaks German **and** Italian. [단어와 단어를 연결]
그녀는 독일어와 이탈리아어를 할 수 있다.

She traveled not to England **but** to Denmark. [구와 구를 연결]
그녀는 영국이 아니라 덴마크로 여행을 떠났다.

Is there anything I can do to help, **or** would you rather fix it by yourself? [절과 절을 연결]
제가 도울 수 있는 일이 있을까요, 아니면 혼자서 고치시겠어요?

> **Tip**
> 등위접속사 so는 결과 절만 연결할 수 있다.
> We missed the bus, **so** we took a taxi.
> 버스를 놓쳤기 때문에 우리는 택시를 탔다

cf. 접속부사는 접속사가 아니므로 절과 절을 연결할 수 없다.

therefore 따라서	however 그러나	nevertheless 그럼에도 불구하고
otherwise 그렇지 않으면	thus 따라서	besides 게다가

He is tall. **However**, she is short. 그는 키가 크다. 하지만 그녀는 키가 작다.
He is tall **however** she is short. (X)

❷ 상관접속사

짝을 이루어 사용되는 접속사를 상관접속사라고 한다. 상관접속사 문제는 토익에서 자주 등장하기 때문에 각각의 형태와 의미를 정확히 알고 있어야 한다.

both A and B A와 B 모두	not A but B A가 아니라 B
not only [merely] A but (also) B A뿐만 아니라 B도	A as well as B B뿐만 아니라 A도
either A or B A와 B 중 하나	neither A nor B A와 B 중 어느 것도 아닌

He is **not merely** a good friend **but** is **also** my boss. 그는 단지 좋은 친구일 뿐만 아니라 내 상사이기도 하다.
The prices are for adults **as well as** children. 그 가격은 아동뿐만 아니라 성인들에게도 적용된다.
Either Joy **or** Sara should do the work. Joy와 Sara 둘 중 한 명이 그 일을 해야 한다.

cf. not only [merely] A but (also) B 구문에서 not only가 문장의 맨 앞으로 나가는 경우 주어와 동사의 위치가 바뀐다.

She does **not only** live in Boston, **but** she has also lived there her entire life.
→ **Not only** does she live in Boston, **but** she has also lived there her entire life.
그녀는 보스턴에서 살고 있을 뿐만 아니라 평생을 그곳에서 살아 왔다.

❸ 종속접속사

종속접속사는 명사절, 형용사절, 그리고 부사절을 이끌 수 있다. 형용사절은 관계대명사 파트에서 학습하게 되며, 여기에서는 명사절과 부사절에 대해 알아 보도록 하자.

(1) 명사절을 이끄는 종속접속사

that, if, whether, 그리고 의문사가 명사절을 이끌 수 있다. 명사절은 문장에서 주어, 목적어, 보어 역할을 할 수 있다.

ⓐ that: ~하는 것

His idea is **that** we ought to take a break this afternoon.
그의 아이디어는 우리가 오늘 오후에 휴식을 취해야 한다는 것이다.

ⓑ if / whether: ~인지 아닌지

Did you ask **if** Janet is going to attend the meeting?
Janet이 회의에 참석할 것인지 물어보았나요?

Nobody knows **whether** the negotiations will be successful.
협상이 성공할 것인지는 아무도 모른다.

ⓒ 의문사: '의문사 + 주어 + 동사'

Please ask Ruben **what** he wants to eat for dinner.
Ruben에게 저녁으로 무엇을 먹고 싶은지 물어봐 주세요.

Can you tell me **where** the nearest post office is?
가장 가까운 우체국이 어디에 있는지 알려주시겠어요?

(2) 부사절을 이끄는 종속접속사

접속사에 따라 시간, 원인, 이유, 양보, 목적, 결과 등 다양한 의미를 나타낸다.

의미	접속사
시간	when ~할 때 while ~하는 동안 before ~ 전에 after ~ 후에
원인	as ~ 때문에 because ~ 때문에 since ~ 때문에
조건	if 만약 ~라면 once 일단 ~하면 unless ~이 아니라면 in case ~의 경우를 대비하여 as long as ~하기만 하면
양보	although 비록 ~이지만 though 비록 ~이지만
목적	so that ~ can ~하기 위해서 in order that ~하기 위해서
결과	so + 형용사/부사 + that 너무 ~해서 …하다

When it's noon, the workers stop for lunch. 12시에, 노동자들은 점심 식사를 하기 위해 일을 멈춘다.

Since nobody was home, the mailman did not deliver the package.
아무도 집에 없었기 때문에 우체부가 소포를 배달하지 못했다.

Unless there are any questions, then the meeting is over. 질문이 없다면 회의를 마치겠습니다.

Although it rarely gets cold here, it snowed last night. 이곳은 좀처럼 추워지지 않지만, 어젯밤에는 눈이 내렸다.

You should wear a suit **so that** you **can** look good. 좋은 모습을 보이기 위해서는 정장을 입어야 한다.

He is **so** hungry **that** he cannot concentrate on his work. 그는 너무나 배가 고파서 일에 집중을 할 수가 없다.

> **cf.** too ~ to는 '너무 ~해서 …할 수 없다', 혹은 '~하기에는 너무나 …하다'는 부정의 의미를 나타낸다.

She was **too** nervous **to** speak in public. 그녀는 너무나 긴장해서 공개 석상에서 말을 할 수 없었다.

Mr. Jenkins is **too** disorganized **to** be a manager. Jenkins 씨는 너무나 체계적이지 못해서 관리자가 될 수 없다.

❹ 접속사와 전치사의 구분

접속사는 절 앞에 사용되며 전치사는 명사구 앞에 사용된다. 의미가 같은 접속사와 전치사를 구분할 수 있어야 한다.

의미	접속사	전치사
~ 때문에	because, since, as	because of, due to, owing to
~에도 불구하고	although, even though	despite, in spite of
~하는 동안	while	during, for

Due to a lack of human resources, neither of the two tasks can be finished on time.
인력의 부족 때문에, 두 가지 업무 모두 제시간에 마무리될 수 없다.

Because a lack of human resources, neither of the two tasks can be finished on time. (X)

→ 'a lack of human resources'가 명사구이므로 접속사 because가 아닌 전치사 due to를 써야 한다.

정답 p.018

A 밑줄 친 부분을 올바르게 고치세요.

1 The show was <u>very</u> good that the audience gave the performers a standing ovation.

2 Fasten your seatbelts <u>such that</u> you will not get hurt if there is turbulence.

B 밑줄 친 부분 중 잘못된 것을 고르세요.

1 (a) <u>Those items</u> are (b) <u>more expensive</u> than anything else; (c) <u>thus</u>, they sell very well.

2 Mr. Chambers was (a) <u>outstanding</u> at his interview; (b) <u>however</u>, he (c) <u>was offered</u> the job.

C 빈칸에 들어갈 알맞은 말을 고르세요.

1 I will send you an e-mail ------- I need to postpone our meeting.

(a) whether

(b) in case

(c) consequently

2 Workers may choose ------- an extra day off or a bonus of $100.

(a) both

(b) around

(c) either

3 Call the repairman immediately ------- the machine stops working properly.

(a) if

(b) since

(c) but

4 Susan intends to visit Egypt ------- Greece during her trip this summer.

(a) according to

(b) in addition

(c) as well as

어휘

audience 청중
performer 연기자
ovation 박수
turbulence 난기류
expensive 비싼

outstanding 뛰어난
interview 면접
postpone 연기하다
day off 휴가
repairman 수리 기사

immediately 즉시
properly 적절하게
intend to ~할 작정이다
A as well as B B뿐만 아니라 A도
in addition 게다가, 또한

PART 5

예상적중문제 11 빈칸에 들어갈 가장 알맞은 보기를 고르세요.

The owner was upset ------- several employees were impolite to their customers.

(A) because

(B) although

(C) however

(D) but

🔓 **문제 해설**

● 빈칸 앞의 '사장이 화를 냈다'라는 내용과 빈칸 뒤의 '몇몇 직원들이 고객을 무례하게 대했다'라는 내용을 가장 자연스럽게 연결시켜 줄 접속사를 찾아야 한다.

● 빈칸의 앞부분과 뒷부분이 원인과 결과의 관계이므로 정답은 '~이기 때문에'라는 의미인 (A)의 because이다.

⭐ **해석**

몇몇 직원들이 고객을 무례하게 대하자 사장이 화를 냈다.

(A) because

(B) although

(C) however

(D) but

어휘

owner 소유주, 주인

upset 화가 난

impolite 무례한

MORE & MORE

정답 p.018

밑줄 친 부분이 올바르면 ○, 그렇지 않으면 ×에 표시하세요.

① <u>Although</u> it is going to snow, the concert will not be canceled. (○ | ×)

② The project is expensive; <u>however</u>, Mr. Vick wants to do it. (○ | ×)

③ Jerry went downtown <u>but</u> attended a show at a theater there. (○ | ×)

The online store offers ------- free delivery and discounted items.

(A) either

(B) neither

(C) none

(D) both

🔓 **문제 해설**

● 주어진 문장은 문맥상 '온라인 매장에서는 무료 배송 서비스(free delivery)와 가격 할인(discounted items)이 제공된다' 라는 의미가 되어야 한다.

● 따라서 '무료 배송 서비스'와 '가격 할인'을 '둘 다' 제공한다는 의미를 나타내기 위해서는 빈칸에 '둘 다'라는 의미인 (D)의 both가 들어가야 한다.

● (A)의 either는 '둘 중 하나', (B)의 neither는 '둘 중 어느 것도 (아닌)', (C)의 none은 '아무것도 (아닌)'이라는 의미이다.

● 상관접속사 'both A and B'라는 표현이 'A와 B 모두'라는 의미라는 것을 알고 있으면 문제를 쉽게 풀 수 있다.

⭐ **해석**

온라인 매장에서는 무료 배송 서비스와 가격 할인을 모두 제공한다.

(A) either

(B) neither

(C) none

(D) both

어휘

offer 제공하다, 제의하다

both A and B A와 B 둘 다

discounted 할인된

MORE & MORE

정답 p.019

밑줄 친 부분이 올바르면 ○, 그렇지 않으면 ×에 표시하세요.

❶ <u>Either</u> Emily or Sarah can assist you on the project.   (○ | ×)

❷ I cannot make the meeting tomorrow <u>neither</u> the meeting next week.   (○ | ×)

❸ <u>None</u> of the offers was acceptable to the client.   (○ | ×)

관계사는 접속사와 비슷하게 **두 문장을 이어주는 역할**을 하며, 관계사가 이끄는 절을 관계절이라고 한다. 관계절은 접속사절과 달리 앞의 내용을 수식하는 **형용사 역할**을 한다. 관계사에는 관계대명사와 관계부사가 있다.

❶ 관계대명사

관계대명사는 두 문장을 이어주는 접속사의 역할을 하는 동시에 대명사의 역할도 한다. 대명사의 역할을 하기 때문에 문장 안에는 관계대명사가 가리키는 대상이 있는데, 이를 선행사라고 부른다. 기본적으로 관계대명사가 이끄는 절은 선행사를 수식하는 형용사절이다.

선행사	주격	소유격	목적격
사람	who / that	whose	who(m) / that
사물	which / that	whose	which / that

(1) 주격 관계대명사

주격관계대명사는 관계대명사절에서 주어 역할을 한다. 따라서 주격관계대명사 뒤에는 주어가 없는 불완전한 절이 온다.

George enjoys doing **work**. + **The work** is challenging to him.

→ George enjoys doing **work which** is challenging to him.
George는 자신에게 도전 의식을 북돋우는 일을 좋아한다.

(2) 목적격 관계대명사

목적격관계대명사는 관계대명사절에서 목적어 역할을 한다. 따라서 목적격관계대명사 뒤에는 목적어가 없는 불완전한 절이 온다.

She is **the woman** + Everyone is praising **her**.

→ She is the **woman who(m)** everyone is praising. 그녀는 모두가 칭찬하는 여성이다.

(3) 전치사 + 목적격 관계대명사

전치사 뒤에 목적격 관계대명사가 오는 형태로, 관계대명사가 전치사의 목적어 역할을 한다. 선행사가 사람인 경우에는 「전치사 + whom」, 선행사가 사물인 경우에는 「전치사 + which」의 형태이다.

The person **with whom** you filed a complaint has just responded.
당신이 불만을 제기했던 그 사람이 바로 응답했다.

This is the room **in which** the conference will be held tomorrow. 이 방은 내일 회의가 개최 될 곳이다.

(4) 소유격 관계대명사

소유격 관계대명사는 접속사의 역할뿐만 아니라 뒤의 명사를 수식하는 역할도 한다. 따라서 소유격 관계대명사 뒤에는 완전한 절이 온다.

The company is a famous **carmaker**. + **Its** employees are well trained.

→ The company is a famous **carmaker whose** employees are well trained.
그 회사는 훈련이 잘 된 직원들을 보유하고 있는 유명한 자동차 회사이다.

(5) 관계대명사의 생략

목적격 관계대명사는 문장에서 생략할 수 있다. 또한 '주격관계대명사 + be동사' 역시 생략할 수 있다.

This is the opportunity **(that)** we need. 이것은 우리에게 필요한 기회이다.

> 동사의 목적어

George is the person **(whom)** we are waiting for. George는 우리가 기다리고 있는 사람이다.

> 전치사의 목적어

Some of the investors hope to meet the engineers **(who are)** responsible for the project.
몇몇 투자자들은 프로젝트를 책임지고 있는 기술자들을 만나고 싶어 한다.

> 주격관계대명사 + be동사

(6) 관계대명사 that

ⓐ **관계대명사 that만을 사용해야 하는 경우**

the first, the last, the only, every, all과 같은 단어가 선행사 앞에 있거나, 선행사가 –thing으로 끝나는 대명사인 경우에는 반드시 관계대명사 that을 써야 한다.

Mr. Jackson was the first man **that** arrived at the meeting. Jackson 씨가 회의에 제일 먼저 도착했다.

All **that** glitters is not gold. 반짝인다고 해서 모두 금은 아니다.

ⓑ **관계대명사 that을 사용할 수 없는 경우**

관계대명사 that은 전치사와 함께 사용될 수 없다. 또한 콤마(,)가 있는 경우, 즉 관계대명사의 계속적 용법으로 사용할 수도 없다.

That is the hospital **in which** Kelly was born in. 그곳은 Kelly가 태어난 병원이다.

This is the hospital ~~in that~~ Kelly was born in. (X)

The trip, **which** will happen in June, is important. 그 여행은, 6월에 가게 될 것인데, 중요하다.

The trip, **that** will happen in June, is important. (X)

ⓒ **관계대명사 that vs. 접속사 that**

that 뒤에 불완전한 절이 오면 관계대명사, 완전한 절이 오면 명사절 접속사이다.

Ms. Marshfield was shocked by the theft **that** occurred at her store.
Marshfield 씨는 그녀의 상점에서 발생했던 도난 사건으로 충격을 받았다.

→ that 뒤에 주어가 없는 불완전한 절이 있으므로 that은 관계대명사이다.

Mr. Conner suggests **that** we prepare for our upcoming presentations.
Conner 씨는 우리에게 다가오는 발표를 준비하라고 말한다.

→ that 뒤에 완전한 절이 있으므로 that은 명사절을 이끄는 접속사이다.

(7) 관계대명사 what

관계대명사 what은 선행사를 포함하고 있는 관계대명사이다. 따라서 관계대명사 what 앞에는 선행사가 올 수 없다. 보통 '~하는 것'이라고 해석하며 'the thing which' 등으로 바꾸어 쓸 수 있다.

We should do **what** Mr. Harold told us to do. 우리는 Harold 씨가 하라고 말한 것을 해야 한다.

The experimental results were exactly **what** we had expected.
실험 결과는 우리가 정확히 예측했던 것이었다.

❷ 관계부사

관계부사는 두 문장을 이어주는 접속사의 역할과 부사의 역할을 한다. 관계부사는 선행사가 장소, 시간, 이유, 방법일 경우에 사용되며, 관계부사 뒤에는 완전한 절이 온다.

(1) 관계부사의 종류

의미	선행사	관계부사	예
장소	the place	where	the place where, the site where, the city where…
시간	the time	when	the time when, the day when, the year when…
이유	the reason	why	the reason why
방법	the way	how	the way 또는 how 둘 중 하나만 사용

This restaurant is **the place where** I met my wife. 이 식당은 나의 아내를 만난 곳이다.

Please let me know **the time when** Mr. Ford arrives. Ford 씨가 도착하는 시간을 알려 주세요.

You should find out **the reason why** the customer filed a complaint.
당신은 그 고객이 불만을 제기한 이유를 알아내야 한다.

cf. 관계부사 how는 the way와 how 둘 중 하나만 사용한다.

3D printers will change **the way** various items are produced.

3D printers will change **how** various items are produced.
3D 프린터는 다양한 제품들이 생산되는 방법을 바꿀 것이다.

(2) 관계부사 = 전치사 + 관계대명사

관계부사는 '전치사 + 관계대명사'로 바꾸어 쓸 수 있다.

- where = 장소를 의미하는 전치사(in, at, on) + which
- when = 시간을 의미하는 전치사(in, at, on) + which
- why = for which
- how = in which

The Spring Hotel is the place **at which (= where)** the symposium will be held.
Spring 호텔은 심포지엄이 개최될 장소이다.

The staffer explained the reason **for which (= why)** the flight was delayed.
그 직원은 항공편이 지연된 이유를 설명해 주었다.

A 밑줄 친 부분을 올바르게 고치세요.

1 The employees <u>which</u> are on the night shift stop working at six A.M. every day.

2 Only five people applied for the laboratory assistant position <u>how</u> was advertised.

B 밑줄 친 부분 중 잘못된 것을 고르세요.

1 Mr. Shelby is a man (a) <u>which</u> is (b) <u>admired</u> by (c) <u>most</u> people in the industry.

2 (a) <u>During</u> spring (b) <u>and</u> summer, the beaches (c) <u>what</u> are near the city have lots of visitors.

C 빈칸에 들어갈 알맞은 말을 고르세요.

1 Every receipt ------- you receive should be kept and not thrown away.
(a) how
(b) that
(c) who

2 Jeff Masters is a local entrepreneur ------- has started seven companies.
(a) what
(b) which
(c) who

3 There are not many shoppers at the mall ------- are interested in videos or CDs.
(a) which
(b) whose
(c) who

4 Firefighters raced to the scene ------- several buildings had caught on fire.
(a) who
(b) which
(c) where

어휘

shift 근무조	admire 존경하다	local 지역의
apply for ~에 지원하다	industry 산업	entrepreneur 기업가, 사업가
laboratory 연구실	receipt 영수증	scene 현장
assistant 조수	throw away 버리다	catch on fire 화재가 나다

PART 5

예상적중문제 13 빈칸에 들어갈 가장 알맞은 보기를 고르세요.

Mr. Jefferson spoke with the woman ------- reported the mechanical problem.

(A) which

(B) when

(C) who

(D) what

🔓 문제 해설

● 빈칸에 알맞은 관계사를 고르는 문제이다.

● 빈칸 뒤에 주어가 없는 불완전한 절이 있으므로 빈칸은 주격관계대명사가 필요한
자리임을 알 수 있다.

● 빈칸 앞의 선행사 woman이 사람이므로, 사람을 의미하는 주격관계대명사인 (C)의
who가 정답이다.

묘수풀이

관계대명사 문제를 풀 때에는 가장
먼저 빈칸 뒤의 절이 완전한지 불
완전한지를 파악한다. 그런 다음 선
행사가 사람인지 사물인지를 파악
한다.

⭐ 해석

Jefferson 씨는 기술적인 문제를 보고했던 여성과 이야기했다.

(A) which

(B) when

(C) who

(D) what

어휘

report 보고하다

mechanical 기술적인

MORE & MORE

정답 p.019

밑줄 친 부분이 올바르면 ○, 그렇지 않으면 ×에 표시하세요.

❶ This is the game <u>which</u> many people enjoy playing.　　　　　　　　(○ | ×)

❷ Only Mr. Peters knows <u>when</u> the apartment is located.　　　　　　　(○ | ×)

❸ I am not sure <u>what</u> I should speak with right now.　　　　　　　　(○ | ×)

PART 5
예상적중문제 14   빈칸에 들어갈 가장 알맞은 보기를 고르세요.

There are several people in the office ------- are capable of speaking Italian.

(A) what

(B) which

(C) who

(D) how

📖 문제 해설

- 관계대명사의 선행사는 관계대명사 바로 앞에 위치하는 경우도 있지만, 관계대명사 와 선행사 사이에 수식어구가 있는 경우도 있다.

- 위 문장에서 빈칸 앞의 in the office는 수식어구이므로 office를 선행사로 착각해서 는 안 된다.

- 선행사는 several people이므로 (C)의 who가 정답이 된다.

묘수풀이

빈칸 바로 앞의 명사가 무조건 선행 사라고 판단해서는 안 된다. 이 문 제와 같이 주어 뒤에 수식어구가 있 을 경우 선행사를 찾는 데 주의해야 한다.

⭐ 해석

사무실 내에 이탈리아어를 할 수 있는 사람이 여러 명 있다.

(A) what

(B) which

(C) who

(D) how

어휘

several 몇몇의

be capable of ~할 수 있다

MORE & MORE

정답 p.019

밑줄 친 부분이 올바르면 O, 그렇지 않으면 ×에 표시하세요.

① The boxes <u>what</u> are sitting on the floor are full of clothes.　　　　(O | ×)

② Jim is the person <u>which</u> is going to make the reservations.　　　　(O | ×)

③ Mr. Sam, <u>who</u> is a salesman, recently received an award.　　　　(O | ×)

Unit 03   **123**

Ⅵ 가정법

가정법이란 실제 사실과 반대의 상황을 가정하는 것이다. 가정법은 시제에 따라 **가정법 과거**, **가정법 과거완료**, **가정법 미래** 등으로 구분할 수 있다.

❶ 가정법 과거

가정법 과거는 현재 사실과 반대되거나 실현 가능성이 없는 상황을 가정하는 것으로서, '만약 ~라면, …할 텐데'라는 의미이다.

> if + 주어 + 동사의 과거형, 주어 + 조동사의 과거형 + 동사원형

If I were you, **I would be** more polite. 내가 너라면, 나는 보다 공손하게 행동할 것이다.

If she were happy, **she would smile** more often. 그녀가 행복하다면, 그녀는 더 자주 웃을 것이다.

If Mark worked hard, **he would get** promoted. Mark가 열심히 일한다면, 그는 승진할 것이다.

> cf. 가정법 과거의 if절에서는 주어가 I일 때 be동사로 were를 쓸 수 있다.
>
> **If I were** the boss, **I would make** some changes. 내가 사장이라면, 나는 몇 가지를 바꿀 것이다.

❷ 가정법 과거완료

가정법 과거완료는 과거 사실과 반대되는 상황을 가정하는 것으로서, '만약 ~였더라면, …했었을 텐데'라는 의미이다.

> if + 주어 + had + 동사의 과거완료형, 주어 + 조동사의 과거형 + have + p.p.

If I had known the answer, **I would have told** you. 내가 답을 알았더라면, 나는 너에게 말을 했을 것이다.

If Sue had thought about it, **she would have understood** the problem.
Sue가 그에 대해 생각을 했더라면, 그녀는 그 문제를 이해했을 것이다.

If he had agreed to the contract, **he would have gotten** the job.
그가 계약에 동의했더라면, 그는 일자리를 얻었을 것이다.

❸ 가정법 미래

가정법 미래는 미래에 발생할 가능성이 없거나 매우 낮은 상황을 가정하는 것으로서, '만약 ~하면, …할 텐데', '만약 ~하면, …하라'는 의미이다.

> if + 주어 + should/were to + 동사원형, 주어 + 조동사의 원형/과거형 + 동사원형
> if + 주어 + should/were to + 동사원형, 동사원형 (명령문)

If it should rain tomorrow, **the picnic will be** canceled. 만약 내일 비가 온다면, 야유회는 취소될 것이다.

If the sun were to rise in the west, **I would believe** him. 해가 서쪽에서 뜬다면, 그를 믿겠다.

❹ 주의해야 할 가정법

(1) Without 가정법

if를 사용하지 않고 without, but for 등을 사용하여 가정법 문장을 만들 수 있다.

ⓐ 가정법 과거: ~이 없다면, …할 텐데

> Without (= But for) + 명사, 주어 + 조동사의 과거형 + 동사원형

Without water, nothing **could live** on the Earth. 물이 없다면 지구상에 어떤 것도 살 수 없다.

= **If it were not for** water, nothing **could live** on the Earth.

= **Were it not for** water, nothing **could live** on the Earth.

ⓑ 가정법 과거완료: ~이 없었다면, …했을 텐데

> Without (= But for) + 명사, 주어 + 조동사의 과거형 + have p.p.

Without your help, I **could** not **have finished** the project.
당신의 도움이 없었다면, 나는 프로젝트를 끝내지 못했을 것이다.

= **If it had not been for** your help, I **could** not **have finished** the project.

= **Had it not been for** your help, I **could** not **have finished** the project.

(2) If가 생략된 가정법

가정법 문장에서 if를 생략하면 조건절의 주어와 동사의 순서가 바뀐다.

If you had worked harder, you would have passed the exam.
당신이 더 열심히 공부했더라면 시험에 통과했을 텐데.

→ **Had you worked** harder, you would have passed the exam.

If you should have any other questions, please contact me. 다른 질문이 있을 경우 제게 연락해 주세요.

→ **Should you** have any other questions, please contact me.

(3) I wish 가정법

아쉬움이나 후회, 원망의 의미 등을 나타낼 때에도 가정법 시제를 사용한다.

> I wish + 주어 + 동사의 과거형: ~하면 좋을 텐데
> I wish + 주어 + had + p.p.: ~했더라면 좋았을 텐데

I wish I had enough money to buy a new car. 새 차를 구입할 만큼 충분한 돈이 있다면 좋을 텐데.

I wish I had visited Rome earlier. 로마를 더 일찍 방문했더라면 좋았을 텐데.

정답 p.019

Ⓐ 밑줄 친 부분을 올바르게 고치세요.

1 If you <u>have</u> more workers, you would manage to complete the task.

2 <u>Have</u> you submitted the application last week, we would have received it.

Ⓑ 밑줄 친 부분 중 잘못된 것을 고르세요.

1 If I (a) <u>were</u> you, I (b) <u>buy</u> the house (c) <u>regardless</u> of the price.

2 If I (a) <u>checked</u> the equipment (b) <u>regularly</u>, it would (c) <u>not</u> have broken down.

Ⓒ 빈칸에 들어갈 알맞은 말을 고르세요.

1 Ms. Campbell would go to the airport to pick up the client if she ------- to drive a car.

(a) able

(b) being able

(c) were able

2 If Mr. Powell ------- a lot of experience, he would have done the work more quickly.

(a) has

(b) had had

(c) would have

3 ------- your help, we could not have achieved our sales goals.

(a) Without

(b) If

(c) Should

4 I would have enough money to buy a new car if the value of my holdings -------.

(a) increase

(b) increased

(c) had increased

어휘

manage to 간신히 ~을 해내다	regardless of ~에 상관없이	experience 경험
complete 완료하다	equipment 장비, 도구	achieve 달성하다
submit 제출하다	regularly 정기적으로	value 가치
application 지원서	client 고객, 의뢰인	holding 보유 주식 수

PART 5

예상적중문제 15 빈칸에 들어갈 가장 알맞은 보기를 고르세요.

If Mr. Smith had left the office earlier, he ------- on time for the meeting.

(A) arrived

(B) has arrived

(C) would have arrived

(D) was arriving

🔓 **문제 해설**

● 가정법 문제이므로, 동사의 형태를 보고 가정법의 종류를 먼저 파악해야 한다.

● if절의 동사가 'had + p.p.'의 형태이므로 이는 가정법 과거완료 구문이다.

● 가정법 과거완료 구문에서는 주절의 동사가 '조동사의 과거형 + have + p.p.'의 형태이므로 정답은 (C)이다.

⭐ **해석**

Smith 씨가 일찍 떠났다면, 그는 회의에 제시간에 도착했을 텐데.

(A) arrived

(B) has arrived

(C) would have arrived

(D) was arriving

어휘

on time 제시간에

arrive 도착하다

🎓 **MORE & MORE**

정답 p.020

밑줄 친 부분이 올바르면 ○, 그렇지 않으면 ×에 표시하세요.

❶ Everyone <u>arrived</u> at the stadium before the game started.　　(○ | ×)

❷ Mr. Lopez <u>has arrived</u> in Toronto three days ago.　　(○ | ×)

❸ Passengers <u>was arriving</u> at the airport all day long.　　(○ | ×)

PART 5 예상적중문제 16 빈칸에 들어갈 가장 알맞은 보기를 고르세요.

If there ------- enough room, everyone could participate in the staff meeting.

(A) were

(B) is

(C) be

(D) had been

문제 해설

- 주절의 동사가 'could participate'로서 '조동사의 과거형 + 동사원형' 형태이므로, 이 문장은 가정법 과거 구문이다.
- 가정법 과거 문장에서 if절의 동사 형태는 '동사의 과거형'이어야 한다. 따라서 정답은 (A)이다.
- 가정법 과거 문장에서 be동사는 주어에 상관없이 were를 사용할 수 있다.

해석

공간이 충분하다면, 모든 사람이 직원 회의에 참석할 수 있을 텐데.

(A) were

(B) is

(C) be

(D) had been

어휘
participate 참석하다
staff meeting 직원 회의

MORE & MORE

정답 p.020

밑줄 친 부분이 올바르면 ○, 그렇지 않으면 ×에 표시하세요.

❶ If he is interested in the information, I could tell him about it. (○ | ×)

❷ The audience members should be quiet during the performance. (○ | ×)

❸ Some people had been in the warehouse right now. (○ | ×)

------- Jacob been better at his work, he could have been promoted.

(A) If

(B) Had

(C) Should

(D) Having

🔒 문제 해설

- 주절의 동사가 'could have been'으로서 '조동사의 과거형 + had + p.p.'이므로, 이 문장은 가정법 과거 구문이다.
- 가정법 과거 문장에서 if절의 동사는 'had + p.p.' 형태이므로, Jacob과 been 사이에 had가 있어야 한다.
- 가정법 구문에서 if가 생략되면 주어와 동사의 위치가 바뀐다. 따라서 빈칸에는 Had가 와야 하므로 정답은 (B)이다.

⭐ 해석

Jacob이 자신의 업무를 더 잘했더라면, 그는 승진했을 것이다.

(A) If

(B) Had

(C) Should

(D) Having

어휘

be good at ~을 잘하다
promote 승진시키다

🎓 MORE & MORE

정답 p.020

밑줄 친 부분이 올바르면 ○, 그렇지 않으면 ×에 표시하세요.

① <u>If</u> Ms. Hampton liked traveling, she would have a passport.   (○ | ×)

② <u>Should</u> there be any problems, report to Mr. Klondike at once.   (○ | ×)

③ If Mr. Roberts <u>had</u> a few words to say, he would not let Ms. Caraway speak.   (○ | ×)

Questions 18-21 refer to the following letter.

Eric Hooper

543 Roadrunner Avenue

Chandler, AZ 85301

Dear Sir/Madam,

I have been shopping at Davidson's ------- more than ten years. I visit the grocery
                                      18.
store near my home at least once a week. I just visited that store yesterday to do some

shopping. I was disappointed ------- the store no longer carries products by Potter Foods.
                               19.
-------. I hope that you ------- this decision and start selling Potter Foods products again.
 20.   **21.**

18. (A) for

(B) on

(C) with

(D) by

19. (A) learn

(B) learning

(C) to learn

(D) learned

20. (A) I live in the city of Chandler.

(B) The prices at your store are very low.

(C) I'm a big fan of its frozen foods.

(D) The items I bought recently were
excellent.

21. (A) reconsider

(B) have reconsidered

(C) are reconsidered

(D) reconsidering

18
- 빈칸 뒤에 기간을 의미하는 'more than ten years'가 있다.
- 따라서 기간 앞에 사용될 수 있는 전치사인 (A)의 for가 정답이다.

19
- 빈칸 앞에 동사 was disappointed가 있으므로 동사인 (A)의 learn은 정답에서 제외된다.
- be disappointed 뒤에 동사가 올 경우 이는 to부정사 형태를 취하므로 정답은 (C)이다.

20
- 빈칸 앞의 문장은 '그 점포에서 더 이상 Potter Foods의 제품을 취급하지 않을 것이라는 사실을 알게 되어 실망했습니다.'라는 내용이다.
- 보기 중에서 이러한 내용과 관계된 것은 '그 회사의 제품을 좋아한다'는 내용의 (C)이다.

21
- that절을 살펴보면 두 개의 절이 등위접속사 and로 연결되어 있으므로, 연결된 두 절의 동사는 시제가 같아야 한다.
- and 뒤의 동사가 현재시제인 start이므로 and 앞의 동사 또한 현재시제인 (A)이다.

⭐ 해석

Eric Hooper
543 Roadrunner 가
챈들러, 애리조나 85301

관계자 분께,

저는 10년이 넘는 기간 동안 Davidson에서 쇼핑을 해 왔습니다. 저는 최소한 일주일에 한 번 집 근처에 있는 식료품점에 갑니다. 저는 어제 쇼핑을 하러 그 점포에 방문했습니다. 그 점포에서 더 이상 Potter Foods의 제품을 취급하지 않을 것이라는 사실을 알게 되어 실망했습니다. **저는 그 회사의 냉동 식품을 정말 좋아합니다.** 이러한 결정을 다시 생각해 보시고 Potter Foods의 제품을 다시 판매하게 되기를 바랍니다.

----

18. (A) for
    (B) on
    (C) with
    (D) by

19. (A) learn
    (B) learning
    (C) to learn
    (D) learned

20. (A) 저는 챈들러 시에 살고 있습니다.
    (B) 당신 점포의 제품 가격은 매우 저렴합니다.
    (C) 저는 그 회사의 냉동 식품을 정말 좋아합니다.
    (D) 제가 최근에 구매한 물품들은 매우 훌륭했습니다.

21. (A) reconsider
    (B) have reconsidered
    (C) are reconsidered
    (D) reconsidering

어휘 grocery store 식료품점   at least 최소한, 적어도   carry (가게에서 상품을) 취급하다   reconsider 재고하다, 다시 생각하다   decision 결정

🎓 MORE & MORE

정답 p.020

밑줄 친 부분이 올바르면 ○, 그렇지 않으면 ×에 표시하세요.
1 The speech is scheduled to be given <u>on</u> Monday morning.   (○ | ×)
2 Ms. Davis expects <u>learning</u> a lot of information at the conference.   (○ | ×)
3 Mr. Morris is <u>reconsidering</u> the newest office regulation.   (○ | ×)

Part 5 문장을 읽고 빈칸에 들어갈 가장 적절한 말을 고르세요.

1. ------- one of the computers must be checked for viruses and other malware.
   (A) Some
   (B) Few
   (C) Little
   (D) Each

2. ------- Mr. Conner's help, we could not prepare for our upcoming presentation.
   (A) If
   (B) Should
   (C) Without
   (D) Were

3. You should demand a refund ------- ask for an exchange.
   (A) and
   (B) so
   (C) or
   (D) but

4. Of all the managers, ------- Lucy or Eric is sure to do the best job possible.
   (A) either
   (B) both
   (C) neither
   (D) nor

5. Karen is definitely ------- of all of the job applicants.
   (A) competent
   (B) more competent
   (C) the most competent
   (D) more competently

6. Several financial analysts are advising ------- clients to invest in DPD solutions.
   (A) they
   (B) them
   (C) their
   (D) themselves

7. Anyone ------- a nametag will be given one by the staffer at the reception desk.
   (A) over
   (B) throughout
   (C) without
   (D) out of

8. Employees learned ------- the new software at the workshop last Friday.
   (A) about
   (B) under
   (C) at
   (D) into

9. The head of the Research and Development Department ------- offered Ms. Parrish the position.
(A) he
(B) him
(C) his
(D) himself

10. The equipment which Robert works with is ------- more advanced than any other.
(A) very
(B) so
(C) much
(D) as

11. The factory inspectors noticed ------- problems on the assembly line.
(A) few
(B) any
(C) little
(D) much

12. ------- detail concerning finances was discussed by the negotiators during the meeting.
(A) Few
(B) Any
(C) Some
(D) Every

13. Mr. Simmons will probably wind up completing the Packard report -------.
(A) him
(B) his
(C) he
(D) himself

14. ------- way to reach the airport is to take the interstate and then to get off at exit 3.
(A) Fast
(B) Faster
(C) Fastest
(D) The fastest

15. Passengers ------- are traveling abroad should be at the airport at least two hours prior to departure.
(A) which
(B) who
(C) what
(D) when

16. Harry ------- wrote the report, but he also submitted all of the forms in time.
(A) so that
(B) not only
(C) such that
(D) in addition

Part 6 지문을 읽고 빈칸에 들어갈 가장 적절한 말을 고르세요.

Questions 17-20 refer to the following e-mail.

To: Claire Hampton <champton@velocity.com>

From: Moe Smith <msmith@brightongym.com>

Re: Membership

Date: April 21

Dear Ms. Hampton,

Thank you for ------- a member of the Brighton Gym. We are sure you will enjoy many hours
       17.
working out with our facilities.

You signed up for a one-year membership. This comes with a free T-shirt and a pair of shorts.
Please see me when you visit the gym, and I will give them to -------. You can also rent a
                                                                18.
locker from us. -------. Let me know if you are -------.
                19.   **20.**

I look forward to seeing you at the gym.

Sincerely,

Moe Smith

Owner, Brighton Gym

---

17. (A) become

(B) became

(C) becoming

(D) have become

18. (A) you

(B) your

(C) yours

(D) yourself

19. (A) The cost is $10 per month.

(B) Don't forget to pay your membership fee.

(C) Our hours are from 6:00 A.M. to 10:00 P.M.

(D) You'll love the facilities here.

20. (A) interest

(B) interests

(C) interesting

(D) interested

Questions 21-24 refer to the following manual.

Now that you have received your platinum credit card, it must -------. First, call our toll-free
                                                               21.

number at 1-800-409-5566. After you are connected, you will be asked to enter your credit

card number. -------. If you ------- a mistake, hit the # button, and you can start over. Once
               22.   **23.**

you enter all sixteen digits correctly, you must then type the three-digit security code on the

back of your card. It is in the space where you should sign your name. After you input it, your

card will be activated. Be sure to sign the back of the card, or it will not be -------.
                                                                         24.

---

21. (A) activate
    (B) activating
    (C) be activated
    (D) have activated

22. (A) After doing that, you can use your card.
    (B) Tell the operator what each of the numbers is.
    (C) You can request a new PIN at this time.
    (D) There are sixteen numbers on your card.

23. (A) make
    (B) find
    (C) correct
    (D) report

24. (A) appropriate
    (B) valid
    (C) apparent
    (D) accurate

🔖 **학습 포인트**

✔ 적절한 어휘를 고르는 문제의 형태는 보기들이 서로 다른 의미를 가진 어휘들로 이루어져 있다.

✔ 보기를 통해 어떤 품사의 어휘를 묻고 있는지 확인할 수 있는데, 명사, 동사, 형용사, 그리고 부사 어휘 문제로 구분할 수 있다.

✔ 기본적으로 어휘의 의미를 정확히 알고 있어야 문제를 풀 수 있기 때문에, 자주 출제되는 어휘를 중심으로 암기해야 한다. 또한, 어휘 문제의 빈출 패턴을 학습하여 문제를 푸는 시간을 단축해야 한다.

📋 **예제**

The company is planning to reduce the ------- of all of its workers since it is losing money.

(A) salaries
(B) conditions
(C) appearances
(D) offices

그 기업은 손실을 보고 있기 때문에 전 직원들의 급여를 삭감시킬 계획이다.   정답 (A)

어휘 plan to ~할 계획이다   reduce 줄이다, 경감시키다   lose 잃다; 지다   salary 급여, 봉급   condition 조건, 상태   appearance 외형, 외모

📋 **문제 유형 분석**

서로 다른 의미를 가진 명사들이 보기로 제시되어 있으므로 명사 어휘를 묻는 문제이다. 명사 어휘 문제를 풀 때에는 항상 빈칸과 관련된 동사의 의미를 파악해야 한다.

📋 **풀이 전략**

❶ 빈칸 앞에 준동사인 to reduce가 빈칸에 들어갈 명사와 관련이 있다.

❷ reduce는 '감소시키다'라는 의미인데, '기업이 손실을 보고 있기 때문에 직원들의 OO을 삭감시킬 계획이다'라는 의미가 완성되어야 한다.

❸ 따라서 빈칸에는 '급여'라는 의미의 명사인 (A)의 salaries가 들어가는 것이 가장 적절하다.

❹ (B)의 conditions는 '조건', (C)의 appearances는 '외형', 그리고 (D)의 offices는 '사무실'이라는 의미로, 이들은 모두 정답이 될 수 없다.

I 명사 어휘

토익에 자주 출제되는 명사들의 의미를 암기해 두어야 한다. 특히, 특정 동사와 함께 사용되는 명사들을 학습해 두면, 이러한 문제가 출제될 경우 문제를 푸는 시간을 단축할 수 있다.

❶ 주요 명사 정리 I

application 지원(서), 신청	acceleration 가속
celebration 기념, 축하	collection 수집(물)
communication 의사 소통	competition 경쟁; 대회
formation 형태	imagination 상상(력)
migration 이주, 이민	option 선택, 옵션
action 행동, 행위	admiration 존경
selection 선정, 선발	investigation 조사
appliance (가정용) 기기	issue (정기 간행물의) 호; (한 회의) 발행 부수

Try to use your **imagination** to solve the problem. 상상력을 이용해서 그 문제를 풀어 보세요.

She has two **options** regarding transferring. 전근에 관해 그녀는 선택할 수 있는 두 가지 안을 가지고 있다.

Once you make a **selection**, you cannot change your mind. 일단 선택을 하면, 당신은 마음을 바꿀 수 없다.

Kitchen **appliances** have reduced the amount of work. 주방용 기기는 일의 양을 감소시켰다.

❷ 주요 명사 정리 II

solution 해결, 해결 방안	renewal 갱신
rotation 회전	satisfaction 만족
progress 진행; 발전, 진보	development 발달, 발전, 개발
facility 시설, 기관	retirement 은퇴
description 설명, 묘사	nomination 지명
dismissal 해고	equipment 장비, 설비
device (특정한 목적을 지닌) 장치, 기구	resignation 사직
preference 선호(도)	reference 언급; 참고

After **retirement**, Mort hopes to spend time with his family.
은퇴 후, Mort는 가족들과 시간을 보내고 싶어 한다.

The Hartford **facility** uses state-of-the-art computer technology.
Hartford 시설에서는 최첨단 컴퓨터 기술이 사용된다.

The experiment is currently in **progress**. 그 실험은 현재 진행 중이다.

That **device** uses less electricity than other similar ones.
그 장치는 비슷한 다른 장치들보다 전기를 적게 사용한다.

③ 주요 명사 정리 III

promotion 승진	transfer 전근
edition (간행물의) 판; 한 권, 한 부	version (원형의) 변형물; 형, 판, 버전
improvement 개선, 향상	establishment 기관, 시설
measure 조치, 수단	investment 투자
access 접근(권)	expansion 확장, 확대
expertise 전문 지식, 전문 기술	regulation 규정
imitation 모방	inflation 팽창; 인플레이션
extension 확대; 연장	creation 창조, 창작

This job requires **expertise** in biology. 이 일은 생물학에 대한 전문 지식을 필요로 한다.

Anita requested a **transfer** to the Hong Kong office. Anita는 홍콩 지사로의 전근을 요청했다.

The **improvement** in the patient's condition made the doctors happy.
환자의 상태가 개선되어 의사들이 기뻐했다.

There are security guards all over the **establishment**. 시설 주변 전체에 경비원들이 있다.

④ 특정 동사와 어울리는 명사

일부 명사들은 특정한 동사들과 어울려 쓰이기 때문에, 이러한 표현들을 마치 하나의 숙어처럼 알고 있으면 어휘 문제를 푸는 시간을 크게 줄일 수 있다.

(1) make와 어울리는 명사

make an announcement 공지하다	make a decision 결정하다
make an effort 노력하다	make an excuse 변명하다
make a request 요청하다, 요구하다	make a speech 연설하다, 강연하다

The spokesman **made an announcement** about the merger. 대변인이 합병에 관한 공지를 했다.

(2) take와 어울리는 명사

take a break 휴식을 취하다, 쉬다	take charge (of) 책임지다
take a message 메시지를 받다	take a step 조치를 취하다

Susan will **take charge of** the project. Susan이 그 프로젝트를 책임질 것이다.

(3) have와 어울리는 명사

have an effect (on) 영향을 미치다	have a tendency 경향이 있다
have a try 시도하다	have a word (with) 이야기하다
have a party 파티를 하다	have a discussion 토론을 하다

She **has a tendency** to speak quickly when she is excited. 그녀는 흥분하면 빨리 말하는 경향이 있다.

Ⓐ 밑줄 친 부분을 올바르게 고치세요.

1 Amy Sullivan is going to be the <u>keys</u> speaker at the conference in Budapest.

2 There are <u>applicant</u> forms on the receptionist's desk if you are interested.

Ⓑ 밑줄 친 부분 중 잘못된 것을 고르세요.

1 Allen Butters is (a) <u>dedicated</u> to improving his (b) <u>information</u>, so he attends (c) <u>graduate</u> school after work.

2 Customers may receive (a) <u>exchanges</u> by making (b) <u>bulk</u> purchases on (c) <u>various</u> items.

Ⓒ 빈칸에 들어갈 알맞은 말을 고르세요.

1 The passenger's ------- was canceled since she arrived too late for her flight.

(a) appointment

(b) reservation

(c) plan

2 Several executives turned in their ------- to protest the decision.

(a) applications

(b) resignations

(c) résumés

3 Mr. Davis made a positive ------- on everyone he interviewed with.

(a) condition

(b) situation

(c) impression

4 The mechanic took the car to his ------- in order to repair it.

(a) garage

(b) outfit

(c) stage

어휘

keynote speaker 기조연설자
be dedicated to
~에 헌신하다, ~에 전념하다
improve 향상시키다
graduate school 대학원
bulk purchase 대량 구매
appointment 약속

reservation 예약
executive 중역, 이사
turn in ~을 제출하다
resignation 사임, 사직(서)
protest 항의하다
positive 긍정적인
situation 상황

impression 인상, 느낌
mechanic 수리공, 정비사
garage 차고
repair 수리하다
outfit 옷
stage 무대; 단계

예상적중문제 01   빈칸에 들어갈 가장 알맞은 보기를 고르세요.

All ------- for admission must be received by the end of December.

(A) uses

(B) positions

(C) applications

(D) statements

🔓 문제 해설

● 주어진 문장은 '12월 말까지 모든 OO이 제출되어야 한다'는 의미가 되어야 한다.

● 보기 중에서 'must be received'라는 표현과 어울릴 수 있는 단어는 '지원서'라는 의미인 (C)의 applications뿐이다.

● (A)의 use는 '사용' 및 '용도'라는 뜻이며, (B)의 position은 '위치', '직위'라는 의미이고, (D)의 statements는 '주장' 혹은 '진술'이라는 의미로 사용된다.

● (D)의 statements가 '진술서'라는 의미로도 쓰일 수 있지만, 위 문제에서는 'for admission(입학을 위한)'이라는 어구와 어울리지 않기 때문에 (D)는 정답이 될 수 없다.

⭐ 해석

모든 입학 지원서는 12월 말까지 제출되어야 한다.

(A) uses

(B) positions

(C) applications

(D) statements

어휘

application 지원, 지원서

admission 허가, 입학

statement 진술, 주장

MORE & MORE

정답 p.024

밑줄 친 부분이 올바르면 ○, 그렇지 않으면 ×에 표시하세요.

❶ The chemical has many <u>uses</u> in the laboratory.   (○ | ×)

❷ There are several <u>positions</u> available at the store.   (○ | ×)

❸ The speaker answered all of the <u>statements</u> the reporters asked.   (○ | ×)

...

Mr. Sanders made a(n) ------- for more funding for his project, but it was denied.

(A) approval

(B) request

(C) regard

(D) balance

🔒 문제 해설

● but 이후의 'was denied(거절되었다)'라는 부분을 보고 '무엇이' 거절되었는지를 생각해 보면 쉽게 정답을 찾을 수 있다.

● 보기 중에서 '거절'될 수 있는 것은 (A)의 approval(승인)과 (B)의 request(요청)이다.

● 이 두 단어 중에서 동사 make와 함께 사용되어 '제안을 하다'라는 자연스러운 의미를 만들 수 있는 것은 request뿐이므로 (B)가 정답이다.

☆ 해석

Sanders 씨는 자신의 프로젝트에 더 많은 금액의 자금 지원을 요청했지만, 그것은 거절되었다.

(A) approval

(B) request

(C) regard

(D) balance

어휘
request 요청
funding 자금, 자금 지원
deny 거부하다
approval 승인
balance 균형; 잔고

MORE & MORE

정답 p.024

밑줄 친 부분이 올바르면 ○, 그렇지 않으면 ×에 표시하세요.

❶ You must get <u>approval</u> for the project before you begin.   (○ | ×)

❷ Please send your <u>request</u> to Ms. Smith in Marketing.   (○ | ×)

❸ Ms. Powell asked about submitting a <u>balance</u> at the meeting.   (○ | ×)

FTP, Inc. has some of the most advanced ------- in the entire country.

(A) appearances

(B) wages

(C) services

(D) facilities

문제 해설

- 주어진 문장은 'FTP 주식회사는 전국에서 가장 발전된 OO을 보유하고 있다'는 의미가 되어야 한다.
- 즉 주식회사가 가지고 있을 수 있는 '가장 발전된(most advanced)' 것이 무엇인지 생각해 보면 정답을 찾을 수 있다.
- (A)의 appearances는 '외형'이라는 의미이고, (B)의 wages는 '임금'이라는 의미이므로 이들은 정답이 될 수 없다.
- (C)의 services(서비스)는 문맥상 동사인 have와 어울리지 않기 때문에 이 역시 정답이 될 수 없다.
- 따라서 보기 중 어떤 회사가 '보유'할 수 있는 것은 '시설'(facilities)뿐이므로 정답은 (D)의 facilities가 된다.

해석

FTP 주식회사는 전국에서 가장 발전된 시설을 보유하고 있다.

(A) appearances

(B) wages

(C) services

(D) facilities

어휘
advanced 발전된, 진보된
facility 시설
entire 전체의
wage 임금

MORE & MORE

정답 p.024

밑줄 친 부분이 올바르면 ○, 그렇지 않으면 ×에 표시하세요.

① The Shipping Department takes care of sending the <u>appearances</u>.　　(○ | ×)

② Both <u>wages</u> and automobiles are manufactured at this factory.　　(○ | ×)

③ One of the <u>services</u> provided is free delivery.　　(○ | ×)

Mr. Watkins insists that all ------- be made at the same time during the year.

(A) respondents

(B) vacations

(C) raises

(D) promotions

🔒 문제 해설

● 'Watkins 씨는 모든 OO이 연중 같은 시기에 이루어져야 한다고 주장했다'라는 의미가 되어야 한다.

● 보기 중에서 be made와 어울릴 수 있는 단어는 (D)의 promotions뿐이므로 정답은 (D)가 된다. 참고로 'make a promotion'은 '승진하다', '진급하다'라는 의미이다.

● (A)의 respondents(응답자), (B)의 vacations(휴가), (C)의 raises(인상)는 뒤에 나오는 동사 'be made(만들어지다)'라는 표현과 어울리지 않기 때문에 정답이 될 수 없다.

⭐ 해석

Watkins 씨는 모든 승진이 연중 같은 시기에 이루어져야 한다고 주장한다.

(A) respondents

(B) vacations

(C) raises

(D) promotions

어휘
promotion 승진; 홍보
at the same time 동시에, 한꺼번에
respondent 응답자

🎓 MORE & MORE

정답 p.024

밑줄 친 부분이 올바르면 ○, 그렇지 않으면 ×에 표시하세요.

❶ The <u>respondent</u> in these apartment buildings is the highest in the city. (○ | ×)

❷ Some employees plan to take their <u>vacations</u> in August. (○ | ×)

❸ There are some <u>raises</u> located in the storeroom on the third floor. (○ | ×)

Ⅱ 동사 어휘

동사 어휘 문제의 경우 주어진 문장을 보고 자동사와 타동사 중 어느 것이 빈칸에 들어가야 하는지 파악해야 하는데, 타동사를 묻는 문제의 경우 목적어의 의미를 파악하여 정답을 골라야 한다. 자동사의 경우 '동사 + 전치사' 형태로 출제되는 경우가 많으므로 함께 사용되는 전치사를 정리해 두어야 한다. 타동사의 경우에도 '동사 + 명사 + 전치사 + 명사' 형태의 표현이 많이 출제되므로, 동사와 함께 사용되는 전치사를 학습해 두어야 한다.

❶ 주요 동사 정리 I

appoint 지명하다; (시간/장소를) 정하다	**guide** 안내하다
maintain 유지하다; 관리하다	**purchase** 구매하다
attend 참석하다, 출석하다	**notify** 알리다, 고지하다
exceed 초과하다	**recite** 낭독하다; 나열하다
suspend 매달리다; 유예하다	**train** 훈련시키다, 교육하다
alter 수정하다, 변경하다	**persuade** 설득하다
expand 확장하다	**exchange** 교환하다
charge 요금을 부과하다	**cost** 비용을 치르게 하다; 비용이 들다

Could you **guide** me to the nearest restroom, please? 가장 가까운 화장실로 안내해 주시겠어요?

The CEO **appointed** Mr. Watson as a marketing manager.
최고경영자는 Watson 씨를 마케팅 부장으로 임명했다.

I tried to **persuade** Mike to change his mind. 나는 Mike의 생각이 바뀔 수 있도록 그를 설득하려고 했다.

❷ 주요 동사 정리 II

rehearse 리허설하다, 연습하다	**lead** 이끌다
amplify 증폭시키다	**examine** 검사하다
report 보고하다; 보도하다	**indicate** 나타내다; 가리키다
modify 수정하다	**urge** 재촉하다, 촉구하다
resume 다시 시작하다, 재개하다	**treat** 대접하다; 다루다, 취급하다
activate (기계 등을) 작동시키다, 활성화시키다	**comment** 언급하다, 논평하다
acknowledge 인정하다	**attempt** 시도하다

Please **lead** the customers into the showroom. 그 고객분들을 쇼룸으로 모시고 가세요.

The results **indicated** that most customers prefer online shopping.
결과에 따르면 대부분의 고객들은 온라인 쇼핑을 선호한다.

We have to **modify** our plans as soon as possible. 우리는 가능한 한 빨리 우리의 계획을 수정해야 한다.

The workers will **resume** their work after lunch break. 직원들은 점심 식사 시간 이후에 작업을 재개할 것이다.

This alarm is **activated** by smoke. 이 경보기는 연기에 의해 작동된다.

❸ 주요 동사 정리 III

allocate 분배하다, 할당하다	**distract** 주의를 다른 곳으로 돌리다
verify 입증하다; 확인하다	**lure** 유혹하다, 꾀다
accommodate 공간을 제공하다, 수용하다	**represent** 대표하다; 나타내다
assure 보장하다; 확약하다	**conform** (규칙을) 따르다
deliver 배달하다; (연설을) 하다	**recognize** 인식하다; 승인하다
withdraw 철수하다; 인출하다	**deposit** 예금하다

Ms. Lopez allocated half a million dollars to the new project.
Lopez 씨는 신규 프로젝트에 50만 달러를 할당했다.

The CEO assured the employees that the company was not bankrupt.
최고경영자는 직원들에게 회사가 파산하지 않을 것이라고 확약했다.

❹ 특정 목적어를 취하는 동사

동사에 따라 to부정사를 목적어로 취하거나 동명사를 목적어로 취한다. 이와 같은 동사들을 구분해 두면 목적어의 형태를 보고 정답을 고를 수 있다.

(1) to부정사를 목적어로 취하는 동사

agree 동의하다	**refuse** 거절하다	**promise** 약속하다
want 원하다	**hope** 희망하다	**wish** 원하다
expect 예상하다	**desire** 바라다	**need** 필요로 하다
decide 결정하다	**plan** 계획하다	**aim** 목표로 하다
pretend ~인 척하다	**manage** 간신히 해내다	**afford** 여유가 되다

The supervisor agreed to reduce Mr. Potter's work hours for the week.
상사는 Potter 씨의 주당 근무 시간을 줄이는 데 동의했다.

I cannot afford to take any time off because of my busy schedule.
나는 바쁜 일정 때문에 시간을 낼 여유가 없다.

(2) 동명사를 목적어로 취하는 동사

admit 인정하다	**mention** 언급하다	**advise** 충고하다
consider 고려하다	**recommend** 권하다	**suggest** 제안하다
finish 끝내다	**keep** 계속하다	**quit** 그만두다
avoid 피하다	**mind** 꺼려하다	**discontinue** 중단하다
deny 부정하다	**postpone** 연기하다	**enjoy** 즐기다

Please consider rewriting this paper since it contains many errors.
많은 오류가 있기 때문에 보고서를 다시 작성할 것을 고려해 주세요.

Mr. Burgher does not mind staying at the office late tonight.
Burgher 씨는 오늘밤 늦게 사무실에 머무르는 것을 꺼려하지 않는다.

⑤ 동사와 전치사로 이루어진 표현 I

특정한 전치사와 어울려 사용되는 동사들을 정리해 두어야 한다. 빈칸 다음에 오는 전치사에 주목하면 정답을 쉽게 찾을 수 있는 경우가 많다.

apologize for ~에 대해 사과하다	approve of ~을 승인하다
belong to ~에 속하다	concentrate on ~에 집중하다
consist of ~으로 구성되다	deal with ~을 다루다
depend on ~에 의존하다	object to ~에 반대하다
participate in ~에 참가하다	register for [with] ~에 등록하다
invest in ~에 투자하다	comply with ~을 준수하다, ~을 따르다
respond to ~에 응답하다	suffer from ~을 겪다
apply for ~을 신청하다	enroll in ~에 등록하다
insist on ~을 주장하다	call off ~을 취소하다
turn in 제출하다	originate from[in] ~에서 유래하다

I **apologize for** interrupting your conversation. 대화를 방해해서 죄송합니다.

More than 50 people hope to **participate in** the event. 50명 이상의 사람들이 그 행사에 참석하고 싶어 한다.

Harry is **suffering from** a bad case of the flu. Harry는 심한 독감을 앓고 있다.

⑥ 동사와 전치사로 이루어진 표현 II

목적어 다음에 특정 전치사와 어울려 쓰이는 동사들도 있다. 이 경우에도 전치사에 주목하면 적절한 동사 어휘를 빠르고 쉽게 찾을 수 있다.

prevent A from B A가 B하는 것을 막다	contribute A to B A를 B에 기부하다
compare A with B A와 B를 비교하다	inform A of B A에게 B를 알리다
prohibit A from B A가 B하는 것을 금하다	supply A with B A에게 B를 공급하다
take A to B A를 B로 데려가다	regard [consider] A as B A를 B로 간주하다
familiarize A with B A에게 B를 익숙하게 하다	rid A of B A를 B에서 제거하다
tell [distinguish] A from B A와 B를 구분하다	change A into B A를 B로 바꾸다

Exercising every day can **prevent** people **from** being overweight. 매일 운동을 하면 비만을 예방할 수 있다.

Lisa **informed** the sales manager **of** her idea. Lisa는 자신의 아이디어를 영업부 부장에게 알려 주었다.

The country **prohibits** people 17 or under **from** voting.
그 나라는 17세 이하의 사람들이 투표하는 것을 금지하고 있다.

Mr. Lee will **take** you **to** the bus stop. Lee 씨가 당신을 버스 정류장까지 데리고 갈 것이다.

정답 p.024

Ⓐ 밑줄 친 부분을 올바르게 고치세요.

1 The employees were ordered to <u>conform</u> with all government regulations while doing their jobs.

2 Hardly anyone decided to <u>deliver</u> for the new position being offered at HR Metal.

Ⓑ 밑줄 친 부분 중 잘못된 것을 고르세요.

1 People can (a) <u>easily</u> (b) <u>restore</u> the painter's style (c) <u>merely</u> by looking at a few of her works.

2 A speeding ticket will (a) <u>charge</u> the person who (b) <u>receives</u> it (c) <u>approximately</u> fifty dollars.

Ⓒ 빈칸에 들어갈 알맞은 말을 고르세요.

1 The library is ------- because it has gotten many new patrons in the past few years.
   (a) considering
   (b) opening
   (c) expanding

2 There is not enough information about the project to decide whether to ------- in it.
   (a) invest
   (b) spend
   (c) involve

3 Customers may ------- purchased items for others if they have their receipts.
   (a) exchange
   (b) rebate
   (c) refund

4 Mr. Danielson ------- his rent to his landlord on the third Friday of every month.
   (a) withdraws
   (b) deposits
   (c) pays

어휘

conform 따르다
comply with ~에 따르다
regulation 규정
restore 복원하다, 복구하다
merely 단지

recognize 알아채다, 인지하다
speeding ticket 속도 위반 딱지
approximately 대략
patron 후원자
involve 수반하다, 관련시키다

rebate 환불하다, 감액하다
refund 환불하다
landlord 주인
withdraw 철수하다; 인출하다
deposit 두다, 놓다; 예금하다

All visitors must ------- with the security guard at the front gate.

(A) appoint

(B) register

(C) approve

(D) participate

🔒 **문제 해설**

● '방문객들'(visitors)이 '보안 요원'(security guard)에게 해야 하는 일은 방문 기록을 남기는 것이므로, '등록하다'라는 의미를 가진 (B)의 register가 정답이다. register with는 '~에 등록하다'는 의미로 토익에 자주 등장하는 표현이다.

● (A)의 appoint는 누구를 '지명하다' 혹은 '시간이나 장소를 정하다'라는 의미이기 때문에 문맥에 맞지 않다.

● (C)의 approve는 '승인하다'라는 의미로, 주로 전치사 of와 함께 쓰이는 동사이다.

● (D)의 participate는 '참여하다'라는 의미인데, 보통 전치사 in과 함께 사용된다.

⭐ **해석**

모든 방문객들은 정문에 있는 보안 요원에게 등록을 해야 한다.

(A) appoint
(B) register
(C) approve
(D) participate

어휘
register with ~에 등록하다
security guard 경비원, 보안 요원
appoint 지명하다
approve 승인하다

MORE & MORE

정답 p.025

밑줄 친 부분이 올바르면 ○, 그렇지 않으면 ×에 표시하세요.

① Mr. Kenney <u>appointed</u> with a lawyer during the negotiations.   (○ | ×)

② You should <u>register</u> on the Web site to become a member.   (○ | ×)

③ Many volunteers <u>participated</u> in the festival last weekend.   (○ | ×)

Mr. Beavers ------- the tourists through the museum while describing the exhibits.

(A) lured

(B) paid

(C) guided

(D) sampled

🔓 문제 해설

- tourists(관광객), museum(박물관), exhibits(전시, 전시품)라는 단어들을 생각해 보면 정답을 쉽게 찾을 수 있다.

- 박물관 내의 전시품들을 설명하면서 관람객들에게 해 줄 수 있는 일은 (C)의 guided(안내했다)일 것이므로 정답은 (C)이다.

- (A)의 lured는 '유인했다', (B)의 paid는 '지불했다', (D)의 sampled는 '시식했다'라는 의미이므로, 모두 빈칸에 들어갔을 때 자연스러운 문장을 완성시키지 못한다.

⭐ 해석

Beavers 씨는 전시품들을 설명하면서 관광객들에게 박물관을 안내해 주었다.

(A) lured

(B) paid

(C) guided

(D) sampled

어휘
tourist 관광객
describe 묘사하다, 설명하다
exhibit 전시, 전시회
lure 유인하다, 꾀다

MORE & MORE

정답 p.025

밑줄 친 부분이 올바르면 ○, 그렇지 않으면 ×에 표시하세요.

❶ The agency hopes to <u>lure</u> new customers to the store with its ad campaign. (○ | ×)

❷ Jason <u>paid</u> his ticket to another person since he could not attend the game. (○ | ×)

❸ The airplane will <u>guide</u> from Brazil to Africa on a flight across the ocean. (○ | ×)

If you ------- the equipment well, you can prevent it from suddenly breaking down.

(A) maintain

(B) purchase

(C) review

(D) receive

🔒 문제 해설

● 주어진 문장은 '장비를 잘 OO하면, 갑자기 고장 나는 것을 예방할 수 있다'라는 의미가 되어야 한다.

● 장비가 '갑자기 고장 나는 것(suddenly breaking down)'을 예방하기 위해서는 장비를 잘 '관리해야'할 것이므로, 빈칸에는 '관리하다'라는 의미인 (A)의 maintain이 들어가야 한다.

● (B)의 purchase는 '구입하다'라는 의미이고, (C)의 review는 '검토하다'라는 의미이며, (D)의 receive는 '받다'라는 의미이다.

⭐ 해석

장비를 잘 관리하면 갑작스러운 고장을 예방할 수 있다.

(A) maintain

(B) purchase

(C) review

(D) receive

어휘

maintain 유지하다, 관리하다

break down 고장이 나다

review 검토하다

MORE & MORE

정답 p.025

밑줄 친 부분이 올바르면 ○, 그렇지 않으면 ×에 표시하세요.

① Customers may <u>purchase</u> items by taking them to a cashier.   (○ | ×)

② The audience <u>reviewed</u> after Ms. Ellis completed her speech.   (○ | ×)

③ Buyers will <u>receive</u> their items two days after ordering them.   (○ | ×)

예상적중문제 08　　빈칸에 들어갈 가장 알맞은 보기를 고르세요.

So many people ------- the conference that all of the seats were filled.

(A) attended

(B) reserved

(C) considered

(D) signed

🔓 문제 해설

● 주어진 문장은 '너무 많은 사람들이 학회에 OO해서 모든 좌석이 채워졌다'는 의미가 되어야 하기 때문에, 빈칸에는 좌석이 꽉 차게 된 원인을 의미하는 동사가 들어가야 한다.

● 보기 중에서 그러한 원인으로 가장 알맞은 단어는 '참석했다'는 의미인 (A)의 attended이다.

● (B)의 reserved는 '예약했다'라는 의미로, '좌석(seat)'이나 '티켓(ticket)' 등을 목적어로 취하는 동사이다.

● (C)의 considered는 '고려했다'는 의미이며 (D)의 signed는 '서명했다'는 의미이므로, 학회의 좌석이 꽉 찬 이유를 설명할 수 없다.

⭐ 해석

정말로 많은 사람들이 학회에 참석해서 모든 좌석이 채워졌다.

(A) attended

(B) reserved

(C) considered

(D) signed

어휘
conference 회의, 학회
fill 채우다
consider 간주하다, 여기다

MORE & MORE

정답 p.025

밑줄 친 부분이 올바르면 ○, 그렇지 않으면 ×에 표시하세요.

❶ Ms. Baker <u>reserved</u> a seat on a flight to Melbourne.　　　　(○ | ×)

❷ Somebody should <u>consider</u> hiring the intern to a full-time position.　(○ | ×)

❸ The cashier <u>signed</u> the goods and put them into the bag.　　　(○ | ×)

Ⅲ 형용사 및 부사 어휘

형용사 어휘 문제는 빈칸 뒤에 명사가 있을 경우에는 명사의 의미를 파악해야 한다. 또한, 빈칸이 주격 보어일 경우에는 주어를, 목적격 보어일 경우에는 목적어를 확인하여 문제를 풀어야 한다. 부사는 동사, 형용사, 부사를 수식하는 역할을 하므로, 부사 어휘 문제의 경우에는 수식을 받는 대상을 파악하여 정답을 골라야 한다.

❶ 주요 형용사 정리

adequate 적당한	skillful (= skilled) 숙련된	available 이용할 수 있는
adept 능숙한, 숙련된	cheerful 쾌활한; 생동감이 있는	defective 결함이 있는
redundant 불필요한	abundant 풍부한	competent 능숙한, 유능한
rapid (속도가) 빠른	intense 강렬한	existing 현존하는
experienced 능숙한, 경험이 많은	tardy 느린, 더딘, 지체된	productive 생산적인
stable 안정적인	comparable 비교할 수 있는	efficient 능률적인, 유능한

Skillful workers are in high demand. 숙련된 노동자에 대한 수요는 높다.

Sue is **adept** at working with her hands. Sue는 손으로 하는 일에 능숙하다.

Only **competent** employees can work without supervision.
유능한 직원만이 감독을 받지 않고서도 일을 할 수 있다.

The report has too much **redundant** information. 그 보고에서는 불필요한 정보가 너무 많이 들어 있다.

❷ 부정의 접두어로 시작하는 형용사

(1) un-으로 시작하는 형용사

unknown 알려지지 않은	unfair 공정하지 않은	unnatural 자연스럽지 못한
unexpected 예상하지 못한	unforgettable 잊을 수 없는	unstable 불안정한
unauthorized 권한이 없는	unlimited 제한이 없는	unavailable 사용할 수 없는

It was the most **unforgettable** experience of his life. 그것은 그의 인생에서 가장 잊을 수 없는 경험이었다.

The workers are striking over **unfair** treatment. 노동자들이 부당한 대우 때문에 파업 중이다.

(2) il- / im- / in- / ir-로 시작하는 형용사

illegal 불법적인	imperfect 불완전한	inappropriate 적정하지 않은
impolite 무례한	incompetent 무능한	irresponsible 무책임한
impatient 조급한	ineffective 효과적이지 않은	irregular 불규칙한

The design is **imperfect** and must be redone. 그 디자인은 불완전해서 다시 작업이 되어야 한다.

Irregular working hours can have negative effects on health.
불규칙적인 근무 시간은 건강에 부정적인 영향을 미칠 수 있다.

(3) dis-로 시작하는 형용사

dishonest 정직하지 않은	displeased 불쾌한	dissatisfied 불만족한
dissimilar 비슷하지 않은	dispensable 불필요한	disgusting 역겨운

Rotting fruit smells **disgusting**. 썩고 있는 과일에서 역겨운 냄새가 난다.
Mr. Taylor is **dissatisfied** with the results. Taylor 씨는 결과에 만족하지 않는다.

❸ 형용사의 관용 표현

(1) to부정사를 수반하는 관용 표현

be eager to ~을 하고 싶어 하다	be anxious to ~을 갈망하다
be willing to 기꺼이 ~하려고 하다	be reluctant to ~하는 것을 꺼리다
be about to 막 ~하려고 하다	be likely to ~하기 쉽다, ~할 것 같다
be hesitant to ~하는 것을 주저하다	be free to 마음껏 ~하다

Some employees **are willing to work** on the weekend. 몇몇 직원들은 기꺼이 주말에 일을 하려고 한다.
Why **are** you **reluctant to speak** with him? 왜 그와 이야기하는 것을 꺼리나요?

(2) 명사/동명사를 수반하는 관용 표현

be responsible for ~에 대한 책임이 있다	be dependent on ~에 의지하다
be aware of ~을 알다	be famous for ~으로 유명하다
be eligible for ~의 자격이 있다	be entitled to ~에 대한 권리가 있다
be similar to ~와 유사하다	be fond of ~을 좋아하다

Bali **is famous for** its beautiful beaches. 발리는 아름다운 해변으로 유명하다.
Our members **are eligible for** discounts on hotels all around the world.
저희 회원은 전 세계 호텔에서 할인을 받을 자격이 있습니다.

❹ -ly로 끝나는 부사 I

respectively 각각	severely 심하게
hopefully 바라건대	apparently 명백하게
politely 공손하게	carefully 조심스럽게, 주의 깊게
reasonably 합리적으로, 타당하게	comfortably 편안하게
heavily 세차게	unanimously 만장일치로
precisely 정확하게	approximately 대략

The house was **severely** damaged during the thunderstorm. 그 집은 뇌우로 심하게 손상되었다.
Please **carefully** review the material in these files. 이 파일에 들어 있는 자료들을 주의 깊게 검토해 주세요.
Mr. Davis **politely** excused himself from the meeting. Davis 씨는 공손하게 회의를 빠져 나갔다.
You can **easily** get a bonus by doing a good job. 일을 잘하면 손쉽게 보너스를 받을 수 있다.

⑤ -ly로 끝나는 부사 II

closely 밀접하게, 면밀하게	entirely 전적으로
exactly 정확하게	fatally 치명적으로
immediately 즉시, 곧	naturally 자연적으로, 자연스럽게
neatly 단정하게	perfectly 완벽하게
quietly 조용하게; 침착하게	fairly 상당히, 꽤
scarcely 거의 ~않다	hardly 거의 ~아니다
anonymously 익명으로	exclusively 전적으로, 오로지

The audience watched the performer **closely**. 관중들이 연기자를 면밀히 지켜보았다.

Alice **immediately** called her parents after she arrived home.
Alice는 집에 도착한 후 곧바로 부모님께 전화를 걸었다.

This piece fits **perfectly** into the puzzle. 이 조각은 퍼즐에 완벽하게 들어맞는다.

cf. 명사에 -ly가 붙으면 형용사가 된다.

Fiona's **friendly** attitude makes people like her. Fiona의 친절한 태도 때문에 사람들이 그녀를 좋아한다.

They submitted their applications in a **timely** manner. 그들은 적절한 시기에 지원서를 제출했다.

⑥ 빈도나 주기의 의미를 갖는 부사

always 항상	usually 주로, 대개	often 종종
frequently 자주, 종종	regularly 정기적으로	periodically 주기적으로
normally 보통은	sometimes 때때로	occasionally 이따금, 가끔씩
rarely 드물게	seldom 좀처럼 ~ 않게	never 결코 ~ 않는

She **always** eats two eggs for breakfast. 그녀는 항상 아침 식사로 계란 두 개를 먹는다.

The machinery **periodically** breaks down. 그 기계는 주기적으로 고장이 난다.

This store **rarely** discounts its items. 이 가게는 좀처럼 할인을 해 주지 않는다.

It **seldom** snows in this region. 이 지역에서는 눈이 거의 내리지 않는다.

Ⓐ 밑줄 친 부분을 올바르게 고치세요.

1 Harry said that he is <u>around</u> to quit his job and accept a new one.

2 Both of those items are so different that they are not <u>comparative</u>.

Ⓑ 밑줄 친 부분 중 잘못된 것을 고르세요.

1 Since it (a) <u>worked</u> so well, the vacuum cleaner was (b) <u>advertised</u> as being a highly (c) <u>ineffective</u> piece of machinery.

2 Mr. Davis will propose that the (a) <u>firm</u> hire (b) <u>additional</u> employees as soon as (c) <u>potential</u>.

Ⓒ 빈칸에 들어갈 알맞은 말을 고르세요.

1 There are ------- few people interested in transferring to the Damascus branch.

(a) apparently
(b) scarcely
(c) hardly

2 We are ------- to approve the design because one engineer claims there are some serious problems.

(a) eager
(b) liable
(c) hesitant

3 The cruise was ------- smooth until there was a storm on the fifth day of the voyage.

(a) rarely
(b) every
(c) fairly

4 The most ------- employees are given extra duties to perform.

(a) efficient
(b) outward
(c) repeated

어휘

comparable 비교되는	apparently 듣자 하니	hesitant 망설이는
effective 효과적인	scarcely 거의 ~ 아니다	smooth 순조로운
machinery 기계 장치	hardly 거의 ~ 아니다	voyage 항해
propose 제안하다	serious 심각한	extra 추가적인, 여분의
firm 회사	eager 간절히 바라는	perform 실행하다
additional 추가적인	liable ~하기 쉬운	outward 표면상의

No ------- individuals may enter the laboratory at any time.

(A) illegal

(B) apparent

(C) resistant

(D) unauthorized

🔓 문제 해설

● 빈칸 앞에 '어떤 ~도 아닌'이라는 의미의 no가 있으므로, 주어진 문장은 'OO한 사람은 실험실에 들어갈 수 없다'는 의미가 되어야 한다.

● 어떤 사람이 실험실 안에 들어갈 수 없는지 생각해 보면 빈칸에 들어갈 적절한 단어는 '권한이 없는'이라는 의미인 (D)의 unauthorized이다.

● (A)의 illegal은 '불법적인'이라는 의미로, (A)가 빈칸에 들어갈 경우 '불법적인 개인'이라는 부자연스러운 의미가 만들어지 므로 이는 정답이 될 수 없다.

⭐ 해석

권한이 없는 사람은 그 어느 때라도 실험실 안으로 들어갈 수 없다.
(A) illegal
(B) apparent
(C) resistant
(D) unauthorized

어휘
individual 개인
illegal 불법적인
apparent 분명한, 명백한
resistant 저항하는
unauthorized 권한이 없는

MORE & MORE

정답 p.026

밑줄 친 부분이 올바르면 ○, 그렇지 않으면 ×에 표시하세요.
❶ The police accused the man of <u>illegal</u> behavior.   (○ | ×)
❷ It is <u>resistant</u> to everyone that he acted improperly.   (○ | ×)
❸ This is an <u>unauthorized</u> signature, so I cannot read it.   (○ | ×)

By working at a(n) ------- pace, the lawyers completed the negotiations in time.

(A) rapid

(B) apparent

(C) relevant

(D) unique

🔒 **문제 해설**

● 빈칸에는 빈칸 다음에 있는 pace(속도)라는 말을 꾸며줄 수 있는 형용사가 들어가야 한다. 따라서 '빠른'이라는 의미인 (A)의 rapid가 정답이다.

● (B)의 apparent는 '명백한', (C)의 relevant는 '관련이 있는', (D)의 unique는 '독특한'이라는 의미이므로 이들은 모두 정답이 될 수 없다.

⭐ **해석**

빠른 속도로 일을 함으로써, 변호사들이 시간 내에 협상을 마쳤다.

(A) rapid

(B) apparent

(C) relevant

(D) unique

[어휘]

rapid 빠른

pace 보폭; 속도

lawyer 변호사

negotiation 협상

in time 시간 내에

MORE & MORE

정답 p.026

밑줄 친 부분이 올바르면 ○, 그렇지 않으면 ×에 표시하세요.

❶ It is <u>apparent</u> that the new plan is much better than the old one. (○ | ×)

❷ The car suffered a <u>relevant</u> problem when its engine shut down. (○ | ×)

❸ The computer chip he created is quite <u>unique</u>. (○ | ×)

All of the craftsmen ------- check their work for any flaws or mistakes.
(A) accidentally
(B) recently
(C) closely
(D) especially

🔓 문제 해설

● 장인들이 결함이나 실수를 찾기 위해 자신들의 작품을 '어떻게' 확인하는지 생각해 보면 정답을 찾을 수 있다.

● 보기 중에서 이러한 의미에 부합되는 단어는 '면밀히'라는 의미를 지닌 (C)의 closely뿐이다. 따라서 정답은 (C)이다.

● (A)의 accidentally는 '우연히', (B)의 recently는 '최근에', 그리고 (D)의 especially는 '특히'라는 의미의 부사이다.

⭐ 해석

모든 장인들은 자신의 작품에 결함이나 실수가 없는지 면밀히 확인한다.
(A) accidentally
(B) recently
(C) closely
(D) especially

어휘
craftsman 장인, 공예가
flaw 흠, 결함
accidentally 우연히; 실수로
recently 최근에

🎓 MORE & MORE

정답 p.026

밑줄 친 부분이 올바르면 ○, 그렇지 않으면 ×에 표시하세요.

❶ Dennis <u>accidentally</u> knocked the briefcase onto the floor. (○ | ×)

❷ Mr. Wilson <u>recently</u> is going to visit Europe on business this week. (○ | ×)

❸ The train bound for Rome <u>especially</u> had a mechanical breakdown. (○ | ×)

예상적중문제 12　　빈칸에 들어갈 가장 알맞은 보기를 고르세요.

The supervisor walks around ------- to see if everyone is still working.

(A) periodically

(B) seriously

(C) calmly

(D) dramatically

🔓 **문제 해설**

● 주어진 문장은 '모든 사람들이 계속해서 일을 하고 있는지 확인하기 위해 감독관이 OO하게 주변을 돌아다닌다'는 의미가 되어야 한다.

● 따라서, 빈칸에는 감독관이 공장을 방문하는 빈도나 방법에 대한 설명이 들어가야 하므로 '정기적으로'라는 의미를 갖는 (A)의 periodically가 정답이다.

● (B)의 seriously는 '심각하게'라는 의미이며, (C)는 '조용하게' 혹은 '차분하게'라는 의미이고, (D)는 '극적으로'라는 의미이기 때문에 이들은 모두 주어진 문장에 어울리지 않는다.

⭐ **해석**

감독관은 모든 사람이 계속해서 일하고 있는지를 확인하기 위해서 주기적으로 주변을 돌아다닌다.

(A) periodically

(B) seriously

(C) calmly

(D) dramatically

어휘
supervisor 감독관
periodically 정기적으로
calmly 조용하게; 차분하게
dramatically 극적으로, 급격히

MORE & MORE

정답 p.026

밑줄 친 부분이 올바르면 ○, 그렇지 않으면 ×에 표시하세요.

❶ Tina was <u>seriously</u> injured in an accident at the plant.　　　(○ | ×)

❷ They <u>always</u> stamp their timecards when they start working.　　　(○ | ×)

❸ Mr. Kimbrough <u>seldom</u> spoke to the workers just now.　　　(○ | ×)

Questions 13-16 refer to the following memo.

To: All Staff

From: Alex Gordon

Date: May 11

Subject: Upgrade

Please be aware that we ------- some of the software on May 13. This will take place
            13.
------- 8:00 A.M. to around 3:00 P.M. During that time, the entire computer system will be
 14.
-------. You will not be able to log on to your accounts until the upgrade is complete. If
 15.
any customers call about this, please inform them of the issue. -------. You can talk to me
                                                              16.
if you have any questions.

13. (A) have upgraded
    (B) upgrade
    (C) will be upgrading
    (D) are being upgraded

14. (A) over
    (B) from
    (C) through
    (D) by

15. (A) unavailable
    (B) irregular
    (C) incompetent
    (D) redundant

16. (A) We're pleased that everything went
        smoothly.
    (B) Contact Tom in IT with any
        problems.
    (C) You should also apologize for the
        inconvenience.
    (D) The software is already available for
        you to use.

13. ● 빈칸이 포함된 문장만으로는 적절한 시제를 알 수 없으므로, 빈칸 뒤 문장을 통해 파악해야 한다.
  ● 뒤 문장의 주어인 this가 앞 문장 전체를 가리키고 있는데, 뒤 문장의 동사가 미래시제인 'will take place'이므로 빈칸에 들어갈 동사 역시 미래시제여야 한다. 따라서 정답은 (C)이다.

14. ● 빈칸 뒤에 시간 표현인 8:00 A.M.이 있는데, 그 뒤에 전치사 to와 또 다른 시간 표현인 3:00 P.M.이 있다.
  ● 따라서 '~시부터 …시까지'라는 의미를 완성시킬 수 있는 전치사인 (B)의 from이 정답이다.

15. ● 빈칸이 포함된 문장의 다음 문장에 단서가 있는데, 이는 '업그레이드가 완료될 때까지 계정에 접속할 수 없다'는 내용이다.
  ● 즉, 업그레이드가 완료될 때까지 컴퓨터 시스템을 사용할 수 없을 것이므로, '사용할 수 없는'이라는 의미의 형용사인 (A)의 unavailable이 정답이 된다.

16. ● 빈칸 앞의 문장은 '이에 대해 전화하는 고객이 있다면, 이 문제를 알리라'는 의미이다.
  ● 보기 중에서 이어질 수 있는 내용은 '불편함에 대해 사과도 해야 한다'는 내용의 (C)뿐이다.

⭐ **해석**

수신: 전 직원
발신: Alex Gordon
날짜: 5월 11일
제목: 업그레이드

5월 13일에 몇몇 소프트웨어를 업그레이드할 것입니다. 오전 8시부터 오후 3시 정도까지 진행될 것입니다. 이 시간 동안, 전체 컴퓨터 시스템은 이용할 수 없을 것입니다. 업그레이드가 완료될 때까지 계정에 접속할 수 없을 것입니다. 이에 대해 전화하는 고객이 있다면, 이 문제를 알려 주시기 바랍니다. **여러분은 불편함에 대해서도 사과해야 합니다.** 문의 사항이 있을 경우에는 저에게 말씀하시면 됩니다.

- -

13. (A) have upgraded
   (B) upgrade
   (C) will be upgrading
   (D) are being upgraded

14. (A) over
   (B) from
   (C) through
   (D) by

15. (A) unavailable
   (B) irregular
   (C) incompetent
   (D) redundant

16. (A) 모든 일이 순조롭게 진행되어 기쁩니다.
   (B) 문제가 있을 경우 IT 부서의 Tom에게 연락하세요.
   (C) 여러분은 불편함에 대해서도 사과해야 합니다.
   (D) 소프트웨어는 이미 사용할 수 있습니다.

어휘 | unavailable 이용할 수 없는 redundant 불필요한 complete 완성된 account 계정 inconvenience 불편

MORE & MORE

정답 p.026

밑줄 친 부분이 올바르면 ○, 그렇지 않으면 ×에 표시하세요.

❶ The engineer has <u>upgrade</u> the equipment used to heat the building.　　(○ | ×)

❷ The trade fair will take place <u>over</u> the next three days.　　(○ | ×)

❸ Some of the sentences in the speech were <u>redundant</u>.　　(○ | ×)

Part 5 문장을 읽고 빈칸에 들어갈 가장 적절한 말을 고르세요.

1. The construction workers are making excellent ------- on the expressway.
   (A) pavement
   (B) partition
   (C) progress
   (D) preparation

2. It is necessary to ------- hard in order to learn the material as well as possible.
   (A) train
   (B) stand
   (C) recite
   (D) repeat

3. The library is considering adding a(n) ------- to the building to make it larger.
   (A) design
   (B) requirement
   (C) extension
   (D) case

4. The vet will ------- the boy's dog to see if anything is wrong with it.
   (A) amplify
   (B) consider
   (C) examine
   (D) rehearse

5. After several rejections, Ms. Farmer finally found someone ------- to accept the job.
   (A) unwilling
   (B) displeased
   (C) eager
   (D) nervous

6. Ms. Martin was ------- that she was a candidate for the job opening at Arco, Inc.
   (A) notified
   (B) asked
   (C) questioned
   (D) suspended

7. David received his monthly ------- of *Modern Astronomy* magazine last Friday.
   (A) item
   (B) outline
   (C) paper
   (D) issue

8. Some workers ------- to be working when they were merely playing games.
   (A) avoided
   (B) attempted
   (C) reported
   (D) pretended

9. The workmen ------- repaired the roof so that it would not leak.
   (A) respectively
   (B) severely
   (C) hopefully
   (D) carefully

10. International travelers must have a passport in order to ------- their home countries.
    (A) arrive
    (B) travel
    (C) reside
    (D) depart

11. Individuals can ------- Dave Martin if they are dissatisfied with anything.
    (A) report
    (B) contact
    (C) appeal
    (D) state

12. Dr. Hamilton ------- some powerful medicine for the unhealthy patient.
    (A) appealed
    (B) prescribed
    (C) took
    (D) pursued

13. The curator of the museum ------- to start leading tours for visitors herself.
    (A) approves
    (B) intends
    (C) considers
    (D) mentions

14. Unless there are any objections, then the proposal should go into effect -------.
    (A) fairly
    (B) repeatedly
    (C) immediately
    (D) apparently

15. Ms. Ellis expressed her ------- to the salesman for his helpful service.
    (A) disapproval
    (B) revision
    (C) appreciation
    (D) attempt

16. The ------- of today's election will be announced no later than tomorrow morning.
    (A) results
    (B) votes
    (C) proofs
    (D) candidates

Part 6 지문을 읽고 빈칸에 들어갈 가장 적절한 말을 고르세요.

Questions 17-20 refer to the following e-mail.

To: John Walton <john_walton@personalmail.com>

From: Karen Fields <kfields@percival.com>

Subject: Your Application

Date: August 17

Dear Mr. Walton,

Thank you for ------- an interest in the regional manager's position. I was impressed with your
       17.
application. I believe you ------- an excellent employee.
            18.

-------. So we already hired another employee for the position. However, I will keep your
19.
résumé on file. We are going to open a facility in about three months. We will need -------
                                     20.
new employees. I think you will be a good candidate for some of the positions. I will contact
you later when the jobs are posted.

Sincerely,

Karen Fields

HR Manager

Percival, Inc.

---

17. (A) giving
    (B) talking
    (C) expressing
    (D) remembering

18. (A) make
    (B) would make
    (C) have been made
    (D) are making

19. (A) Therefore, I'd like to interview you this week.
    (B) In fact, you are more qualified than all the other applicants.
    (C) Apparently, we have a job opening that is perfect for you.
    (D) Unfortunately, you sent your application too late.

20. (A) many
    (B) much
    (C) little
    (D) something

Questions 21-24 refer to the following memo.

TO: All Employees
FROM: Gilda Walters
SUBJECT: Lights

-------. In the past month, too many employees have not been turning off the lights in rooms
  21.
before leaving them. This is not only happening during the day but also at night. Several

-------, I have arrived in the morning to see that someone left the lights on the previous day.
  22.
This is a ------- waste of electricity and money. If you are the last person in your office at
      23.
night, please be ------- to turn the lights off. In addition, if you are leaving a conference room,
      24.
storeroom, or other similar room, please turn the lights off if there is no one else in the room.

21. (A) The CEO is going to visit next week.
    (B) We have discovered an accounting issue.
    (C) There is a problem we need to deal with.
    (D) Some employees are leaving the office too early.

22. (A) events
    (B) times
    (C) situations
    (D) appearances

23. (A) tremendous
    (B) virtuous
    (C) cautious
    (D) righteous

24. (A) sure
    (B) sureness
    (C) surety
    (D) surely

PART 5

Directions: A word or phrase is missing in each of the sentences below. Four answer choices are given below each sentence. Select the best answer to complete the sentence. Then mark the letter (A), (B), (C), or (D) on your answer sheet.

1. The office supply store has discounted the ------- of some items.
   (A) standards
   (B) prices
   (C) rates
   (D) wages

2. Road ------- on Elm Street is responsible for the heavy traffic downtown.
   (A) construct
   (B) constructor
   (C) constructive
   (D) construction

3. A professor at Riverside University ------- a speech at tomorrow's event.
   (A) giving
   (B) give
   (C) will give
   (D) has given

4. Mr. Wilson asked for vacation time, ------- his request was denied.
   (A) and
   (B) but
   (C) so
   (D) for

5. The laptop's main problem ------- the life of its battery.
   (A) repairs
   (B) attempts
   (C) appears
   (D) concerns

6. You must ------- calculate the numbers so that there are no mistakes.
   (A) precise
   (B) precisely
   (C) precision
   (D) preciseness

7. ------- Ms. Jacobson nor her clients brought the contract to the meeting.
   (A) Neither
   (B) Either
   (C) Both
   (D) And

8. Tickets were so ------- that few people could afford to purchase them.
   (A) expensive
   (B) rare
   (C) elusive
   (D) desired

9. The ------- of the sales team's performance impressed the CEO.
(A) improve
(B) improvement
(C) improved
(D) improver

10. The hikers appeared ------- tired after their ten-hour descent from the mountain.
(A) fairly
(B) recently
(C) remotely
(D) kindly

11. The crane would not work properly because it had a ------- part.
(A) defect
(B) defected
(C) defection
(D) defective

12. The Winfield Office Supply Store ------- many items since last Friday.
(A) discounts
(B) will discount
(C) has discounted
(D) was discounted

13. The robot uses state-of-the-art ------- to manufacture spare parts.
(A) condition
(B) technology
(C) ideas
(D) knowledge

14. There are some ------- issues with the theater, so they must be repaired.
(A) structure
(B) structuring
(C) structured
(D) structural

15. Faulty wiring in the building ------- responsible for causing the fire.
(A) could be
(B) have been
(C) were
(D) had been

16. Mr. Powers is a(n) ------- executive, but he needs more experience first.
(A) longstanding
(B) potential
(C) admired
(D) complimentary

GO ON TO THE NEXT PAGE

17. The security guard ------- refused to allow the visitor to enter the building.
    (A) easily
    (B) severely
    (C) yearly
    (D) calmly

18. Mr. Jefferson's office is located ------- the elevator and the lounge.
    (A) between
    (B) within
    (C) except
    (D) through

19. The courier company ------- the package for around $40.
    (A) deliver
    (B) being delivered
    (C) can deliver
    (D) will be delivered

20. The data could not be understood, which was very ------- for everyone.
    (A) confusing
    (B) determined
    (C) excluded
    (D) convincing

21. Experts praised the ------- of PT Motors by its rival, Viola, Inc.
    (A) acquire
    (B) acquired
    (C) acquisition
    (D) acquirer

22. Platinum is a precious metal that is ------- than both silver and gold.
    (A) expensive
    (B) more expensive
    (C) most expensive
    (D) the most expensive

23. Unless the plane is -------, it will land roughly three hours from now.
    (A) delayed
    (B) launched
    (C) postponed
    (D) canceled

24. Marcia Campbell works with many people in her role as a student -------.
    (A) advisor
    (B) counsel
    (C) handler
    (D) designer

25. It is important for the designers to be thorough ------- they will not make any mistakes.
    (A) so that
    (B) such that
    (C) in that
    (D) for that

26. Attendance at the art gallery ------- thanks to its popular new exhibit.
    (A) rise
    (B) rising
    (C) rose
    (D) risen

27. All eight team members were able ------- seats on the same airplane.
    (A) reserve
    (B) to reserve
    (C) will reserve
    (D) have reserved

28. Another person, ------- name was not released, was involved in the incident.
    (A) who
    (B) that
    (C) which
    (D) whose

29. The assembly line worker ------- noticed the problem and contacted his boss.
    (A) hardly
    (B) youthfully
    (C) instantly
    (D) always

30. It is expected that ------- weather conditions will strike the local area tonight.
    (A) adverse
    (B) advert
    (C) adversely
    (D) adverseness

GO ON TO THE NEXT PAGE

Directions: Read the texts that follow. A word or phrase is missing in some of the sentences. For answer choices are given below each of the sentences. Select the best answer to complete the text. Then mark the letter (A), (B), (C), or (D) on your answer sheet.

Questions 31-34 refer to the following e-mail.

To: Jim Simmons

From: Tim Harris

Re: Next Week's Trip

Date: March 10

Jim,

I have a small problem concerning next week's trip. ------- it is very important, I cannot go to
                                                      31.
Rome with you. CEO Jackson is sending me to Tokyo instead.

I was looking ------- going to Rome. However, we have a new client in Tokyo. So I need to
                32.
meet with some of the employees there.

You should ask Rosemary Carter to go to Rome instead. -------. And she is ------- of the best
                                                       33.   **34.**
employees at the company.

Tim

31. (A) Although

    (B) Because

    (C) However

    (D) Therefore

32. (A) up to

    (B) as well as

    (C) forward to

    (D) around

33. (A) She speaks fluent Italian.

    (B) She applied for a job here.

    (C) She is going to Tokyo with me.

    (D) She resigned her position last week.

34. (A) some

    (B) one

    (C) few

    (D) each

-------. Do you want to enjoy a delicious meal that does not cost too much? Then you should
35.
visit Alexander's Grill. You can try ------- kinds of delicious meats at Alexander's Grill. You
36.
can order from the menu. Or you can try the meat buffet.

Most people expect a meal like this to be very expensive. ------- that's not true of Alexander's
37.
Grill. The meat buffet only costs $30 for ------- person. And most of the items on the menu
38.
cost $20 or less.

35. (A) Are you a vegetarian?
    (B) Are you interested in becoming a chef?
    (C) Are you tired of cooking at home?
    (D) Are you thinking of owning a restaurant?

36. (A) much
    (B) all
    (C) little
    (D) another

37. (A) Yet
    (B) So
    (C) Since
    (D) For

38. (A) few
    (B) some
    (C) one
    (D) many

GO ON TO THE NEXT PAGE

To: All Employees

From: Stacy Roberts

Subject: Parking

The main parking lot will be closed ------- some much-needed repairs this Wednesday and
39.
Thursday. You may park in the visitor's lot on both of those days. Unfortunately, there are not
enough spaces for all of our employees. ------- of you will have to park elsewhere. There is
40.
a pay lot located at 95 Western Avenue. Should you park there, bring your receipt to me the
next day. -------. Please contact me at extension 65 ------- you have any questions.
41.   **42.**

39. (A) because
     (B) due to
     (C) about to
     (D) consequently

40. (A) They
     (B) Much
     (C) Little
     (D) Some

41. (A) There is nothing that we can do to
          help you.
     (B) I will reimburse 100% of the money
          you spend.
     (C) The parking fee will be subtracted
          from your paycheck.
     (D) You can get a new parking sticker
          from me.

42. (A) or
     (B) because
     (C) if
     (D) while

Questions 43-46 refer to the following article.

Yesterday, there was a major traffic accident at the corner of James Street and Kendall Avenue. ------- . Apparently, a truck ran a red light ------- hit two cars turning left onto
43. **44.**
Kendall Avenue. Nobody in the cars was seriously hurt. ------- , the driver of the truck suffered
45.
a broken arm. He also had a few ------- injuries. Because of the accident, there was a traffic
46.
jam on both streets until 6:00.

43. (A) The highway was shut down due to the crash.
 (B) Four separate vehicles were involved in it.
 (C) Several people suffered major injuries.
 (D) It happened around 4:35 in the afternoon.

44. (A) but
 (B) and
 (C) or
 (D) when

45. (A) Because
 (B) However
 (C) Therefore
 (D) Although

46. (A) any
 (B) one
 (C) other
 (D) another

PART

7

독해

- PART 7은 독해 영역으로서 지문을 읽고 그에 관한 문제를 풀게 된다.

- PART 7은 단일지문과 복수지문으로 구성된다. 전반부에서는 단일 지문을 읽고 지문당 2-4개의 문제를 풀어야 하며, 후반부에서는 두 개, 또는 세 개의 지문을 읽고 세트 당 5개의 문제를 풀어야 한다.

1 파트의 구성과 대비 요령

A 파트의 구성

지문 수	문항 수	문제 유형
단일 지문	29	• 주제 및 목적을 묻는 문제 • 세부 사항을 묻는 문제 • 지문과 일치하거나 일치하지 않는 내용을 묻는 문제
복수 지문	25	• 글쓴이의 의도를 묻는 문제 • 주어진 문장의 알맞은 위치를 묻는 문제 • 추론 문제 • 어휘 문제

B 대비 요령

ⓐ 자주 출제되는 지문의 종류와 주제를 알아 둔다.

PART 7의 독해 지문에서 자주 출제되는 지문의 종류와 주제는 어느 정도 정해져 있다. 따라서 자주 출제되는 지문의 종류와 주제들을 미리 알고 있으면 지문의 내용을 대략적으로 예측하면서 읽을 수 있다.

ⓑ '바꾸어 쓰기'(paraphrasing)에 대해 알아 둔다.

PART 7에서는 지문의 내용을 그대로 인용하고 있는 보기가 아니라 바꾸어 표현한 보기가 정답인 경우가 많다. 따라서 '바꾸어 쓰기(paraphrasing)'의 요령에 대해 알아 두면 보다 확실하게 정답을 찾을 수 있다.

ⓒ 빠르게 읽고 빠르게 푸는 연습을 한다.

PART 7의 문제를 풀기 위해서는 필요한 부분을 빨리 읽고 정답을 고르는 능력을 키우는 것이 중요하다. RC의 풀이 시간이 총 75분이므로 PART 5와 6에 약 20분 정도를 투자한다고 가정할 때 PART 7을 풀 수 있는 시간은 대략 55분 정도이다. 따라서 하나의 문제를 약 1분 내에 풀어야 하므로 지문에서 문제를 풀기 위해 필요한 정보를 빠르게 찾아서 읽고 정답을 찾을 수 있도록 연습해 두어야 한다.

2 출제 경향과 풀이 전략

>>

A 출제 경향

지문 수	출제 경향
단일 지문	• PART 7의 전체 54문제 중에서 단일 지문과 관련된 문제는 29문항을 차지한다. 하나의 지문당 2문항에서 4문항이 출제된다. • 지문의 종류는 이메일, 편지, 문자 메시지, 온라인 채팅, 공지, 기사, 광고 등 다양하며, 주로 일상 생활 및 비즈니스 상황과 관련된 내용들로 구성되어 있다.
복수 지문	• 복수 지문 문제는 이중 지문과 삼중 지문으로 구성된다. 이중 지문은 2세트, 삼중 지문은 3세트가 출제되는데, 각 세트마다 5문항이 출제된다. 따라서 복수 지문 문제는 총 25문항으로 구성된다. • 복수 지문의 한 세트에 속하는 5문제들 중 단일 지문 문제 유형은 3-4문항 정도 출제된다. 나머지 한두 문제는 두 지문의 내용을 연결시켜 생각해야 정답을 찾을 수 있는 연계 문제이다.

B 풀이 전략

ⓐ 문제를 먼저 읽는다.

지문을 읽기 전에 문제를 먼저 읽고 문제의 유형을 파악해야 한다. 문제 유형을 세세하게 구분할 필요는 없고, 지문의 전체적인 내용과 관련된 것인지 아니면 세부적인 내용과 관련된 것인지를 구분하도록 한다.

ⓑ 문제 유형에 따른 풀이 전략을 사용한다.

주제나 목적을 묻는 문제의 경우에는 지문의 초반부에 정답의 단서가 있는 경우가 많다. 그렇지 않은 경우에는 지문 전체를 빠르게 읽고 정답을 찾아야 한다. 지문의 세부 내용을 묻는 문제가 출제되면 문제에 있는 키워드를 먼저 파악한 다음, 지문에서 이와 관련된 정보를 찾도록 한다.

ⓒ 함정에 유의한다.

'바꾸어 쓴' 보기가 정답이 될 확률이 높은데, 이는 지문에 사용된 표현을 그대로 인용한 보기는 오답일 확률이 높다는 것을 의미한다. 따라서 지문에서 사용된 단어나 표현을 그대로 인용한 보기는 오답으로 의심하고 문제를 풀도록 한다.

ⓓ 연계 문제에 주의한다.

복수 지문에서는 연계 문제가 출제되는데, 이러한 경우에는 각각의 지문에서 동시에 언급되어 있는 내용이나 연결 고리가 되는 내용을 파악해서 정답을 찾도록 한다.

주제 및 목적 | (주제, 대상)

📔 학습 포인트

✔ 글의 주제가 무엇인지, 혹은 지문이 누구를 위해 쓰여졌는지 묻는 문제가 출제되면 지문에서 주제문을 찾아야 한다. 주제문은 대부분 지문의 초반부에서 찾을 수 있다.

✔ 글의 대상을 묻는 문제가 출제되는 경우에는 지문의 초반부가 아닌 전체적인 내용을 파악해야 정답을 찾을 수 있는 경우도 있다.

❓ 질문 유형

글의 주제를 묻는 문제

• **What** is the letter **mainly about**? 이 편지는 주로 무엇에 관한 것인가?
• **What** is being **advertised**? 무엇이 광고되고 있는가?
• **What** does the article **mainly discuss**? 이 기사는 주로 무엇에 대해 논의하고 있는가?
• **What** does the memo **announce**? 이 회람은 무엇을 안내하는가?

글의 대상을 묻는 문제

• **For whom** is the article most likely intended? 이 기사는 누구를 위해 작성된 것 같은가?

예제

E-Mail Message

To: Dwayne Thomas
From: Sam Harris
Subject: [Re] Job Interview
Date: April 10

Dear Mr. Thomas,

It was a pleasure to meet you at the interview last week. Everyone was very impressed with you. You showed a great deal of knowledge and ability. As a result, I would like to offer you a job at EJ Systems. Please read the attached contract. You can read the details of the job offer in it. Please call me if you have any questions.

Sincerely,

Sam Harris

Q. What is the e-mail mainly about?

(A) A job offer

(B) An apology

(C) An interview

(D) A contract

이메일이 무엇에 관한 것인지를 묻고 있으므로 이 문제는 글의 주제를 묻는 문제임을 알 수 있다. 지문의 주제는 글의 초반부에 있는 경우가 많다. 하지만 이메일이나 편지의 경우에는 첫 부분에 간략한 인사말이나 안부를 묻는 내용이 등장할 수도 있기 때문에, 지문의 중반부에서 정답의 단서를 찾아야 하는 경우도 있다.

풀이 전략

❶ 글쓴이는 첫 문장에서 '지난주 면접에서 당신을 만나게 되어 기뻤다'(It was a pleasure to meet you at the interview last week.)는 인사말을 한 다음, 이메일을 쓴 이유를 밝히고 있다. 인사말 뒤의 'As a result, I would like to offer you a job at EJ Systems.'라는 말을 통해 글쓴이는 상대방에게 일자리를 제안하기 위해 이메일을 작성했음을 알 수 있다. 따라서 정답은 (A)의 A job offer(일자리 제안)이다.

❷ 위와 같은 이메일의 경우, '제목'(Subject) 부분만 보더라도 이 글이 면접 문의 등에 대한 회신 메일임을 알 수 있다. 양식이나 광고, 회람 및 안내문의 타이틀을 통해서도 글의 주제를 추측해 볼 수 있다.

해석

받는 사람: Dwayne Thomas
보낸 사람: Sam Harris
제목: [Re] 면접
날짜: 4월 10일

Thomas 씨께,

지난주 면접에서 만나게 되어 기뻤습니다. 모든 사람들이 당신으로부터 깊은 인상으로 받았습니다. 당신은 풍부한 지식과 뛰어난 능력을 보여 주었습니다. 그 결과, 저는 당신에게 EJ Systems의 일자리를 제안하고자 합니다. 첨부된 계약서를 읽어 주세요. 그 안에 들어 있는 입사 제의와 관련된 세부 사항들을 읽어 보실 수 있습니다. 질문이 있을 경우에는 저에게 전화해 주세요.

Sam Harris 드림

- -

Q. 이메일은 주로 무엇에 관한 것인가?
(A) 일자리 제의
(B) 사과
(C) 면접
(D) 계약

어휘 pleasure 기쁨   interview 인터뷰, 면접   impress 인상을 남기다   a great deal of 많은   knowledge 지식   ability 능력
attached 부착된, 첨부된   contract 계약, 계약서   detail 상세; 세부 사항   apology 사과, 사죄

① 주제문의 위치

주제문은 대부분 지문의 앞부분에서 찾을 수 있다. 하지만 지문의 앞부분에서 주제문을 찾을 수 없는 경우도 간혹 있는데, 이때는 지문의 중간 부분이나 뒷부분에서 찾아야 한다.

Tip

주제문이 앞부분에 위치하는 경우가 90% 이상을 차지한다. 따라서 주제문을 찾을 수 있는 시간조차 없는 상황이라면 앞부분의 한두 문장만 보고 주제와 관련된 문제의 답을 찾아본다.

주제문의 위치	예시
지문의 앞부분	**All individuals attending the conference must register by June 10.** The conference itself will begin on June 12. To find out more information, call 509-3287 and ask to speak with Mr. Clifford. 학회에 참석할 모든 사람들은 6월 10일까지 등록해야 합니다. 학회는 6월 12일에 시작될 것입니다. 더 많은 정보를 원하시면 509-3287로 전화하셔서 Clifford 씨와 통화하고 싶다고 요청하세요.
지문의 중간 부분	Thank you for bringing this matter to my attention. **I contacted Mr. Wolf and requested that he change the time of the meeting.** He agreed to do so. I will call you later when he lets me know the new time. 문제를 제게 알려 주셔서 감사합니다. 저는 Wolf 씨에게 연락해서 그에게 회의 시간을 변경해 달라고 요청했습니다. 그는 그렇게 하겠다고 했습니다. 그가 저에게 새로운 시간을 알려 주면 나중에 제가 당신에게 전화 드리겠습니다.
지문의 뒷부분	I have enjoyed working here for the past three years. I have learned a great deal. And I have made friends with many of my coworkers. **But I have accepted a new job, so I will be resigning two weeks from today.** 저는 지난 3년 동안 이곳에서 일하는 것이 좋았습니다. 많은 것들을 배웠습니다. 그리고 여러 동료들과도 친구가 되었습니다. 하지만 저는 새로운 일자리를 수락했기 때문에, 오늘부터 2주 후에는 퇴사할 것입니다.

② 주제 및 목적 찾기 예시

토익에서 자주 출제되는 지문 유형인 회람을 통해 다양한 주제문의 예시를 파악해 보도록 하자. 회람은 보통 직장 내에서 직원들에게 어떠한 사항을 알리기 위해 작성되는 글로서 게시판에 게시되거나 이메일로 발송될 수도 있다. 회람은 회사의 방침 안내, 정보 전달, 지시 및 당부 등 다양한 목적을 갖는다. 다양한 예시를 통해 주제문을 파악해 보도록 하자.

(1) 회사의 방침 안내

All employees must get new ID cards. The old cards are no longer functioning properly. Please visit the Human Resources Department by tomorrow to get a new card.

모든 직원들은 새로운 신분증을 발급받아야 합니다. 기존의 신분증은 더 이상 적절하게 기능을 하지 못할 것입니다. 새로운 신분증을 발급받기 위해서는 내일까지 인사과로 오십시오.

→ 새로운 신분증의 발급

(2) 정보의 전달

Please note that there will be a seminar in the auditorium tomorrow morning at 9:00. Ms. Pamela Blythe will be speaking about recent improvements in computer technology. All employees are welcome to attend.

내일 오전 9시에 강당에서 세미나가 열릴 것이라는 점을 주목해 주십시오. Pamela Blythe 씨가 컴퓨터 기술 분야의 최신 경향에 대해 강연하실 예정입니다. 모든 직원분들을 환영합니다.

→ 세미나의 개최 시간, 장소, 주제

(3) 안내

There is a new log-in procedure for company computers. First, you must input your employee number into the computer. Then, type your 10-digit password. After that, you can use the machine.

회사 컴퓨터로 로그인하기 위해 필요한 새로운 절차가 생겼습니다. 먼저, 컴퓨터에 사원 번호를 입력하셔야 합니다. 그런 다음, 10자리의 암호를 입력하십시오. 그 후에 기기를 이용하실 수 있습니다.

→ 컴퓨터 로그인 절차 안내

(4) 결과 보고

Yesterday, we received the results of the survey. Overall, most customers are pleased with our products. They especially like the low prices. But a few customers complained that our products break down too easily. I will post the complete results on our Web site by this afternoon.

우리는 어제 설문 결과를 받았습니다. 전체적으로, 대부분의 고객들이 우리의 제품에 대해 만족하고 있습니다. 특히 저렴한 가격을 선호합니다. 하지만 몇몇 고객들은 우리의 제품이 너무 쉽게 고장 난다고 불만을 표시했습니다. 오늘 오후까지 모든 결과를 웹사이트에 게시하도록 하겠습니다.

→ 설문 결과 보고

(5) 업무 위임

We are going to be forming a public relations team. This team will be responsible for improving the image of the company. Doug Waters is going to be the leader. He will choose five employees to work with him.

우리는 홍보팀을 만들 예정입니다. 이 팀은 회사의 이미지를 향상시키는 업무를 담당하게 될 것입니다. Doug Waters가 팀장이 될 것입니다. 그는 자신과 일할 다섯 명의 직원을 선발할 것입니다.

→ 신규 부서 업무 위임

(6) 인물 소개

I'd like everyone to know that Mary Compton is joining us tomorrow. She has been assigned to the Accounting Department. Please make her feel welcome.

Mary Compton이 내일부터 우리와 함께 근무하게 될 것이라는 점을 모두에게 알려 드리고자 합니다. 그녀는 회계부서에 배정되었습니다. 그녀를 환영해 주시기 바랍니다.

→ 신규 직원 소개

A 지문을 읽고 질문에 답하세요.

1

> Please remember that tomorrow is a holiday. The store will close tonight at 9:00 and will not reopen until the day after tomorrow at 8:00 A.M. We hope that you enjoy your time off.

Q. 무엇이 안내되고 있는가?

(a) 작업 일정
(b) 휴무일
(c) 폐점 시간 변경

2

> The Association of Computer Engineers is having its annual conference in Dallas this year. The conference will last from August 10 to 14 and will have a number of activities. All registration forms must be received no later than July 31.

Q. 안내는 주로 무엇에 관한 것인가?

(a) 학회의 세부 사항
(b) 행사에 등록하는 방법
(c) 행사가 개최될 장소

3

> To: Jill Treadway
> From: Peter Wilson
> Subject: Receipts
> Date: April 19
>
> Jill,
>
> You need to turn in the receipts you collected during your last sales trip. I received the expenses form that you filled out already, and it looks fine. However, I cannot reimburse you if you don't give me your receipts.
>
> Peter

Q. Jill Treadway는 누구인가?

(a) 회계사
(b) 영업사원
(c) 은행원

B 지문을 읽고 질문에 답하세요.

1

Attention, everyone. We need 10 employees to volunteer to work overtime tonight and tomorrow. We have to complete the order for the Lionel Corporation. We are currently behind schedule. But if some of you are willing to work overtime, we can finish on time. If you volunteer, you will receive twice your hourly rate as payment. Please talk to Matt McKinney if you are interested.

Q. What is the announcement mainly about?

(a) The company's future plans

(b) The need for employees to work more

(c) The contract with the Lionel Corporation

2

Dear Ms. Campbell,

I'm very sorry that I was late for our staff meeting yesterday. When I was coming back from lunch, I suddenly got caught in traffic. It normally takes about ten minutes from the restaurant to the company. But it took forty minutes yesterday. In addition, I had left my cell phone at my desk. So I couldn't call you. I hope you are not too upset with me.

Jeff Sanders

Q. Who is Ms. Campbell?

(a) An employee at a restaurant

(b) A student at a school

(c) A coworker of Jeff Sanders

Questions 01-02 refer to the following notice.

NOTICE

There will be road construction work in the Silver Woods neighborhood starting on Monday, March 10. This winter, there was a lot of heavy snowfall. The snow damaged many of the city's roads. The construction work will fix the problems with the roads. The work is expected to take two weeks. The repairs on March 10 will take place on Henry Road and Douglas Drive. The schedule for the other days is posted on the city Web site.

01. What does the notice announce?

(A) A winter storm warning

(B) Repair work on homes

(C) Some upcoming construction

(D) The hiring of construction workers

02. What caused the problems with the city's roads?

(A) The roads were overused.

(B) There were too many drivers.

(C) The weather was bad.

(D) There were some accidents.

01
- 공지가 안내하고 있는 내용이 무엇인지 묻고 있다.
- 첫 번째 문장에서 '도로 공사'(road construction work)가 있을 것이라는 사실이 언급된 후, 이어서 공사를 하는 이유, 공사 기간, 그리고 공사가 진행될 장소 등에 대한 정보가 안내되고 있다.
- 따라서 이 공지는 앞으로 있을 도로 공사에 관한 안내임을 알 수 있으므로 정답은 (C)의 'Some upcoming construction'(곧 있을 공사)이다.

02
- 도로에 문제를 일으킨 원인이 무엇인지 묻고 있다.
- 지문 초반부의 'This winter, there was a lot of heavy snowfall. The snow damaged many of the city's roads.'라는 내용을 통해, 도로의 피해는 눈 때문인 것임을 알 수 있다.
- 이러한 내용을 날씨가 좋지 않았다는(The weather was bad.) 문장으로 바꾸어 표현한 (C)가 정답이다.

⭐ 해석

공지

3월 10일 월요일을 시작으로 Silver Woods 지역에서 도로 공사가 실시될 예정입니다. 이번 겨울에 많은 눈이 내렸습니다. 눈 때문에 다수의 도로가 피해를 입었습니다. 도로 공사로 도로의 문제들이 해결될 것입니다. 작업 기간은 2주로 예상되고 있습니다. 3월 10일의 보수 공사는 Henry 가와 Douglas 로에서 실시될 것입니다. 다른 날짜에 대한 공사 일정은 시 웹사이트에 게시되어 있습니다.

01. 공지 사항은 무엇을 안내하고 있는가?
    (A) 겨울 폭풍에 대한 경고
    (B) 주택에 대한 보수 공사
    (C) 곧 있을 공사
    (D) 공사 인력 모집

02. 시의 도로에 문제를 일으킨 것은 무엇인가?
    (A) 도로들이 너무 많이 사용되었다.
    (B) 운전자들이 너무 많았다.
    (C) 날씨가 좋지 않았다.
    (D) 사고가 있었다.

어휘 road construction 도로 공사   neighborhood 인근   heavy snowfall 폭설   damage 손상시키다, 피해를 입히다   fix 고치다
expect 예상하다   take place 일어나다, 발생하다   schedule 일정, 스케줄   post 게재하다, 게시하다   warning 경고   upcoming
다가오는, 곧 있을

🎓 **MORE & MORE**

정답 p.037

지문을 다시 읽고, 주어진 문장이 사실이면 ○, 그렇지 않으면 ×에 표시하세요.

① The notice is for people living in Silver Woods.   (○ | ×)

② The notice mostly discusses a repair schedule.   (○ | ×)

③ The notice explains how long some repairs will take.   (○ | ×)

Questions 03-05 refer to the following announcement.

New Employees Needed

The company is planning to hire 20 new employees next month. Lately, we have gotten a lot of new business. So we are expanding a great deal. We do not have enough employees to handle the current workload. The descriptions of the available jobs will be posted on the company Web site. Please check them out. If you know any qualified individuals, please let them know about the job openings. We want to hire the best workers possible. As you all know, we offer the best salaries in the industry. We also provide our employees with excellent benefits.

03. For whom is the announcement probably intended?

(A) New workers

(B) Current employees

(C) Job applicants

(D) Qualified individuals

04. Why is the company expanding?

(A) It is moving into foreign markets.

(B) It is becoming busier.

(C) It is opening a new factory.

(D) It is adding another assembly line.

05. According to the announcement, what is true about the company?

(A) It provides its employees with benefits.

(B) Its employees are paid by the hour.

(C) It has offices in two different states.

(D) It does not need any more employees.

🔒 문제 해설

03 ● 공지의 첫 문장에서 다음 달에 '회사'(the company)에서 신규 직원을 채용할 것이라는 정보가 언급되고 있고, 이어지는 문장의 주어로 we가 반복해서 사용되고 있으므로 we는 '회사 사람들'이다.
- 공지가 현재 회사의 직원들에게 '우리 회사'의 채용 소식을 주변에 알릴 것을 권장하고 있으므로, 공지의 대상이 되는 사람들은 (B)의 Current employees(현재의 직원들)이다.

04 ● company expanding이 언급된 문장은 지문 초반부의 'Lately, we have gotten a lot of new business. So we are expanding a great deal.'로서 신사업들을 하게 되어서 대규모 확장을 하고 있다는 내용이다.
- 이어서 현재 업무를 처리할 인력이 충분하지 않다는(We do not have enough employees to handle the current workload.) 내용이 이어지고 있으므로, 정답은 (B)이다.

05 ● 마지막 문장인 'We also provide our employees with excellent benefits.'에서 직원들에게 복리후생을 제공하고 있다는 사실을 알 수 있으므로 정답은 (A)이다.

⭐ 해석

신입 직원 모집

다음 달에 회사에서 20명의 신규 직원을 채용할 계획입니다. 최근, 우리는 많은 신사업을 하고 있습니다. 따라서 크게 확장을 하고 있는 중입니다. 우리는 현재의 업무량을 감당할 수 있을 정도로 충분한 수의 직원들을 보유하고 있지 못합니다. 지원 가능한 직책에 대한 설명은 회사의 웹사이트에 게시될 것입니다. 확인해 주시기 바랍니다. 자격을 갖춘 사람을 알고 계신 경우에는 그분들에게 공석에 관해 알려 주시기 바랍니다. 가능한 한 최고의 인재들을 고용하고 싶습니다. 여러분들 모두 아시는 것처럼, 우리는 업계 최고의 급여를 제공하고 있습니다. 우리는 또한 직원들에게 훌륭한 복리후생을 제공하고 있습니다.

03. 공지는 아마도 누구를 위해 작성된 것 같은가?
(A) 신규 직원들
(B) 현 직원들
(C) 입사 지원자들
(D) 자격이 있는 개인들

04. 회사는 왜 확장하는가?
(A) 해외 시장으로 이동하고 있다.
(B) 더 바빠지고 있다.
(C) 새로운 공장을 연다.
(D) 조립라인을 하나 더 추가한다.

05. 공지에 따르면, 회사에 대해 사실인 것은 무엇인가?
(A) 직원들에게 복리후생을 제공한다.
(B) 직원들은 시급을 받는다.
(C) 서로 다른 두 개의 주에 사무실이 있다.
(D) 더 많은 직원들이 필요한 것은 아니다.

어휘 expand 확대하다, 확장하다 handle 다루다, 처리하다 workload 업무량 description 설명 qualified 자격이 있는, 자격을 갖춘 individual 개인 job opening 공석, 빈자리 applicant 지원자

🎓 MORE & MORE

정답 p.037

지문을 다시 읽고, 주어진 문장이 사실이면 ○, 그렇지 않으면 ×에 표시하세요.
1. The message is mainly about a plan to hire new workers.　(○ | ×)
2. The types of jobs needed are being announced.　(○ | ×)
3. The message is for people who are looking for jobs.　(○ | ×)

Questions 06-10 refer to the following article and letter.

Dayton (March 25) – The Carbonite Corporation made a major announcement yesterday. It is going to close its factory in Dayton next month. The factory currently employs more than 1,200 full-time workers. According to spokesman Danny Long, the company is losing money. So it needs to cut costs. Mr. Long said the company will probably close two more factories in other parts of the country.

March 26

Sam,

Hi. It's Larry Peterson. I hope you have been doing well. I just received some bad news. The factory where I work is going to be closing soon. As a result, I won't have a job anymore. Is your company currently taking on new employees? If it is, could you let me know, please? And if you know of any jobs available elsewhere, please contact me. I could use the help.

Sincerely,

Larry

06. According to the article, what is true about the Carbonite Corporation?

(A) It is looking for more employees.

(B) It intends to open some new factories.

(C) It has hired a new spokesman.

(D) It employs 1,200 workers at one facility.

07. What does the article indicate about the Carbonite Corporation?

(A) Its current CEO is named Mr. Long.

(B) The company will earn a profit this year.

(C) Some of its other facilities may close soon.

(D) It is the largest company in Dayton.

08. What is the subject of the letter?

(A) Mr. Peterson's need for employment

(B) Sam's current job

(C) The Carbonite Corporation

(D) An announcement by Mr. Long

09. What is suggested about Mr. Peterson?

(A) He is an engineer.

(B) He went to school with Sam.

(C) He works in Dayton.

(D) He is willing to live abroad.

10. In the letter, the phrase "taking on" in line 4 is closest in meaning to

(A) hiring

(B) searching for

(C) challenging

(D) transferring

06 ● Carbonite 사에 대한 내용으로 일치하는 것을 묻고 있다.

　● 첫 번째 지문에서 Carbonite 사는 1,200명이 넘는 정규직원들을 고용하고 있다는(The factory currently employs more than 1,200 full-time workers.) 내용이 언급되었다. 따라서 정답은 (D)이다.

07 ● 기사에 따르면 Carbonite 사의 공장은 데이튼에서 한 곳(It is going to close its factory in Dayton next month.), 그리고 다른 지역에서 두 곳(Mr. Long said the company will probably close two more factories in other parts of the country.) 문을 닫을 것이다. 따라서 정답은 (C)이다.

　● 'According to spokesman Danny Long, the company is losing money.'라는 내용을 통해 Long 씨는 최고경영자가 아니라 대변인이고, 회사는 손실을 보고 있다는 사실을 알 수 있으므로 (A)와 (B)는 오답이다. 그리고 (D)는 알 수 없는 내용이다.

08 ● 편지의 주제를 묻고 있으므로 두 번째 지문인 편지를 우선적으로 확인해 보도록 한다.

　● 발신자인 Larry는 수신자인 Sam에게 자신이 다니는 공장이 곧 문을 닫을 것이라는 소식을 전한 후, '당신 회사에서 신규 직원을 채용 중이면 알려 달라'(Is your company currently hiring new employees? If it is, could you let me know, please?)고 요청한다.

　● 이어서 '다른 공석이 있는지 알고 있다면'(if you know of any jobs available elsewhere) 자신에게 말을 해 달라는 부탁도 하고 있다.

　● 이를 통해 편지의 목적은 Larry 본인의 취직을 위한 것임을 알 수 있으므로 정답은 (A)이다.

09 ● 두 지문의 정보를 연계해서 풀어야 하는 문제이다.

　● 두 번째 지문에서 Larry Petterson은 자신이 근무하는 회사가 문을 닫을 것이라고(The factory where I work is going to be closing soon) 말했다.

　● 그런데 첫 번째 지문인 기사에서 다음 달에 제이튼에 있는 공장이 문을 닫을 것(It is going to close its factory in Dayton next month.)이라는 내용이 있다.

　● 위 두 가지 정보를 통해서 Larry는 데이튼에 위치하고 있는 Carbonite 사의 공장에서 근무하고 있을 것이라는 사실을 추론할 수 있다. 따라서 정답은 (C)이다.

10 ● 'take on'은 '고용하다'라는 의미이므로 정답은 (A)이다.

　● take on의 의미를 모른다 하더라도, Pertterson 씨는 일자리를 문의하기 위해 메일을 보낸 것이므로, 현재 새로운 직원들을 고용하고 있는지 묻고 있을 것이라는 내용을 유추할 수 있다.

데이튼 (3월 25일) – Carbonite 사가 어제 중대 발표를 했다. 다음 달에 데이튼에 있는 공장이 폐쇄될 것이다. 공장에는 현재 1,200명 이상의 정규직 노동자들이 고용되어 있다. 대변인인 Danny Long에 따르면, 회사가 손실을 보고 있다. 따라서 비용을 줄여야 한다. Long 씨는 다른 지역에 있는 2개 이상의 공장도 폐쇄될 수 있을 것이라고 말했다.

3월 26일

Sam,

안녕하세요. Larry Patterson이에요. 당신이 잘 지내고 있기를 바라요. 제게 좋지 못한 소식이 있어요. 제가 일하는 공장이 곧 문을 닫을 예정이에요. 그 결과로 저는 더 이상 일자리를 가질 수가 없게 되었어요. 당신 회사에서 현재 신규 직원들을 채용하고 있나요? 그렇다면, 제게 알려 줄 수 있나요? 그리고 그 밖의 다른 곳에 공석이 있는지 알고 있는 경우에도 제게 연락을 주세요. 도움을 받았으면 해요.

Larry 드림

06. 기사에 따르면, Carbonite 사에 대해 진실인 것은 무엇인가?
(A) 더 많은 직원들을 찾고 있다.
(B) 몇몇 새로운 공장을 열려고 한다.
(C) 새로운 대변인을 고용했다.
(D) 공장 한 곳에 1,200명의 직원들을 고용하고 있다.

07. 기사에서 Carbonite 사에 대해 언급된 것은 무엇인가?
(A) 현재 최고경영자의 이름은 Long 씨이다.
(B) 회사는 올해 이익을 낼 것이다.
(C) 회사의 다른 몇몇 공장들이 곧 문을 닫을 것이다.
(D) 데이튼에서 가장 큰 회사이다.

08. 편지의 주제는 무엇인가?
(A) Petterson 씨의 구직 활동
(B) Sam의 현재 직장
(C) Carbonite 사
(D) Long 씨의 발표

09. Petterson 씨에 대해 무엇이 암시되는가?
(A) 그는 기술자이다.
(B) 그는 Sam과 같은 학교에 다녔다.
(C) 그는 데이튼에서 일한다.
(D) 그는 해외에서 살고 싶어 한다.

10. 편지에서 네 번째 줄의 구 "taking on"과 그 의미가 가장 가까운 것은?
(A) hiring
(B) searching for
(C) challenging
(D) transferring

어휘 announcement 발표, 공지 factory 공장 currently 현재 employ 고용하다, 채용하다 full-time worker 정규직 직원 according to ~에 따르면 lose money 돈을 잃다, 손실을 보다 cut 자르다, 줄이다 cost 비용 probably 아마도 search 찾다; 탐색 not ~ anymore 더 이상 ~ 않는 take on ~을 고용하다 available 이용할 수 있는 elsewhere 다른 곳에서

 MORE & MORE

정답 p.038

지문을 다시 읽고, 주어진 문장이 사실이면 ○, 그렇지 않으면 ×에 표시하세요.
❶ The subject of the article is the closing of a factory.   (○ | ×)
❷ Sam is an employee at the Carbonite Corporation.   (○ | ×)
❸ Sam is asked to help Mr. Peterson find a job.   (○ | ×)

Unit 02 주제 및 목적 II (목적, 이유)

❓ **질문 유형**

글의 목적을 묻는 문제

• **What is the purpose** of the e-mail? 이메일의 목적은 무엇인가?

• **What is the purpose** of the article? 기사의 목적은 무엇인가?

글을 쓴 이유를 묻는 문제

• **Why** did Ms. Williams **write** the e-mail? Williams 씨는 왜 이메일을 썼는가?

• **Why** did Mr. Harris **send** the letter to Ms. Garcia? Harris 씨는 왜 Garcia 씨에게 편지를 보냈는가?

예제

E-Mail Message

To: Rick Crawford
From: Steve Jewel
Subject: Your Assistance
Date: February 10

Rick,

I appreciate the assistance you gave me last week. Without your help, I would not have finished my project on time. My boss was pleased with the presentation. She said it was the best one she had ever seen. You deserve a lot of the credit. Why don't we go out for dinner tonight or tomorrow? It's my treat. Just let me know where you want to eat.

Talk to you soon.

Steve

Q. What is the purpose of the e-mail?

    (A) To discuss a presentation

    (B) To ask about doing some work

    (C) To apologize for a mistake

    (D) To thank a person for some help

문제 유형 분석

이메일을 쓴 목적이 무엇인지 묻고 있다. 일반적으로 글을 쓴 목적은 글의 초반부에 언급되어 있는 경우가 많지만, 지문의 유형에 따라 글의 중반부나 후반부에서 글의 목적을 찾을 수도 있다.

풀이 전략

❶ 이메일의 초반부에서 발신자인 Steve는 수신자인 Rick에게 '지난주에 도와 줘서 고맙다'(I appreciate the assistance you gave me last week.)는 감사의 말을 전하고 있다. 이후의 내용에서도 Steve가 Rick 덕분에 발표를 잘 마칠 수 있었다는 내용이 언급되고 있고, 이메일의 마지막 부분에서는 도움에 대한 감사의 표시로 Steve가 Rick에게 저녁 식사를 사겠다는 제안을 하고 있다.

❷ 이러한 단서들을 통해 Steve가 이메일을 작성한 이유는 Rick에게 고마움을 표시하기 위해서임을 알 수 있으므로 정답은 (D)의 'To thank a person for some help'(도움에 대한 고마움을 표시하기 위해)이다.

해석

받는 사람: Rick Crawford
보낸 사람: Steve Jewel
제목: 당신의 도움
날짜: 2월 10일

Rick,

지난주에 저를 도와 줘서 고마워요. 당신의 도움이 없었다면 저는 프로젝트를 제시간에 끝내지 못했을 거예요. 저의 상사가 발표에 만족해 했어요. 그녀는 자신이 본 것 중 가장 뛰어난 발표였다고 말해 주었어요. 당신이 큰 칭찬을 받아야 해요. 오늘이나 내일 중에 저녁 식사를 하러 가는 것이 어떨까요? 제가 살게요. 어디에서 식사하는 것이 좋을지 알려만 줘요.

조만간 다시 연락해요.

Steve

- -

Q. 이메일의 목적은 무엇인가?
    (A) 발표에 대해 논의하기 위해
    (B) 작업에 대해 묻기 위해
    (C) 실수를 사과하기 위해
    (D) 도움에 대한 고마움을 표시하기 위해

어휘 appreciate 감사하다; 평가하다, 감상하다   assistance 도움, 원조   be pleased with ~에 기뻐하다   presentation 발표, 프레젠테이션   deserve ~을 받을 자격이 있다   credit 신용; 칭찬; 인정   treat 대접, 한 턱; 다루다, 취급하다

❶ 편지/이메일의 목적

지문의 목적이나 이유는 본문의 초반에 언급되는 경우가 대부분인데, 간단한 인사말로 시작되는 편지나 이메일의 경우에는 인사말 뒤에 목적이 언급되는 경우가 많다. 경우에 따라 지문의 초반부가 아닌 지문 전체를 확인해야 할 때도 있다.

(1) 인사말 뒤

아래의 예시에서 볼 수 있는 것처럼 밑줄 친 인사말 뒤에서 지문의 목적을 찾을 수 있다.

예시	목적
<u>Thank you for your recent order.</u> **We just received your payment. So we will send the items you ordered tomorrow morning.** They should arrive within three business days. 최근 주문에 대해 감사를 드립니다. 저희는 조금 전에 귀하의 대금을 받았습니다. 따라서 주문하신 제품을 내일 오전에 보내 드리겠습니다. 영업일 기준으로 3일 내에 도착할 것입니다.	결제 확인 및 상품 배송 안내
<u>Thank you for purchasing tickets to the July 19 and July 31 concerts.</u> **We have charged the fees to your credit card. You may pick up your tickets at the ticket office on the night of each concert.** 7월 19일과 7월 31일 연주회의 티켓을 구매해 주셔서 감사합니다. 귀하의 신용 카드로 요금을 청구했습니다. 각 연주회가 진행되는 밤에 매표소에서 표를 찾아가시면 됩니다.	요금 청구 안내 및 티켓 수령 장소 안내

(2) 전체 내용 확인

아래의 예시처럼 지문의 초반부에서 글의 목적을 찾을 수 없는 경우도 있다. 이 경우 지문 전체의 내용을 통해 글의 목적을 파악해야 한다.

예시	목적
We received your complaint about a problem with your Internet connection. We will be sending a repairman to your house to fix the problem tomorrow morning. Please be sure that someone is at your home between the hours of 9:00 and 11:00 A.M. If this time is not acceptable, please call us at once. 저희는 귀하의 인터넷 연결 문제와 관련된 불만 사항을 접수했습니다. 문제를 해결하기 위해 내일 오전에 귀하의 댁으로 수리 기사를 보내 드릴 것입니다. 오전 9시와 11시 사이에 반드시 댁에 누군가가 계셔야 합니다. 이러한 시간이 적절하지 않으면 즉시 저희에게 전화해 주세요.	❶ 불만 사항 접수 ❷ 수리 기사 파견 안내 ❸ 방문 시간 안내 ❹ 시간 변경 방법 안내

② 문자 메시지의 목적

문자 메시지가 지문으로 출제되면 시작 부분의 한두 문장만으로 메시지의 목적을 파악할 수 있다. 문자 메시지의 시작 부분은 주로 질문, 부탁, 정보의 전달로 시작한다.

(1) 질문하기

예시	목적
Sid, where are you? The meeting is about to start. Sid, 어디에 있나요? 회의가 시작하려고 해요.	현재 위치 문의
Cindy, I'm at the airport. When are you going to arrive? Cindy, 저는 공항에 있어요. 언제 도착할 건가요?	도착 시간 문의

(2) 부탁하기

예시	목적
Tim, do you think you could ask Geena to call me? Tim, Geena에게 연락해서 저에게 전화하라고 얘기해 줄 수 있나요?	메시지 전달 요청
I need a favor. How about making some copies for me? 도움이 필요해요. 저를 위해 복사해 줄 수 있나요?	복사 요청

(3) 정보 전달하기

예시	목적
We finished the negotiations. They want to renew our deal. 협상을 끝냈어요. 그들은 계약을 연장하고 싶어 해요.	협상 종료
Mr. Billings is calling a meeting. He wants to discuss the rumors that are going around. Billings 씨가 회의를 소집할 거예요. 그는 떠도는 소문에 대해 논의하고 싶어 해요.	회의 소집

③ 주제 및 목적 찾기의 주의 사항

주제나 목적을 찾을 때에는 보기의 레벨들을 잘 살펴야 한다. 해당 보기가 정답이 되기 위해서는 지문의 주제보다 레벨이 높아서도 안 되고 낮아서도 안 된다. 아래의 예를 살펴보면서 보기의 레벨을 파악해 보자.

예시	정답 분석

Bender's Electronics is having a special sale on all of its copy machines. Every single machine will be available for 30% off from this Friday to next Tuesday.
 	
Q. What is being advertised?
    (A) Machines
    (B) Photocopiers
    (C) Color copiers
	• 광고 제품은 copy machines (복사기)이므로 (B)의 Photocopiers가 정답이다.
	• (A)는 '기기' 혹은 '기계'라는 의미로서 복사기보다 레벨이 높다.
	• (C)는 '컬러 복사기'라는 의미로 복사기보다 레벨이 낮다.

A 지문을 읽고 질문에 답하세요.

1

> Mr. Quartermain,
>
> I sincerely apologize for being late for my interview this morning. My car had trouble starting because of the extreme cold. That caused me to be late for the interview by ten minutes.

Q. 이메일의 목적은 무엇인가?

(a) 사과하기 위해
(b) 고마움을 표시하기 위해
(c) 불만을 제기하기 위해

2

> To apply for a job at the Fillmore Corporation, please fill out the following information.
>
> Name: Sally Campbell   Address: 19 Apple Avenue, Prescott, AZ
> Current Job Status: Unemployed   Résumé Attached: [v] Yes [   ] No

Q. 양식의 목적은 무엇인가?

(a) 채용 공고를 알리기 위해
(b) 직원들의 신상 정보를 수집하기 위해
(c) 취업 지원자의 정보를 묻기 위해

3

> To: Katherine Wellman
> From: Rick Mather
> Subject: Parking Passes
>
> Ms. Wellman,
>
> I visited your office three times today in order to get a parking pass. However, you were not in your office any of those times. Please let me know when you will be in your office today.
>
> Sincerely,
> Rick Mather

Q. Mather 씨는 왜 Wellman에게 이메일을 보냈는가?

(a) 회의 시간을 정하기 위해
(b) 주차권 가격을 물어보기 위해
(c) 방문이 가능한 시간을 알기 위해

B 지문을 읽고 질문에 답하세요.

1

Dear Mr. Simmons,

As you know, there will be an engineering conference in San Antonio next week. I would like to attend the conference. There are several workshops there that could help me do my job better. Is it possible for me to attend? I think going there would benefit both the company and me. Please let me know as soon as possible.

Sincerely,

Dustin Sellers

Q. Why did Mr. Sellers write the e-mail?

(a) To request a transfer
(b) To ask to attend a conference
(c) To discuss an event he went to

2

Dear Ms. Whitner,

Your presentation yesterday was well done. You fully explained the value of the product you are selling. My company is very interested in it. However, the asking price is too high. Could you come down on the price a bit? If you give us a 10% discount, we would be willing to sign a contract with your firm.

Sincerely,

Lionel Stephens

Q. What is the purpose of the letter?

(a) To negotiate a price
(b) To set up a meeting
(c) To ask for an apology

Questions 01-03 refer to the following article.

Jacksonville – On Sunday, the Jacksonville Summer Festival came to an end. There was a fireworks celebration at Washington Park to close the festival. This year's festival was a major success. More than 50,000 people attended the festival on all three days combined. That was two times more people than attended any of the previous festivals. Local hotels, restaurants, and stores reported increased revenues during the festival. And most people attending the festival stated that they had a great time. The organizers of the festival issued a press release thanking the city for its support and thanking all of the attendees for coming.

01. What is the purpose of the article?

(A) To encourage people to attend a festival

(B) To discuss the results of a festival

(C) To praise a festival for its entertaining events

(D) To mention some events at a festival

02. What is suggested about the Jacksonville Summer Festival?

(A) It was held at a beach.

(B) It featured a parade.

(C) It cost money to attend.

(D) It has been held before.

03. Why did the organizers issue a press release?

(A) To announce a new event

(B) To express their thanks

(C) To state the overall attendance

(D) To advertise next year's event

🔓 문제 해설

01 ● 기사 앞부분에서 잭슨빌 여름 축제가 끝났다는 사실을 알린 후, '올해의 축제가 큰 성공을 거두었다'(This year's festival was a major success.)는 소식을 전한다. 그 이후에는 축제에 참석한 인원과 축제의 효과 등이 언급되고 있으므로 이 기사는 잭슨빌 여름 축제의 결과를 평가하기 위한 것임을 알 수 있다.

● 따라서 정답은 (B)의 To discuss the results of a festival(축제의 결과를 논의하기 위해)이다.

02 ● 기사 중반부의 'That was two times more people than attended any of the previous festivals.'라는 문장이 정답의 단서이다.

● 이는 '이전의 어떤 축제 때보다도 두 배 더 많은 사람들이 참석했다'는 내용이므로, 축제는 이전에도 개최된 적이 있다는 사실을 추론할 수 있다. 따라서 정답은 (D)이다.

03 ● 지문 마지막 부분의 'The organizers of the festival issued a press release thanking the city for its support and thanking all of the attendees for coming.'을 통해 축제를 지원해준 시와 축제에 참석한 사람들 모두에게 감사하기 위해 보도자료를 작성했음을 알 수 있다. 따라서 정답은 (B)이다.

⭐ 해석

잭슨빌 – 일요일에 잭슨빌 여름 축제가 끝났다. 축제를 끝내기 위한 불꽃놀이가 Washington 공원에서 있었다. 올해의 축제는 큰 성공을 거두었다. 총 3일 동안 50,000명 이상의 사람들이 축제를 찾았다. 이전의 어떤 축제들보다 두 배 이상의 사람들이 참여한 것이다. 지역의 호텔, 식당, 그리고 상점들은 축제 기간 동안 수입이 증가했다고 전했다. 그리고 축제에 참여한 대부분의 사람들은 멋진 시간을 보냈다고 말했다. 축제의 주최자들은 지원해준 시와 방문해 준 모든 참여자들에게 감사하는 보도자료를 배포했다.

01. 기사의 목적은 무엇인가?
(A) 축제에 참여할 것을 독려하기 위해
(B) 축제의 결과를 논의하기 위해
(C) 축제가 흥겨운 행사로 이루어졌다는 점을 칭찬하기 위해
(D) 축제의 몇 가지 행사를 언급하기 위해

03. 주최자들은 왜 보도자료를 배포했는가?
(A) 새로운 행사를 알리기 위해
(B) 감사함을 표현하기 위해
(C) 전체적인 참석자 수를 발표하기 위해
(D) 내년의 행사를 광고하기 위해

02. 잭슨빌 여름 축제에 대해 암시된 것은 무엇인가?
(A) 해변에서 개최되었다.
(B) 퍼레이드를 특징으로 한다.
(C) 참가하기 위해 비용이 든다.
(D) 이전에도 개최된 적이 있다.

어휘 come to an end 끝나다　firework 불꽃, 화약　celebration 경축, 축하　combine 합치다　local 지역의, 인근의　report 보고하다, 보도하다　revenue 수입　entertaining 재미있는, 즐거운

🎓 MORE & MORE

정답 p.038

지문을 다시 읽고, 주어진 문장이 사실이면 ○, 그렇지 않으면 ×에 표시하세요.

❶ The article was written to criticize a festival. (○ | ×)
❷ The purpose of the article is to report on a festival. (○ | ×)
❸ The article mentions how many people went to a festival. (○ | ×)

Questions 04-05 refer to the following text-message chain.

Sally Mitchell	9:15 A.M.
Lewis, Joann hasn't shown up. Do you know where she is?

Lewis Griggs	9:18 A.M.
She called in sick. Do you need help setting up the room?

Sally Mitchell	9:19 A.M.
Yes. I can't do everything by myself.

Lewis Griggs	9:20 A.M.
Should I send Tina or Cindy? Who do you prefer?

Sally Mitchell	9:22 A.M.
Cindy's hardworking and efficient. I'd rather work with her.

Lewis Griggs	9:23 A.M.
No problem. I'll speak with her now.

04. Why did Ms. Mitchell write to Mr. Griggs?

(A) To request assistance

(B) To get work instructions

(C) To ask about a colleague

(D) To mention she feels sick.

05. At 9:23 A.M., what does Mr. Griggs most likely mean when he writes, "No problem"?

(A) He solved Ms. Mitchell's problem.

(B) He will help Ms. Mitchell set up a room.

(C) Ms. Mitchell can take the day off.

(D) Ms. Mitchell can work with Cindy.

04 ● 메시지 창의 첫 문장에서 Mitchell 씨는 Griggs 씨에게 Joann이라는 사람이 오지 않았다고 한 후, 'Do you know where she is?'라고 묻는다. 따라서 Mitchell 씨가 문자를 보낸 이유는 Joann이라는 직원이 오지 않은 이유를 묻기 위해서이므로 정답은 (C)이다.

● Mitchell 씨가 도움을 요청한 것이 사실이기는 하지만, 이것이 문자를 보낸 직접적인 이유는 아니므로 (A)는 정답이 될 수 없다.

05 ● 'No problem'은 '문제 없어요'라는 뜻으로 동의한다는 의미이다.

● 바로 앞의 메시지에서 Mitchell 씨는 'Cindy's hardworking and efficient. I'd rather work with her.'라고 작성하며 Cindy가 부지런하고 유능해서 그녀와 함께 일하고 싶다고 했다. 그러므로 정답은 (D)이다.

⭐ **해석**

Sally Mitchell	9:15 A.M.	Lewis, Joann이 아직 오지 않았어요. 그녀가 어디에 있는지 알고 있나요?
Lewis Griggs	9:18 A.M.	전화로 병가를 냈어요. 장소를 준비하는 데 도움이 필요한가요?
Sally Mitchell	9:19 A.M.	그래요. 저 혼자서는 모든 일을 다 할 수가 없어요.
Lewis Griggs	9:20 A.M.	Tina나 Cindy를 보낼까요? 누가 더 좋겠어요?
Sally Mitchell	9:22 A.M.	Cindy가 부지런하고 유능하죠. 그녀와 함께 일하고 싶어요.
Lewis Griggs	9:23 A.M.	문제 없어요. 제가 지금 그녀에게 이야기해 볼게요.

04. Mitchell 씨는 왜 Griggs 씨에게 문자를 보냈는가?
   (A) 도움을 요청하기 위해
   (B) 업무 지시를 받기 위해
   (C) 동료에 관해 물어보기 위해
   (D) 자신이 아프다는 것을 알리기 위해

05. 오전 9시 23분에, Griggs 씨가 "No problem"이라고 쓸 때 그는 무엇을 의미하는가?
   (A) 그는 Mitchell 씨의 문제를 해결했다.
   (B) 그는 Mitchell 씨의 장소 준비를 도울 것이다.
   (C) Mitchell 씨는 하루 휴가를 내도 된다.
   (D) Mitchell 씨는 Cindy와 함께 일할 수 있다.

어휘 show up 모습을 보이다, 나타나다   call in sick 전화로 병가를 내다   by oneself 스스로, 혼자서   hardworking 부지런한, 근면한   efficient 효율적인; 유능한   would rather 차라리 ~하겠다   colleague 동료

🎓 **MORE & MORE**

정답 p.039

지문을 다시 읽고, 주어진 문장이 사실이면 ○, 그렇지 않으면 ×에 표시하세요.
1. The writers are discussing hiring a new employee.　　　　　　(○ | ×)
2. Joann called in sick this morning.　　　　　　(○ | ×)
3. Lewis will send a coworker to help Sally.　　　　　　(○ | ×)

Questions 06-10 refer to the following brochure and e-mails.

Potter Catering Special Party Packs

Let Potter Catering assist with your next party. Check out these special party packs.

Party Pack 1: $150 Cold food and beverages for informal events. Enough food for 10-12 people.

Party Pack 2: $350 Cold food and beverages for informal events. Dessert included. Enough food for 25-30 people.

Party Pack 3: $400 Hot food and beverages for more formal events. Your choice of 4 foods and 2 beverages from an extensive list. Dessert included. Enough food for 15-18 people.

Party Pack 4: $700 Hot food and beverages for more formal events. Your choice of 6 foods and 3 beverages from an extensive list. Dessert included. Enough food for 30-35 people.

Call 489-4221 or e-mail orders@pottercatering.com to make the arrangements for your next party. Free delivery on your first order.

E-Mail Message	
To:	orders@pottercatering.com
From:	horacechase@btr.com
Subject:	Party
Date:	May 11

Hello,

My name is Horace Chase, and I work at BTR, Inc. We are having a retirement party for one of our colleagues. We would like to have a casual get-together. Around thirty people will attend. The event will be on May 20 from 4:00 to 6:00 P.M. Could you recommend a good party pack for us?

Regards,
Horace Chase

To:	horacechase@btr.com
From:	orders@pottercatering.com
Subject:	Re: Payment
Date:	May 13

Dear Mr. Chase,

We received the payment for the party pack. Thank you very much. Three staffers from our company will arrive at 3:30 P.M. on May 20. They will set up everything. In addition, the delivery fee has been waived for your company this time.

Please call if you need to make any changes to your order.

Regards,

Elizabeth Channing
Potter Catering

06. What is indicated about Potter Catering?

(A) It recently opened.

(B) It permits online orders.

(C) It is located in a big city.

(D) It has gotten positive reviews.

07. What is the purpose of the first e-mail?

(A) To request more information

(B) To check on a price

(C) To make an order

(D) To ask for some advice

08. How much did Mr. Chase most likely pay for the party pack?

(A) $150

(B) $350

(C) $400

(D) $700

09. What is implied about BTR, Inc.?

(A) It is using Potter Catering's services the first time.

(B) It frequently holds special events for its employees.

(C) It used to employ Ms. Channing.

(D) It paid for the party pack by using its corporate account.

10. What does Ms. Channing request Mr. Chase do?

(A) Contact her to alter his order

(B) Make the payment for his order

(C) Confirm the date of the event

(D) Pay for the staffers to help

06 ● Potter 케이터링에 대해 언급된 내용을 묻고 있다.

● 첫 번째 지문의 마지막 부분을 보면 전화나 이메일을 통해 주문이 가능하다는(Call 489-4221 or e-mail orders@pottercatering.com to make the arrangements for your next party.) 정보가 있다.

● 그러므로 '온라인 주문이 가능하다'는 내용의 (B)가 정답이다.

07 ● 첫 번째 이메일의 목적을 묻고 있다. 따라서, 두 번째 지문의 내용을 확인하도록 한다.

● 두 번째 지문의 마지막 부분에 'Could you recommend a good party pack for us?'라는 문장이 있는데, 이는 파티팩을 추천해 달라는 내용이다.

● 따라서 '조언을 구하기 위해서'라는 내용의 (D)가 정답이 된다.

● 파티 팩을 추천해 달라는 것이 추가적인 정보를 요구하는 것은 아니므로 '더 많은 정보를 요청하기 위해서 (To request more information)'라는 내용의 (A)는 정답이 될 수 없다.

● 지문에서 가격을 문의하거나(to check on a price) 주문을 하고 있지는(make an order) 않으므로 (B)와 (C) 또한 정답이 될 수 없다.

● 지문의 목적을 묻는 문제의 단서는 글의 초반부에 있는 경우가 대부분이지만, 이 문제와 같이 글의 마지막 부분에 있는 경우도 있다는 사실에 주의해야 한다.

08 ● 두 지문의 정보를 연계하여 풀어야 하는 문제이다.

● 두 번째 지문에서 파티 인원이 약 30명일 것이라는(Around thirty people will attend.) 내용이 있다.

● 첫 번째 지문에서 30명에 맞는 파티팩은 파티 팩 2와 파티 팩 4이다.

● 그런데 두 번째 지문에서 행사가 격식을 차리지 않는 모임(a casual get-together)이라는 내용이 있으므로, 두 가지 파티 팩 중에서 비공식 행사를 위한 상품의 가격을 정답으로 골라야 한다.

● 비공식 행사를 위한 상품은 파티팩 2이므로 정답은 (B)의 350달러이다.

09 ● 두 지문의 정보 연계 문제로서, 지문 1과 지문 3의 정보를 연계하여 풀어야 한다.

● 첫 번째 지문에서 첫 주문의 경우 무료 배송이라는(Free delivery on your first order.) 정보가 있다.

● 세 번째 지문에 이번 주문의 경우 배송비를 받지 않겠다는(the delivery fee has been waived for your company this time.) 내용이 있다.

● 따라서 BTR 사가 Potter 케이터링을 첫 번째로 이용하는 것이라고 추론할 수 있으므로 정답은 (A)이다.

10 ● Channing 씨가 Chase 씨에게 요청한 사항을 묻는 문제로서, 세 번째 지문에 정답의 단서가 있다.

● 세 번째 지문의 마지막에 'Please call if you need to make any changes to your order.'라는 문장이 있는데, 이는 변경 사항이 있을 경우 전화해 달라는 내용이므로 정답은 (A)이다.

Potter 케이터링 스페셜 파티 팩

Potter 케이터링에서 여러분들의 다음 파티를 도울 수 있도록 해 주세요. 아래의 스페셜 파티 팩 상품들을 확인해 주세요.

파티 팩 1: 150달러 비공식 행사를 위한 차가운 음식과 음료. 10명~12명분으로 충분한 양의 음식.

파티 팩 2: 350달러 비공식 행사를 위한 차가운 음식과 음료. 후식 포함. 25명~30명분으로 충분한 양의 음식.

파티 팩 3: 400달러 보다 공식적인 행사를 위한 따뜻한 음식과 음료. 다양한 리스트에서 4가지 음식과 2가지 음료를 선택할 수 있음. 디저트 포함. 15명~18명분으로 충분한 양의 음식.

파티 팩 4: 700달러 보다 공식적인 행사를 위한 따뜻한 음식과 음료. 다양한 리스트에서 6가지 음식과 3가지 음료를 선택할 수 있음. 디저트 포함. 30명~35명분으로 충분한 양의 음식.

여러분의 다음번 파티를 위해 예약하시려면 489-4221로 전화하시거나 orders@pottercatering.com으로 이메일을 보내 주세요. 첫 번째 주문에 한해서 무료로 배송해 드립니다.

받는 사람: orders@pottercatering.com
보내는 사람: horacechase@btr.com
제목: 파티

날짜: 5월 11일

안녕하세요,

제 이름은 Horace Chase이며, 저는 BTR 사에 근무하고 있습니다. 우리는 동료들 중 한 분을 위한 은퇴 기념 파티를 할 것입니다. 격식을 차리지 않는 모임을 가지려고 합니다. 약 30명 정도가 참석할 예정입니다. 행사는 5월 20일 오후 4시부터 6시에 진행될 것입니다. 저희를 위해 괜찮은 파티 팩을 추천해 주실 수 있을까요?

Horace Chase 드림

받는 사람: horacechase@btr.com
보내는 사람: orders@pottercatering.com
제목: Re: 지불
날짜: 5월 13일

친애하는 Chase 씨께,

파티 팩에 대한 대금을 지급 받았습니다. 대단히 감사합니다. 저희 회사의 직원 세 명이 5월 20일 오후 3시 30분에 도착할 것입니다. 그들이 모든 것을 준비할 것입니다. 덧붙여, 이번에는 귀사에 대한 배송비가 청구되지 않았습니다.

주문을 변경하시려면 전화해 주세요.

Elizabeth Channing
Potter 케이터링

06. Potter 케이터링에 대해 언급된 것은 무엇인가?
   (A) 최근에 개업했다.
   (B) 온라인 주문이 가능하다.
   (C) 대도시에 위치하고 있다.
   (D) 긍정적인 리뷰들을 받았다.

07. 첫 번째 이메일의 목적은 무엇인가?
   (A) 더 많은 정보를 요청하기 위해서
   (B) 가격을 확인하기 위해서
   (C) 주문하기 위해서
   (D) 몇 가지 조언을 부탁하기 위해서

08. Chase 씨는 파티 팩에 얼마를 지불했을 것 같은가?
   (A) 150달러
   (B) 350달러
   (C) 400달러
   (D) 700달러

09. BTR 사에 대해 암시되고 있는 것은 무엇인가?
   (A) Potter 케이터링의 서비스를 처음 이용한다.
   (B) 직원들을 위해 특별한 행사를 자주 연다.
   (C) 예전에 Channing 씨를 고용했었다.
   (D) 파티 팩의 대금을 회사 계좌를 이용하여 지불했다.

10. Channing 씨는 Chase 씨에게 무엇을 해달라고 요청하는가?
   (A) 주문을 변경하려면 연락한다
   (B) 주문 대금을 지급한다
   (C) 행사 일자를 확인해 준다
   (D) 도와주는 직원들에게 비용을 지불한다

어휘 beverage 음료   informal 비공식적인   extensive 아주 많은; 폭넓은   arrangement 준비   delivery 배달   retirement 은퇴, 퇴직   colleague 동료   casual 격식을 차리지 않는   get-together 모임   set up 준비하다   waive 포기하다, 적용하지 않다

MORE & MORE

정답 p.039

지문을 다시 읽고, 주어진 문장이 사실이면 ○, 그렇지 않으면 ×에 표시하세요.

❶ All of the party packs are for formal events.   (○ | ×)

❷ Mr. Chase needs food for a birthday party.   (○ | ×)

❸ The food will be delivered at 3:30 P.M.   (○ | ×)

Part 7 지문을 읽고 문제의 정답을 고르세요.

Questions 1-2 refer to the following notice.

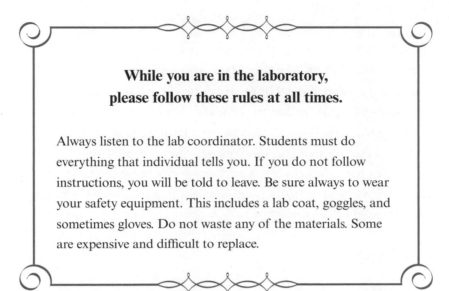

While you are in the laboratory, please follow these rules at all times.

Always listen to the lab coordinator. Students must do everything that individual tells you. If you do not follow instructions, you will be told to leave. Be sure always to wear your safety equipment. This includes a lab coat, goggles, and sometimes gloves. Do not waste any of the materials. Some are expensive and difficult to replace.

1. What do the instructions explain?
(A) How to conduct experiments
(B) Which equipment to use
(C) How to behave in a laboratory
(D) Why safety equipment is important

2. What is NOT true according to the notice?
(A) Students must always follow instructions.
(B) Safety equipment is required.
(C) Students must pay for lost equipment.
(D) The lab coordinator must be listened to.

Questions 3-5 refer to the following letter.

Dear Sir or Madam,

My name is Kate Tripper. Four days ago, I ordered several items
from your company's Web site. My order number was 545A-333B.
The package just arrived, but there is a problem. Almost every item
was damaged during transport. I ordered some new dishware for my
home. Unfortunately, of the ten pieces I bought, nine are broken or
chipped. I request that you send me new items immediately. I need
these items for a dinner party I am having this Saturday. I expect
the replacement items to arrive in time for it. Please use the fastest
shipping method available.

Kate Tripper

---

3. What is the purpose of the letter?
   (A) To make a complaint
   (B) To ask for a refund
   (C) To order some items
   (D) To demand an apology

4. What problem does Ms. Tripper mention?
   (A) Her order arrived too late for a party.
   (B) Some items she ordered were broken.
   (C) She received the wrong items.
   (D) She was charged too much for an order.

5. What does Ms. Tripper request?
   (A) A letter of apology
   (B) A discount
   (C) Replacement items
   (D) Free shipping

Questions 6-9 refer to the following memo.

To: All employees
From: Robert Powers
Subject: David Sanders

Everyone,

In case you don't know, David Sanders will be resigning this Friday. David has decided to accept a new job out of state. He has worked here for more than eight years. David has been an outstanding employee during that time. We will all miss him when he's gone. Please be sure to say goodbye to David before he leaves. David requested that we not have a party for him. So we are going to honor his request. However, we will be purchasing him a farewell present. Speak with Cindy Kennedy in David's department if you want to make a contribution.

6. What is the purpose of the memo?
(A) To mention a person's promotion
(B) To congratulate a person for winning an award
(C) To notify employees about a coworker
(D) To compliment a team on its recent performance

7. What is Mr. Sanders going to do?
(A) Work at a different company
(B) Change departments
(C) Move to an overseas branch
(D) Stop working and retire

8. How does Mr. Powers feel about Mr. Sanders?
(A) He feels that Mr. Sanders is the company's top worker.
(B) He thinks Mr. Sanders works hard.
(C) He considers Mr. Sanders a future CEO.
(D) He believes that Mr. Sanders is a good worker.

9. Why would an employee talk to Ms. Kennedy?
(A) To ask to fill Mr. Sanders's position
(B) To donate money for a gift
(C) To sign up to attend a party
(D) To make an appointment with Mr. Sanders

Questions 10-13 refer to the following advertisement.

Take Classes at the Simmons Academy

The Simmons Academy is now registering new students. Classes are scheduled to begin on June 1. All classes will last for two months and cost $300. This does not include the price of materials. That varies from class to class. This June, we are proud to announce that we have four new classes:

Class	Teacher	Day/Time
Basic Sculpture	Jim Reaves	Mon/Tues 4:00–5:00 P.M.
Finger-Painting	Susan Bradley	Wed/Fri 9:00–11:00 A.M.
Advanced Oil Painting	Mario Fontana	Mon/Thurs 1:00–3:00 P.M.
Puppet-Making	Amy Holliday	Tues 1:00–4:00 P.M.

Students can purchase a one-month parking pass for $15. City buses 54, 65, and 18 also stop in front of the academy. Visit our Web site for more information.

10. What is being advertised?

    (A) An art school

    (B) A cooking school

    (C) A health club

    (D) A language academy

11. Which instructor teaches class one day a week?

    (A) Mr. Reaves

    (B) Ms. Bradley

    (C) Mr. Fontana

    (D) Ms. Holliday

12. According to the advertisement, which of the following statements is true?

    (A) Some classes cost more than $300.

    (B) The academy is only offering four classes in June.

    (C) All of the new classes last for one month.

    (D) Ms. Bradley teaches a class on sculpture.

13. What is suggested about the students at the Simmons Academy?

    (A) They can get college credit for the classes they take.

    (B) Some of them receive scholarships.

    (C) Some of them use public transportation.

    (D) They only take classes during the summer months.

Questions 14-18 refer to the following advertisement and memo.

The Jamestown Summer Festival

The Jamestown Summer Festival is going to start next week. It will last from Thursday, August 1, to Sunday, August 4. Everyone is welcome to visit the festival. There will be all sorts of events and rides for people. There will also be special shows to learn about historic Jamestown. Be sure to check out the food stands. They will be serving various kinds of delicious local foods. Call 409-1654 to learn more about the festival. Tickets to attend the festival cost $10 per day.

To: All Jamestown City Employees
From: Mayor Carl Peterson
Subject: Jamestown Summer Festival

As you know, the Jamestown Summer Festival will start next week. We hope you and your families will attend the event. We want this year's festival to be the most successful one ever. This year, city employees and their family members can attend the festival for half price. Everyone's name is on a list at the ticket booth. Just show your driver's license when you are buying tickets. Then, you can get the discount.

14. According to the advertisement, what is NOT true about the Jamestown Summer Festival?

    (A) It will last for four days.

    (B) There are rides for people to go on there.

    (C) People must pay to enter the festival.

    (D) Only Jamestown residents may attend it.

15. What is indicated about the Jamestown Summer Festival?

    (A) It is a biannual event.

    (B) It is sponsored by the city government.

    (C) It will provide local cuisine.

    (D) It is free for children under the age of 14.

16. Why did Mr. Peterson write the memo?

    (A) To provide the dates of the festival

    (B) To describe a special offer for the festival

    (C) To ask for volunteers to work at the festival

    (D) To mention some events at the festival

17. Why would a person show a driver's license at the Jamestown Summer Festival?

    (A) To get some free food

    (B) To pay less money for a ticket

    (C) To be able to park a vehicle there

    (D) To gain access to free tickets

18. What is true about Jamestown city employees?

    (A) They can pay less than $10 to enter the festival.

    (B) They are requested to volunteer at the festival.

    (C) They cannot win any prizes at the festival.

    (D) Their family members can go to the festival for free.

Questions 19-23 refer to the following letter, e-mail, and memo.

April 12
Richard Greer
Hiring Manager
Daylight Corporation
43 Hastings Avenue
Tallahassee, FL 32303

Dear Mr. Greer,

It was a pleasure to meet you at the Chattahoochee Job Fair this past weekend. As I hope you recall, you looked over my résumé. You also encouraged me to apply for a position with your firm.

I have attached my résumé along with a brief description of the projects I worked on at my previous jobs. I am available to interview after April 21. I can move to Florida any time after June 30. That is when the lease on my current apartment expires.

Please call me at 494-3872 or e-mail me at peterstock@roadrunner.com at your convenience.

Sincerely,

Peter Stock

	E-Mail Message
To:	Amanda Wright <a_wright@daylightco.com>
From:	Richard Greer <richardgreer@daylightco.com>
Subject:	Job Applicants
Date:	April 24

Amanda,

The interviews scheduled for April 15, 18, 20, and 23 are now complete. I would like your recommendations regarding the best applicants for jobs in the Accounting Department. Please send me a list of the top three applicants for each position by tomorrow evening. I've already made my own list. We can compare them when we meet.

In addition, I have some information regarding an applicant. Peter Stock had previously stated that he could not begin working here for a couple of months. He informed me that he is now able to start work anytime. Please take that into consideration when making your selections.

Best,

Richard

TO: All Employees
FROM: Richard Greer
SUBJECT: Important News
DATE: May 11

Next Monday, May 16, three new individuals will start working here. Their names are Harold Cooper, Emily Jones, and Peter Stock. If any of them are in your department, please assist them at learning their jobs. I encourage all other employees to make them feel welcome.

19. Why did Mr. Stock send the letter?
(A) To request some advice
(B) To apply for a job
(C) To express his thanks
(D) To ask for a job recommendation

20. What does Mr. Greer request Ms. Wright do?
(A) Provide him with her opinion
(B) Conduct some interviews
(C) Contact some job applicants
(D) Speak with Mr. Stock on the phone

21. When did Mr. Stock most likely interview at the Daylight Corporation?
(A) On April 15
(B) On April 18
(C) On April 20
(D) On April 23

22. What is the memo mainly about?
(A) New employees at a company
(B) A company training program
(C) A new employee orientation session
(D) A company get-together

23. What is suggested about Mr. Stock?
(A) He recently graduated from his university.
(B) He is good friends with Mr. Greer.
(C) He will work in the Accounting Department.
(D) He worked with a competitor of the Daylight Corporation.

03 세부 사항 I (예정된 일, 시간 및 장소, 문제점, 요청 사항, 이유 및 방법)

학습 포인트

✓ 세부 사항 문제는 PART 7의 단일 지문과 관련된 문제 중에서 가장 많은 비중을 차지하고 있는 문제 유형이다.

✓ 세부 사항 문제를 풀 때에는 문제를 먼저 읽고 문제 풀이의 핵심이 되는 어구를 질문에서 찾은 다음, 핵심 어구와 관련된 내용을 지문에서 찾아야 한다.

✓ 세부 사항을 묻는 문제라 하더라도 지문의 주제와 연관된 사항들을 물을 수도 있기 때문에 지문의 전반적인 주제를 파악하는 것이 우선시되어야 한다.

? 질문 유형

예정된 일을 묻는 문제 / 시간 및 장소를 묻는 문제

- **What will happen** on July 5? 7월 5일에 어떤 일이 발생할 것인가?
- **What will be discussed** during next week's meeting? 다음 주 회의에서 무엇이 논의될 것인가?

- **When** does the event start? 행사는 언제 시작될 것인가?
- **Where** will the new employees work? 신입 사원들은 어디에서 일하게 될 것인가?

문제점을 묻는 문제 / 요청 사항을 묻는 문제

- **What problem** did Mr. Gonzales report? Gonzales 씨는 어떤 문제점을 보고했는가?
- **What concern** was reported by potential customers? 잠재 고객들은 어떠한 우려를 나타냈는가?

- **What** are customers **required** to do? 고객들은 무엇을 하라는 요청을 받는가?
- **What** are employees **instructed** to do? 직원들은 무엇을 하라는 지시를 받는가?

이유 및 방법을 묻는 문제

- **Why** have customers complained about ABC Airline? 고객들은 왜 ABC 항공사에 불만을 제기했는가?
- **How** are interested people asked to register? 관심이 있는 사람들은 어떻게 등록하라는 요구를 받는가?

예제

> **Genoa Deli is celebrating its grand opening this Friday, April 20.**
> **Genoa Deli has all kinds of sandwiches, salads, and pastas.**
> **Visit us for the best food and the lowest prices.**
>
> *57 Candle Street*
> *905-1276*
> • Mon-Fri: 10:00 A.M. – 8:00 P.M.
> • Sat: 10:00 A.M. – 9:00 P.M.
> • Sun: 1:00 P.M. – 7:00 P.M.
>
> We deliver every day of the week except for Sunday.

Q. What time does Genoa Deli close on Saturday?

(A) 6:00 P.M.

(B) 7:00 P.M.

(C) 8:00 P.M.

(D) 9:00 P.M.

문제 유형 분석

Genoa Deli가 토요일에 몇 시에 문을 닫는지 묻고 있다. 질문의 핵심 어구인 Saturday가 있는 부분을 지문에서 먼저 찾은 다음, 그 주변에서 정답의 단서를 찾도록 한다.

풀이 전략

❶ Genoa Deli가 '토요일'(Saturday)에 문을 닫는 시각을 묻고 있다. 따라서 광고에서 시간이 언급되어 있는 부분을 우선적으로 살펴보도록 한다.

❷ Genoa Deli의 주소가 적혀 있는 부분 아래에 요일별 영업 시간이 나타나 있다. 이들 중 토요일 근무 시간을 살펴보면, '토요일'(Sat)에는 오전 10시부터 오후 9시까지 영업한다는 사실을 알 수 있다.

❸ 따라서 토요일에 문을 닫는 시간은 오후 9시이므로 정답은 (D)가 된다.

해석

Genoa Deli가 이번 주 금요일인 4월 20일에 개업식을 합니다.
Genoa Deli에는 모든 종류의 샌드위치, 샐러드, 그리고 파스타가 있습니다.
최고의 음식을 최저의 가격으로 원하신다면 방문해 주세요.

Candle 가 57번지
905-1276

- 월요일 – 금요일: 오전 10시 – 오후 8시
- 토요일: 오전 10시 – 오후 9시
- 일요일: 오후 1시 – 오후 7시

일요일을 제외한 주중 모든 요일에 배달해 드립니다.

- -

Q. 토요일에 Dave's Deli는 몇 시에 문을 닫는가?
(A) 오후 6시
(B) 오후 7시
(C) 오후 8시
(D) 오후 9시

어휘 celebrate 경축하다, 기념하다 grand opening 개장, 개업(식) all kinds of 온갖 종류의 deliver 배달하다 except for ~을 제외하고

① 문제점 파악

불만 사유를 전달하기 위해 작성된 지문에서 불만의 원인을 찾으면 문제점을 파악할 수 있다. 불만에 대한 요구 사항이 언급되는 경우 이를 함께 파악해 두어야 한다.

예시	문제점
The items I purchased from your store were in poor condition. **There were some scratches on the table I bought.** And the sofa had a stain on it. Please replace these items with new ones that are in good condition. 귀하의 매장에서 제가 구입한 제품들은 상태가 좋지 못했습니다. 제가 산 테이블에는 몇 군데 흠집이 있었습니다. 그리고 소파에는 얼룩이 있었습니다. 이 제품들을 상태가 좋은 새것으로 교환해 주시기 바랍니다.	제품 하자
I called your hotline to get some assistance installing my computer. **I had to wait more than thirty minutes to speak with someone.** Finally, a man named Keith Larson came onto the phone. **He was both rude and ignorant of his job.** 저는 컴퓨터를 설치하는 데 도움을 얻고자 귀하의 직통 번호로 전화를 했습니다. 저는 누군가와 이야기하기까지 30분 이상을 기다려야 했습니다. 마침내, Keith Larson이라는 남자와 전화 연결이 되었습니다. 그는 무례한 동시에 자신의 일에 무지했습니다.	서비스 불만
I ordered some items from your Web site four days ago. Yesterday, the deliveryman contacted me. **He said he would be at my house by 10:00 A.M. I had some errands to run, but I decided to wait for him. However, he came to my house at 4:00.** 저는 4일 전에 귀하의 웹사이트에서 몇 가지 제품을 주문했습니다. 어제 배달 기사가 저에게 연락을 했습니다. 그는 오전 10시까지 집으로 올 것이라고 말했습니다. 저는 해야 할 일이 있었지만, 그를 기다리기로 결심했습니다. 하지만 그는 4시에 저희 집에 왔습니다.	배송 지연

② 변경 사항 파악

변경 사항을 안내하는 이메일이나 공지의 경우, 어떤 것이 변경 전 사항이고 어떤 것이 변경 후 사항인지를 구분해야 장소 및 시간 문제를 실수하지 않고 풀 수 있다. instead, so, as a result와 같은 삽입구 뒤에 변경된 사항들이 언급된다.

(1) 회의 장소 변경

The staff meeting will no longer be held in conference room A. **Instead**, it is being moved to the large conference room on the third floor.

직원 회의는 더 이상 회의실 A에서 열리지 않을 것입니다. 대신 3층에 있는 대회의실로 옮겨질 것입니다.

[변경 전: conference room A → 변경 후: the large conference room on the third floor]

(2) 출장 일정 변경

We are no longer going to Memphis this Thursday. The client wants us there tomorrow. **So** we're going to depart early tomorrow morning.

우리는 이번 주 목요일에 멤피스로 가지 않습니다. 고객은 우리가 내일 그곳에 있기를 원합니다. 따라서 내일 아침 일찍 출발할 것입니다.

[변경 전: this Thursday → 변경 후: tomorrow morning]

❸ 시간의 경과에 따른 정보 파악

지문에서 여러 날짜가 언급되는 경우 각각의 날짜와 관련된 정보를 파악하여 먼저 일어난 일과 나중에 일어난 일을 구분해야 한다. 아래의 예시를 통해 시간의 경과에 따른 각각의 정보를 파악해 보도록 하자.

예시	정보
The Bradbury Dam will be completed on **January 10**. When that happens, the hydroelectric plant will begin to produce electricity. This electricity will be proved to homes and businesses in Shelby County. This will take place on **January 12**. Individuals and businesses using this electricity will see their bills decline starting in **February**. Bradbury 댐이 1월 10일에 완공될 예정입니다. 완공되면 수력 발전소에서 전기가 생산되기 시작할 것입니다. 이러한 전기는 셸비 카운티의 가정과 사업장에 공급될 것입니다. 이는 1월 12일에 이루어질 것입니다. 이 전기를 사용하는 개인과 사업장은 2월부터 전기 요금이 인하된 것을 보게 될 것입니다.	❶ 1월 10일: 댐 공사 완료 ❷ 1월 12일: 전기 공급 시작 ❸ 2월: 인하된 전기 요금 적용
We have finalized the plans for the trip. We will leave next **Tuesday morning**. Our flight departs at eight in the morning, so be at the airport by six. We'll stay in Denver for three nights. Then, we'll fly back here on **Friday afternoon**. 출장 일정을 확정시켰습니다. 우리는 다음 주 화요일 오전에 출발할 것입니다. 비행기는 오전 8시에 출발할 것이기 때문에 6시까지는 공항에 와야 합니다. 덴버에서 3박을 할 것입니다. 그 후에는 금요일 오후에 여기로 다시 돌아올 것입니다.	❶ 화요일 오전: 덴버로 출발 ❷ 금요일 오후: 복귀
I would like to reschedule our meeting for September 8. I was planning to be in Houston on that day. However, my travel plans have changed. I will be in Dallas and Austin from **September 4 to 8**. And I will be staying in Houston from **September 9 to 10**. Do you have time to meet on one of those days? 9월 8일 회의의 일정을 조정하고 싶습니다. 저는 그날 휴스턴에 있을 계획이었습니다. 하지만 이동 계획이 바뀌었습니다. 저는 9월 4일부터 8일까지 댈러스와 오스틴에 있을 것입니다. 그리고 휴스턴에는 9월 9일부터 10일까지 머무를 예정입니다. 이 날들 중에서 만날 수 있는 시간이 있으신가요?	❶ 9월 4일-8일: 댈러스와 오스틴에서 체류 ❷ 9월 9일-10일: 휴스턴에서 체류

A 지문을 읽고 질문에 답하세요.

1

Attention, all hotel guests.

The shuttle bus to the airport is changing its running times on the weekend. On Saturday, it will be in operation every hour from 6:00 A.M. to 11:00 P.M. On Sunday, it will run every hour and a half from 7:00 A.M. to 10:00 P.M.

Q. 셔틀 버스의 운행이 밤 11시에 중단되는 요일은 언제인가?

(a) 금요일
(b) 토요일
(c) 일요일

2

To get a coupon for $10 off all Maxwell products, simply do this. Visit our Web site and click on the "Free Coupon" icon. Fill out the form, and we will mail the coupon to you.

Q. 어떻게 쿠폰을 받으라고 안내되어 있는가?

(a) 웹사이트를 방문함으로써
(b) 편지를 보냄으로써
(c) 이메일을 작성함으로써

3

Dear Mr. Grant,

Please find attached a complete itinerary of your trip to Tokyo, Seoul, and Beijing. I have made the necessary reservations for you. If there are no changes, please have your company send the payment.

Sincerely,

Julie Standish

Q. Standish 씨는 Grant 씨가 무엇을 할 것을 제안하는가?

(a) 여행할 날짜를 정할 것을
(b) 여행 계획을 검토할 것을
(c) 원하는 항공사를 알려 줄 것을

B 지문을 읽고 질문에 답하세요.

1

There was a major traffic accident on the Westside Bridge near Jackson Road last night. The bridge suffered some damage because of the accident. As a result, the bridge is not safe for traffic. The bridge is closed to all traffic. Engineers are currently examining the bridge. They will determine what repairs to make. The repairs will likely take up to six months. Drivers should use the Ramsey Bridge on Walnut Street to cross the Starry River.

Q. Where did the damage take place last night?

(a) On Walnut Street
(b) On the Ramsey Bridge
(c) On the Westside Bridge

2

Steve,

I need your assistance on a project. One of my employees just broke his leg. So he's going to be in the hospital for a week. He was working on the Davidson account. We are supposed to give a presentation on it this week. But we may have to cancel. Can you spare a few hours today and tomorrow? I would love to get your assistance. Call me when you can.

Alice

Q. Why does Alice ask Steve for help?

(a) One of her employees cannot do any work.
(b) He knows the material very well.
(c) He used to work on the Davidson account.

Questions 01-02 refer to the following form.

Carl's Auto Repair Shop

Customer's Name: *Kevin Stillwell*

Please check the service you would like:

☐ oil change
☐ engine tune-up
☐ new tires
☐ brake service
☑ other (please describe): *My car is having problems starting. I think the*
battery has a problem.

Our mechanics will explain everything to you in full. They will do this before they start working on your car. They will also tell you how much it will cost. There are no surprises at Carl's Auto Repair Shop.

We provide the best care for your vehicle.

01. Why did Mr. Stillwell visit Carl's Auto Repair Shop?

(A) To get the oil changed

(B) To check on his brakes

(C) To have the engine repaired

(D) To have his car's battery checked

02. What is true about Carl's Auto Repair Shop?

(A) Its mechanics have many years of experience.

(B) It does not sell tires for vehicles.

(C) It tells customers the price before doing work.

(D) It stays open twenty-four hours a day.

01 ● Stillwell 씨가 자동차 정비소를 찾은 이유를 묻고 있다.
  ● Stillwell 씨는 차의 시동에 문제가 있다고 했고, 그 이유가 '배터리 때문일 것'(I think the battery has a problem.)이라고 작성했다.
  ● 따라서 정답은 (D)의 To have his car's battery checked(자동차의 배터리를 점검하기 위해)가 된다.

02 ● Carl's 자동차 정비소에 대해 사실인 것을 묻고 있다.
  ● 체크하는 항목 아래에 'Our mechanics will explain everything to you in full. They will do this before they start working on your car. They will also tell you how much it will cost.'라는 내용이 있는데, 이는 작업을 시작하기 전에 정비사들이 고객에게 가격을 포함하여 모든 사항을 설명해 준다는 의미이다.
  ● 작업하기 전에 고객들에게 가격을 알려 준다는 내용의 (C)가 지문의 정보와 일치하는 보기이다.

⭐ 해석

Carl's 자동차 정비소

고객 성명: Kevin Stillwell

받으시고자 하는 서비스에 체크해 주십시오:

☐ 오일 교환
☐ 엔진 튠업
☐ 타이어 교체
☐ 브레이크 점검
☑ 기타 (내용을 설명해 주세요): 차 시동을 걸 때 문제가 있습니다. 제 생각에는 배터리에 문제가 있는 것 같습니다.

저희 정비 기사들이 모든 것을 귀하에게 완벽히 설명해 드릴 것입니다. 귀하의 자동차에 대한 작업을 시작하기에 앞서 그렇게 해 드릴 것입니다. 또한 비용이 얼마나 들 것인지도 알려 드릴 것입니다. Carl's 자동차 정비소에서는 놀라실 일이 없습니다.

저희가 귀하의 차량을 가장 잘 관리해 드립니다.

---

01. Stillwell 씨는 왜 Carl's 자동차 정비소를 방문했는가?
    (A) 오일을 교환하기 위해
    (B) 브레이크를 점검하기 위해
    (C) 엔진을 수리하기 위해
    (D) 자동차 배터리를 점검하기 위해

02. Carl's 자동차 정비소에 대해 진실은 것은 무엇인가?
    (A) 정비 기사들은 다년간의 경력을 보유하고 있다.
    (B) 자동차 타이어를 판매하지 않는다.
    (C) 작업하기 전에 고객들에게 가격을 알려 준다.
    (D) 24시간 동안 영업한다.

어휘 tune-up 튠업, 엔진 등의 조정 describe 묘사하다, 설명하다 mechanic 정비사 in full 전부, 빠짐없이 care 보살핌, 관리

🎓 MORE & MORE
정답 p.044

지문을 다시 읽고, 주어진 문장이 사실이면 ○, 그렇지 않으면 ×에 표시하세요.

❶ Customers are asked to pay in advance.   (○ | ×)
❷ Employees are instructed to discuss the work before starting it. (○ | ×)
❸ Mr. Stillwell is reporting a problem with his car starting.   (○ | ×)

Questions 03-05 refer to the following e-mail.

To:	Steve Jones <sjones@emerson.com>
From:	Doug Landry <douglandry@emerson.com>
Subject:	The Upcoming Workshop
Date:	April 4

Steve,

I just got a message from Ann Taylor. It's about the workshop on Saturday, April 7. The time and the location have both changed. It will no longer be from 10:00 in the morning to 1:00 in the afternoon. Instead, it's going to start at 2:00. And it should finish at 5:00. It won't be at the Regency Hotel either. It's going to be at the conference center downtown. We can go there together if you want. I'm going to drive.

Doug

03. What is the main purpose of the e-mail?

(A) To mention the price to attend a conference

(B) To invite Mr. Jones to speak at an event

(C) To notify Mr. Jones of some changes

(D) To ask Mr. Jones about his interest in a conference

04. When is the workshop going to begin?

(A) Wednesday at 10:00 A.M.

(B) Wednesday at 1:00 P.M.

(C) Saturday at 2:00 P.M.

(D) Saturday at 5:00 P.M.

05. What does Mr. Landry suggest to Mr. Jones?

(A) Listening to the keynote speech

(B) Riding together to the conference

(C) Going to the conference in the morning

(D) Booking a room at the Regency Hotel

03 ● 지문 초반부의 'The time and the location have both changed.'가 이메일의 목적을 알려 주는 단서이다.

  ● 시간과 장소가 변경되었다는 사실을 알리려는 것이 지문의 목적이므로 정답은 (C)이다.

04 ● 글쓴이인 Doug Landry는 Steve Jones에게 토요일 10시에 시작하기로 되어 있던 워크숍의 시간과 장소가 변경되었다고 알려 주었다.

  ● 그런 다음 워크숍이 2시에 시작할 것(Instead, it's going to start at 2:00.)이라고 했으므로 정답은 (C)이다.

05 ● 지문의 마지막 부분에 있는 'We can go there together if you want. I'm going to drive.'라는 내용에서 Landry 씨는 Jones 씨에게 학회에 같이 가자고 제안한 것을 알 수 있으므로 정답은 (B)이다.

⭐ **해석**

받는 사람: Steve Jones 〈sjones@emerson.com〉
보낸 사람: Doug Landry 〈douglandry@emerson.com〉
제목: 다가올 워크숍
날짜: 4월 4일

Steve,

조금 전에 Ann Taylor로부터 메시지를 받았어요. 4월 7일 토요일의 워크숍에 관한 거예요. 시간과 장소가 모두 변경되었어요. 오전 10시부터 오후 1시까지가 아니에요. 대신 2시에 시작할 예정이에요. 그리고 5시에 끝날 거예요. 또한 Regency 호텔에서 열리는 것도 아니에요. 시내 중심가의 컨퍼런스 센터에서 열릴 거예요. 당신이 원한다면 우리가 함께 갈 수도 있어요. 제가 운전을 할게요.

Doug

03. 이메일의 주요 목적은 무엇인가?
  (A) 학회 참가비를 언급하려고
  (B) Jones 씨에게 행사에서 연설해 줄 것을 청하려고
  (C) Jones 씨에게 몇 가지 변경 사항들을 알리려고
  (D) Jones 씨에게 학회에서의 관심 사항에 대해 물어
      보려고

04. 워크숍은 언제 시작될 것인가?
  (A) 수요일 오전 10시에
  (B) 수요일 오후 1시에
  (C) 토요일 오후 2시에
  (D) 토요일 오후 5시에

05. Landry 씨가 Jones 씨에게 제안한 것은 무엇인가?
  (A) 기조연설을 듣는다
  (B) 함께 차를 타고 학회에 간다
  (C) 아침에 학회에 간다
  (D) Regency 호텔에 객실을 예약한다

어휘 upcoming 다가오는, 곧 있을 workshop 워크숍 location 장소, 위치 no longer 더 이상 ~가 아닌 downtown 시내의

🎓 **MORE & MORE**

정답 p.044

지문을 다시 읽고, 주어진 문장이 사실이면 ○, 그렇지 않으면 ×에 표시하세요.

❶ The workshop is going to be at the Regency Hotel.　　　　　　　　(○ | ×)

❷ The workshop will be held on April 4.　　　　　　　　　　　　(○ | ×)

❸ The workshop is going to last for three hours.　　　　　　　　 (○ | ×)

Questions 06-10 refer to the following form and e-mail.

SUBSCRIPTION FORM

Thank you for subscribing to the *Berkshire Gazette*. Please fill out every blank on the form. Then, mail it to us. You will begin receiving the *Berkshire Gazette* within a week of our processing this form.

Name	*Ken Lemon*
Address	*45 Alabaster Road, Kingston*
Telephone Number	498-0029
E-Mail Address	*ken_lemon@mymail.com*

Type of Subscription: ☐ Daily ($40/month)

☑ Saturday and Sunday only ($15/month)

Comments: *Please instruct the delivery person to leave the newspaper in my mailbox.*

E-Mail Message

To: Subscription Services <subscriptionservices@berkshiregazette.com>
From: Ken Lemon <ken_lemon@mymail.com>
Subject: My Paper
Date: November 17

To Whom It May Concern,

I recently began subscribing to the *Berkshire Gazette*. I checked the box for Saturday and Sunday delivery only. However, I am impressed with the quality of the paper. I especially like your coverage of local news. As a result, I would like to change my subscription. Could you please start sending me a newspaper every day? Please bill my credit card.

Sincerely,
Ken Lemon

06. What is the person filling out the form requested to do?

(A) Pay the delivery person for the newspaper

(B) Mail the form to the newspaper

(C) Complete the form in its entirety

(D) Call to start a subscription

07. According to the form, where does Mr. Lemon want to receive the newspaper?

(A) At his place of work

(B) In his front yard

(C) In his mailbox

(D) By his front door

08. In the e-mail, what is suggested about Mr. Lemon?

(A) He recently moved to Berkshire.

(B) He works for the *Berkshire Gazette*.

(C) He only reads the newspaper on weekends.

(D) He is interested in regional news.

09. How much will Mr. Lemon pay in the future?

(A) $15 a week

(B) $15 a month

(C) $40 a week

(D) $40 a month

10. In the e-mail, the word "coverage" in line 3 is closest in meaning to

(A) protection

(B) screening

(C) reporting

(D) selection

06 ● 구독 신청서의 첫 부분에 'Please fill out every blank on the form.'이라는 안내 문구가 있다.

　● 이는 신청서의 모든 빈칸을 작성해 달라는 요청이므로 정답은 (C)이다.

07 ● 첫 번째 지문인 구독 신청서에 언급된 세부 정보를 찾는 문제로서, Lemon 씨가 신문을 받기를 원하는 곳이 어디 인지를 묻고 있다.

　● 맨 아래 의견란(Comments)에 '신문을 자신의 우편함에 넣어달라'(to leave the newspaper in my mailbox)고 작성되어 있으므로 정답은 (C)이다.

08 ● 두 번째 지문에서 Lemon 씨는 신문을 매일 구독하려 하는데(As a result, I would like to change my subscription.), 그 이유로 언급한 것이 지역 뉴스 보도가 특히 마음에 든다는(I especially like your coverage of local news.) 것이다.

　● 따라서 Lemon 씨는 지역 뉴스에 관심을 가지고 있다고 추측할 수 있으므로 정답은 (D)이다. (D)에서는 local news 를 regional news로 바꾸어 표현하였다.

　● 현재 주말에만 신문을 받아 보고 있기는 하지만, 신문을 주말에만 읽는지는 알 수 없으므로 (C)는 정답이 될 수 없다.

09 ● 두 지문의 정보를 연계하여 풀어야 하는 문제이다.

　● 첫 번째 지문의 구독 유형(Type of Subscription) 항목에 따르면, Lemon 씨는 현재 주말에만 신문을 받아 보고 있고, 구독료로 월 15달러를 지불하고 있다. 그런데 해당 항목 옆을 보면 매일 구독할 경우 월 40달러를 지불해야 한다는 것을 알 수 있다.

　● 두 번째 지문에서 Lemon 씨는 신문을 매일 보내 줄 것을(Could you please start sending me a newspaper every day?) 요청했다. 따라서 Lemon 씨는 앞으로 매달 40달러를 지불하게 될 것이므로 정답은 (D)이다.

10 ● coverage가 포함된 문장은 'I especially like your coverage of local news.'인데, 여기에서 coverage는 '보도'라는 의미로 사용되었다.

　● 보기 중에서 이와 같은 의미의 단어는 (C)의 reporting이다.

⭐ **해석**

구독 신청서

*Berkshire Gazette*의 구독 신청에 감사를 드립니다. 신청서의 모든 공란에 내용을 기입해 주십시오. 그런 다음, 우편으로 저희 에게 보내 주십시오. 귀하께서는 저희가 신청서를 받은 후 1주일 내에 *Berkshire Gazette*을 받게 되실 것입니다.

이름: Ken Lemon
주소: Alabaster 로 45번가, 킹스턴
전화번호: 498-0029
이메일 주소: ken_lemon@mymail.com

구독 유형: ☐ 매일 (월 40달러)
　　　　　 ☑ 토요일과 일요일만 (월 15달러)

참고 사항: 배달원에게 제 우편함에 신문을 넣어 달라고 알려 주십시오.

받는 사람: 구독 신청 담당자 〈subscriptionservices@berkshiregazette.com〉
보낸 사람: Ken Lemon 〈ken_lemon@mymail.com〉
제목: 저의 신문
날짜: 11월 17일

담당자님께,

저는 최근에 *Berkshire Gazette*를 구독하기 시작했습니다. 토요일과 일요일만 배달란에 체크 표시를 했습니다. 하지만, 저는 신문의 질에 놀라고 있습니다. 특히 지역 뉴스에 관한 보도가 마음에 듭니다. 그래서 저는 구독 신청을 변경하고 싶습니다. 신문을 매일 보내 주실 수 있으신가요? 결제는 제 신용 카드로 해 주세요.

Ken Lemon 드림

---

06. 양식을 작성하는 사람에게 요구되는 것은 무엇인가?
(A) 신문을 배달하는 사람에게 요금을 지불한다
(B) 양식을 신문사에 발송한다
(C) 양식을 모두 작성 완료한다
(D) 구독을 시작하기 위해 전화한다

07. 양식에 따르면, Lemon 씨는 어디에서 신문을 받기를 원하는가?
(A) 직장에
(B) 뒷마당에
(C) 우편함에
(D) 현관문 옆에

08. 이메일에서, Lemon 씨에 대해 무엇이 암시되는가?
(A) 그는 버크셔로 최근에 이사 왔다.
(B) 그는 *Berkshire Gazette*에 근무한다.
(C) 그는 주말에만 신문을 읽는다.
(D) 그는 지역 뉴스에 관심이 있다.

09. Lemon 씨는 나중에 얼마를 지불할 것인가?
(A) 1주일에 15달러
(B) 1개월에 15달러
(C) 1주일에 40달러
(D) 1개월에 40달러

10. 이메일에서, 세 번째 줄의 단어 "coverage"와 그 의미가 가장 가까운 것은?
(A) 보호
(B) 감시
(C) 보도
(D) 선정

어휘 subscribe 구독하다　blank 빈칸, 공란　instruct 지시하다, 알려 주다　delivery person 배달원　check 확인하다　be impressed with ~에 감명을 받다　quality 질, 품질　especially 특히　coverage 보도, 방송　bill 청구서; 청구하다　cover 다루다; 방송하다

MORE & MORE

정답 p.044

지문을 다시 읽고, 주어진 문장이 사실이면 ○, 그렇지 않으면 ×에 표시하세요.
❶ New subscribers are expected to send the form by e-mail.　(○ | ×)
❷ Mr. Lemon began his subscription to the newspaper on November 17.　(○ | ×)
❸ According to the e-mail, Mr. Lemon wants to pay with his credit card.　(○ | ×)

학습 포인트

✔ Unit 03에 분류된 세부 사항 문제들 이외에도 인물, 사물, 기간, 요구 사항, 제품명 등 다양한 세부 정보를 묻는 문제가 출제된다. 먼저 문제를 읽고 핵심 정보를 파악하는 것이 중요하다.

✔ 세부 정보를 묻는 문제는 지문 전체를 다 읽지 않고서도 정답을 찾을 수 있는 경우가 많기 때문에, 문제의 핵심 어구와 관련된 부분을 지문에서 신속하게 찾아야 한다.

? 질문 유형

기타 세부 정보를 묻는 문제

- **According to** the Web page, **what is offered** at a discount? 웹페이지에 따르면, 무엇이 할인되는가?
- **According to** the letter, **what is included** in the package? 편지에 따르면, 상자 안에 무엇이 포함되어 있는가?
- **According to** the advertisement, **what must applicants be able to do**? 광고에 따르면, 지원자들은 무엇을 할 수 있어야 하는가?
- **What was** Ms. Robinson's **former job?** Robinson 씨의 이전 직업은 무엇이었는가?
- **What was sent** with the letter? 무엇이 편지와 함께 보내졌는가?
- **How long** is the **warranty period?** 보증 기간은 얼마 동안인가?

예제

Walker's Dry Cleaning Service

Let us clean and iron your clothes.
We can get out the toughest stains.
We can repair ripped and torn clothes, too.

Drop off your clothes at 36 Fairmount Street.
Or call 421-9595 for pickup.

This week, we are providing free delivery for customers with 3 or more items.

Q. According to the ad, what is being offered for free?

(A) Delivery
(B) Clothes repairing
(C) Dry-cleaning
(D) Clothes washing

광고에서 언급된 내용을 바탕으로 무료로 제공되는 것이 무엇인지 묻고 있다. according to(~에 의하면)로 시작하는 대부분의 문제들은 세부 사항 문제이다.

풀이 전략

① '무료로'(for free) 제공되는 것을 묻고 있으므로 이와 관련된 부분을 광고에서 찾도록 한다.
② 광고의 마지막 부분에 'This week, we are providing free delivery for customers with 3 or more items.'라는 내용이 언급되어 있으므로 3개 이상의 세탁물에 대해서는 '무료 배달'(free delivery) 서비스가 제공될 것임을 알 수 있다. 따라서 정답은 (A)의 Delivery(배달)이다.
③ (B), (C), (D)는 모두 Walker's의 서비스이기는 하나, 무료로 제공된다는 말은 광고에 언급되어 있지 않다.

해석

Walker's 드라이 클리닝 서비스

귀하의 옷을 세탁하고 다림질해 드립니다.
심한 얼룩을 제거해 드릴 수 있습니다.
찢어지거나 뜯겨진 의류 역시 수선해 드릴 수 있습니다.

Fairmount 가 36번지에 옷을 맡기고 가세요.
혹은 방문 수거를 원하시면 421-9595로 전화를 주세요.

이번 주, 3벌 이상의 세탁물에 대해서는 무료로 배달해 드리고 있습니다.

- -

Q. 광고의 따르면, 무엇이 무료로 제공되는가?
   (A) 배달 서비스
   (B) 의류 수선
   (C) 드라이클리닝
   (D) 의류 세탁

어휘 iron 다리미; 다림질하다   get out 없애다, 지우다   stain 얼룩   ripped 찢어진   torn 찢긴   drop off ~을 놓고 가다, ~을 맡기다   pickup 물건을 찾으러 감, 픽업

① 문자 메시지의 세부 정보

세부 사항을 묻는 문제는 질문의 핵심어구를 파악한 다음 지문을 읽어야 한다. 문자 메시지 예시를 통해 핵심 어구와 세부 정보를 파악해 보도록 하자.

예시	핵심어구 / 세부 정보
A The meeting has been moved to Mr. Bryant's office. 회의 장소가 Bryant 씨의 사무실로 바뀌었어요. **B** That's not what I heard. It's going to be somewhere else. 제가 들은 것과 다르군요. 다른 곳에서 열릴 거예요. **C** Right. It's going to be in Ms. Kennedy's office. 맞아요. Kennedy 씨의 사무실에서 열릴 거예요.	• 핵심 어구: 회의 장소 • 세부 정보: Kennedy 씨의 사무실
A You're going to the awards ceremony, right? It starts at 8:00. 시상식에 갈 거죠, 그렇죠? 시상식은 8시에 시작해요. **B** I'm going, but the time isn't right. It's going to start at 6:30. 갈 건데, 시간이 잘못되었군요. 6시 30분에 시작될 거예요. **C** Yeah, we can all go to the hotel straight after work. 예, 우리 모두 퇴근해서 바로 호텔로 가면 돼요.	• 핵심 어구: 행사 시작 시간 • 세부 정보: 6시 30분
A I'd like to buy these two shirts. They each cost $20, don't they? 이 두 개의 셔츠를 사고 싶어요. 각각 20달러죠, 그렇지 않나요? **B** Actually, they're on sale this week. So they're only $15 apiece. 실은, 이번 주에 세일 중이에요. 그래서 각각 단 15달러죠.	• 핵심 어구: 셔츠 가격 • 세부 정보: 15달러

② 도표 지문의 세부 정보

도표가 포함된 지문의 정보를 찾는 문제가 출제되면 표의 항목과 각 항목에 해당되는 내용들을 파악하여 정답을 찾도록 한다. 표의 제목이나 항목을 통해 지문의 대략적인 주제도 파악이 가능하다.

(1) 행사 일정 안내: Time (시간), Activity (활동)

Time	Activity
2:00 P.M. – 3:30 P.M.	Discussion of Company Rules and Regulations 회사의 규칙과 규정에 관한 토론
3:30 P.M. – 4:00 P.M.	Break 휴식

(2) 주문 내역 확인: Item Number (제품 번호), Item (제품), Quantity (수량), Price (가격)

Item Number	Item	Quantity	Price
50B	Kitchen Chair 식탁 의자	4	$250
42A	Kitchen Table 식탁	1	$300

(3) 제품 매뉴얼 설명: Problem (문제, 증상), Solution (해결 방법)

Problem	Solution
Display is hard to read; camera turns on slowly 디스플레이 글씨를 읽기가 힘들다; 카메라가 천천히 켜짐	Take the battery out and then reinsert it. If the problem continues, insert a new battery. 배터리를 꺼낸 후 다시 삽입하세요. 문제가 지속되면 새 배터리를 삽입하세요.

❸ 기사 지문의 세부 정보

기사에서는 이미 일어난 일뿐만 아니라 전망, 추측, 향후 일정 및 계획 등과 같이 앞으로 일어날 일에 관한 내용을 다룰 수 있다. 기사에서 볼 수 있는 세부 정보들을 예시를 통해 알아보도록 하자.

(1) 발표된 내용

STR, Inc. **made an announcement** that it is going to open a factory in Nashville on September 11. STR 주식회사는 9월 11일에 내슈빌에 공장을 개장할 것이라고 발표했다.

A spokeswoman for Swanson, Inc. **remarked** that it plans to construct a research facility adjacent to the factory. Swanson 사의 대변인은 공장 인근에 연구 시설을 건설할 계획이라고 발표했다.

(2) 발생한 사건

Construction on a new stadium **has been postponed** due to protests from local citizens.
새로운 경기장의 건설이 지역 주민들의 항의로 연기되었다.

Korvasic, a new medicine, **was approved** by the government yesterday.
신약인 Korvasic이 어제 정부의 승인을 받았다.

(3) 향후 일정

The factory **is scheduled to open** next February. 공장은 내년 2월에 문을 열 예정이다.

The Covington Zoo **is going to open** on Saturday, May 1.
Covington 동물원은 5월 1일 토요일에 개장할 예정이다.

(4) 계획

They **are planning to recall** every member of the city council.
그들은 시의회의 모든 의원들을 소환할 계획이다.

Max Williams **will give** a concert at Dawson's Theater. Max Williams가 Dawson's 극장에서 연주회를 열 것이다.

(5) 전망

Bosworth, Inc. **is expected to hire** at least fifty local residents as full-time employees.
Bosworth 주식회사는 최소한 지역 주민 50명을 정규직 사원으로 채용할 것으로 예상된다.

The Bridgeport area **will receive** several inches of rain each day. It is likely that there will be severe flooding in some parts of the city.
브리지포트 지역에서는 매일 몇 인치씩 비가 내릴 것이다. 도시의 몇몇 지역에서 심한 홍수가 있을 것이다.

Ⓐ 지문을 읽고 질문에 답하세요.

1

> Ms. Wilma Deerfield cannot find her laptop. She believes that she left it somewhere on the third floor. Please call extension 56 if you see it anywhere.

Q. Deerfield 씨는 무엇을 찾고 있는가?

(a) 서류 가방
(b) 컴퓨터
(c) 파일

2

> Hatfield, Inc. is now hiring new employees. All applicants must have college degrees and be fluent in at least one foreign language. Work experience is desired but not necessary.

Q. 광고에 따르면, 지원자들은 어떤 조건을 갖추고 있어야 하는가?

(a) 두 가지 이상의 언어를 구사
(b) 뛰어난 대인 관계 능력
(c) 1년 이상의 경력

3

> To: Danielle Whitson, Packaging Department
>
> From: Anna Porcini, Human Resources Department
>
> Subject: Temporary Employees
>
> Ten of the new temporary employees have been assigned to your department. I know you need as much help as possible. Contact me if you have any problems with them.

Q. Anna Porcini는 어디에서 일하는가?

(a) 인사부서
(b) 포장부서
(c) 영업부서

B 지문을 읽고 질문에 답하세요.

1

Dear Sir/Madam,

My name is Janet Post. I tried to purchase some items on your Web site last night. However, I kept getting an error message. It appears that something is wrong with your Web site. I would really like to order these items soon. I want to wear them to a dinner party next week. Could you please let me know when your Web site is working again? Thank you.

Sincerely,

Janet Post

Q. What did Ms. Post try to do?
  (a) Return some items
  (b) Buy some items
  (c) Exchange some items

2

December 10 – Local businessman Harold Carter is going to open a new store. Mr. Carter intends to open a supermarket downtown. This supermarket will only sell products raised, grown, or made in the local area. Mr. Carter wants to support local farmers. And he believes this is the best way to do it. According to Mr. Carter, the supermarket will open two weeks from now. It will be located at 85 North Street.

Q. What will the supermarket sell?
  (a) Locally produced items
  (b) Imported items only
  (c) Items from exotic locations

Questions 01-02 refer to the following article.

Ashville (April 19) – A spokesman for Rupert, Inc. said the company plans to expand its business in Ashville. Rupert employs more than 450 people in the city. The workers manufacture electronic goods at the factory. Rupert plans to make more of these items though.

According to reports, Rupert has signed contracts with several foreign buyers. Currently, it does not have enough capacity to fulfill all of its contracts. For that reason, the company is expanding. In May, construction on a new factory will begin. It will be complete by the end of October. Then, in November, the company will begin hiring more than 200 employees.

01. What kind of company is Rupert, Inc.?
    (A) An electronics manufacturer
    (B) A vehicle maker
    (C) A furniture manufacturer
    (D) A clothing maker

02. Why does Rupert, Inc. want to expand?
    (A) It has agreements with new buyers.
    (B) It plans to open stores in other countries.
    (C) It has many domestic customers.
    (D) It plans to increase the number of items it sells.

01 ● 세부 정보를 찾는 문제로 Rupert 사의 업종을 묻고 있다.
● 지문 초반부의 'The workers manufacture electronic goods at the factory.'라는 문장을 통해, Rupert 사는 전자 제품을 만드는 회사라는 것을 알 수 있다. 따라서 정답은 (A)이다.

02 ● Rupert 사가 확장하려는 이유를 묻고 있다.
● Rupert 사는 몇몇 해외 거래처와 계약을 맺었고(Rupert has signed contracts with several foreign buyers.) 모든 계약들을 충족시킬 수 있는 충분한 능력을 보유하고 있지 않다는(Currently, it does not have enough capacity to fulfill all of its contracts.) 것이 확장의 이유로 언급되었다.
● 따라서 '새로운 거래처와 계약을 맺었다'는 내용의 (A)가 정답이다. 본문의 contracts를 보기에서는 agreements 로 바꾸어 표현하였다.

⭐ 해석

애슈빌 (4월 19일) – Rupert 주식회사의 대변인은 Rupert 사가 애슈빌에서의 사업을 확장시킬 계획을 가지고 있다고 말했다. Rupert 사는 시에서 450명 이상의 사람들을 고용하고 있다. 노동자들은 공장에서 전자 제품을 생산한다. 하지만 Rupert 사는 이러한 제품들이 더 많이 생산할 계획이다.

보도에 따르면, Rupert 사는 여러 곳의 해외 바이어들과 계약을 맺었다. 현재, 회사는 모든 계약을 충족시킬 수 있는 충분한 능력을 보유하고 있지 않다. 이러한 이유로, 회사는 확장 중이다. 5월에 새로운 공장을 건설하기 위한 공사가 시작될 예정이다. 이는 10월 말에 완공될 것이다. 그런 다음, 11월에, 회사는 200명 이상의 직원을 더 고용하기 시작할 것이다.

01. Rupert 주식회사는 어떠한 종류의 회사인가?
   (A) 전자 제품 제조업체
   (B) 자동차 제조업체
   (C) 가구 제조 업체
   (D) 의류 제조 업체

02. Rupert 사는 왜 확장하기를 원하는가?
   (A) 새로운 바이어들과 계약을 맺었다.
   (B) 다른 나라들에서 매장을 열 계획이다.
   (C) 많은 수의 국내 고객들을 확보하고 있다.
   (D) 판매하는 제품의 수를 늘릴 계획이다.

어휘 spokesman 대변인 plan to ~할 계획이다 expand 확대하다, 확장하다 business 사업, 사업체 employ 고용하다
manufacture 제조하다 electronic 전자의, 전기의 though 하지만 construction 공사 complete 완벽한, 완료된

MORE & MORE

정답 p.045

지문을 다시 읽고, 주어진 문장이 사실이면 ○, 그렇지 않으면 ×에 표시하세요.

❶ The new factory is going to be located in Ashville.   (○ | ×)
❷ The factory will be finished in November.   (○ | ×)
❸ The company will hire new employees in April.   (○ | ×)

Questions 03-05 refer to the following memo.

To: All staff
From: CEO Brian Robinson
Subject: Bonuses

Yesterday, the board of directors and I held a meeting. We discussed a number of topics at the meeting. One of them was the yearly bonuses. We decided to increase the bonuses this year. Last year, all employees received 4% of their annual salaries as a bonus. This year, we made much more money. So all employees will get 7% of their annual salaries as a bonus. You will receive your bonuses in next week's paycheck.

03. Why did Mr. Robinson send the memo?

(A) To ask for some assistance

(B) To provide a detailed sales report

(C) To inquire about problems

(D) To make an announcement

04. What was approved at the meeting?

(A) An increase in employee bonuses

(B) The decision to hire more employees

(C) Pay raises of 4% for all employees

(D) Extra vacation time for all employees

05. According to the memo, what will happen next week?

(A) New workers will be hired.

(B) Work on another factory will begin.

(C) Some contracts will be signed.

(D) Employees will receive more money.

03 ● 회람의 목적을 묻고 있으므로 지문의 초반부에서 정답의 단서를 찾아 본다.
  ● 회람의 제목이 'Bonuses'이며, 지문 초반부에서 작정자가 어제 이사회와 회의를 했다고 말한 후 보너스에 대한 상세 정보를 전달하고 있다. 따라서 정답은 (D)이다.

04 ● 회람에서 대표 이사인 Brian Robinson은 자신이 이사회와 회의를 했다는 소식을 전한 후, 'We decided to increase the bonuses this year.'라고 회의 결과를 밝히고 있다.
  ● 이를 통해 회의에서 보너스 인상이 '결정되었음'(decided)을 알 수 있으므로 정답은 (A)의 An increase in employee bonuses(직원 보너스 인상)가 된다.

05 ● 정답의 단서는 지문의 마지막 문장인 'You will receive your bonuses in next week's paycheck.'이다.
  ● 이를 통해서 다음 주에 직원들이 월급에 추가적으로 보너스를 받게 될 것임을 알 수 있으므로 정답은 (D)이다.

⭐ **해석**

받는 사람: 전 직원
보낸 사람: 대표 이사 Brian Robinson
제목: 보너스

어제, 이사회와 회의를 했습니다. 회의에서 많은 주제에 관해 논의했습니다. 그중 하나가 매년 지급되는 보너스에 관한 것이었습니다. 저희는 올해 보너스를 인상하기로 결정했습니다. 작년에는 모든 직원들이 보너스로 본인 연봉의 4%를 받았습니다. 올해, 우리는 훨씬 더 많은 수익을 냈습니다. 그래서 전 직원들이 보너스로 본인 연봉의 7%를 받게 될 것입니다. 여러분들은 다음 주 급여에서 보너스를 받게 될 것입니다.

03. Robinson 씨는 왜 회람을 보냈는가?
  (A) 몇 가지 도움을 요청하기 위해서
  (B) 자세한 판매 보고서를 제공하기 위해서
  (C) 문제점들에 대해 문의하기 위해서
  (D) 공지하기 위해서

04. 회의에서 무엇이 승인되었는가?
  (A) 직원들의 보너스 인상
  (B) 더 많은 직원을 채용하기로 한 결정
  (C) 전 직원에 대한 4%의 급여 인상
  (D) 전 직원들을 위한 특별 휴가

05. 회람에 따르면, 다음 주에 무슨 일이 있을 것인가?
  (A) 새로운 직원들이 고용될 것이다.
  (B) 다른 공장에서 작업이 시작될 것이다.
  (C) 몇몇 계약이 체결될 것이다.
  (D) 직원들은 돈을 더 받게 될 것이다.

어휘 board of directors 이사회 a number of 많은, 다수의 topic 주제 yearly 1년에 한 번 있는, 매년의 bonus 보너스, 상여금 decide 결심하다, 결정하다 increase 증가시키다 annual salary 연봉 make money 돈을 벌다, 수익을 내다 paycheck 급료, 급여

🎓 **MORE & MORE**

정답 p.045

지문을 다시 읽고, 주어진 문장이 사실이면 ○, 그렇지 않으면 ×에 표시하세요.

❶ The CEO decided not to receive a bonus this year.　　　　　(○ | ×)
❷ Employees will get bigger bonuses than they got last year.　　(○ | ×)
❸ Employees have already received their bonuses.　　　　　　(○ | ×)

Questions 06-10 refer to the following advertisement, registration form, and e-mail.

Take part in the annual
Haven City Fun Run
Saturday, August 10

This year, runners can participate in the following events:

Event	Starting Time	Registration Fee
3km run	8:00 A.M.	$5
5km run	8:30 A.M.	$8
10km run	9:30 A.M.	$10
15km run	11:00 A.M.	$12

• First-place winners will receive a $100 in cash.

• Second-place winners will receive a gift certificate for $50.

• Third-place winners will receive a book of coupons to use at local stores.

Water and other refreshments will be provided for free.

Get more information online at www.havencity.gov/funrun.

---

www.havencity.gov/funrunregistrationform

Haven City Fun Run Registration Form

Name: Rick Dyson

Address: 43 Metcalf Street

Phone Number: 844-3927

E-mail Address: rickdyson@hampton.com

Which race will you participate in?

☐ 3km run   ☐ 5km run   ■ 10km run   ☐ 15km run

Do you have any medical issues?   ☐ yes   ■ no
If yes, please explain: _____

Payment Method:

☐ credit card   ☐ bank transfer   ☐ check   ■ cash (payable on day of event)

To:	rickdyson@hampton.com
From:	jessicareed@havencity.gov
Date:	August 11
Subject:	Prize

Dear Mr. Dyson,

Congratulations on winning the 10km run in yesterday's event. You ran an impressive race and set a course record. You broke the old record by more than two minutes.

You left the area before you could receive your award. The top three finishers were awarded medals. You will receive a prize for coming in first, too. You can pick up your prizes by visiting my office in room 405 in city hall. I can also mail everything to you if you wish. Please let me know which you prefer.

Regards,

Jessica Reed
Organizer, Haven City Fun Run

06. When will the longest race begin?

(A) At 8:00 A.M.

(B) At 8:30 A.M.

(C) At 9:30 A.M.

(D) At 11:00 A.M.

07. According to the advertisement, what is true about the Haven City Fun Run?

(A) The runners start at city hall.

(B) It takes place once a year.

(C) Participants must pay for refreshments.

(D) It gives prizes to the top four finishers.

08. How much did Mr. Dyson most likely pay to participate in the race?

(A) $5

(B) $8

(C) $10

(D) $12

09. What will Mr. Dyson receive?

(A) A gift certificate

(B) A book of coupons

(C) A T-shirt

(D) A cash award

10. What does Ms. Reed request Mr. Dyson do?

(A) Call her on her office phone

(B) Participate in next year's race

(C) Arrange to receive some items

(D) Help organize an event

06 ● 세부정보를 찾는 문제로서, 최장거리 경주가 시작되는 시간을 묻고 있다.

● 첫 번째 지문인 표에서 가장 거리가 긴 경기의 거리는 15km이며, 이 경기의 시작 시간은 오전 11시이다. 따라서 정답은 (D)이다.

07 ● Haven City Fun Run에 대해 사실인 것을 묻고 있다.

● 광고문의 제목이 'Take part in the annual Haven City Fun Run'인데, annual이 '1년에 한 번'이라는 뜻이므로 '1년에 한 번씩 개최된다'는 의미의 (B)가 정답이다.

● 시에서 주최하는 대회이기는 하지만, 경주의 출발 장소는 언급되지 않았으므로 (A)는 알 수 없는 내용이다.

● 첫 번째 지문 마지막 부분에서 물과 간단한 간식들이 무료로 제공된다는(Water and refreshments will be provided for free.) 내용이 있으므로 (C)는 사실이 아니다.

● 상을 수상할 수 있는 자격이 되는 사람들은 3등까지이므로, 상위 4명에게 상이 수여된다는 내용의 (D) 또한 정답이 될 수 없다.

08 ● 첫 번째 지문과 두 번째 지문의 정보를 연계해서 풀어야 하는 문제로서, Dyson 씨가 경주에 참가하기 위해 지불한 금액이 얼마인지 묻고 있다.

● 두 번째 지문의 정보에 따르면, Dyson 씨는 10km 경주에 참가 신청을 했다.

● 첫 번째 지문에서 10km 경주 참가비는 10달러임을 알 수 있으므로 정답은 (C)이다.

09 ● 첫 번째 지문과 세 번째 지문의 정보를 연계해서 풀어야 하는 문제로서, Dyson 씨가 무엇을 받게 될 것인지를 묻고 있다.

● 세 번째 지문인 이메일에 따르면, Dyson 씨는 경주에서 1위를 했다는(You will receive a prize for coming in first, too.) 것을 알 수 있다.

● 또한, 첫 번째 지문 표 바로 아래를 보면 1위를 할 경우 100달러를 현금으로 받게 된다는(First-place winners will receive a $100 in cash.) 내용이 있다. 따라서 (D)의 '상금(cash award)'이 정답이다.

10 ● Reed 씨가 Dyson 씨에게 요청한 사항을 묻는 문제로서, 마지막 지문에서 요청의 표현을 찾아 본다.

● 세 번째 지문에서 Reed 씨는 Dyson 씨에게 상을 받는 방법으로 사무실에 방문하는(You can pick up your prizes by visiting my office) 것과 우편으로 받는 것을(I can also mail everything to you if you wish.) 안내한 다음, 어느 방법을 선호하는지(Please let me know which you prefer.) 묻고 있다.

● 정답은 상품을 받을 방법을 결정해 줄 것을 요청한다는 내용의 (C)인데, (C)에서는 Reed 씨가 받게 될 메달과 상금을 some items로 표현하였다.

연례 Haven City Fun Run에 참가하세요
8월 10일 토요일

올해에는, 주자들이 아래의 행사에 참가할 수 있습니다:

행사	시작 시간	등록비
3km 달리기	오전 8시	5달러
5km 달리기	오전 8시 30분	8달러
10km 달리기	오전 9시 30분	10달러
15km 달리기	오전 11시	12달러

• 1위는 100달러의 현금을 받을 것입니다.
• 2위는 50달러 상당의 상품권을 받을 것입니다.
• 3위는 지역 상점에서 사용할 수 있는 쿠폰북을 받을 것입니다.

물과 간단한 간식들이 무료로 제공될 것입니다.

www.havencity.gov/funrun을 통해 온라인에서 더 많은 정보를 얻으세요.

---

www.havencity.gov/funrunregistrationform

Haven City Fun Run 등록 양식

이름: Rick Dyson
주소: 43 Metcalf 로
전화번호: 844-3927
이메일 주소: rickdyson@hampton.com

어떤 경주에 참가하시나요?
☐ 3km 달리기　　　☐ 5km 달리기　　　■ 10km 달리기　　　☐ 15km 달리기

의학적인 문제를 갖고 계신가요?　　☐ 예　　■ 아니요
만약 그렇다면, 설명해 주세요: _____

지불 수단:
☐ 신용카드　　　☐ 계좌 이체　　　☐ 수표　　　■ 현금 (행사 당일에 지불 가능)

받는 사람: rickdyson@hampton.com
보내는 사람: jessicareed@havencity.gov
날짜: 8월 11일
제목: 상

친애하는 Dyson 씨께,

어제 행사의 10km 달리기에서 우승하신 것을 축하합니다. 인상적인 경기를 하셨고 코스 기록을 세우셨습니다. 예전 기록에서 2분이 넘는 시간을 단축하셨습니다.

귀하는 상을 받으시기 전에 경기장을 떠나셨습니다. 상위 세 명 주자에게는 메달이 수여되었습니다. 귀하는 또한 1위 수상자에게 주어지는 상도 받게 될 것입니다. 시청 405호에 있는 저의 사무실을 방문하여 상을 받을 수 있습니다. 원하신다면 모든 것을 메일로 보내 드릴 수도 있습니다. 어느 것을 선호하시는지 알려 주시기 바랍니다.

Jessica Reed 드림
조직자, Haven City Fun Run

06. 최장거리 경주는 언제 시작될 것인가?
   (A) 오전 8시에
   (B) 오전 8시 30분에
   (C) 오전 9시 30분에
   (D) 오전 11시에

07. 광고에 따르면, Haven City Fun Run에 대해 진실인 것은 무엇인가?
   (A) 주자들은 시청에서 출발한다.
   (B) 1년에 한 번씩 개최된다.
   (C) 참가자들은 간식비를 지불해야 한다.
   (D) 상위 4명에게 상을 수여한다.

08. Dyson 씨는 경주에 참가하기 위해 얼마를 지불했을 것 같은가?
   (A) $5
   (B) $8
   (C) $10
   (D) $12

09. Dyson 씨는 무엇을 받게 될 것인가?
   (A) 상품권
   (B) 쿠폰북
   (C) 티셔츠
   (D) 상금

10. Reed 씨는 Dyson 씨에게 무엇을 해달라고 요청하는가?
   (A) 그녀의 사무실 전화로 연락한다
   (B) 내년 경주에 참가한다
   (C) 상품들을 받을 방법을 정한다
   (D) 행사 준비를 도와준다

어휘 take part in ~에 참가하다   annual 연례의   gift certificate 상품권   refreshment 다과   impressive 인상적인   award 수여하다

MORE & MORE

정답 p.045

지문을 다시 읽고, 주어진 문장이 사실이면 ○, 그렇지 않으면 ×에 표시하세요.

❶ There are four different races people can participate in.   (○ | ×)

❷ Mr. Dyson paid his registration fee on August 10.   (○ | ×)

❸ Mr. Dyson ran faster than anyone ever had in his race.   (○ | ×)

Part 7 지문을 읽고 문제의 정답을 고르세요.

Questions 1-2 refer to the following e-mail.

E-Mail Message

To:	Dave Sullivan
From:	Chet Simmons
Subject:	[Re] Transferring
Date:	August 30

Dave,

I got your e-mail about your desire to transfer. I'm sorry that you're not happy working here. All of us enjoy working with you. Anyway, if you want to transfer, speak with Lisa Madison. She handles those matters. You shouldn't talk to Ann West or Eric Wright. Neither of them has the power to transfer you. I heard there are openings in Chicago and Detroit. Good luck.

Chet

1. Why does Mr. Sullivan want to transfer?
   (A) He would like to change departments.
   (B) He is unhappy with his work situation.
   (C) He wants to be closer to his family.
   (D) He prefers to live in another country.

2. Who can help Mr. Sullivan transfer?
   (A) Chet Simmons
   (B) Ann West
   (C) Lisa Madison
   (D) Eric Wright

Questions 3-5 refer to the following memo.

To: All Marketing Staff Members
From: Gina Miller
Subject: Survey Results

We got the results of the customer satisfaction survey. Overall, it's mostly good news. More than 80% of our regular customers are satisfied with our products. About 5% said that they are very unhappy with them. I've attached the results of the survey to this memo. Please be sure to read the negative comments that some people left. I want to know your opinions. I'd also like to know how you think we can solve some of these issues. Please read everything and give me your feedback no later than noon tomorrow.

3. Why did Ms. Miller write the memo?
   (A) To let employees know some news
   (B) To inform employees about a problem
   (C) To notify employees of a change
   (D) To advise employees of a special event

4. What is attached to the memo?
   (A) A new survey
   (B) Some survey results
   (C) Questions to answer
   (D) Topics for discussion

5. What does Ms. Miller request the staff members do?
   (A) Think of ideas for a new ad campaign
   (B) Provide their thoughts on the survey results
   (C) Contact some of the survey respondents
   (D) Come up with some more survey questions

November 15 – Last night, there was a severe thunderstorm in the local area. Two homes were hit by lightning and destroyed. Nobody was home at either place at the time, so there were no injuries. The storm caused high winds as well. These winds blew down several trees. The trees knocked down power lines, which caused more than 2,200 people in the area to lose electricity.

Crews worked all night to restore power. As of 10:00 A.M. today, only around 500 people had no power at their homes. The electric company expects to have power restored to everyone by the end of the day tomorrow. According to weather reports, more rain is predicted the rest of the week. However, neither thunderstorms nor high winds are expected. If the rains are heavy, the water in the Maple River may overrun its banks in the next day or two though.

6. According to the article, what happened because of the storm?
(A) Some houses burned down.
(B) Part of the city was flooded.
(C) Many homes lost electricity.
(D) Ice covered many roads.

7. When are all homes in the city expected to have power back?
(A) By 10:00 A.M.
(B) Later in the afternoon
(C) This evening
(D) The following day

8. What does the article mention about the weather later in the week?
(A) There will be high winds at times.
(B) There will be strong thunderstorms.
(C) There will be more rain falling.
(D) There is a danger of tornadoes.

9. What is suggested in the article?
(A) The city frequently gets bad weather.
(B) Around 2,000 people live in the city.
(C) There may be flooding later in the week.
(D) Crews from the electric company work slowly.

Questions 10-13 refer to the following online chat discussion.

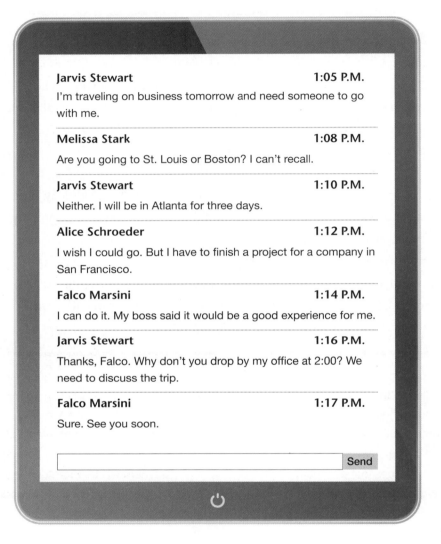

Jarvis Stewart   1:05 P.M.

I'm traveling on business tomorrow and need someone to go with me.

Melissa Stark   1:08 P.M.

Are you going to St. Louis or Boston? I can't recall.

Jarvis Stewart   1:10 P.M.

Neither. I will be in Atlanta for three days.

Alice Schroeder   1:12 P.M.

I wish I could go. But I have to finish a project for a company in San Francisco.

Falco Marsini   1:14 P.M.

I can do it. My boss said it would be a good experience for me.

Jarvis Stewart   1:16 P.M.

Thanks, Falco. Why don't you drop by my office at 2:00? We need to discuss the trip.

Falco Marsini   1:17 P.M.

Sure. See you soon.

Send

10. Why did Mr. Stewart start the online chat discussion?
    (A) To ask for some travel advice
    (B) To recruit a person to go on a trip
    (C) To ask about doing business in Boston
    (D) To set up a meeting with some clients

11. Where is Mr. Stewart going on business?
    (A) San Francisco
    (B) Boston
    (C) Atlanta
    (D) St. Louis

12. At 1:12 P.M., what does Ms. Schroeder suggest when she writes, "I wish I could go"?
    (A) She has to fly to San Francisco soon.
    (B) She has never been to Atlanta before.
    (C) She enjoys traveling during her vacations.
    (D) She is unable to accompany Mr. Stewart.

13. Why does Mr. Stewart want to meet with Mr. Marsini?
    (A) To discuss an upcoming conference
    (B) To help him book plane tickets
    (C) To talk about a business trip
    (D) To prepare him for an interview

Questions 14-18 refer to the following advertisement and memo.

Get a Subscription to
Southern Homes and Gardens

Would you like to improve the appearance of your home? Then why not subscribe to *Southern Homes and Gardens*? Our magazine publishes pictures and articles of the most beautiful homes and gardens in the South. You'll learn many great ways to improve the appearance of your home and yard. Our feature articles are by award-winning writers. Sign up now, and you can get a 30% discount. This offer lasts until May 31.

To: Sales Staff
From: Petunia Smythe, Manager
Subject: Recent Subscriptions
Date: June 1

I have received some excellent information. During the month of May, we got over 5,000 new subscribers. This is double what we had expected. I want to congratulate all of you on a job well done. The advertising campaign you ran was outstanding. Now, we need to think of something new for summer.
I want to get as many new subscribers as possible. Please let me know your ideas as soon as you can.

Petunia

14. Who might be interested in subscribing to *Southern Homes and Gardens*?
  (A) A person who likes playing sports
  (B) A person who enjoys new technology
  (C) A person who enjoys watching movies
  (D) A person who likes growing plants

15. According to the advertisement, what is a positive feature of *Southern Homes and Gardens*?
  (A) It is published two times a month.
  (B) It is available at half off the regular price.
  (C) Its writers have won awards.
  (D) It is available online.

16. What is Ms. Smythe's current position?
  (A) Sales staff member
  (B) Manager
  (C) Writer
  (D) Editor

17. What is true about *Southern Homes and Gardens*?
  (A) It did not reach its monthly sales goal.
  (B) It will come out with two issues during June.
  (C) It will give a discount to more than 5,000 people.
  (D) It will suspend operations during summer.

18. What does Ms. Smythe request the sales staffers do?
  (A) Write more articles
  (B) Hire some new writers
  (C) Brainstorm some ideas
  (D) Create some advertisements

Questions 19-23 refer to the following information, e-mail, and warranty.

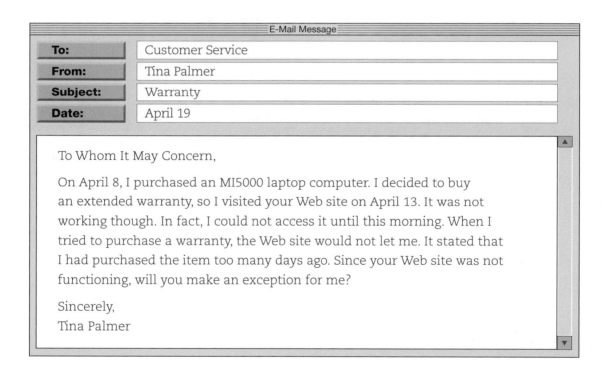

Dear Customer,

Thank you for purchasing one of our products. We hope you are 100% pleased with it. Please note that all Morehouse, Inc. products come with a full six-month warranty. You may also purchase a longer warranty. You must do this within 7 business days of making your purchase. Simply go to www.morehouse.com and click on "Warranties." Then, follow the instructions. You need to scan a copy of your receipt. Thank you again for purchasing a Morehouse, Inc. product.

E-Mail Message

To:	Customer Service
From:	Tina Palmer
Subject:	Warranty
Date:	April 19

To Whom It May Concern,

On April 8, I purchased an MI5000 laptop computer. I decided to buy an extended warranty, so I visited your Web site on April 13. It was not working though. In fact, I could not access it until this morning. When I tried to purchase a warranty, the Web site would not let me. It stated that I had purchased the item too many days ago. Since your Web site was not functioning, will you make an exception for me?

Sincerely,
Tina Palmer

WARRANTY

This warranty is for a Morehouse, Inc. MI5000 laptop computer. It is valid from April 13 of this year until April 12 of next year. All repairs and upgrades requested by Ms. Tina Palmer will be provided for free. This warranty will be canceled if any work on the laptop is done by an unlicensed individual.

19. According to the information, what must a customer provide to buy a warranty?

(A) An item's serial number

(B) A picture of an item

(C) Proof of purchase

(D) An original receipt

20. Why did Ms. Palmer send the e-mail?

(A) To describe a problem

(B) To request a refund

(C) To ask for an apology

(D) To file a complaint

21. According to the e-mail, when did Ms. Palmer first attempt to access the Morehouse, Inc. Web site?

(A) On April 8

(B) On April 10

(C) On April 13

(D) On April 19

22. What is suggested about Ms. Palmer?

(A) She has never purchased a computer before.

(B) She is not satisfied with a six-month warranty.

(C) She intends to use her computer on business trips.

(D) She bought her computer on sale.

23. How did Morehouse, Inc. most likely respond to Ms. Palmer's e-mail?

(A) By sending a letter of apology

(B) By charging her extra money

(C) By granting her request

(D) By giving her a free item

학습 포인트

✔ 일치/불일치 문제는 보기들 중에 지문의 내용과 일치하는 것, 혹은 일치하지 않는 것을 고르는 유형이다.

✔ 문제의 특성상 보기의 내용을 하나씩 확인해야 정답을 찾을 수 있으므로, 세부 사항 문제 유형들과 비교하여 더 많은 시간이 필요한 문제 유형이다.

? **질문 유형**

일치 문제

- **What is true** about the delivery service? 배송 서비스에 관해 사실인 것은 무엇인가?
- **What is stated** about the ABC Card? ABC 카드에 대해 언급되어 있는 것은 무엇인가?
- **What is indicated** in the letter? 편지에서 언급되어 있는 것은 무엇인가?
- **What is indicated** about Mr. Park? Park 씨에 대해 언급되어 있는 것은 무엇인가?

불일치 문제

- **What is NOT indicated** about the conference? 학회에 대해 언급되지 않은 것은 무엇인가?
- **What is NOT mentioned** as a requirement of the job? 취업 요건으로 언급되지 않은 것은 무엇인가?
- **What** advantage **is NOT mentioned** in the advertisement? 광고에서 언급되지 않은 이점은 무엇인가?
- **What does** the reviewer **NOT mention** about the book? 평론가가 책에 대해 언급하지 않은 것은 무엇인가?
- **What is NOT included** in the price of the tour? 여행 비용에 포함되어 있지 않은 것은 무엇인가?

예제

Ms. Stewart,

I just made my reservation for my trip to New York. I'm going to arrive there on Monday, April 10. I'll be in town until Friday evening. I'd like to meet with you on Tuesday if you have time. I'll be at the designers' conference on Wednesday and Thursday, so I will be busy on both of those days. Please call me back at (617) 905-1202 to schedule a meeting time.

Sincerely,

Dave Jackson

Q. What is indicated in the letter?

(A) Mr. Jackson lives in New York.

(B) Ms. Stewart will meet Mr. Jackson on Friday.

(C) Mr. Jackson is going to attend a conference.

(D) Ms. Stewart will arrive in New York on Monday.

문제 유형 분석

편지에서 언급된 내용이 무엇인지 묻고 있는 일치 문제이다. 따라서 지문의 내용과 각각의 보기를 대조하여 지문의 내용이 바르게 설명되어 있는 보기를 선택하도록 한다.

풀이 전략

❶ 일치/불일치 문제는 보기의 내용을 하나씩 확인해야 한다.

❷ 편지의 서두에서 Jackson 씨는 자신이 '뉴욕 출장'(my trip to New York)을 위한 예약을 마쳤다고 전한 후, 그곳에서의 자신의 일정에 대해 설명하고 있다. 따라서 (A)의 'Jackson 씨는 뉴욕에 산다'는 정답이 될 수 없다.

❸ '시간이 된다면 당신과 화요일에 만나고 싶다'(I'd like to meet with you on Tuesday if you have time.)는 문장을 통해, 'Stewart 씨는 금요일에 Jackson 씨와 만날 것이다'라는 내용의 (B)도 오답임을 알 수 있다.

❹ 편지의 중반부에서 Jackson 씨는 자신이 수요일과 목요일에 '디자이너 학회'(the designer's conference)에 참석할 것임을 알리고 있으므로 (C)는 편지에서 언급된 내용이다. 따라서 정답은 (C)이다.

❺ 월요일에 뉴욕에 도착하는 사람은 Stewart 씨가 아니라 Jackson 씨이므로 (D) 역시 정답이 될 수 없다.

해석

Stewart 씨께,

저는 조금 전에 뉴욕 출장을 위한 예약을 마쳤습니다. 저는 4월 10일 월요일에 그곳에 도착할 예정입니다. 금요일 저녁까지는 시내에 있을 것입니다. 시간이 되신다면, 화요일에 당신과 만나고 싶습니다. 수요일과 목요일에는 디자이너 학회에 참석할 예정이기 때문에, 양일간은 바쁠 것입니다. 만날 시간을 정하기 위해 (617) 905-1202로 저에게 다시 전화해 주세요.

Dave Jackson 드림

- -

Q. 편지에서 언급되고 있는 것은 무엇인가?

(A) Jackson 씨는 뉴욕에 산다.

(B) Stewart 씨는 금요일에 Jackson 씨와 만날 것이다.

(C) Jackson 씨는 학회에 참석할 것이다.

(D) Stewart 씨는 월요일에 뉴욕에 도착할 것이다

어휘 trip 여행   arrive 도착하다   both 둘 다   schedule 일정; 일정을 정하다

❶ 핵심 어구 파악

일치/불일치 유형 또한 세부 사항을 묻는 문제와 마찬가지로 문제를 읽고 핵심 어구를 파악하는 것이 중요하다. 일치/불일치 문제에서 about, as 등의 전치사 뒤에 특정 명사가 있는 경우에는 그것이 핵심 어구이다.

What is indicated **about** employees in the Accounting Department? 회계부 직원들에 대해 언급된 것은?
→ 핵심 어구: employees in the Accounting Department [회계부 직원들]

What is NOT mentioned **as** a requirement of the position? 직책의 자격 요건으로 언급되지 않은 것은?
→ 핵심 어구: a requirement of the position [직책의 자격 요건]

❷ 소거법

일치/불일치 문제는 보기의 내용을 모두 지문의 정보와 비교해 보아야 하므로 많은 시간을 필요로 한다. 이러한 문제를 풀 때에는 보기에서 오답을 하나씩 소거해 나가는 것이 가장 효율적인 방법이다. 아래의 간략한 예제를 소거법으로 풀어 보자.

Come to D'Angelo's for the best Italian food. **(C) For the entire month of July, all cold cuts and cheeses are now 30% off**. **(B) We're also introducing some new foods this month**. Now, you can get lasagna, spaghetti and meatballs, and fresh salads at D'Angelo's. The quality of our food is high, but the prices are low. We are open every day from 10:00 A.M. to 9:00 P.M.

Q. What is NOT mentioned about D'Angelo's?
(A) It is staying open longer in July.
(B) It is selling some new food in July.
(C) It is offering a sale in July.

최고의 이탈리아 식품을 구하신다면 D'Angelo's로 오십시오. 7월 내내 모든 콜드컷과 치즈가 30% 할인되고 있습니다. 저희는 또한 이번 달에 새로운 식품을 소개해 드리고 있습니다. 이제 D'Angelo's에서 라자냐, 미트볼 스파게티, 그리고 신선한 샐러드를 구입하실 수 있습니다. 저희 식품의 품질은 뛰어나지만 가격은 저렴합니다. 저희는 매일 오전 10시에서 오후 9시까지 영업합니다.

Q. D'Angelo's에 대해 언급되지 않은 것은 무엇인가?
(A) 7월에 더 오랫동안 영업을 한다.
(B) 7월에 새로운 식품을 판매한다.
(C) 7월에 세일을 실시한다.

언급되지 않은 것을 묻고 있으므로, 지문에서 찾을 수 있는 보기를 하나씩 제외하면서 정답을 고른다.

❶ (B)의 정보는 'We're also introducing some new foods in this month.'에서 찾을 수 있으므로 정답에서 제외한다.
❷ (C)의 정보는 'For the entire month of July, all cold cuts and cheeses are now 30% off.'에서 찾을 수 있으므로 정답에서 제외한다.
❸ 따라서 남아 있는 (A)를 정답으로 고를 수 있다.

❸ 구인 광고

구인 광고의 경우 어느 직책에 요구되는 자격으로 언급된 것, 혹은 언급되지 않은 것을 묻는 문제가 출제될 수 있다. 이러한 자격들과 관련된 표현들에 대해 알아보자.

(1) 필수 조건: requirement, must, necessary, essential 등

A college degree is a **requirement**. 대학 학위는 필수입니다.

Good people skills are a **must**. 뛰어난 대인 관계 유지 능력이 필수입니다.

Fluency in Chinese as well as English is **necessary** for this position.
이 직책에는 영어뿐만 아니라 유창한 중국어 실력도 필요합니다.

A strong knowledge of chemistry is **essential**. 화학에 대한 깊은 지식이 필수적입니다.

(2) 우대 사항: preferred, extra point 등

Managerial experience is **preferred** but not necessary. 관리자 경험은 선호되지만 필수 조건은 아닙니다.

A friendly attitude is **preferred**. 호의적인 태도를 선호합니다.

Those who are fluent in a foreign language will receive **extra points**.
외국어에 능통하신 분은 가산점을 받게 될 것입니다.

You will get **extra points** for doing volunteer work. 자원 봉사 활동에 가산점이 부여될 것입니다.

❹ 공지 및 회람

공지나 회람에서는 허가 및 금지를 나타내는 표현들이 포함되는 경우가 많다. 따라서, 일치/불일치 유형과 관련하여 허가되는 사항과 허가되지 않는 사항을 묻는 문제들이 출제될 수 있다. 허가 및 금지의 의미는 조동사를 통해 나타낼 수도 있고 특정 동사를 사용해서 나타낼 수도 있다.

(1) 허가의 표현: may, can, allow, permit, license 등

You **may** take a break for a few moments. 당신은 잠시 휴식을 취해도 좋다.

You **can** use that new computer software. 당신은 저 새 컴퓨터 소프트웨어를 사용해도 된다.

Mr. Presley **allows** his employees to wear casual clothes.
Presley 씨는 직원들이 평상복을 입는 것을 허용한다.

Please **permit** us to take a long lunch break. 저희가 점심 시간을 길게 갖는 것을 허락해 주세요.

The company **was licensed** to market the new product. 그 회사는 신제품을 마케팅할 수 있는 허가를 받았다.

(2) 금지의 표현: should not, must not, ban, prohibit, prevent 등

You **should not** speak loudly in the library. 도서관에서는 큰 소리로 이야기하면 안 된다.

You **must not** forget to do your chores. 집안일을 해야 한다는 점을 잊어서는 안 된다.

The company **has banned** the wearing of T-shirts by employees.
그 회사는 직원들이 티셔츠를 입는 것을 금지하고 있다.

Children **are prohibited** from driving cars. 아이들은 운전을 하는 것이 금지된다.

The law **prevents** people in prison from voting. 그 법은 수감자들이 투표하는 것을 금지하고 있다.

A 지문을 읽고 질문에 답하세요.

1

Ken Davidson is going to start working in our office tomorrow. Ken just graduated from college, so he doesn't have any experience. I want all of you to help him learn his job as well as he can.

Q. 메모에서 안내되고 있는 것은 무엇인가?

(a) Ken은 대학생이다.
(b) Ken은 내일부터 일을 할 것이다.
(c) Ken은 많은 경력을 가지고 있다.

2

Dear Sir/Madam,

I received all of the items I ordered in the mail today. I spent more than $200, so I was supposed to receive a free gift. Unfortunately, the free gift was not in the package. Could you please send it to me?

Sincerely,

Len Presley

Q. 이메일에서 언급되지 않은 것은 무엇인가?

(a) Presley 씨가 소비한 금액
(b) Presley 씨가 받지 못한 물품
(c) Presley 씨의 주소

3

Come and visit the ancestral home of Carl Crawford. Mr. Crawford lived in that home 250 years ago, and it looks exactly like it did back then. Admission to this historical site is $4 for adults and $2 for children.

Q. Crawford 주택에 관해 안내된 것은 무엇인가?

(a) 얼마 전에 보수되었다.
(b) 아직 그곳에 사람이 살고 있다.
(c) 입장료를 받는다.

B 지문을 읽고 질문에 답하세요.

1

Dear Mr. Stephenson,

I made the reservations for your flight. Here is your itinerary:

Flight Number/Date	Departure Time/City	Arrival Time/City	Notes
RP404 / March 2	1:25 P.M. / St. Louis	2:30 P.M. / Chicago	Seat 10A (Business Class)
RP202 / March 4	9:00 A.M. / Chicago	10:05 A.M. / St. Louis	Seat 38C (Economy Class)

Please call or e-mail me to confirm your ticket. Then, I will send you your ticket by e-mail.

Sincerely,

Clair Adams

Midwest Travel

Q. What is NOT indicated on the ticket?

(a) Mr. Stephenson will fly in business class both ways.
(b) The flight to St. Louis leaves in the morning.
(c) The flight to Chicago departs on March 2.

2

Portland (November 11) – In a surprise move last night, the board of directors at Goldwater, Inc. fired CEO Miles Christopher. Mr. Christopher had been the CEO for three years. However, during that time, Goldwater lost money every quarter. In addition, employee morale has been low since Mr. Christopher took over. The board of directors named Laura Decker the interim CEO. It is now searching for a permanent replacement for Mr. Christopher.

Q. What is indicated about Mr. Christopher?

(a) He is a member of the board of directors.
(b) He was just fired from his job.
(c) He is the interim CEO of Goldwater, Inc.

Questions 01-02 refer to the following e-mail.

To:	Jeremy Jones <jeremyjones@personalmail.com>
From:	Lucinda Carter <lucinda@pinestreetinc.com>
Subject:	[Re] 38 Baker Street
Date:	October 12

Dear Mr. Jones,

I think I have found the perfect house for you. It's located at 38 Baker Street. It has four bedrooms and two bathrooms. So it will have plenty of room for you and your children. It has a large kitchen and a two-car garage. The backyard is big and has two apple trees. There's even a small garden. It's in a quiet neighborhood not far from an elementary school. Call me at 565-7777 to arrange to see it.

Sincerely,

Lucinda Carter
Pine Street, Inc.

01. Who most likely is Ms. Carter?

(A) An architect

(B) A real estate agent

(C) A banker

(D) A construction worker

02. What is NOT mentioned about the house in the e-mail?

(A) How many bedrooms it has

(B) Where it is located

(C) Who the current owner is

(D) What is in the backyard

🔒 문제 해설

01 ● 이메일의 작성자인 Carter 씨는 꼭 맞는 주택을 발견했다고(I think I have found the perfect house for you.) 작성한 다음, 그 주택의 자세한 사항에 대해 설명하고 있다.

● 그리고 집을 살펴보려면 전화해 달라는(Call me at 565-7777 to arrange to see it.) 내용이 있는 것으로 보아 Carter 씨는 부동산 중개인일 것이므로 정답은 (B)이다.

02 ● (A)는 'It has four bedrooms and two bathrooms.'라는 문장에서 알 수 있는 내용이다.

● (B)는 'It's located at 38 Baker Street.'라는 문장에서 주택의 위치가 설명되어 있기 때문에 알 수 있는 내용이다.

● (D)는 'The backyard is big and has two apple trees.'라는 문장을 통해서 알 수 있는 내용이다.

● 이메일에서 '현재의 집주인'(current owner)에 대한 이야기는 찾아볼 수 없으므로 정답은 (C)이다.

⭐ 해석

받는 사람: Jeremy Jones 〈jeremyjones@personalmail.com〉
보낸 사람: Lucinda Carter 〈lucinda@pinestreeinc.com〉
제목: [Re] Baker 38번가
날짜: 10월 12일

친애하는 Jones 씨께,

선생님에게 꼭 맞는 주택을 찾은 것 같습니다. Baker 가 38번지에 위치해 있습니다. 4개의 침실과 2개의 욕실을 갖추고 있습니다. 따라서 선생님과 선생님 아이들을 위한 충분한 공간이 있을 것입니다. 커다란 주방과 두 대의 차를 보관할 수 있는 차고도 있습니다. 뒷마당은 넓고 거기에 두 그루의 사과 나무도 있습니다. 심지어 조그마한 정원도 있습니다. 초등학교와 멀리 떨어져 있지 않은 조용한 동네에 있습니다. 살펴보시기를 원하시면 565-7777로 전화해 주세요.

Lucinda Carter 드림
Pine Street 사

01. Carter 씨는 누구인 것 같은가?	02. 이메일에서 주택에 관해 언급되지 않은 것은 무엇인가?
(A) 건축가	(A) 침실이 몇 개 있는지
(B) 부동산 중개인	(B) 어디에 위치해 있는지
(C) 은행원	(C) 현재의 소유주가 누구인지
(D) 건설 노동자	(D) 뒷마당에 무엇이 있는지

어휘 plenty of 많은 room 방; 공간 garage 차고 backyard 뒷마당 garden 정원 neighborhood 인근, 근린 arrange 배열하다; 준비하다, 마련하다 owner 소유자, 주인

MORE & MORE

정답 p.050

지문을 다시 읽고, 주어진 문장이 사실이면 ○, 그렇지 않으면 ×에 표시하세요.

❶ The address of the house is not indicated.　　　　　　　　　　(○ | ×)

❷ The number of children Mr. Jones has is mentioned.　　　　　　(○ | ×)

❸ Ms. Carter's phone number is not mentioned.　　　　　　　　　(○ | ×)

Unit 05　**261**

Questions 03-05 refer to the following information.

Would you like to be a better traveler in other countries? Then here are some tips you can use:

- Make copies of important documents. These include your driver's license and passport.

- Don't keep all of your credit cards in one place. In case you get robbed, then you will at least still have one card.

- Don't carry large amounts of cash.

- Always bring personal items such as a toothbrush, toothpaste, deodorant, and a comb. You want to look and feel your best when you travel.

03. Who most likely is this information for?

(A) Travel agents

(B) Tourists visiting foreign countries

(C) Domestic business travelers

(D) People traveling to see relatives

04. According to the Web site, what is indicated about travelers?

(A) They should never carry cash.

(B) They should have a copy of their driver's license.

(C) They can buy toothpaste at their destination.

(D) They should not have any credit cards.

05. Which of the following is NOT mentioned as a necessary item?

(A) A vaccination card

(B) A credit card

(C) A toothbrush

(D) A copy of a passport

03 • 지문의 첫 부분 'Would you like to be a better traveler in other countries? Then here are some tips you can use:'에서 이 지문은 해외 여행을 하는 사람들을 대상으로 한다는 것을 알 수 있으므로 정답은 (B)이다.

04 • 지문에서 제공하는 정보의 첫 번째 항목에서 '운전 면허증'(driver's license)과 '여권'(passport) 같은 중요한 문서는 '사본'(copies)을 만들어 두라고 했으므로 정답은 (B)이다.

• 세 번째 항목에 '많은 양의 현금'(large amounts of cash)을 가지고 다니지 말라는 내용이 있기는 하지만, 이것이 '절대로'(never) 현금을 가지고 다니지 말라는 의미는 아니므로 (A)는 정답이 될 수 없다.

05 • (B)의 credit card는 두 번째 항목에, (C)의 toothbrush는 네 번째 항목에 언급되어 있다. (D)의 copy of a passport는 첫 번째 항목에 언급되어 있다.

• 지문에서 vaccination card는 언급되지 않았으므로 정답은 (A)이다.

⭐ 해석

다른 나라에서 여행을 더 잘 하고 싶으신가요? 그러시다면 활용하실 수 있는 몇 가지 정보를 알려 드리겠습니다:

• 중요한 문서들은 복사해 두세요. 여기에는 운전면허증과 여권이 포함됩니다.
• 한 곳에 모든 신용 카드를 놔두지 마세요. 도둑을 맞는 경우에도, 그렇게 하면 최소한 한 장의 카드는 갖고 있게 될 것입니다.
• 많은 양의 현금을 가지고 다니지 마세요.
• 칫솔, 치약, 냄새 제거제, 그리고 빗과 같은 개인 용품들은 항상 가지고 다니세요. 여행할 때에는 최고의 모습을 보이면서 최고의 기분을 느끼고 싶을 것입니다.

03. 이 정보는 누구를 위한 것 같은가?
(A) 여행사 직원
(B) 외국을 방문하는 사람들
(C) 국내의 출장자들
(D) 친척들을 만나기 위해 이동하는 사람들

04. 웹사이트에 따르면, 여행객들에 관해 언급되어 있는 것은 무엇인가?
(A) 절대로 현금을 가지고 다니면 안 된다.
(B) 운전면허증 사본을 가지고 있어야 한다.
(C) 목적지에서 치약을 구입할 수 있다.
(D) 신용 카드를 가지고 있으면 안 된다.

05. 다음 중 필요한 물품으로 언급되지 않은 것은 무엇인가?
(A) 예방 접종 증명서
(B) 신용카드
(C) 칫솔
(D) 여권 사본

어휘 tip 조언, 정보   document 문서   include 포함하다   passport 여권   get robbed 도둑을 맞다   large amounts of 다량의   personal item 개인 용품   deodorant 제취제, 데오도란트   comb 빗   destination 목적지

MORE & MORE

정답 p.051

지문을 다시 읽고, 주어진 문장이 사실이면 ○, 그렇지 않으면 ×에 표시하세요.

❶ The information offers advice to travelers.　　　　　　(○ | ×)
❷ Travelers should call the police if they are robbed.　　(○ | ×)
❸ Travelers are not given advice about personal items.　(○ | ×)

Questions 06-10 refer to the following e-mail and memo.

E-Mail Message

To:	Roberta Desio <r_desio@swr.com>
From:	Thomas Folsom <thomasfolsom@destiny.com>
Subject:	Cancelation Notice
Date:	April 28

Dear Ms. Desio,

I regret to inform you that I must cancel my appearance at your company on May 15. I must attend a conference in Europe from May 11 to 18. So I cannot go to Detroit. I am sorry I cannot appear at SWR, Inc. then. I have time to visit the company later this summer though. Right now, my schedule is open from June 15 to 23. Let me know if you would like me to appear then.

Sincerely,

Thomas Folsom

MEMO

To: All Employees
From: Roberta Desio

I have some bad news. Thomas Folsom will not be coming here on May 15. As a result, we are postponing all the events scheduled for that day. Fortunately, I have some good news for you. Mr. Folsom has agreed to come here on Tuesday, June 16. He will give a speech to us from 10:00 A.M. to noon. Then, he will have lunch with everyone in the company cafeteria. I will provide more details about the event later.

06. Why did Mr. Folsom send the e-mail?

(A) To ask for some advice

(B) To provide information on a conference

(C) To request a change in a schedule

(D) To make an order

07. According to the e-mail, what will Mr. Folsom do in May?

(A) Visit another country

(B) Speak at a professional event

(C) Meet Ms. Desio in person

(D) Spend some time in Detroit

08. In the e-mail, what information does Mr. Folsom provide?

(A) Subjects he can discuss

(B) His salary requirements

(C) His flight plans

(D) Days that he is available

09. According to the memo, what is true about Mr. Folsom?

(A) He is an employee at SWR, Inc.

(B) He will give a speech on June 16.

(C) He is going to Europe from July 6 to 12.

(D) He currently lives in Detroit.

10. What is suggested about Ms. Desio?

(A) She is the owner of SWR.

(B) She recently visited Europe.

(C) She agreed with Mr. Folsom's request.

(D) She works at a manufacturing company.

- **06** ● 이메일의 첫 부분에서 Folsom 씨는 'I regret to inform you that I must cancel my appearance at your company on May 15.'라고 말하며 방문을 취소하게 된 점을 사과하고 있다.
  - 이어서 6월 15일부터 23일까지 일정이 비어 있다고(my schedule is open from June 15 to 23) 말한 다음, 원한다면 그때 방문하겠다고(Let me know if you would like me to appear then) 했다.
  - 따라서 '일정 변경을 요청하기 위해서'라는 의미인 (C)가 정답이다.

- **07** ● Folsom 씨는 방문을 취소하면서 'I must attend a conference in Europe from May 11 to 18. So I cannot go to Detroit.'라며 자신의 일정을 밝히고 있다.
  - 즉, 그는 5월 11일부터 18일까지 유럽을 방문할 것이므로 정답은 (A)이다.

- **08** ● Folsom 씨는 자신이 여름에 회사에 방문할 수 있다는(I have time to visit the company later this summer though.) 것과, 현재는 6월 15일부터 23일까지 일정이 비어있다는(my schedule is open from June 15 to 23) 사실을 알리고 있다.
  - 따라서 그는 '시간이 되는 날들'에 대해 알리고 있으므로 정답은 (D)이다.

- **09** ● 두 번째 지문에서 Roberta Desio는 'Mr. Folsom has agreed to come here on Tuesday, June 16.'이라고 말하면서, Folsom 씨가 6월 16일에 강연을 하러 올 것임을 안내하고 있으므로 (B)가 정답이다.
  - 첫 번째 지문에서 Folsom 씨는 '5월 11일부터 18일까지' 유럽에서 열리는 학회에 참석할 것이라고 했으므로 (C)는 올바른 내용이 아니다.
  - 디트로이트는 SWR 주식회사가 위치한 곳일 뿐, Folsom 씨가 현재 디트로이트에 살고 있다는 내용은 찾아볼 수 없으므로 (D) 역시 지문의 내용과 일치하지 않는다.

- **10** ● 첫 번째 지문에서 Folsom 씨는 자신의 가능한 일정을 알린 다음(my schedule is open from June 15 to 23) 그 때 회사에 방문해도 좋을지(Let me know if you would like me to appear then.) 알려달라고 하며, 일정 변경을 요청했다.
  - 두 번째 지문인 회람에서 Desio 씨는 Thomas Folsom이 5월 15일에 방문하지 않을 것이며(Thomas Folsom will not be coming here on May 15.), 그가 6월 16일에 방문하기로 했다는(Mr. Folsom has agreed to come here on Tuesday, June 16.) 내용을 알리고 있다.
  - 따라서, Desio 씨가 Folsom 씨의 일정 변경 요청에 동의했다고 볼 수 있으므로 정답은 (C)이다.

⭐ 해석

받는 사람: Roberta Desio ⟨r_desio@swr.com⟩
보낸 사람: Thomas Folsom ⟨thomasfolsom@destiny.com⟩
제목: 약속 취소 통지
날짜: 4월 28일

친애하는 Desio 씨께,

제가 5월 15일에 귀사에 가기로 했던 약속을 취소시켜야 한다는 점을 알려 드리게 되어 유감입니다. 저는 5월 11일부터 18일까지 유럽에서 열리는 학회에 참석해야 합니다. 그래서 디트로이트에는 갈 수가 없습니다. 이 기간에 SWR 주식회사에 가지 못하게 되어 안타깝습니다. 하지만 이번 여름에는 귀사를 방문할 시간이 있습니다. 현재로서는 6월 15일부터 23일까지 제 일정이 비어 있습니다. 제가 그때 가는 것을 원하신다면 알려 주십시오.

Thomas Folsom 드림

받는 사람: 전 직원

보낸 사람: Roberta Desio

좋지 못한 소식이 있습니다. 5월 15일에 Thomas Folsom 씨께서 이곳에 오지 못하게 되셨습니다. 따라서, 그날 예정되어 있던 모든 행사들이 연기되고 있습니다. 다행히, 여러분들께 좋은 소식도 있습니다. Folsom 씨께서 6월 16일 화요일에 이곳으로 오시는 데 동의해 주셨습니다. 오전 10시부터 12시까지 저희에게 강연을 해 주실 것입니다. 그런 다음에는 회사 구내 식당에서 모든 사람들과 점심을 함께 하실 예정입니다. 이 행사에 대해서는 추후에 자세한 사항들을 더 알려 드리도록 하겠습니다.

06. Folsom 씨는 왜 이메일을 보냈는가?
   (A) 조언을 구하기 위해서
   (B) 학회에 대한 정보를 제공하기 위해서
   (C) 일정의 변경을 요청하기 위해서
   (D) 주문하기 위해서

07. 이메일에 따르면, Folsom 씨는 5월에 무엇을 할 것인가?
   (A) 다른 나라를 방문한다
   (B) 전문적인 행사에서 연설한다
   (C) Desio 씨를 직접 만난다
   (D) 디트로이트에서 시간을 보낸다

08. 이메일에서, Folsom 씨가 제공하는 정보는 무엇인가?
   (A) 논의할 수 있는 주제들
   (B) 그의 희망 연봉
   (C) 그의 비행 계획
   (D) 그가 시간이 되는 날들

09. 회람에 따르면, Folsom 씨에 대해 사실인 것은 무엇인가?
   (A) SWR 주식회사의 직원이다.
   (B) 6월 16일에 강연을 할 것이다.
   (C) 7월 6일부터 12일까지 유럽에 있을 것이다.
   (D) 현재 디트로이트에 살고 있다.

10. Desio 씨에 대해 암시되고 있는 것은 무엇인가?
   (A) 그녀는 SWR의 소유주이다.
   (B) 그녀는 최근에 유럽을 방문했다.
   (C) 그녀는 Folsom 씨의 요청에 동의했다.
   (D) 그녀는 제조 회사에서 근무한다.

어휘 cancelation 취소   regret 후회하다, 유감스럽게 생각하다   inform 알리다   appearance 외관, 외모; 나타남, 등장   as a result 그 결과로, 따라서   postpone 연기하다, 미루다   give a speech 강연하다, 연설하다   cafeteria 카페테리아, 구내 식당

MORE & MORE

정답 p.051

지문을 다시 읽고, 주어진 문장이 사실이면 ○, 그렇지 않으면 ×에 표시하세요.

❶ It is not mentioned why Mr. Folsom is going to Europe.   (○ | ×)

❷ It is suggested that Ms. Desio's company is in Detroit.   (○ | ×)

❸ It is true that Mr. Folsom will speak for two hours.   (○ | ×)

? **질문 유형**

추론 문제

• **What is suggested** about the service? 서비스에 대해 무엇이 암시되어 있는가?

• **What is suggested** about Mr. Brown? Brown 씨에 대해 무엇이 암시되어 있는가?

• **Who most likely** is Mr. Burgess? Burgess 씨는 누구인 것 같은가?

• **Where** does Ms. Kim **most likely** work? Kim 씨는 어디에서 일하는 것 같은가?

• According to the policy, **why might** a delivery be late? 방침에 따르면, 배송이 왜 늦어질 수도 있는가?

어휘 문제

• The word "considering" in paragraph 5, line 9, is closest in meaning to 다섯 번째 문단 아홉 번째 줄의 considering이라는 단어와 그 의미가 가장 유사한 것은?

예제

E-Mail Message

To: Annabeth Madison <a_madison@homemail.com>
From: Rick Thomas <rickt@carpenters.com>
Subject: [Re] Your Complaint
Date: September 2

Dear Ms. Madison,

I'm terribly sorry about what happened to you at one of our stores. I spoke with the clerk you mentioned in your letter. She feels bad about her actions. She would like to apologize to you in person. Carpenters is going to train all of its employees to provide better customer service. I hope you have a better time when you shop for clothes with us the next time.

Q. What is suggested about Carpenters?

(A) It is owned by Rick Thomas.

(B) It is a clothing store.

(C) It has many stores in the city.

(D) It provides consulting services.

문제 유형 분석

Carpenters에 대해 무엇이 '암시되고'(suggested) 있는지를 묻는 추론 문제이다.

풀이 전략

① 전반적인 내용을 살펴보면 이 이메일은 사과하기 위해 작성된 것임을 알 수 있다.

② 글쓴이는 수신자인 Annabeth Madison에게 매장에서 벌어진 일에 대해 사과한 후, 더 나은 고객 서비스를 제공하기 위해 직원들을 교육시키겠다고 말한다. 그런 다음 '다음 번에 매장에서 옷을 살 때에는 더 나은 시간을 보내시길 바란다' (I hope you have a better time when you shop for clothes with us the next time.)라고 말함으로써 Carpenters가 옷가게라는 점을 암시하고 있다. 따라서 정답은 (B)이다.

③ Rick Thomas가 이메일을 작성한 사람이기는 하지만, 이 사람이 Carpenters를 소유하고 있는지는 알 수 없으므로 (A) 는 정답이 아니다. Carpenters가 다수의 매장을 보유하고 있다는 점은 첫 문장을 통해 확인할 수 있지만, 매장들이 시내에 있는지는 알 수 없으므로 (C) 역시 오답이다.

해석

받는 사람: Annabeth Madison ⟨a_madison@homemail.com⟩
보낸 사람: Rick Thomas ⟨rickt@carpenters.com⟩
제목: [Re] 불만 사항
날짜: 9월 2일

친애하는 Madison 씨께,

저희 매장 중 한 곳에서 선생님께 일어난 일에 대해 매우 유감스럽게 생각합니다. 선생님께서 편지에 언급하신 직원과 이야기를 나누어 보았습니다. 그녀는 자신의 행동에 대해 속상해 하고 있습니다. 선생님께 직접 사과 드리고 싶어합니다. Carpenters는 더 나은 고객 서비스를 제공해 드릴 수 있도록 모든 직원들을 교육할 것입니다. 다음 번에 저희와 함께 의류 쇼핑을 하실 때에는 보다 더 좋은 시간을 보내시기를 바랍니다.

- -

Q. Carpenters에 대해 무엇이 암시되어 있는가?
(A) Rick Thomas가 소유하고 있다.
(B) 의류 매장이다.
(C) 시내에 많은 매장을 가지고 있다.
(D) 컨설팅 서비스를 제공한다.

어휘 terribly 매우, 몹시 clerk 직원 mention 언급하다 action 행동 apologize 사과하다 in person 몸소, 직접 train 훈련시키다, 교육하다 provide 제공하다, 공급하다 customer service 고객 서비스

기본기 다지기

❶ 추론의 단서 찾기

추론 문제에서 정답의 단서는 지문의 특정 부분이 아닌 지문 전체에 퍼져 있다. 따라서, 추론 문제는 지문 내용을 확실히 이해해야 풀 수 있으므로 난이도가 높은 유형이다. 먼저 문제를 읽고 추론의 대상이 되는 핵심 어구를 파악한 다음, 이와 관련된 추론의 근거가 되는 정보들을 찾아야 한다. 아래의 예시를 통해 핵심 어구 파악 및 추론의 근거를 찾아보자.

IT Department Manager Sought

Everwell, Inc. is looking for a manager for its IT Department. The ideal candidate ⓐ **should have a background in IT.** The person ⓑ **should also have excellent managerial skills.** ⓒ **A knowledge of foreign languages is desired but not necessary.** The candidate ⓓ **should get along well with others.** The salary for the position is negotiable. All applications should include a résumé, a cover letter, and a list of professional references. Send your applications to Bruce Jenkins at brucejenkins@everwell.com.

Q. What is suggested about the IT Department manager job?
  (A) It must be held by a person fluent in two languages.
  (B) The position is currently held by Bruce Jenkins.
  (C) The person who does it should have good personal skills.

IT 부서 관리자 구함

Everwell 주식회사가 IT 부서의 관리자를 찾고 있습니다. 이상적인 후보자는 IT 분야에서의 경력을 가지고 있어야 합니다. 또한 뛰어난 관리 능력을 보유하고 있어야 합니다. 외국어에 대한 지식은 선호되나 필수는 아닙니다. 지원자는 다른 사람들과 잘 어울려야 합니다. 직위에 대한 급여는 협상이 가능합니다. 모든 지원서에는 이력서, 자기 소개서, 그리고 전 직장의 추천인 목록이 포함되어 있어야 합니다. brucejenkins@everwell.com으로 Bruce Jenkins에게 지원서를 보내 주십시오.

Q. IT 부서의 관리자 직책에 대해 무엇이 암시되어 있는가?
  (A) 두 가지 언어를 유창하게 하는 사람으로 채워져야 한다.
  (B) 그 직위에는 현재 Bruce Jenkins가 재직하고 있다.
  (C) 그 일을 할 수 있는 사람은 뛰어난 대인 관계 능력을 가지고 있어야 한다.

---

❶ 문제에서 about 뒤의 'the IT Department manager job'이 핵심 어구임을 파악할 수 있다.
❷ 핵심 어구와 관련된 추론의 근거들은 지문에 표시된 ⓐ~ⓓ이다.
❸ 추론의 근거 ⓓ에서 언급된 'get along with others'를 통해 유추할 수 있는 것은 (C)이다.

cf1. 보기에서는 지문의 정보가 paraphrasing된다.

추론의 근거	paraphrasing
ⓓ should get along well with others	(C) should have good personal skills

cf 2. 반드시 지문의 단서를 바탕으로 추론해야 한다.

- (A)의 경우 지문에 '외국어에 대한 지식은 선호된다'(A knowledge of foreign language is desired)라는 단서는 있지만, 이 단서를 통해 보기 (A)의 내용처럼 '두 가지 언어를 유창하게 구사하는 것이 요구된다'고 유추할 수는 없다.
- (B)의 경우 지문에 'Bruce Jenkins에게 지원서를 보내라'(Send your applications to Bruce Jenkins)라는 내용이 언급되어 있기는 하지만, 이 내용을 통해 그가 현재 IT 부서 관리자로 재직 중이라고 유추할 수는 없다.

❷ 연결어를 이용한 어휘의 의미 파악

연결어를 이용하면 어휘 문제의 정답을 쉽게 찾을 수 있는 경우가 있다. 순접의 의미를 갖는 연결어가 있으면 비슷한 의미의 단어를, 역접의 의미를 갖는 연결어가 있으면 상반된 의미를 가진 단어를 찾을 수 있다.

(1) 앞뒤 문장의 단어와 유사한 의미를 갖는 경우 (and, so, also 등)

Mr. Kim gave a lot of praise to Melanie, **and** she was pleased with his compliments.

Kim 씨는 Melanie를 크게 칭찬했고 그녀는 그의 칭찬에 기뻐했다.

[praise = compliment]

We are going to have to postpone the staff meeting. We will **also** delay the seminar until tomorrow.

우리는 직원 회의를 연기해야 한다. 또한 세미나도 내일로 연기할 것이다.

[postpone = delay]

(2) 앞뒤 문장의 단어와 상반된 의미를 갖는 경우 (but, however, although 등)

We thought that Greg would give up, **but** he kept trying as hard as he could.

우리는 Greg이 포기할 것으로 생각했지만, 그는 할 수 있는 만큼 최대한 노력을 했다.

[give up ↔ keep trying]

Even though Anne appears to be calm, she is extremely nervous now.

Anne이 침착하게 보일지라도 지금 그녀는 극도로 긴장해 있다.

[calm ↔ nervous]

> **Tip**
> 어휘 문제는 독해 문제의 일부이기 때문에 어휘 자체의 뜻을 묻기 보다는 문맥을 통해 주어진 단어의 의미를 찾을 것을 요구한다. 따라서 너무 쉬운 단어의 뜻을 묻는 경우에는 그 단어가 일반적인 의미로 쓰이지 않은 경우일 수도 있다.

A 지문을 읽고 질문에 답하세요.

1

Call Global Logistics, Inc. to send your letter or package anywhere in the world. We guarantee delivery within 3 days. It doesn't matter where in the world you are sending it. It will get there on time.

Q. Global Logistics 주식회사는 어떤 종류의 회사인가?

(a) 택배 회사
(b) 음식 공급 업체
(c) 제조업체

2

How would you like to have a career in the fashion industry? Diablo Fashions, one of the most innovative companies in the business, is now hiring. Click on the following link for more information.

Q. 두 번째 줄의 innovative라는 단어와 그 의미가 가장 유사한 것은?

(a) famous
(b) profitable
(c) creative

3

Dear Mr. Quinton,

Thank you for being a loyal diner at the Hungry Fisherman. Please accept this coupon from us. It's good for fifty percent off your next meal.

Sincerely,

Chris Kingston

Q. Quinton 씨에 대해 암시되어 있는 것은 무엇인가?

(a) 그는 Hungry Fisherman에서 종종 식사를 한다.
(b) 그는 Kingston 씨를 개인적으로 알고 있다.
(c) 그는 항상 Hungry Fisherman에서 혼자 식사를 한다.

B 지문을 읽고 질문에 답하세요.

1

> Dear Mr. Murray,
>
> Thank you for joining the Golden Airways frequent flyer club. We hope that your recent trip with us was the first of many you will take in the future. You will receive your membership card in the mail in one week. Be sure to present it every time you check in on one of our flights. If you have any questions regarding your membership, please send an e-mail to me, and I will help you.
>
> Sincerely,
> Carla Watson

Q. Who most likely is Ms. Watson?

   (a) A traveler
   (b) An airline employee
   (c) A pilot

2

> *Sydney's Troubles*: A Review
>
> *Sydney's Troubles* is the latest novel by James Marcus. Unfortunately, this work is far from his best. The story is about Sydney, a teenage girl. She witnesses a crime and then goes into hiding when the criminals try to catch her. The idea for the story is excellent. However, Mr. Marcus never really develops Sydney's character. Don't feel bad if you avoid this book. You won't miss anything.

Q. What can be inferred about *Sydney's Troubles*?

   (a) It is a bestselling novel.
   (b) It is poorly written.
   (c) It is James Marcus's first book.

Questions 01-03 refer to the following advertisement.

The Cordell Resort: Fun for Everyone

Visit the Cordell Resort, and you can have the vacation of your life. We are built right on the beach. You can enjoy swimming and snorkeling in the water just a few meters from your room. We have all kinds of rooms. So you can come by yourself. Or you can visit with your family. The Cordell Resort even has its own restaurants and shopping area. Call 309-1267 to make a reservation.

01. Where most likely would a person read this advertisement?

(A) In a travel brochure
(B) In a trade magazine
(C) In a business journal
(D) In an international newspaper

02. What is suggested about the Cordell Resort?

(A) It is for people who enjoy the ocean.
(B) Its rates are expensive.
(C) It rents boats to customers.
(D) It lets people make reservations online.

03. How can a person arrange a booking at the Cordell Resort?

(A) By making a telephone call
(B) By sending an e-mail
(C) By reserving a room online
(D) By contacting a travel agency

01 ● 광고를 접할 수 있는 매체가 무엇인지 묻고 있다.

● 첫 번째 문장 'Visit the Cordell Resort, and you can have the vacation of your life.'를 통해서, 이 광고는 리조트 광고로서 휴가를 보낼 사람들을 대상으로 한다는 것을 알 수 있다.

● 보기 중에서 이러한 광고를 접할 수 있는 것은 (A)의 여행 안내 책자이다.

02 ● Cordell 리조트에 관해 암시되어 있는 점을 묻고 있는 추론 문제이다.

● 광고에 따르면 이 리조트는 '해안가에 지어져 있고'(built right on the beach), 투숙객은 '객실에서 몇 미터 떨어진 바다에서'(in the water just a few meters from your room) 수영과 스노클링을 즐길 수 있다고 나와 있다.

● 따라서 Cordell 리조트는 바다와 인접한 곳에 위치해 있다는 사실을 알 수 있으므로 정답은 (A)이다.

● 요금, 보트 임대, 그리고 온라인 예약에 대해서는 광고에서 언급되지 않았으므로 (B), (C), (D)는 모두 정답이 아니다.

03 ● 방법을 묻는 문제로서, 예약 방법은 지문의 마지막 부분에 언급되어 있다.

● 예약을 하려면 전화해 달라는(Call 309-1267 to make a reservation.) 문장이 있으므로 정답은 (A)이다.

⭐ 해석

Cordell 리조트: 모두에게 즐거운 곳입니다

Cordell 리조트를 방문하시면 일생일대의 휴가를 보내실 수 있습니다. 리조트는 해안가에 지어져 있습니다. 여러분은 객실로부터 불과 몇 미터 떨어진 바다에서 수영과 스노클링을 즐기실 수 있습니다. 저희는 모든 종류의 객실을 구비하고 있습니다. 그러므로 혼자 오셔도 됩니다. 혹은 가족들과 함께 오셔도 좋습니다. Cordell 리조트에는 자체적인 식당과 쇼핑 공간도 마련되어 있습니다. 예약을 하시려면 309-1267로 전화해 주세요.

01. 어디에서 이 광고를 읽을 수 있을 것 같은가?
(A) 여행 안내 책자
(B) 무역 잡지
(C) 비즈니스 저널
(D) 국제 신문

02. Cordell 리조트에 관해 무엇이 암시되어 있는가?
(A) 바다로 놀러 온 사람들을 위한 곳이다.
(B) 요금이 비싸다.
(C) 고객들에게 보트를 대여해 준다.
(D) 온라인으로 예약할 수 있게 해 준다.

03. 어떻게 Cordell 리조트에서 예약할 수 있는가?
(A) 전화해서
(B) 이메일을 보내서
(C) 온라인으로 객실을 예약해서
(D) 여행사에 연락해서

어휘 vacation 휴가   snorkel 스노클링을 하다   by oneself 혼자서   rate 비율; 요금   rent 대여하다, 임대하다

MORE & MORE

정답 p.051

지문을 다시 읽고, 주어진 문장이 사실이면 ○, 그렇지 않으면 ×에 표시하세요.

❶ It is suggested that single people are welcome to visit the resort.   (○ | ×)

❷ It is suggested that the resort's restaurants are excellent.   (○ | ×)

❸ It is suggested that customers should make reservations.   (○ | ×)

Questions 04-05 refer to the following e-mail.

E-Mail Message

To:	David Parker
From:	Gordon O'Neil
Subject:	Travel Plans
Date:	February 12

David,

I want you to know that Steve and I will be out of the office from February 14 to 20. We're going to be visiting Rome and Bonn on a business trip. If any customers call, could you please handle their requests for both of us? Just send me an e-mail if there are any problems. And please tell everyone when we'll return home. Thanks a lot.

Sincerely,
Gordon

---

04. Why did Mr. O'Neil send the e-mail?

(A) To suggest a solution

(B) To request a meeting

(C) To ask for a favor

(D) To discuss a contract

05. What is suggested about Mr. Parker?

(A) He works in the company's Bonn office.

(B) He is Steve's boss.

(C) He recently started working at the company.

(D) He works in the same office as Mr. O'Neil.

04 ● 이메일을 보낸 이유를 묻고 있다.
   ● 이메일 작성자인 Gordon O'Neil은 자신이 Steve와 출장을 가야 해서 사무실에 없을 것이라고 말한 다음, 그 기간 동안 두 사람에게 오는 요청 사항들을 대신 처리해줄 수 있는지(If any customers call, could you please handle their requests for both of us?) 묻고 있다.
   ● 이는 부탁을 하고 있는 것이므로 정답은 (C)이다.

05 ● Parker 씨에 관해 추론할 수 있는 사항을 묻고 있다.
   ● 이메일의 발신자인 Gordon O'Neil은 수신자인 David Parker에게 자신과 Steve의 출장 일정을 알려 주면서 출장 기간 동안에 '고객들의 요구 사항을 처리해 달라'(handle their requests), 문제가 생기는 경우에는 '이메일을 보내 달라'(send me an e-mail), 그리고 '자신들이 돌아오는 때를 모두에게 알려 달라'(tell everyone when we'll return home)는 부탁의 말을 전하고 있다.
   ● 이를 통해 Parker 씨와 O'Neil 씨는 같은 사무실에서 일한다고 추론해 볼 수 있으므로 정답은 (D)이다.

⭐ **해석**

받는 사람: David Parker
보낸 사람: Gordon O'Neil
제목: 출장 계획
날짜: 2월 12일

David,

Steve와 제가 2월 14일부터 20일까지 사무실에 없을 것이라는 점을 당신이 알았으면 해요. 우리는 로마와 본으로 출장을 갈 거예요. 고객들의 전화가 오는 경우, 우리 둘을 위해 당신이 요구 사항을 처리해 주실 수 있으신가요? 문제가 발생하는 경우에는 제게 이메일을 보내 주시면 돼요. 그리고 모든 사람들에게 우리가 돌아오게 될 때도 알려 주시고요. 정말 고마워요.

Gordon 드림

04. O'Neil 씨는 왜 이메일을 보냈는가?	05. Parker 씨에 관해 무엇이 암시되어 있는가?
(A) 해결책을 제안하기 위해서	(A) 그는 Bonn 지사에서 근무한다.
(B) 회의를 요청하기 위해서	(B) 그는 Steve의 상사이다.
(C) 부탁하기 위해서	(C) 그는 최근에 회사에서 일을 시작했다.
(D) 계약을 논의하기 위해서	(D) 그는 O'Neil 씨와 같은 사무실에서 일한다.

어휘 out of ~의 밖에 business trip 출장 customer 고객 handle 다루다, 처리하다 request 요청, 요구 recently 최근에

🎓 **MORE & MORE**

정답 p.052

지문을 다시 읽고, 주어진 문장이 사실이면 ○, 그렇지 않으면 ×에 표시하세요.
❶ It is suggested that Gordon will check his e-mail while he is in Rome. (○ | ×)
❷ It is suggested that Steve has never visited Bonn before. (○ | ×)
❸ It is suggested that David is good friends with Steve. (○ | ×)

Questions 06-10 refer to the following article, advertisement, and letter.

November 10 – Last night, local entrepreneur Nate Vivaldi completed his purchase of the Augusta Barons, a professional baseball team. According to reports, Mr. Vivaldi paid $250 million for the team. Mr. Vivaldi immediately announced that he will not move the team from Augusta. He also stated he would upgrade the stadium the Barons play in. He hopes that it will be ready by the start of next year's season.

See the Augusta Barons This Year

Would you like to purchase season tickets for the Augusta Barons? Now is the perfect time to do so. The Barons will play in the newly renovated Barons Stadium this year. As a season ticket holder, you can choose where to sit. You can sit behind home plate. Or you can sit on the first or third base side or anywhere else. The choice is yours. All kinds of seats are available. Call 1-888-555-2453 to buy your seasons tickets. Discounts apply for multiple purchases.

March 22

Dear Mr. Crawford,

We received the check you sent us. Thank you very much. We are sure you will love attending every Augusta Barons home game this year. As you requested, your seats will be on the first base line. You can pick up your tickets at the box office for each game. Or we will mail you the tickets. Simply let us know which one you prefer.

Regards,

Jeff Snyder
Business Manager, Augusta Barons

06. According to the article, who is Mr. Vivaldi?

(A) A professor

(B) A baseball player

(C) A businessman

(D) A construction worker

07. In the article, the word "upgrade" in line 6 is closest in meaning to

(A) construct

(B) improve

(C) move

(D) approve

08. What is suggested about Barons Stadium?

(A) It can hold more than 10,000 people.

(B) It has the most updated facilities.

(C) Various sports can be played there.

(D) The repair work on it was completed on time.

09. According to the advertisement, what is NOT mentioned about season ticket holders?

(A) They may receive discounted prices.

(B) They can select the locations of their seats.

(C) They can meet some players on the team.

(D) They can purchase their tickets on the phone.

10. What is most likely true about Mr. Crawford?

(A) He is a long-time fan of the Augusta Barons.

(B) He purchased season tickets.

(C) He is a professional baseball player.

(D) He paid for his tickets with cash.

06 ● 첫 번째 지문에서 Vivaldi 씨가 지역의 기업가라는(local entrepreneur Nate Vivaldi completed his purchase of the Augusta Barons) 사실이 언급되어 있다.

● entrepreneur를 businessman으로 바꾸어 쓴 (C)가 정답이다.

07 ● 기사에 사용된 upgrade라는 단어와 그 의미가 가장 유사한 단어를 묻는 문제이다.

● upgrade가 사용된 문장의 앞 문장을 보면, 'Vivaldi 씨가 팀의 연고지를 이전시키지는 않을 것이다'는 내용이 있다.

● 연고지를 이전하지 않는 것으로 보아 기존의 경기장을 '개선'할 것이므로, upgrade(개선시키다, 업그레이드하다) 한다는 것과 의미가 같은 단어는 (B)의 improve(개선시키다)임을 알 수 있다.

08 ● 기사의 마지막 부분에 Vivaldi 씨는 Barons 팀이 경기하는 시설을 개선할 것이며(He also stated he would upgrade the stadium the Barons play in.) 시즌이 시작될 무렵에 준비가 끝나기를 기대한다는(He hopes that it will be ready by the start of next year's season.) 내용이 있다.

● 두 번째 지문에는 Barons 팀이 올해 새롭게 단장된 Barons 스타디움에서 경기하게 될 것이라는(The Barons will play in the newly renovated Barons Stadium this year.) 내용이 있다.

● 따라서 경기장 개선 공사가 늦지 않게 완료되었다고 추론할 수 있으므로 정답은 (D)이다.

09 ● 팀의 선수들을 만날 수 있다는 정보는 광고에서 찾을 수 없는 내용이므로 정답은 (C)이다.

● (A)는 'Discounts apply for multiple purchases.'에서, (B)는 'As a season ticket holder, you can choose where to sit.'에서 찾을 수 있다.

● 마지막으로 (D)는 'Call 1-888-555-2453 to buy your seasons tickets.'에서 찾을 수 있는 내용이다.

09 ● 편지의 첫 부분에서 Crawford 씨가 올해 Barons의 모든 홈경기를 관람할 수 있다는(We are sure you will love attending every Augusta Barons home game this year.) 것을 알 수 있다.

● 두 번째 지문이 Barons의 시즌 티켓을 판매하는 내용이므로, Crawford 씨가 이 시즌 티켓을 구매했다는 것을 알 수 있다. 따라서 정답은 (B)이다.

⭐ **해석**

11월 10일 - 어젯밤, 지역 기업가인 Nate Vivaldi가 프로 야구팀인 Augusta Barons의 인수를 마쳤다. 보도에 따르면, Vivaldi 씨는 팀을 인수하기 위해 2억 5천만 달러를 지불했다. Vivaldi 씨는 즉각적으로 오거스타에서 팀을 이전시키지는 않을 것이라고 발표했다. 또한 Baron 팀이 경기하는 시설을 개선시키겠다고 말했다. 그는 내년 시즌이 시작될 무렵에 경기장 준비가 마무리될 수 있기를 희망한다.

올해의 Augusta Barons를 보러 오십시오

Augusta Barons의 시즌 티켓을 구입하고 싶으십니까? 지금이 구입할 수 있는 최적의 시기입니다. Barons는 올해 새롭게 단장된 Barons 스타디움에서 경기하게 될 것입니다. 시즌 티켓을 보유함으로써 앉을 수 있는 자리를 선택하실 수 있습니다. 홈 플레이트 뒤에 앉으실 수도 있습니다. 아니면 1루쪽이나 3루쪽 또는 어디에든 앉으실 수 있습니다. 선택은 여러분의 몫입니다. 모든 좌석을 예매하실 수 있습니다. 1-888-555-2453으로 전화해 주셔서 시즌 티켓을 구입하십시오. 다량 구매에 대해서 할인이 적용됩니다.

3월 22일

친애하는 Crawford 씨께,

귀하께서 보내신 수표를 받았습니다. 정말 감사합니다. 저희는 귀하께서 올해 Augusta Barons의 모든 홈 경기를 관람하는 것을 좋아하실 것으로 확신합니다. 요청하신 대로 귀하의 좌석은 1루 쪽에 마련될 것입니다. 매 경기마다 매표소에서 표를 받아가실 수 있습니다. 혹은 저희가 귀하께 우편으로 보내 드릴 것입니다. 어떤 방식을 선호하시는지 알려 주세요.

Jeff Snyder 드림
Augusta Barons, 비즈니스 매니저

06. 기사에 따르면, Vivaldi 씨는 누구인가?
(A) 교수
(B) 야구선수
(C) 사업가
(D) 건설 노동자

07. 기사에서, 여섯 번째 줄의 upgrade라는 단어와 의미가 가장 유사한 것은?
(A) 건설하다
(B) 개선하다
(C) 이동하다
(D) 승인하다

08. Barons 스타디움에 대해 무엇이 암시되는가?
(A) 10,000명 이상의 관중을 수용할 수 있다.
(B) 최신식 시설들을 보유하고 있다.
(C) 다양한 운동 경기들을 할 수 있다.
(D) 보수 작업이 제시간에 완료되었다.

09. 광고문에 따르면, 시즌 티켓 소유자들에 대해 언급되지 않은 것은 무엇인가?
(A) 가격 할인을 받을 수도 있다.
(B) 좌석의 위치를 선택할 수 있다.
(C) 팀의 몇몇 선수들을 만날 수 있다.
(D) 전화로 티켓을 구입할 수 있다.

10. Crawford 씨에 대해 무엇이 진실인 것 같은가?
(A) Augusta Barons의 오랜 팬이다.
(B) 시즌 티켓을 구매했다.
(C) 프로 야구 선수이다.
(D) 티켓 값을 현금으로 지불했다.

어휘 entrepreneur 기업가, 사업가 professional 전문적인, 프로의 state 주장하다, 진술하다 upgrade 개선시키다 season ticket 정기권, 시즌 티켓 renovate 보수하다 approve 승인하다 box office 매표소

MORE & MORE

정답 p.052

지문을 다시 읽고, 주어진 문장이 사실이면 ○, 그렇지 않으면 ×에 표시하세요.

① Mr. Vivaldi is most likely a professional baseball player.   (○ | ×)

② It is suggested that the new baseball season has not yet begun.   (○ | ×)

③ Mr. Crawford purchased season tickets for the Augusta Barons.   (○ | ×)

정답 및 해설 p.052

Part 7 지문을 읽고 문제의 정답을 고르세요.

Questions 1-2 refer to the following article.

Cedartown (July 10) – According to the state census, the population of Cedartown increased in the past decade. Ten years ago, around 25,000 people lived in the city. Today, Cedartown's population is more than 40,000 people. The city has prospered during this time. Many new businesses have moved to the city. A university opened in the city as well.

---

1. What is the purpose of the article?
    (A) To provide general information about a city
    (B) To promote the city to potential residents
    (C) To encourage people to attend a university
    (D) To mention that a city's population is decreasing

2. What is indicated about Cedartown in the article?
    (A) There are two universities in the city.
    (B) Its population is currently 25,000.
    (C) There are a lot of new businesses in the city.
    (D) The city is going through a difficult time.

To: Janet Stanley <janets@homemail.com>
From: George Goodell <George_goodell@kermit.com>
Subject: Moving
Date: December 10

Dear Ms. Stanley,

I received your e-mail requesting my company's services. We would be delighted to assist you when you move across the country. One of our representatives needs to visit your home. That way, he can estimate how much it will cost you to move. He can also discuss ways to reduce the amount of money you spend. Please let me know when you will be home for about one hour. I can send the representative to your home at that time.

Sincerely,
George Goodell

3. Where most likely does Mr. Goodell work?
   (A) At a travel agency
   (B) At a post office
   (C) At a real estate agency
   (D) At a moving company

4. The word "reduce" in paragraph 1, line 3, is closest in meaning to
   (A) lower
   (B) pay
   (C) guess
   (D) appoint

5. What does Mr. Goodell offer to do?
   (A) Arrange a meeting for Ms. Stanley
   (B) Speak with Ms. Stanley over the phone
   (C) Answer any of Ms. Stanley's questions
   (D) Sign a contract with Ms. Stanley

Questions 6-9 refer to the following online chat discussion.

Sheldon Thomas	[4:45 P.M.]	Did you contact the applicants to schedule interviews?
Kay Forrester	[4:48 P.M.]	I got in touch with everyone on my list.
Joseph Yang	[4:50 P.M.]	I still have three more people to call.
Peter Jespen	[4:52 P.M.]	What's the response rate? Is everyone going to come?
Joseph Yang	[4:53 P.M.]	Nobody has turned down an interview request yet.
Kay Forrester	[4:55 P.M.]	Two people told me that they couldn't come. One just got a job. That was Eric West.
Sheldon Thomas	[4:58 P.M.]	What about the other person?
Kay Forrester	[5:00 P.M.]	His name is Allen Johnson. He said he decided he didn't want to move across the country. All the others can make it though.

6. What are the participants mainly discussing?
   (A) A schedule for an upcoming event
   (B) How to get more people to apply for positions
   (C) The importance of hiring the best people
   (D) Which individuals will attend interviews

7. According to the online chat discussion, what statement is true?
   (A) Mr. Thomas is contacting some job applicants.
   (B) Mr. Yang does not want to move to another city.
   (C) Ms. Forrester called all the people she was asked to.
   (D) Mr. Jespen did not respond to the request.

8. What is indicated about Mr. Yang?
   (A) He is applying for a new position.
   (B) The other participants all report to him.
   (C) Everyone he contacted will be interviewed.
   (D) He cannot come at a scheduled time.

9. At 5:00 P.M., what does Ms. Forrester suggest when she writes, "He said he decided he didn't want to move across the country"?
   (A) Mr. Johnson turned down a request to interview.
   (B) Her company is located in another country.
   (C) Ms. Forrester lives close to the company.
   (D) She recently transferred from another branch.

Questions 10-13 refer to the following online memo.

To: All Sales Staff Members, Jefferson Autos

From: Christine Campbell

Subject: [RE] Business Trips

Some employees have been spending too much money on business trips. They have also been staying at unapproved hotels. As a result, the company has made a few changes concerning business trips.

From now on, when you visit New York, Boston, or L.A., you must book a room at a hotel we have a relationship with. I have the complete list in my office. I can e-mail it to you if you want to see it.

In addition, you can only rent cars in those cities with Steady Rental Car. Please contact me if you are going to visit any of those cities in the near future. If you are planning a trip to a different city, such as Miami or Dallas, talk to Joseph West. He can tell you where to stay and which company to rent a car with.

10. What is indicated about some employees at Jefferson Autos?
    (A) They take regular trips to other countries.
    (B) They have been spending money improperly.
    (C) They take training courses in a variety of cities.
    (D) They transfer to other branches regularly.

11. The word "book" in paragraph 2, line 1, is closest in meaning to
    (A) stay
    (B) reserve
    (C) visit
    (D) use

12. What does Ms. Campbell offer to send to employees?
    (A) A list of hotels
    (B) The names of travel agents
    (C) A company credit card
    (D) Keys to a rental car

13. What should an employee visiting Miami do?
    (A) E-mail Ms. Campbell
    (B) Contact a travel agency
    (C) Rent a car online
    (D) Talk to Mr. West

Questions 14-18 refer to the following receipt and letter.

Danville Office Supply Store

Thank you for shopping at the Danville Office Supply Store. We appreciate your business. Please call 381-3983 if you have any complaints or suggestions.

Item	Amount	Unit Price	Price
Paper (5,000 sheets/box)	4	$5.00	$20.00
Stapler	1	$6.00	$6.00
Staples (100/box)	10	$0.25	$2.50
Envelopes (50/package)	3	$2.25	$6.75
		Subtotal	$35.25
		Tax (5%)	$1.76
		Total	$37.01
		Total Received	$40.00
		Change	$2.99

May 27

To Whom It May Concern,

I visited your store and purchased some supplies there the other day. Then, I used your free delivery service and had them shipped to my workplace. I was very impressed with the results. Before I went back to my place of business, I had lunch at a restaurant. Then, I returned to my workplace. When I arrived, the items had already been delivered. I've never seen a delivery service that fast. I will definitely use it again in the future.

Sincerely,

Eric Watkins

14. What is indicated on the receipt?
    (A) The items were not taxed.
    (B) The purchase was made with a credit card.
    (C) Boxes of items were purchased.
    (D) The person bought one of each item.

15. According to the receipt, which items did the person pay the most for?
    (A) The paper
    (B) The stapler
    (C) The staples
    (D) The envelopes

16. What is the purpose of the letter?
    (A) To ask for an exchange
    (B) To request assistance
    (C) To compliment a service
    (D) To file a complaint

17. What is suggested about the items purchased by Mr. Watkins?
    (A) They were for use in his office.
    (B) They were sold at discounted prices.
    (C) They arrived one day after they were bought.
    (D) They were not available online.

18. What does Mr. Watkins mention in the letter?
    (A) He made an online purchase from the Danville Office Supply Store.
    (B) The Danville Office Supply Store is located next to his workplace.
    (C) He intends to buy more from the Danville Office Supply Store.
    (D) He has visited the Danville Office Supply Store several times.

Questions **19-23** refer to the following advertisement, e-mail, and letter.

Let Stan Laurel Help You

Do you have problems in your life? Then you should visit Stan Laurel's new self-help Web site. The address is www.stanlaurel.com. Stan Laurel is a newcomer in the self-help industry. But he offers some of the best advice anywhere. Listen to him, and your life will soon improve tremendously. You'll be able to turn negative situations into positive ones. Go to Stan's Web site today and check out the books that are available for purchase.

E-Mail Message

To:	Stan Laurel <stan@stanlaurel.com>
From:	Amy Fortuna <amy_fortuna@robinson.com>
Subject:	Hello

Dear Mr. Laurel,

A couple of months ago, I learned about your Web site from a friend. I went and checked it out. I was impressed by the articles I read. So I made a purchase from your Web site. When it arrived, I couldn't put the book down. It was incredible. Since then, I have turned my life around. I have a better job, and my relationship with my family is better, too. And it's all because of you and your advice. Thank you very much.

Sincerely,

Amy Fortuna

May 12

Dear Mr. Laurel,

My name is Eric Sinclair. I am the owner of Robinson, a company that employs around 150 individuals. One of my employees told me about your Web site. She spoke highly of you, so I looked at it. I really liked what I saw. I wonder if you would like to give a speech at my company. We would love to have a motivational speaker such as you. Please let me know if this is possible. You can call me at 495-8472.

Sincerely,

Eric Sinclair

Owner, Sinclair Textiles

---

19. In the advertisement, what is mentioned about Mr. Laurel?

(A) He gives speeches to only small groups of people.

(B) He personally met Ms. Fortuna.

(C) He sells videos on his Web site.

(D) He recently started helping others.

20. Why did Ms. Fortuna write the e-mail?

(A) To express her thanks

(B) To make a suggestion

(C) To request some advice

(D) To ask for a refund

21. What did Ms. Fortuna most likely buy from Mr. Laurel's Web site?

(A) A video

(B) A poster

(C) A book

(D) A pamphlet

22. In the letter, what does Mr. Sinclair request Mr. Laurel do?

(A) Make a video for Mr. Sinclair

(B) Give a talk at Mr. Sinclair's business

(C) Send some promotional materials

(D) Provide his payment information

23. What is suggested about Ms. Fortuna?

(A) She no longer works at Robinson.

(B) She often travels abroad on business.

(C) She is experiencing some family difficulties.

(D) She recommended Mr. Laurel to her boss.

글쓴이의 의도 및 문장 삽입

학습 포인트

✔ 글쓴이의 의도를 묻는 문제는 지문에서 사용된 특정 문장이나 문구를 직접 인용하여 글쓴이가 왜 그렇게 썼는지를 묻는다. 이러한 문제를 풀기 위해서는 먼저 인용된 문구의 뜻을 문자 그대로 이해한 후, 전후 맥락을 통해 인용된 문구의 행간의 의미를 파악해야 한다.

✔ 문장 삽입 문제는 하나의 문장을 별도로 제시한 다음, 그 문장이 지문의 어느 위치에 들어가야 할지를 묻는다. PART 6의 문장 삽입 문제 또한 형식상 약간의 차이를 보이지만 PART 5와 정답을 찾는 과정은 비슷하다.

? 질문 유형

글쓴이의 의도 문제

- At 5:00 P.M., **why does** Ms. Baker **write**, "I knew you could do it"?
  오후 5시에, Baker 씨는 왜 "I knew you could do it"이라고 쓰는가?

- At 1:25 P.M., **what does** Mr. Jackson **mean** when he writes, "You don't need to do"?
  오후 1시 25분에, Jackson 씨가 "You don't need to do"라고 쓸 때 그는 무엇을 의미하는가?

문장 삽입 문제

- In which of the sentences marked [1], [2], [3], and [4] does the following sentence best belong? [1], [2], [3], 그리고 [4] 중에서 다음 문장이 들어가기에 가장 알맞은 곳은 어디인가?

예제

👤 Carol Wyatt	[2:35 P.M.]	Kurt, I'm having trouble finding your office.
Kurt Bridges	[2:36 P.M.]	Where exactly are you?
👤 Carol Wyatt	[2:37 P.M.]	I'm at a stop light. There's a hardware shop on my left.
Kurt Bridges	[2:38 P.M.]	You don't have much more to go. Drive straight through three lights. My building will be on the right.
👤 Carol Wyatt	[2:39 P.M.]	Thanks. I'll see you in a few minutes.

	Send

Q. At 2:38, what does Mr. Bridges mean when he writes, "You don't have much more to go"?

(A) Ms. Wyatt needs to drive faster.
(B) Ms. Wyatt is near his office.
(C) Ms. Wyatt is almost finished with her work.
(D) Ms. Wyatt should try harder.

문제 유형 분석

인용된 문장을 제시하면서 'You don't have much more to go'라고 작성한 글쓴이의 의도를 묻고 있다.

풀이 전략

❶ 먼저 주어진 문장의 의미를 그대로 이해하면 이는 '가야 할 거리가 많이 남아 있지는 않다'라는 뜻이다. 이 말은 자신의 사무실을 찾아오려는 Carol Wyatt 씨가 현재 위치를 설명한 말에 대답이다.

❷ 이와 같은 사실을 바탕으로 생각해 보면, Bridges 씨가 주어진 문장처럼 글을 쓴 이유는 '거의 다 왔다'는 뜻을 나타내기 위한 것임을 알 수 있다. 따라서 인용된 문장의 의도는 (B)로 보아야 한다.

해석

Carol Wyatt	2:35 P.M.	Kurt, 당신 사무실을 찾는 데 어려움을 겪고 있어요.
Kurt Bridges	2:36 P.M.	정확히 어디에 있나요?
Carol Wyatt	2:37 P.M.	정지 신호에 멈춰 있어요. 왼쪽에 철물점이 있고요.
Kurt Bridges	2:38 P.M.	얼마 남지 않았어요. 직진해서 신호등 세 개를 지나치세요. 제 건물이 오른쪽에 있을 거예요.
Carol Wyatt	2:39 P.M.	고마워요. 잠시 후에 만나요.

- -

Q. 2시 38분에, Bridges 씨가 "You don't have much more to go"라고 쓸 때 그는 무엇을 의미하는가?

(A) Wyatt 씨는 차를 더 빠르게 몰아야 한다.
(B) Wyatt 씨는 사무실 근처에 있다.
(C) Wyatt 씨는 일을 거의 다 끝냈다.
(D) Wyatt 씨는 분발해야 한다.

어휘 have trouble -ing ~하는 데 문제를 겪다   **exactly** 정확히   **stop light** 정지 신호   **hardware shop** 철물점

① 의도 파악

의도 파악 문제는 문자 메시지 지문과 온라인 채팅 지문 유형에서 출제된다. 문제에 주어진 문장의 바로 앞사람이 언급한 내용에서 정답의 단서를 찾을 수 있다. 단, 채팅 참여자가 3인 이상인 경우에는 바로 앞사람의 대화 이전에 단서가 주어지는 경우도 있다.

예시	의도
A Why don't we stop and have lunch now? 일을 중단하고 이제 점심을 먹는 것이 어떨까요? **B Sounds good.** I'm hungry. 좋아요. 배가 고프네요.	식사 제안 수락
A Are you pleased with her proposal? 그녀의 제안이 마음에 드나요? **B It seems reasonable.** But I want to read it in depth. 합리적인 것 같아요. 하지만 자세히 읽어보고 싶군요.	제안서에 대한 긍정적 평가
A We will pay you a salary of $90,000 a year. 연봉으로 90,000달러를 지급해 드릴게요. **B That seems acceptable.** I'll take the job. 괜찮군요. 일자리를 수락할게요.	연봉 제안 수락
A Mr. Murphy is going to take over the project. Murphy 씨께서 그 프로젝트를 넘겨 받으실 거예요. **B That makes sense.** He has the most experience. 일리가 있군요. 경험이 가장 많으니까요.	업무 분배 결정에 대한 동의

② 문장 삽입 문제 풀이 요령

(1) 인과 관계를 통한 문장의 연결

thus, consequently, therefore, hence와 같은 접속부사가 있을 경우, 인과 관계가 성립할 수 있는 곳에 문장을 삽입하면 된다.

It's going to be sunny tomorrow. **Thus,** the picnic will be held as planned.
내일은 맑을 것이다. 따라서 예정대로 야유회가 열릴 것이다.

The customer was upset with his treatment. **Consequently,** he complained to the manager.
그 고객은 그의 대우에 기분이 상했다. 그래서 매니저에게 항의했다.

The project was approved by the CEO; **therefore,** work will begin at once.
그 프로젝트는 대표 이사의 승인을 받았다; 그러므로 즉시 작업이 시작될 것이다.

Ms. Devers was promoted; **hence,** she will receive a better salary.
Devers 씨는 승진했다; 그러므로 그녀는 더 높은 급여를 받게 될 것이다.

(2) 부사를 통한 문장의 연결

also, in addition, as well, too와 같은 부사가 있을 경우, 문장 삽입 문제의 단서가 될 수 있다.

Waltham Engineering has offices in Albany and Springfield. It also has an office in Buffalo.

Waltham Engineering은 올버니와 스프링필드에 사무실을 두고 있다. 또한 버팔로에도 사무실이 있다.

→ 앞 문장에서 사무실이 어디에 있는지를 먼저 언급하고 있다.

Ms. Ronaldson is working on a project for Mr. Davis. She has a project to do for Ms. Kennedy as well.

Ronaldson 씨는 Davis 씨를 위한 프로젝트를 진행하고 있다. 또한 Kennedy 씨를 위해 해야 하는 프로젝트도 있다.

→ 앞 문장에서 어떤 프로젝트가 진행되고 있는지를 소개하고 있다.

(3) 대명사를 통한 문장의 연결

대명사 역시 문장 삽입 문제의 단서가 될 수 있다. 대명사가 무엇을 가리키는지 알기 위해서는 먼저 문맥을 파악해야 하고 그 다음에는 대명사의 성과 수에 유의해야 한다. 예문들을 통해 각각의 대명사가 지칭하는 것이 무엇인지 확인해 보자.

The new employees are starting tomorrow. I'll be holding an orientation session for them in the morning. [them = new employees]

신입 직원들이 내일 업무를 시작할 것입니다. 저는 오전에 그들을 위한 오리엔테이션을 주관할 것입니다.

Harry Stevens wants to get promoted to manager. I think he deserves it. He has the skills and experience to do a good job. [it = manager]

Harry Stevens는 관리자로 승진하기를 원한다. 나는 그에게 그럴 자격이 있다고 생각한다. 그는 업무를 잘 해내기 위한 능력과 경험을 갖추고 있다.

❸ 일반적인 진술과 구체적인 진술

지문에서는 일반적인 진술에 이어서 그에 대한 구체적인 사례가 언급된다. 주어진 문장이 일반적인 진술인 경우에는 구체적인 사례를 나타내는 문장이 뒤에 들어가야 한다. 반대로 주어진 문장이 구체적인 사례일 경우에는 일반적인 진술 뒤에 위치해야 한다.

We are purchasing some new office equipment. We are going to get a fax machine, a printer, and a copier.

우리는 몇 가지 사무실 장비를 새로 구입할 것이다. 팩스기기, 프린터, 그리고 복사기를 살 것이다.

→ 일반적 진술: 구입할 장비 / 구체적 진술: 팩스 기기, 프린터, 복사기

Several employees will be assigned to the project. Among them are Susan Winthrop, Jessica Summers, and Porter Martin.

몇몇 직원들에게 프로젝트가 할당될 것이다. 그중에는 Susan Winthrop, Jessica Summers, 그리고 Porter Martin이 포함되어 있다.

→ 일반적 진술: 프로젝트 참여 직원 / 구체적 진술: Susan Winthrop, Jessica Summers, Porter Martin

A 지문을 읽고 질문에 답하세요.

1

Greg Anderson	[10:01 A.M.]	Janet, I need the sales figures for August. Do you have them?
Janet West	[10:03 A.M.]	Mr. Austin said he's still calculating them. I should have them by one o'clock.
Greg Anderson	[10:04 A.M.]	That should be sufficient. Thanks for letting me know.

Q. 오전 10시 4분, Anderson씨가 "That should be sufficient"라고 말할 때 그는 무엇을 의미하는가?

(a) 그는 West 씨가 계산을 하기를 원한다.
(b) 그는 곧 Austin 씨와 이야기를 나눌 것이다.
(c) 그는 기꺼이 오후까지 기다릴 것이다.

2

Dear Ms. Sims,

Thank you for agreeing to meet me next week. —[1]—. I'm sure you will love my company's products. —[2]—. As a long-term customer of ours, you qualify for a bulk discount. —[3]—. I hope we can come to an agreement.

Regards,

Brett Harper

Q. [1], [2], [3] 중에 다음 문장이 들어갈 곳은 어디인가?
"We have several new ones that are coming out soon."

(a) [1]
(b) [2]
(c) [3]

3

Sally Johnson	[4:33 P.M.]	I didn't get the contract with MRT, Inc. They decided to go with another firm.
Paula Landers	[4:35 P.M.]	You've got to do better, Sally. You haven't landed a new client in three months.
Dave Morehead	[4:39 P.M.]	I can give you a few pointers, Sally. I know you're new here.
Sally Johnson	[4:41 P.M.]	Thanks, Dave. I really appreciate it.

Q. 오후 4시 35분에, Landers씨는 왜 "You've got to do better"라고 말하는가?

(a) 비판을 하기 위해
(b) 격려를 하기 위해
(c) 부탁을 하기 위해

Ⓑ 지문을 읽고 질문에 답하세요.

1

Nora Woods	[8:32 A.M.]	Mr. Brown, this is Nora Woods. When are you planning to deliver the items?
Jeremy Brown	[8:34 A.M.]	I can send Tom to your office before noon. Is that all right?
Nora Woods	[8:36 A.M.]	I'm going to be out meeting a client until three.
Jeremy Brown	[8:39 A.M.]	Okay. Then why don't I have him drop everything off at four?
Nora Woods	[8:42 A.M.]	That sounds perfect. Oh, could you please add 2 more boxes of copy paper?
Jeremy Brown	[8:43 A.M.]	No problem. I'll put it on the bill.

Q. At 8:36 A.M., why does Ms. Woods write, "I'm going to be out meeting a client until three"?

(a) To apologize for a mistake

(b) To reject a suggestion

(c) To make an alternative offer

2

To: All Staff, Accounting Department

From: Leo Kinsley

Re: Staff Meeting

Please be advised that today's staff meeting has been canceled. —[1]—. Several people stated that they could not attend. Instead, it will be held on Thursday at 3:30. —[2]—. Not showing up will be bad for you. We need to discuss some mistakes that were made. Mr. Richards will be in attendance. —[3]—. So be sure not to be late. You don't want to make a bad impression.

Q. In which of the sentences marked [1], [2], and [3] does the following sentence best belong?

"This is a mandatory meeting."

(a) [1]

(b) [2]

(c) [3]

Questions 01-02 refer to the following text-message chain.

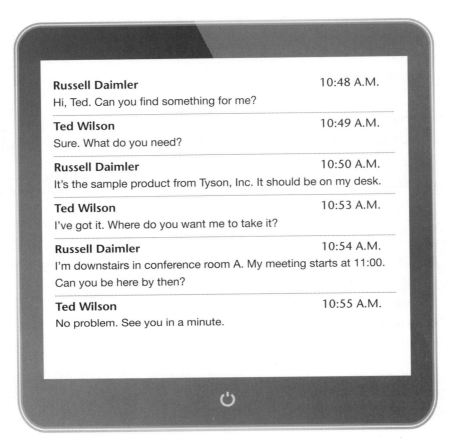

Russell Daimler	10:48 A.M.
Hi, Ted. Can you find something for me?	

Ted Wilson	10:49 A.M.
Sure. What do you need?	

Russell Daimler	10:50 A.M.
It's the sample product from Tyson, Inc. It should be on my desk.	

Ted Wilson	10:53 A.M.
I've got it. Where do you want me to take it?	

Russell Daimler	10:54 A.M.
I'm downstairs in conference room A. My meeting starts at 11:00. Can you be here by then?	

Ted Wilson	10:55 A.M.
No problem. See you in a minute.	

01. Why did Mr. Daimler contact Mr. Wilson?

(A) To invite him to a meeting

(B) To solve a problem

(C) To ask for assistance

(D) To show him a sample product

02. At 10:53 A.M., what does Mr. Wilson mean when he writes, "I've got it"?

(A) He understands the problem.

(B) He will attend a meeting.

(C) He found an item.

(D) He knows where Mr. Daimler is.

🔓 문제 해설

01
- 문자 메시지나 온라인 채팅에서는 시작 부분을 통해서 지문을 작성한 이유를 파악할 수 있다.
- Daimler 씨는 첫 번째 문자 메시지에서 Wilson 씨에게 무언가를 찾아 달라고(Hi, Ted. Can you find something for me?) 부탁하고 있다. 이는 도움을 요청하고 있는 것이므로 정답은 (C)이다.

02
- 'I've got it'이 '찾았다'라는 뜻을 나타낸다는 점을 알면 정답을 쉽게 찾을 수 있다.
- 문자 메시지 창의 바로 앞 문장을 통해 Wilson 씨가 찾은 것은 Tyson 주식회사의 샘플 제품임을 알 수 있으므로 그가 주어진 문장을 통해 표현하려는 내용은 (C)이다.
- 참고로 'I've got it.'은 '받았다' 혹은 '이해했다'라는 의미로 회화체에서 자주 사용되는 표현이다.

⭐ 해석

Russell Daimler	10:48 A.M.
안녕하세요, Ted. 저를 위해 뭐 하나 찾아 줄 수 있나요?	
Ted Wilson	10:49 A.M.
물론이죠. 무엇이 필요한가요?	
Russell Daimler	10:50 A.M.
Tyson 주식회사에서 온 견본품요. 제 책상에 있을 거예요.	
Ted Wilson	10:53 A.M.
찾았어요. 제가 어디로 가지고 가면 되나요?	
Russell Daimler	10:54 A.M.
저는 아래층의 회의실 A에 있어요. 회의가 11시에 시작돼요. 그때까지 여기로 가져다 줄 수 있나요?	
Ted Wilson	10:55 A.M.
문제 없어요. 잠시 후에 봐요.	

01. Daimler 씨는 왜 Wilson 씨에게 연락했는가?
- (A) 그를 회의에 초대하려고
- (B) 문제점을 해결하려고
- (C) 도움을 요청하려고
- (D) 그에게 견본품을 보여주려고

02. 오전 10시 53분, Wilson 씨가 "I've got it"이라고 쓸 때 그는 무엇을 의미하는가?
- (A) 그는 문제를 이해하고 있다.
- (B) 그는 회의에 참석할 것이다.
- (C) 그가 물품을 찾았다.
- (D) 그는 Daimler 씨가 어디에 있는지 알고 있다.

정답 p.057

지문을 다시 읽고, 주어진 문장이 사실이면 ○, 그렇지 않으면 ×에 표시하세요.

❶ Mr. Daimler needs an item from another company.   (○ | ×)

❷ Mr. Daimler requests that Mr. Wilson mail him a product.   (○ | ×)

❸ Mr. Wilson means he can be at the conference room when he writes,

   "No problem."   (○ | ×)

Questions 03-05 refer to the following e-mail

To:	donaldcopeland@crosstown.com
From:	paulburgress@crosstown.com
Subject:	Contract Terms
Date:	May 22

Don,

I've got some great news for you. I came to an agreement with the negotiators at the headquarters of Badger Trade. —[1]—. They want to sell our products in Europe and Africa. As you know, Badger sells items in more than forty countries on those two continents. The potential sales are high.

—[2]—. Have the lawyers look at them. We need to make sure there are no problems. I'd like to sign the contract before I leave. I'll be here in Albany for three more days. —[3]—. Let me know if you need anything else from me. This is a big deal for us. —[4]—. I hope there aren't any problems.

03. What is indicated about the agreement?

(A) The contract for it has already been signed.

(B) It will result in sales in other countries.

(C) It requires the company to increase production.

(D) The deal was negotiated by the firms' CEOs.

04. What is suggested about Badger Trade?

(A) It has offices all around the world.

(B) It specializes in electronic products.

(C) Its headquarters is in Albany.

(D) It is a transportation company.

05. In which of the sentences marked [1], [2], [3], and [4] does the following sentence best belong?

"I'm attaching the basic terms of the agreement."

(A) [1]

(B) [2]

(C) [3]

(D) [4]

03 ● 이메일의 첫 부분에 따르면 Badger Trade와 계약을 체결했는데, Badger Trade는 아프리카와 유럽의 40개 이상의 국가에 상품을 판매하고 있으며 잠재적인 판매량이 높다고 언급되어 있다.

● 따라서 계약을 통해 다른 국가들에서 매출이 일어날 것을 언급하고 있으므로 정답은 (B)이다.

04 ● 지문 초반부에서 작성자는 Badger Trade의 본사에서 담당자들과 합의를 보았다고 했다.

● 두 번째 문단에서 올버니에 3일 더 있을 것이라고(I'll be here in Albany for three more days.) 했으므로, Badger Trade의 본사는 올버니에 있다는 사실을 유추할 수 있다. 정답은 (C)이다.

05 ● 주어진 문장의 '기본적인 계약 조건'(the basic terms of the agreement)이 정답의 단서이다.

● [2] 뒤에 있는 문장의 them이 가리키는 것이 바로 이 '계약 조건'(terms)이므로 정답은 (B)이다.

⭐ 해석

받는 사람: donaldcopeland@crosstown.com
보낸 사람: paulburgress@crosstown.com
제목: 계약 조건
날짜: 5월 22일

Don,

몇 가지 좋은 소식이 있어요. Badger Trade의 본사에서 협상 담당자들과 합의했어요. 그들은 우리 제품을 유럽과 아프리카에서 판매하기를 바라고 있어요. 아시다시피, Badger는 이 두 대륙의 네 곳이 넘는 나라에 판매하고 있어요. 잠재적인 판매량이 높아요.

기본적인 계약 조건을 첨부할게요. 법률 전문가에게 이를 살펴볼 수 있도록 해 주세요. 문제가 없도록 해야 하니까요. 떠나기 전에 계약서에 서명하고 싶어요. 저는 올버니에 3일 더 있을 거예요. 더 필요한 것이 있으면 알려 주세요. 이번 건은 우리에게 중요한 거래가 될 거예요. 문제가 없기를 바랄게요.

03. 계약에 대해 언급된 것은 무엇인가?
(A) 합의를 위한 계약서가 이미 서명되었다.
(B) 다른 국가들에서 매출이 일어날 것이다.
(C) 회사가 생산을 증대할 것을 요구한다.
(D) 거래는 기업의 최고경영자들에 의해 협상된다.

04. Badger Trade에 대해 무엇이 암시되는가?
(A) 전 세계에 사무실을 두고 있다.
(B) 전자 제품을 전문으로 한다.
(C) 올버니에 본사가 있다.
(D) 운수 업체이다.

05. [1], [2], [3], 그리고 [4] 중에서 다음 문장이 들어가기에 가장 알맞은 곳은 어디인가?
"기본적인 계약 조건을 첨부할게요."
(A) [1]
(B) [2]
(C) [3]
(D) [4]

어휘 come to an agreement 합의하다   negotiator 협상자   headquarter 본사

🎓 MORE & MORE

정답 p.057

지문을 다시 읽고, 주어진 문장이 사실이면 O, 그렇지 않으면 ×에 표시하세요.

❶ Mr. Burgess spoke with people at Badger Trade.　　　　　　　(O | ×)

❷ Mr. Burgess is going to leave Albany tomorrow.　　　　　　　(O | ×)

❸ Mr. Burgess requests that Mr. Copeland come to Albany soon.　(O | ×)

Part 7 지문을 읽고 문제의 정답을 고르세요.

Questions 1-4 refer to the following online chat discussion.

Harold Murphy [2:23 P.M.] We've got a serious issue. David Marsh can't make it to the orientation session tomorrow.

Yolanda Smith [2:24 P.M.] He just canceled on us? What happened?

Harold Murphy [2:25 P.M.] He ate something bad and got food poisoning. He's in the hospital now. Suggestions?

Stuart McCallister [2:27 P.M.] Let's ask Erica Thompson to speak. She gave the presentation David was planning to make two years ago. She knows the material well.

Yolanda Smith [2:29 P.M.] That seems reasonable. What do you think, Harold?

Harold Murphy [2:31 P.M.] I agree. Do either of you know her phone number?

Stuart McCallister [2:33 P.M.] I've got it somewhere. I'll look it up and send it to you.

Send

---

1. What problem are the speakers discussing?

(A) A venue cannot be used for a conference.

(B) A speaker cannot attend an event.

(C) A job applicant rejected a new position.

(D) An orientation session was just canceled.

2. What happened to Mr. Marsh?

(A) He went on a business trip.

(B) He visited a person in the hospital.

(C) He took a short vacation.

(D) He suddenly became sick.

3. At 2:29 P.M., what does Ms. Smith mean when she writes, "That seems reasonable"?

(A) She understands Mr. Murphy's explanation.

(B) She will call Ms. Thompson herself.

(C) She agrees with Mr. McCallister.

(D) She wants to hear Mr. Marsh speak.

4. What will Mr. McCallister most likely do next?

(A) Visit Ms. Thompson in person

(B) Provide some contact information

(C) Prepare to give a preparation

(D) Look for a missing file

Mercer Heavy Industries Names New CEO

Rosewood (September 9) – Jason Cole has been named the new CEO of Mercer Heavy Industries. –[1]–. Mercer is the country's biggest manufacturer of ships and oceangoing platforms such as oil rigs. Founded in 1958, it has steadily grown over time to become an employer of more than 30,000 people at three different locations.

Mr. Cole will start his new job next week. –[2]–. He is presently the vice president of operations at Mercer. Before going there, he worked at the Jefferson Corporation. –[3]–. He is widely respected throughout the industry. He is particularly known for his vision for the future and his attention to detail.

Most experts praised the decision to hire Mr. Cole. They believe he will help the company become profitable again. –[4]–. Mercer's stock was up 3.5% on moderate trading after the announcement was made.

5. What is the main purpose of the article?
(A) To update a company's recent profits
(B) To discuss a change at a company
(C) To announce an executive's retirement
(D) To provide information on a new company

6. Which of the following statements about Mercer Heavy Industries is NOT true?
(A) It employs over 30,000 people.
(B) It was established in the 1950s.
(C) Jason Cole was the company's first CEO.
(D) Ships are one product that it makes.

7. What is indicated about Mr. Cole?
(A) He is not known for his long-term thinking.
(B) Most people know him for his shipbuilding skills.
(C) He has never worked at Mercer Heavy Industries before.
(D) People in his industry think well of him.

8. In which of the sentences marked [1], [2], [3], and [4] does the following sentence best belong?
"He was also employed at WTR, Inc. in the past."
(A) [1]
(B) [2]
(C) [3]
(D) [4]

PART 7

Directions: In this part you will read a selection of texts, such as magazine and newspaper articles, e-mails, and instant messages. Each text or set of texts is followed by several questions. Select the best answer for each question and mark the letter (A), (B), (C), or (D) on your answer sheet.

Questions 1-2 refer to the following announcement.

Jefferson Engineering

There is a position available in the R&D Department. Applicants for the position must have a college degree in engineering, math, or physics. They must also have two years of experience doing similar work. The salary for the job is $55,000 per year. The person hired will get 2 weeks of vacation a year. The individual will also receive full benefits. These include stock options, health insurance, and retirement benefits. Call 674-9111 for more information.

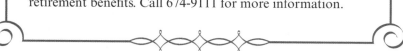

1. What is the purpose of the announcement?
   (A) To schedule an interview
   (B) To explain a problem
   (C) To advertise a job
   (D) To request more information

2. How are interested people instructed to learn more?
   (A) By sending an e-mail
   (B) By making a phone call
   (C) By visiting a company
   (D) By scheduling an interview

Questions 3-4 refer to the following text message chain.

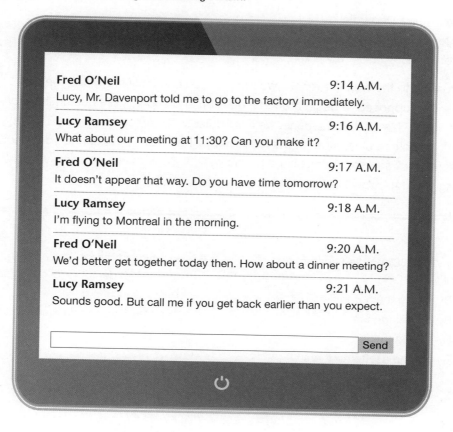

Fred O'Neil   9:14 A.M.
Lucy, Mr. Davenport told me to go to the factory immediately.

Lucy Ramsey   9:16 A.M.
What about our meeting at 11:30? Can you make it?

Fred O'Neil   9:17 A.M.
It doesn't appear that way. Do you have time tomorrow?

Lucy Ramsey   9:18 A.M.
I'm flying to Montreal in the morning.

Fred O'Neil   9:20 A.M.
We'd better get together today then. How about a dinner meeting?

Lucy Ramsey   9:21 A.M.
Sounds good. But call me if you get back earlier than you expect.

| | Send |

3. What does Ms. Ramsey ask Mr. O'Neil to do?

    (A) Contact her later
    (B) Meet her for lunch
    (C) Report on the factory
    (D) Tell Mr. Davenport about her

4. At 9:17 A.M., why does Mr. O'Neil write, "It doesn't appear that way"?

    (A) To reject Ms. Ramsey's offer to go to Montreal
    (B) To indicate he cannot see Mr. Davenport today
    (C) To remark that he is going to the factory now
    (D) To note he cannot meet Ms. Ramsey today

GO ON TO THE NEXT PAGE

Questions 5-6 refer to the following memo.

To: All Employees
From: Pierre Depardieu
Subject: Tomorrow
Date: January 11

According to the weather report, we may be getting heavy snow late tonight. –[1]–. It's supposed to begin around 2:00 A.M. and should continue until tomorrow afternoon. –[2]–. If that happens, we'll most likely be closed tomorrow. The city won't be able to clear most of the roads. –[3]–. Pay close attention to your phones tomorrow. I'll send a text message to you by 8:00 A.M. to let you know what's going on. –[4]–. You'll definitely hear from me no matter what.

5. How will Mr. Depardieu contact his employees?
   (A) By calling them
   (B) By e-mailing them
   (C) By texting them
   (D) By mailing a letter to them

6. In which of the sentences marked [1], [2], [3], and [4] does the following sentence best belong?
   "So they'll be too dangerous to drive on."
   (A) [1]
   (B) [2]
   (C) [3]
   (D) [4]

March 10 – In the past month, the unemployment rate in the state has decreased. In January, it was 6.5%. In February, it declined to 6.1%. This is helping improve the state's economy. More than 3,000 jobs were created around the state in February. In January, the state legislature passed some new laws. These reduced taxes on companies. Since then, the economy has been steadily improving. Economists expect it will continue to get better all year long. Many economists believe the unemployment rate will be beneath 6.0% after March ends. They also predict that around 4,500 new jobs will be created this month.

7. What is the article mainly about?
   (A) Next month's unemployment rate
   (B) The improving economy
   (C) The companies hiring new workers
   (D) Local economists

8. According to the article, what is the reason for the change in the economy?
   (A) Advanced technology
   (B) Rising inflation
   (C) Skilled workers
   (D) Lower taxes

9. According to the article, what was the unemployment rate in February?
   (A) Less than 6.0%
   (B) 6.0%
   (C) 6.1%
   (D) 6.5%

GO ON TO THE NEXT PAGE

Questions 10-12 refer to the following online chat discussion.

Irene Decker [12:49 P.M.]	I'm taking the licensing exam for accountants this Saturday. Any advice?	
James Yeager [12:53 P.M.]	Most of the questions come directly from the study material.	
Kelly Hardaway [12:56 P.M.]	But don't focus solely on it. The information you learned in class is also important.	
Irene Decker [12:58 P.M.]	Which should I emphasize more, my class notes or the study material?	
Kelly Hardaway [1:00 P.M.]	The latter for sure. You can probably pass the test solely by studying it.	
James Yeager [1:02 P.M.]	I agree. That's what I'd do. Let us know how the test goes.	
Kelly Hardaway [1:04 P.M.]	And good luck.	
Irene Decker [1:05 P.M.]	Thanks.	

Send

10. What is the online chat discussion mainly about?
    (A) A test
    (B) A course
    (C) A review session
    (D) An instructor

11. At 1:00 P.M., what does Ms. Hardaway mean when she writes, "The latter for sure"?
    (A) Ms. Decker should focus on her class notes.
    (B) Ms. Decker should speak with the instructor.
    (C) Ms. Decker should review the study material more.
    (D) Ms. Decker should attend class more often.

12. What does Mr. Yeager request Ms. Decker do?
    (A) Register for an exam soon
    (B) Tell him how she did on her exam
    (C) Call him if she needs any assistance
    (D) Update him on her studying progress

August 23

Dear Ms. Claiborne,

Thank you for registering for classes at the Danvers Institute. Our fall term is going to begin on September 1. —[1]—. I would like to inform you of one change though. David Cooper is no longer an instructor here. —[2]—. So he will not be teaching the math class you signed up for. Instead, Wilson Garrett will lead the class. —[3]—. In light of this, you are permitted to get a refund for the class. Or you may change to another class. —[4]—. Please call 458-3833 if you want to make a change.

Regards,

Leslie Jackson
Danvers Institute

13. Why did Ms. Jackson send the letter?
(A) To provide a refund
(B) To send a new schedule
(C) To make an offer
(D) To update a class list

14. Who is Mr. Garrett?
(A) A student
(B) A receptionist
(C) A teacher
(D) A tutor

15. In which of the sentences marked [1], [2], [3], and [4] does the following sentence best belong?
"However, you must do so by August 29."
(A) [1]
(B) [2]
(C) [3]
(D) [4]

GO ON TO THE NEXT PAGE

Exotic Travel is the top travel agency in the city. Let us arrange the trip of a lifetime for you. We specialize in trips to exotic places. How about taking a trip to Asia, Africa, or South America? You can go rafting down the Amazon River. You can go on a safari in Africa. And you can visit ancient temples in Asia. You can take trips to all kinds of similar places. Visit us today at our office at 320 Pecan Avenue. You won't regret traveling with us.

16. What is NOT mentioned about Exotic Travel?

(A) Where it can send people on trips

(B) Where it is located

(C) How much its trips cost

(D) What kinds of trips it offers

17. The word "arrange" in line 2 is closest in meaning to

(A) suggest

(B) attempt

(C) organize

(D) report

18. According to the advertisement, what kind of trip might a person reserve at Exotic Travel?

(A) A safari

(B) An ocean cruise

(C) A sightseeing tour

(D) A business trip

Questions 19-21 refer to the following notice.

TO: Tenants of Greenbrier Apartments
FROM: The Management
SUBJECT: Recycling & Garbage

Starting in June, we will have a new policy concerning recycling and garbage. You must separate all items made of plastic, glass, paper, and metal. Then, you should put those items into the correct recycling bins. Failure to recycle items will result in a fine of $50. In addition, put all of your food waste into the containers next to the garbage cans. Then, you can throw the rest of your trash into the garbage cans. You must make sure you do not throw any food waste away with the regular garbage. Please visit the management office if you have any questions or problems.

19. What is the purpose of the notice?
   (A) To describe some changes in a policy
   (B) To encourage people to produce less garbage
   (C) To promote the environment
   (D) To announce an increase in tenants' rents

20. According to the notice, what will happen in June?
   (A) The recycling bins will be removed.
   (B) All tenants must start recycling items.
   (C) Garbage may be thrown away every day.
   (D) Recycled items will be picked up once a week.

21. What will happen to people who do NOT recycle?
   (A) They will be fined.
   (B) They will have to do community service.
   (C) They will get a warning letter.
   (D) They will receive no punishment.

GO ON TO THE NEXT PAGE

To:	Susan Emerson <s_emerson@goldmail.com>
From:	Customer Service <customerservice@bestcard.com>
Date:	November 15

Dear Ms. Emerson,

Thank you for contacting us about your recent problem with your credit card. We investigated your claim. You were correct in being suspicious. It appears that an unauthorized person has been using your card. That person charged more than $2,400 on your credit card. We have canceled your card. We will send you a new credit card by express mail tomorrow morning. You will not have to pay any of the improper charges. We sincerely regret that something like this happened. Please let us know if we can do anything else for you.

Sincerely,

Harold Carter
Customer Service Representative
Best Card

22. What problem did Ms. Emerson report?
    (A) A person was using her credit card.
    (B) Her credit card was stolen.
    (C) She lost her credit card.
    (D) The limit on her credit card was too low.

23. What is indicated about Ms. Emerson's credit card?
    (A) She has exceeded her credit limit.
    (B) She can charge items online with it.
    (C) She cannot get a cash advance with it.
    (D) She can no longer use it.

24. What does Mr. Carter indicate about Ms. Emerson?
    (A) She owes $2,400 on her credit card.
    (B) She will not have to pay any unauthorized charges.
    (C) She must apply for a new credit card.
    (D) She needs to identify the person who used her card.

25. What is suggested about Ms. Emerson's new credit card?
    (A) It will have a higher credit limit.
    (B) It will require a new secret number.
    (C) It will be sent to her on November 16.
    (D) It will be activated the first time she uses it.

White Plains (October 2) – On Saturday, October 1, the White Plains Shopping Mall opened. It took more than two years to build the shopping mall. It is located in the eastern part of the city. It is on Hartford Street between Pine Road and Lakeshore Drive. The shopping mall has more than 200 stores. There are 3 department stores, 25 restaurants, and 2 movie theaters. More than 3,000 people visited the mall on its first day of business. Most of the shoppers said they were pleased with their experience. Tim Harris commented, "I'm so glad the mall finally opened. There is a wide selection of stores here. My wife and I had a great time shopping at the mall."

26. Where is the White Plains Shopping Mall located?
(A) In the northern part of the city
(B) Near the movie district
(C) By the lake
(D) On Hartford Street

27. What is NOT indicated about the White Plains Shopping Mall?
(A) It has a large number of restaurants.
(B) 3,000 people visited it on its first day.
(C) It has over 200 different stores.
(D) All of its stores had sales on Saturday.

28. The word "selection" in line 18 is closest in meaning to
(A) choice
(B) vision
(C) appearance
(D) style

29. Who most likely is Mr. Harris?
(A) A store owner
(B) A White Plains resident
(C) A shopper
(D) A mall employee

GO ON TO THE NEXT PAGE

April 10 – This Friday night, there will be a special event at the Rosewood Hotel. From 6:00 to 10:00 P.M., a charity ball will take place. The event is sponsored by the Adams Group. This organization was established by David Adams twenty-seven years ago. Since then, the Adams Group has provided all kinds of assistance for people in the Worthington area. It mostly focuses on lower-income families as well as orphans. The event on Friday is going to include a silent auction. Visitors will bid on a number of special items, including a brand-new sports car. It is expected that the car will raise between $25,000 and $35,000. All proceeds from the auction will go to the Adams Group. To purchase tickets to the event, call 839-1023.

April 12

Dear Mr. Townshend,

Thank you very much for your support at the charity event two nights ago. Your bid of $40,000 was the highest for the sports car. Your car will be delivered to you as soon as the check clears the bank. In addition, I want to thank you for the $10,000 gift that you made to the Adams Group. Both of your donations will help improve the lives of many people in Worthington and the surrounding area.

For the past six years, you have been an outstanding supporter of our organization. I really appreciate everything you have done during that time. It is people like you who help make Worthington such a great place to live.

Sincerely,

David Adams
President, Adams Group

30. What is the subject of the article?
    (A) A fundraising event
    (B) A special sale
    (C) An art auction
    (D) A grand opening

31. Who is David Adams?
    (A) Mr. Townshend's boss
    (B) An automobile salesman
    (C) The founder of a charity
    (D) The owner of the Rosewood Hotel

32. Why did Mr. Adams write the letter?
    (A) To invite Mr. Townshend to an event
    (B) To thank Mr. Townshend
    (C) To ask Mr. Townshend a question
    (D) To apologize to Mr. Townshend

33. How much did Mr. Townshend pay for the car?
    (A) $10,000
    (B) $25,000
    (C) $35,000
    (D) $40,000

34. What is suggested about Mr. Townshend?
    (A) He owns several sports cars.
    (B) He is good friends with Mr. Adams.
    (C) He has made some donations in the past.
    (D) He is the mayor of Worthington.

GO ON TO THE NEXT PAGE

To: All Tenants of Wilkinson Apartments
From: Peter Tewksbury, Apartment Manager
Subject: Rent Increase
Date: September 16

As of October 1, the rent for each unit in Wilkinson Apartments is going to increase by $35 a month. The reason for this increase is the rising cost of oil. This has led to higher electricity prices. The apartment complex has seen its electricity bill increase by more than 46% in the past three months. By raising the price of rent, we can offset these higher bills. All tenants need to report to the management office by September 30. You can sign a new lease at that time. If you do not wish to pay the increased rate, you must vacate your apartment by October 31. You will, however, have to pay the higher rate for the month of October. Please contact me by e-mail at peter@wilkinsonapt.com if you have any comments or questions.

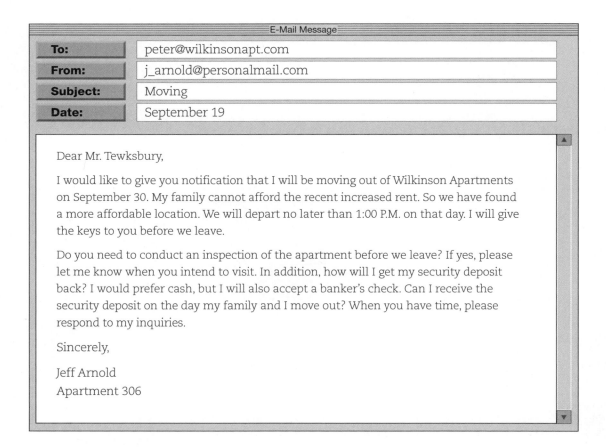

E-Mail Message	
To:	peter@wilkinsonapt.com
From:	j_arnold@personalmail.com
Subject:	Moving
Date:	September 19

Dear Mr. Tewksbury,

I would like to give you notification that I will be moving out of Wilkinson Apartments on September 30. My family cannot afford the recent increased rent. So we have found a more affordable location. We will depart no later than 1:00 P.M. on that day. I will give the keys to you before we leave.

Do you need to conduct an inspection of the apartment before we leave? If yes, please let me know when you intend to visit. In addition, how will I get my security deposit back? I would prefer cash, but I will also accept a banker's check. Can I receive the security deposit on the day my family and I move out? When you have time, please respond to my inquiries.

Sincerely,

Jeff Arnold
Apartment 306

35. What is the purpose of the notice?

(A) To say that less electricity must be used

(B) To request that all tenants call Mr. Tewksbury

(C) To announce an increase in rent

(D) To mention that some improvements will be made

36. By when must all tenants sign a new lease?

(A) September 16

(B) September 30

(C) October 1

(D) October 31

37. Why are Mr. Arnold and his family moving?

(A) Their new rent is too expensive.

(B) They dislike their current home.

(C) They are moving to another state.

(D) Their current home is too small.

38. What is indicated in Mr. Arnold's e-mail?

(A) He will move to a bigger home.

(B) He wants his security deposit in cash.

(C) He will inspect his home himself.

(D) He will sign the new lease in a few days.

39. In the e-mail, the word "inquiries" in paragraph 3, line 5, is closest in meaning to

(A) demands

(B) questions

(C) responses

(D) appeals

GO ON TO THE NEXT PAGE

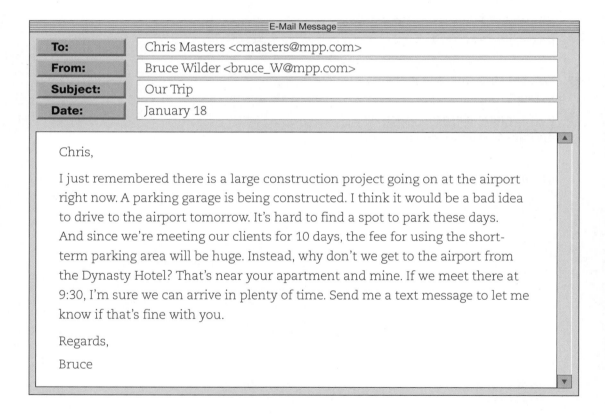

NOTICE

Bradbury Airport is going to renovate its long-term parking area. The work will begin on December 1 and will finish on February 26. When complete, the long-term parking area will be a three-story parking garage. During the renovations, every vehicle visiting the airport must park in the short-term parking area. There will likely be a shortage of parking during this time. As a result, the airport will operate shuttle buses from large hotels downtown. Please go to www.bradburyairport.com and click on "Shuttle Bus Schedule" for more information. We apologize for the inconvenience.

E-Mail Message

To:	Chris Masters <cmasters@mpp.com>
From:	Bruce Wilder <bruce_W@mpp.com>
Subject:	Our Trip
Date:	January 18

Chris,

I just remembered there is a large construction project going on at the airport right now. A parking garage is being constructed. I think it would be a bad idea to drive to the airport tomorrow. It's hard to find a spot to park these days. And since we're meeting our clients for 10 days, the fee for using the short-term parking area will be huge. Instead, why don't we get to the airport from the Dynasty Hotel? That's near your apartment and mine. If we meet there at 9:30, I'm sure we can arrive in plenty of time. Send me a text message to let me know if that's fine with you.

Regards,

Bruce

Big Changes at Bradbury Airport

Bradbury (February 20) – Major work has been going on at Bradbury Airport. First, the airport constructed a brand-new terminal. It opened in January. It is being used for international flights. Next, its long-term parking garage opened on February 18. The garage was expanded because of the increasing number of passengers at the airport.

This spring, more work will be done on the airport's two domestic terminals. It should finish in late summer.

---

40. What is the purpose of the notice?
(A) To announce the expansion of an airport terminal
(B) To let people know about a construction project
(C) To advise people to arrive early at the airport
(D) To warn people picking up others at the airport

41. What are Mr. Masters and Mr. Wilder going to do?
(A) Meet a customer at a hotel
(B) Tour the construction work
(C) Pick up a client at the airport
(D) Go on a business trip

42. How does Mr. Wilder want to go to the airport?
(A) By car
(B) By bus
(C) By taxi
(D) By train

43. What is Mr. Masters asked to do?
(A) Visit Mr. Wilder's apartment
(B) Send a message to Mr. Wilder
(C) Call Mr. Wilder on his phone
(D) Send an e-mail to Mr. Wilder

44. What is suggested about the long-term parking area?
(A) It was built with government funds.
(B) It is near the international terminal.
(C) It opened ahead of schedule.
(D) It charges frequent travelers low rates.

GO ON TO THE NEXT PAGE

Use the Internet to Make Your Business Stronger!

Stross E-Marketing is holding a special one-day seminar this Saturday, June 12. We are going to offer several workshops that will help you improve your business immediately.

Time	Workshop	Lecturer
9:00 A.M. – 10:30 A.M.	Blogging	Mr. Solomon Whistler
10:45 A.M. – 12:15 P.M.	How to Use Social Media Effectively	Mr. Ken Pollux
12:15 P.M. – 1:00 P.M.	Lunch	
1:00 P.M. – 3:00 P.M.	Purchasing Ads on the Internet	Mr. Sam Medina
3:15 P.M. – 5:00 P.M.	How to Make an Ad Go Viral	Ms. Lucia Merino

The seminar will be held in the Daley Conference Center at 21 Broadway Avenue. Registration for the event is $150 per person if you sign up online. It costs $200 per person if you sign up on the day of the seminar. Call Ms. Sandra Jackson at 487-2476 for more information. Space is limited. Seats are filled on a first-come, first-served basis.

E-Mail Message

To: Eric Foreman <ericforeman@griswold.com>
From: Walt Flanagan <w_flanagan@tna.com>
Subject: [Re] Special Seminar
Date: June 9

Eric,

I saw an advertisement for a seminar being held this Saturday. I know you're planning to paint your house then. But you might want to consider delaying that. The seminar looks like it could be quite helpful. I'm going there to attend the lecture on blogging. I've been operating a blog for my company, but it isn't very successful. With luck, I'll get some good tips on what I am doing wrong. I know you've been talking about buying online ads for your company. In that case, there's a workshop you'd definitely be interested in.

If you're going to attend the seminar, let me know. We can get together at a restaurant for breakfast before it begins. I know a great place near the conference center.

Regards,
Walt

TO: David Bynum
FROM: Karl Theroux
SUBJECT: Saturday's Seminar

I spoke with the instructors for this Saturday's seminar. We've got a slight problem. Three of them confirmed they will be there. But Ken said he hasn't been feeling well lately. He suggested getting a replacement instructor. Why don't I lead the workshop? I've done it before. I don't mind doing it this time. We should probably look into hiring someone else for future seminars. This is the third time Ken has canceled on us.

45. What is NOT mentioned about the seminar?
(A) It will take place in a place on Broadway Avenue.
(B) There are two separate prices for it.
(C) More information can be obtained by phone.
(D) There are only 100 seats available.

46. According to the advertisement, how can a person pay $150 to attend the seminar?
(A) By signing up over the phone
(B) By registering on a Web site
(C) By registering on the day of the seminar
(D) By signing up through the mail

47. Which workshop does Mr. Flanagan suggest that Mr. Foreman attend?
(A) Blogging
(B) How to Use Social Media Effectively
(C) Purchasing Ads on the Internet
(D) How to Make an Ad Go Viral

48. Where does Mr. Flanagan want to meet Mr. Foreman before the seminar?
(A) At the conference center
(B) At his workplace
(C) At Mr. Foreman's apartment
(D) At a restaurant

49. What time will Mr. Theroux lead a workshop?
(A) 9:00 A.M. – 10:30 A.M.
(B) 10:45 A.M. – 12:15 P.M.
(C) 1:00 P.M. – 3:00 P.M.
(D) 3:15 P.M. – 5:00 P.M.

GO ON TO THE NEXT PAGE

Salisbury Community Center May Close

Salisbury (October 3) – Mayor Keith Gooding announced that the city has a budget shortfall this year. As a result, it will cut back on many of its services. The budget problems will affect the Salisbury Community Center. According to Mr. Gooding, it receives the majority of its funding from the city. Only a small amount comes from donors. Mr. Gooding noted that this must change. The mayor has set a deadline of October 31. If enough donations are not received by then, the community center will close.

October 27

Dear Mr. Van Pelt,

Thank you for contributing to the Save the Salisbury Community Center Fund. We appreciate your generous financial gift. We are pleased individuals such as you are taking an active interest in the community center. We are still trying to raise enough money. We need to collect a total of $200,000 in donations by the end of the week. That will cover the expenses needed for the running of the community center for the next 12 months.

Regards,

Brett Hauser
Salisbury Community Center

50. What is the article mainly about?

(A) The Salisbury mayoral election

(B) Renovations at a community center

(C) An effect of a budget issue

(D) The closure of some city buildings

51. What can be inferred about the Salisbury Community Center Fund?

(A) It has a staff of ten people.

(B) It organizes special events for residents.

(C) It is being run by Mr. Gooding.

(D) It was established in October.

52. In the letter, the word "running" in line 5 is closest in meaning to

(A) preparing

(B) operating

(C) manufacturing

(D) using

53. What type of event will be held on December 19?

(A) An arts and crafts class

(B) A sporting event

(C) A musical concert

(D) A fireworks show

54. What is suggested about the Salisbury Community Center?

(A) It canceled its special events for November.

(B) It has only volunteers working at it.

(C) It sells memberships to local residents.

(D) It raised more than $200,000 in donations.

Reading
Actual Test

READING TEST

In the Reading test, you will read a variety of texts and answer several different types of reading comprehension questions. The entire Reading test will last 75 minutes. There are three parts, and directions are given for each part. You are encouraged to answer as many questions as possible within the time allowed.

You must mark your answers on the separate answer sheet. Do not write your answers in your test book.

PART 5

Directions: A word or phrase is missing in each of the sentences below. Four answer choices are given below each sentence. Select the best answer to complete the sentence. Then mark the letter (A), (B), (C), or (D) on your answer sheet.

1. Ms. Perkins's application for a personal loan was ------- by the bank.

   (A) deposited
   (B) rejected
   (C) proposed
   (D) afforded

2. Mr. Sanderson ------- the payment for the Juliet account earlier this week.

   (A) authorize
   (B) authorizing
   (C) authorized
   (D) authorizes

3. ------- to school for a graduate degree is difficult for many full-time employees.

   (A) Registering
   (B) Attending
   (C) Returning
   (D) Signing

4. Several employees refuse to work in what they say are ------- conditions.

   (A) danger
   (B) dangerous
   (C) dangerously
   (D) dangers

5. A staff member discovered that the store had been ------- during the night.

   (A) stolen
   (B) robbed
   (C) deprived
   (D) taken

6. Sales at the Hamilton Mall have increased ------- the booming economy.

   (A) on account of
   (B) by way of
   (C) with respect to
   (D) in other words

7. Few of the individuals who interviewed for the job were ------- to Mr. Harper.

   (A) accept
   (B) acceptable
   (C) accepting
   (D) accepts

8. Several workers are checking the ------- of electronic items in the warehouse.

   (A) device
   (B) scale
   (C) inventory
   (D) registration

9. The doctors ------- by the failure of the medication to improve the patient's condition.

(A) puzzle
(B) have puzzled
(C) puzzling
(D) are puzzled

10. The contract ------- with Starling, Inc. are expected to begin next week.

(A) signings
(B) negotiations
(C) appeals
(D) debates

11. The position, which pays a good salary and overtime, has several -------.

(A) apply
(B) applicant
(C) applicants
(D) applications

12. The quality of the service ------- by PYT Consulting is the best in the business.

(A) provided
(B) responded
(C) written
(D) stated

13. The office is going to be moved to ------- location in the downtown area.

(A) other
(B) others
(C) another
(D) the others

14. The price of gold has been rising ------- than normal in the past few months.

(A) high
(B) as high
(C) higher
(D) the highest

15. The Denver office is the most ------- one in the entire company.

(A) profit
(B) profits
(C) profitable
(D) profiteer

16. Ms. Williamson ------- here for ten years by the end of the month.

(A) was worked
(B) working
(C) will have worked
(D) have been worked

17. Apparently, the new software designed by Max has some problems that ------- worked out.

(A) must be
(B) have to
(C) should
(D) ought to

18. We will ------- on the project with several members of the R&D Department.

(A) promote
(B) collaborate
(C) investigate
(D) conduct

19. Ms. Watts is attempting to get in ------- with the manager of the store.

(A) touch
(B) touching
(C) touched
(D) touchable

20. Forty-two individuals were hired by the company in the ------- quarter.

(A) future
(B) former
(C) late
(D) previous

GO ON TO THE NEXT PAGE

21. Mr. Kimberley is pleased with the ------- he is making on his work.

    (A) progress
    (B) progressive
    (C) progressively
    (D) progressed

22. The company's newest product is quite -------, which impresses many customers.

    (A) sophisticated
    (B) atrocious
    (C) tedious
    (D) uneventful

23. Mr. Worthy hopes ------- the first round of interviews by tomorrow morning.

    (A) complete
    (B) to complete
    (C) completed
    (D) completing

24. Employees must submit their ------- from purchases within five days of returning from a trip.

    (A) receipts
    (B) contracts
    (C) leases
    (D) signatures

25. Mr. Rutherford reported that there are ------- problems with the contract.

    (A) a little
    (B) some
    (C) much
    (D) a great deal

26. The firm's Web site is currently down so that it can -------.

    (A) upgrade
    (B) upgraded
    (C) be upgraded
    (D) be upgrading

27. There is a rumor that WT Industries is going to ------- bankruptcy soon.

    (A) declare
    (B) declaration
    (C) declarable
    (D) declarative

28. All of the files in the office need to be put in the cabinet in alphabetical -------.

    (A) style
    (B) order
    (C) type
    (D) kind

29. The results of the survey indicated that customers are pleased with many of the firm's -------.

    (A) service
    (B) services
    (C) serviced
    (D) servicing

30. She ------- with the client to try to win a new contract right now.

    (A) is negotiating
    (B) was negotiated
    (C) has negotiated
    (D) were negotiating

PART 6

Directions: Read the texts that follow. A word, phrase, or sentence is missing in parts of each text. Four answer choices for each question are given below the text. Select the best answer to complete the text. Then mark the letter (A), (B), (C), or (D) on your answer sheet.

Questions 31-34 refer to the following memo.

To: Sales Staff
From: Rebecca Taylor
Subject: Meeting
Date: October 12

-------. Mark Jackson cannot ------- the meeting. So we need to reschedule it for another time.
    31.   **32.**
Mark is unavailable until this Thursday. I know many of you are busy on Friday afternoon.

So I ------- the meeting for 10:00 A.M. on that day. It is going to be held in the small conference
    33.
room.

If you cannot make this meeting, let me know -------. If I don't hear from you by the end of the
                           34.
day, I will assume you will be there. Attendance is mandatory unless you have something else
already scheduled.

31. (A) Thank you all for your comments.
    (B) The seminar is going to take place as scheduled.
    (C) I've decided to change the meeting to Wednesday.
    (D) Tomorrow's meeting has been canceled.

32. (A) appear
    (B) perform
    (C) visit
    (D) attend

33. (A) schedule
    (B) was scheduled
    (C) have scheduled
    (D) will have scheduled

34. (A) immediate
    (B) immediateness
    (C) immediately
    (D) immediacy

GO ON TO THE NEXT PAGE

Dear Ms. Sullivan,

Thank you for your recent letter. I am glad you had a good experience at my restaurant. We take pride in ------- customers with excellent service. I spoke with your waitress, Cindy, and told her
35.
about your comments. She was pleased you wrote so many nice things about her.

We love to get positive feedback from ------- customers. And we love for those customers to keep
36.
returning. So please ------- this coupon. It is for a free entrée the next time you visit my restaurant.
37.

Please feel free to write with more comments in the future. -------.
38.

Sincerely,

Russell Carter

Owner, Steak Plus

---

35. (A) provide
(B) to provide
(C) provided
(D) providing

36. (A) us
(B) our
(C) ourselves
(D) we

37. (A) purchase
(B) accept
(C) award
(D) bring

38. (A) You can use the coupon anytime.
(B) I always appreciate them.
(C) Someone can help you out.
(D) We haven't read your latest comments yet.

Questions 39-42 refer to the following e-mail.

To: Steven Kowalski <stevenk@homemail.com>
From: Customer Service <customerservice@waltons.com>
Subject: [Re] Your Order
Date: July 12

Dear Mr. Kowalski,

Thank you for making an online order from Walton's. You have been a ------- customer of ours for
39.
the past five years. We always appreciate your business.

We have all ------- one of the items you ordered. It is item number 59T-432 (men's blue long-
40.
sleeved button-down shirt). -------.
41.

We are going to mail the items we have in stock today. When the ------- item arrives, we will send
42.
it by express mail. There will be no delivery fee for that item.

Sincerely,

Janet Hoskins

Customer Service

Walton's

---

39. (A) value
    (B) valuing
    (C) values
    (D) valuable

40. (A) but
    (B) and
    (C) however
    (D) therefore

41. (A) This item has already been mailed to
        you.
    (B) It is currently out of stock until next
        week.
    (C) You can purchase it for a cheaper price.
    (D) You'll be happy to know it just arrived
        here.

42. (A) some
    (B) few
    (C) other
    (D) another

GO ON TO THE NEXT PAGE

Questions 43-46 refer to the following notice.

Election to Be Held on May 16

All city residents should be aware of the ------- election being held on Tuesday, May 16. The
                                              43.
election is for the mayor of our city. It is being held since Mayor Erwin Galt ------- due to health
                                                                                  44.
reasons in February.

Residents may vote at City Hall or at other polling places. -------. Voting begins at 6:00 A.M. and
                                                            45.
ends at 10:00 P.M. To register to vote, visit City Hall no later than May 15. Residents who register

on May 16 will not be ------- to vote in the election.
                      46.

---

43. (A) special
    (B) specials
    (C) specialism
    (D) specialty

44. (A) resigns
    (B) has resigned
    (C) resigned
    (D) was resigned

45. (A) Call 684-9004 to find out where you can
        vote.
    (B) Remember to vote for the mayor and
        the city council.
    (C) This was one of the closest elections in
        history.
    (D) You can register online at the city's Web
        site.

46. (A) demanded
    (B) insisted
    (C) permitted
    (D) acquired

PART 7

Directions: In this part you will read a selection of texts, such as magazine and newspaper articles, e-mails, and instant messages. Each text or set of texts is followed by several questions. Select the best answer for each question and mark the letter (A), (B), (C), or (D) on your answer sheet.

Questions 47-48 refer to the following e-mail.

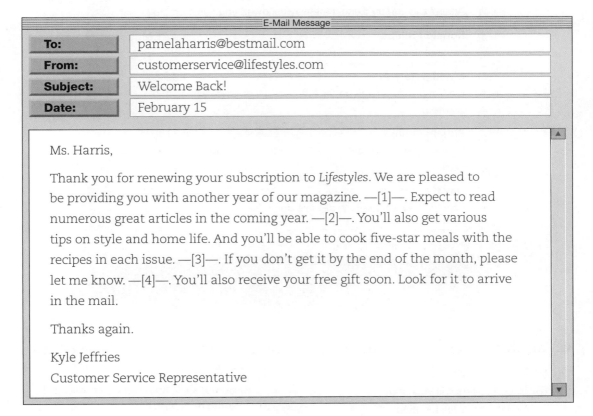

E-Mail Message

To: pamelaharris@bestmail.com
From: customerservice@lifestyles.com
Subject: Welcome Back!
Date: February 15

Ms. Harris,

Thank you for renewing your subscription to *Lifestyles*. We are pleased to be providing you with another year of our magazine. —[1]—. Expect to read numerous great articles in the coming year. —[2]—. You'll also get various tips on style and home life. And you'll be able to cook five-star meals with the recipes in each issue. —[3]—. If you don't get it by the end of the month, please let me know. —[4]—. You'll also receive your free gift soon. Look for it to arrive in the mail.

Thanks again.

Kyle Jeffries
Customer Service Representative

---

47. According to the e-mail, what is NOT featured in *Lifestyles*?

(A) Style tips
(B) Cooking instructions
(C) Exercise advice
(D) Articles

48. In which of the sentences marked [1], [2], [3], and [4] does the following sentence best belong?

"Your next one should arrive in a week."

(A) [1]
(B) [2]
(C) [3]
(D) [4]

GO ON TO THE NEXT PAGE

Questions 49-50 refer to the following text message.

Ronald Phillips	4:29 P.M.
Dave, the air conditioner in the office stopped working ten minutes ago.	
David Jefferson	4:31 P.M.
Again? Did you try fixing it the way I showed you this morning?	
Ronald Phillips	4:32 P.M.
Yes, but that didn't work. Can you come here to look at it?	
David Jefferson	4:35 P.M.
I'm fixing a leaky pipe on the fifth floor. I'll go there when I'm finished.	
Ronald Phillips	4:37 P.M.
When do you think that will be? People are complaining about the heat.	
David Jefferson	4:39 P.M.
I couldn't tell you. Let me get this done first.	

Send

49. Why did Mr. Phillips write to Mr. Jefferson?

(A) To file an official complaint
(B) To confirm he will visit soon
(C) To ask about his location
(D) To report a broken machine

50. At 4:39 P.M. why does Mr. Jefferson write, "I couldn't tell you"?

(A) He does not know when he will finish some repairs.
(B) He does not know where he needs to go.
(C) He does not know how to give instructions on the phone.
(D) He does not know where a spare part is.

Gerald Lombardi	[9:57 A.M.]	I'm going to rearrange some displays before we open.
Horace Barnes	[9:59 A.M.]	Did Ms. Ito tell you to do that?
Gerald Lombardi	[10:01 A.M.]	Yeah, she wants the clothes for fall near the front.
Linda Watson	[10:02 A.M.]	We're going to open in half an hour. Can you finish everything by then?
Gerald Lombardi	[10:03 A.M.]	I doubt it. I've never done this before and don't know what I'm supposed to do.
Linda Watson	[10:04 A.M.]	Give me five minutes. I did the same thing last spring, so I know what Ms. Ito likes.
Amy Cho	[10:05 A.M.]	I'll lend you a hand as well. I enjoy doing this type of thing.

Send

51. Where do the writers most likely work?

(A) At a bookstore
(B) At a pharmacy
(C) At a warehouse
(D) At a clothing store

52. What will Ms. Cho do next?

(A) Meet Ms. Ito
(B) Work on a display
(C) Let customers in
(D) Consult a Web site

53. At 10:03 A.M., what does Mr. Lombardi mean when he writes, "I doubt it"?

(A) The business will not open until later.
(B) Ms. Ito cannot provide any instructions.
(C) He cannot complete a task in time.
(D) There is no time for him to wait.

GO ON TO THE NEXT PAGE

Morrison Completes Journey

Los Angeles (September 1) – After nearly one year, retired teacher Joseph Morrison finally completed his bicycle ride across the country. —[1]—. He started in New York City last year in October. He then headed west. —[2]—. His route took him through 29 states. He wasn't able to complete the journey as fast as he wanted. —[3]—. But he still raised plenty of money for charity. During his ride, more than $3.2 million was contributed to his foundation. —[4]—. Mr. Morrison was asked what he intends to do next. He said, "Get some rest. Then, I'm going to start bicycling back east."

54. What did Mr. Morrison do last October?

(A) Began a bicycling trip
(B) Quit his job
(C) Donated some money
(D) Recovered from an illness

55. What is suggested about Mr. Morrison?

(A) He is a professional cyclist.
(B) He suffered an injury while cycling.
(C) He will cycle to New York City.
(D) He is looking for teaching work.

56. In which of the sentences marked [1], [2], [3], and [4] does the following sentence best belong?

"The money will go to support cancer research."

(A) [1]
(B) [2]
(C) [3]
(D) [4]

Do Your Banking with Gold Star Bank

Gold Star Bank is opening a new branch in Mumford. The branch will be located at 98 Watertown Drive. It is right across the street from the Hillsdale Shopping Center and near the Calico Gas Station. Gold Star Bank has been serving the people of Mumford for more than forty years. To celebrate the opening of our new branch, we are offering special interest rates for new customers. Inquire at the bank for more details. Gold Star Bank offers all kinds of financial services. These include home, automobile, and business loans. We also sell gold and silver bullion. Call 374-4737 for more details.

57. For whom is the advertisement most likely intended?

(A) New customers
(B) International clients
(C) People who need personal loans
(D) People who need student loans

58. Where is Gold Star Bank going to be?

(A) In the Hillsdale Shopping Center
(B) Beside the Calico Gas Station
(C) On Watertown Drive
(D) Outside the city of Mumford

59. What is Gold Star Bank offering some customers?

(A) Discounts on gold bullion
(B) Refinancing on home loans
(C) Online banking services
(D) Special interest rates

GO ON TO THE NEXT PAGE

Questions 60-62 refer to the following memo.

To: Marketing Staff Members
From: Carl Martin
Re: Commercial

We have finally received approval to advertise our products on television. This is a wonderful development. CEO Roberts budgeted $22,000 for the development of the commercial. We need to come up with ideas for the ad. Everyone should start brainstorming immediately. We'll have a meeting regarding this tomorrow at 1:00 P.M. Let's meet in room 416. Be sure to have some ideas to discuss. I want to hear every idea you have. If we do a good job on this ad, I'm sure we'll be allowed to do more. Let's make the most of this opportunity.

60. What most likely is Carl Martin's job?

(A) A company CEO
(B) A commercial director
(C) A television advertiser
(D) A Marketing Department employee

61. According to the memo, what will happen tomorrow?

(A) A meeting will be held.
(B) A commercial will be broadcast.
(C) An advertisement will be filmed.
(D) A CEO will be advised.

62. What is suggested about Carl Martin?

(A) He has previous experience in the TV industry.
(B) He intends to film a commercial.
(C) He is going to lead a brainstorming session.
(D) He has some ideas on how to film an ad.

October 17

Dear Mr. Lewis,

Thank you for applying for a credit card from Rockwell Bank. We are pleased to tell you that your application was approved. Please find enclosed with this letter a Rockwell Bank Gold Card.

Your credit limit is $2,500. You have a cash advance limit of $500. Be sure to read the booklet that accompanies this letter. That way, you can learn about all of the benefits of your new credit card.

You need to call 1-800-555-2928 to activate your card. It should only take about five minutes of your time. You can also select a PIN at that time. Our operators are standing by 24 hours a day. So feel free to call anytime.

Sincerely,

Chandra Nelson

Customer Service Representative
Rockwell Bank

---

63. What was sent with the letter?

(A) A booklet
(B) A coupon
(C) A bill
(D) A voucher

64. What is true about Mr. Lewis's credit card?

(A) It has a credit limit of $500.
(B) It is a platinum card.
(C) It can be used for cash advances.
(D) It earns mileage for him.

65. What does the letter encourage Mr. Lewis to do?

(A) Keep his PIN secret from others
(B) Use his card only in emergencies
(C) Spend 5 minutes reading a Web site
(D) Call a number to activate his card

GO ON TO THE NEXT PAGE

The Hampton Ski Resort is reopening for the winter season. The resort will open on November 5 this year. It will remain open until there is no more snow on the ground.

During the summer, the resort underwent some renovations. All of the 140 rooms at the resort have been improved. There are also now 12 suites available for rent. Individuals can make reservations by calling 673-1935. Or they can go online to the resort's Web site at www.hamptonskiresort.com.

The Hampton Ski Resort provides quality skiing for the tristate area. Skiers can rent equipment and get instruction in skiing and snowboarding. Non-skiers can hike on the many paths around the resort. The Hampton Ski Resort is a great place for families and single individuals.

66. According to the advertisement, what is going to happen on November 5?

(A) Renovations will be completed.
(B) Reservations will be accepted.
(C) A resort will be opened.
(D) The first snow will fall.

67. What is mentioned about the Hampton Ski Resort?

(A) It has 12 ski slopes.
(B) Its rooms have been made better.
(C) It sponsors a ski competition.
(D) Its Web site is not functioning yet.

68. What is suggested about people who do NOT ski?

(A) They should not visit the resort.
(B) They can enjoy the resort's restaurant.
(C) They can do other outdoor activities at the resort.
(D) They can learn how to ice skate at the resort.

```
                                    E-Mail Message
  To:        Jermaine Wilson <jermainew@bradbury.com>
  From:      Tom Comstock <tcomstock@powers.com>
  Subject:   Missing Document
  Date:      April 7
```

Dear Mr. Wilson,

I just received the documents you sent me by courier. Thank you for sending them promptly. Unfortunately, it appears you forgot to send something. I requested a copy of the files for the Holder project. But they were not included. Could you please send them as soon as possible? I need to look at them before I can make a decision.

I tried calling your office, but nobody answered the phone. That is why I am e-mailing you. I would appreciate your calling me once you read this message. I need to know when to expect the files. My number is 404-2387 (extension 39). I will be in my office the rest of the day. I'll be waiting for your call.

Sincerely,

Tom Comstock

69. Why did Mr. Comstock send the e-mail to Mr. Wilson?

(A) To request additional documents
(B) To discuss an upcoming meeting
(C) To offer to pay for a courier
(D) To apologize for making a mistake -

70. What is indicated in the e-mail?

(A) Mr. Wilson works at Mr. Comstock's firm.
(B) Mr. Comstock telephoned Mr. Wilson.
(C) Mr. Comstock and Mr. Wilson are both lawyers.
(D) Mr. Wilson sent Mr. Comstock an e-mail.

71. What is suggested about Mr. Comstock?

(A) He has not met Mr. Wilson in person.
(B) He is the leader of the Holder project.
(C) He is expecting Mr. Wilson's call today.
(D) He has a meeting scheduled in the afternoon.

GO ON TO THE NEXT PAGE

MEMO

To: All Employees
From: Marge Westin, Security Office
Re: Office Security

Last night, the police apprehended an individual attempting to break into the R&D building. Fortunately, the person did not gain access to the building. However, this is the third attempted break-in in the past four months.

As a result, we are going to increase security measures here. We are currently installing a fence around the entire facility. We will be hiring some security guards. And we are going to install security cameras on the premises. The cameras will be inside and outside the facility. Finally, we will issue ID cards to all employees. These will be used for identification. They will also be used to lock and unlock doors.

I will send more information regarding these changes later in the week.

72. What is the memo mainly about?

   (A) How to protect oneself from thieves
   (B) Some new ways security will be improved
   (C) The features of the new ID cards
   (D) Where the new cameras are going to be

73. The word "apprehended" in paragraph 1, line 1, is closest in meaning to

   (A) observed
   (B) missed
   (C) suspected
   (D) caught

74. According to the memo, what will the ID cards be used for?

   (A) Getting into the parking lot
   (B) Opening doors
   (C) Gaining lab access
   (D) Locking the front gate

75. Who most likely is Ms. Westin?

   (A) A police officer
   (B) A security expert
   (C) An R&D employee
   (D) A secretary

GO ON TO THE NEXT PAGE

The Greenbrier Language Center:
The Best Place for Learning a Foreign Language

The Greenbrier Language Center offers all kinds of classes. Students can choose from more than 50 foreign languages to learn. All of our instructors are native speakers. But they are also fluent in English.

You can take one-on-one classes. You can take classes for two students. Or you can take one of our small classes (5 students), medium classes (10 students), or large classes (15 students). We teach classes during the morning, afternoon, evening, and night. So there is always time for you to learn.

We offer the cheapest rates in town. But we provide the best quality. Call 607-4538 for more information. Or visit us at 39 Butler Street.

E-Mail Message

To: Emily Carter <ecarter@personalmail.com>
From: Joe Wilson <j_wilson@mymail.com>
Subject: Chinese
Date: August 23

Emily,

Remember that you mentioned you wanted to learn Chinese for school? Well, I recently saw something you might be interested in. The Greenbrier Language Center offers classes in Chinese. I saw an advertisement for the center. I got in touch with a person there and asked about classes. She said the Chinese teacher is excellent.

I just found out I am getting transferred to Hong Kong this winter. So I am going to enroll in a small class there. Why don't we take the class together? We can probably have fun and learn quickly. Call me back tonight. I need to register for the class by tomorrow at noon.

Joe

76. What is NOT mentioned about the Greenbrier Language Center?

(A) It offers private classes.
(B) Its fees are not expensive.
(C) It hires native speakers as teachers.
(D) It has some online classes.

77. What does the advertisement encourage interested people to do?

(A) Visit the center's Web site
(B) Request an application form
(C) Write for a free brochure
(D) Go to the center in person

78. What is the purpose of the e-mail?

(A) To encourage a person to take a class
(B) To request more information
(C) To discuss a foreign language
(D) To provide information on a schedule

79. Why is Mr. Wilson going to learn Chinese?

(A) He needs to know it for work.
(B) He is majoring in it at school.
(C) His family lives in Hong Kong.
(D) He enjoys learning foreign languages.

80. Which class is Mr. Wilson most likely to take?

(A) The private class
(B) The two-person class
(C) The five-person class
(D) The 10-person class

GO ON TO THE NEXT PAGE

Questions 81-85 refer to the following invitation and e-mail.

All members of the Centerville Book Club are invited to a special event. On Monday, May 30, novelist Doug Harper is going to be at the Centerville Library. He is going to give a talk about his most recent book. He will also talk about life as a bestselling novelist. Reservations for this event are required. There are only 150 spaces available. Members of the book club have until Tuesday, May 24, to reserve a seat for the event. Call Ann King at 583-0185 to let her know you will be attending.

E-Mail Message

To: Joe Jenkins <joejenkins@cbc.org>
From: Carol Thomas <carolthomas@mymail.com>
Subject: Doug Harper
Date: Sunday, May 22

Joe,

Thanks so much for the invitation to Doug Harper's talk. I'm really looking forward to hearing him speak about *The Walking Shadows*. I loved that book. And I'm currently reading another of his books right now. I think he's one of the best fantasy writers of our time.

Is it possible for us to bring a guest? There was no mention of that in the invitation. I would like to bring my next-door neighbor, Bill Henry. He has read all of Doug's books and loves them. What do you think? Is it all right to reserve a seat for him as well? I hope so. It will make my friend extremely happy. I'd love an e-mailed response by tomorrow. I need to call Ms. King to reserve a spot soon.

Sincerely,

Carol Thomas

81. What does the invitation explain?

    (A) How much an event costs
    (B) How to reserve tickets
    (C) How long an event will last
    (D) How to get to the library

82. In the invitation, the word "spaces" in line 6 is closest in meaning to

    (A) rooms
    (B) times
    (C) seats
    (D) people

83. What is suggested about *The Walking Shadows*?

    (A) It is a textbook.
    (B) It is a bestseller.
    (C) It is a children's book.
    (D) It is a new novel.

84. Why did Ms. Thomas write the e-mail?

    (A) To reserve a ticket
    (B) To order a book
    (C) To ask a question
    (D) To discuss a novel

85. Who most likely is Ms. Thomas?

    (A) A librarian
    (B) A professional writer
    (C) Mr. Jenkins's neighbor
    (D) A book club member

GO ON TO THE NEXT PAGE

Lakeside Realty
875 Mercer Road, Montgomery, AL

Here are some available residences. Visit our office to learn more about them and other similar ones.

48 Blossom Street: 3 bedrooms; 2 bathrooms; large backyard; close to elementary school and park; quiet neighborhood; for sale ($94,000) or rent ($1,500/month)

91 Third Avenue: 2 bedrooms; 1 bathroom; second floor of 10-story building; located downtown; near public transportation; $89,000

125 Washington Lane: 4 bedrooms; 2 bathrooms; swimming pool; near state park; 35 minutes from downtown; $130,000

77 Kenmore Road: 3 bedrooms; 3 bathrooms; near university; bus stop across street; great shopping and restaurants; $76,000

November 21

Dear Sir/Madam,

My name is Gilbert Martin. My family and I will be moving from Nashville to Montgomery next February. We need to find a house before then. There are four of us: my wife, two sons, and me. My sons are in fourth grade and first grade. We need at least three bedrooms. I will be flying to Montgomery on December 10. I hope I can meet you then. Could you please have some places ready to show me then?

Sincerely,

Gilbert Martin

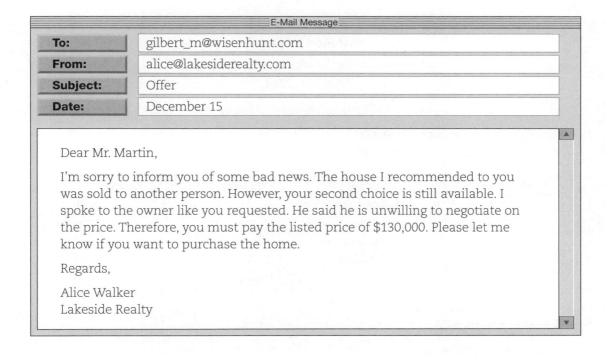

E-Mail Message

To: gilbert_m@wisenhunt.com
From: alice@lakesiderealty.com
Subject: Offer
Date: December 15

Dear Mr. Martin,

I'm sorry to inform you of some bad news. The house I recommended to you was sold to another person. However, your second choice is still available. I spoke to the owner like you requested. He said he is unwilling to negotiate on the price. Therefore, you must pay the listed price of $130,000. Please let me know if you want to purchase the home.

Regards,

Alice Walker
Lakeside Realty

86. What is NOT mentioned about the home at 77 Kenmore Road?

(A) It is close to a school.
(B) It has eateries nearby.
(C) It is available to rent.
(D) It is on a bus route.

87. Why did Mr. Martin write the letter?

(A) To ask for help with a home loan
(B) To indicate his interest in housing
(C) To make an offer on a home
(D) To negotiate with an owner

88. What is indicated about Mr. Martin?

(A) He is married.
(B) His hometown is Montgomery.
(C) He works as a school teacher.
(D) He wants to rent a home.

89. What is the price of the home Ms. Walker most likely recommended?

(A) $76,000
(B) $89,000
(C) $94,000
(D) $130,000

90. Where is Mr. Martin's second choice located?

(A) At 48 Blossom Street
(B) At 91 Third Avenue
(C) At 125 Washington Lane
(D) At 77 Kenmore Road

GO ON TO THE NEXT PAGE

East Side Interior

844 Madison Avenue, Lansing, MI

(843) 281-2824

Customer: Wes Powell
Telephone Number: (843) 837-9200
Address: 78 Pine Road, Lansing, MI

Item Number	Description	Quantity	Price/Item
OT45	Oak Dining Table	1	$670
OC98	Oak Chair	4	$95
MW11	Maple Wardrobe	1	$1,200
PD23	Pine Dresser	1	$820
		Total	**$3,070**

Order Date: April 21
Delivery Date: April 27

Your order will be delivered between 10:00 A.M. and 12:00 P.M. To reschedule your delivery, please call the above number. There is no charge for delivery.

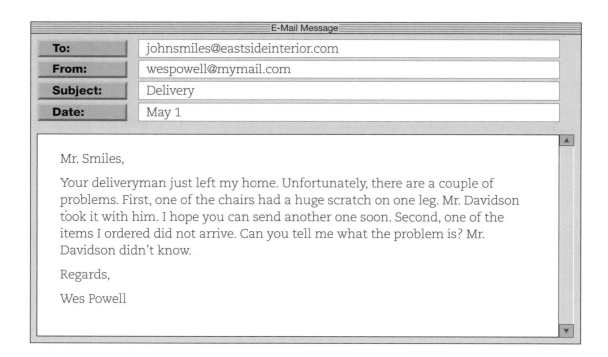

To:	johnsmiles@eastsideinterior.com
From:	wespowell@mymail.com
Subject:	Delivery
Date:	May 1

Mr. Smiles,

Your deliveryman just left my home. Unfortunately, there are a couple of problems. First, one of the chairs had a huge scratch on one leg. Mr. Davidson took it with him. I hope you can send another one soon. Second, one of the items I ordered did not arrive. Can you tell me what the problem is? Mr. Davidson didn't know.

Regards,

Wes Powell

To: wespowell@mymail.com
From: johnsmiles@eastsideinterior.com
Subject: Re: Delivery
Date: May 1

Mr. Powell,

I sincerely apologize for the problems. A new chair will be delivered tomorrow morning at 9:00. As for item number MW11, it is currently out of stock. I thought someone had informed you of that. It will be delivered this Friday. When is a good time to visit your home? Please let me know.

91. What is indicated on the invoice?

(A) Mr. Powell must pay for delivery.
(B) Mr. Powell's work and home address are the same.
(C) Mr. Powell paid for the items in cash.
(D) Mr. Powell lives in the same city the store is in.

92. What is suggested about Mr. Powell?

(A) He received a discount on his purchase.
(B) He changed the delivery date.
(C) He bought the items as gifts.
(D) He has ordered from the store before.

93. Who most likely is Mr. Davidson?

(A) A deliveryman
(B) A customer
(C) A store owner
(D) A carpenter

94. Which item will be delivered on Friday?

(A) Oak dining table
(B) Oak chair
(C) Maple wardrobe
(D) Pine dresser

95. What does Mr. Smiles request Mr. Powell do?

(A) Pay for his order
(B) Suggest a replacement item
(C) Get in contact with him
(D) Fill out a damage report

GO ON TO THE NEXT PAGE

Visit MTR Music and Win a Prize

MTR Music is having a special event this Saturday, July 29. Visit the store and sign up to win a prize. No purchase is necessary. Simply fill out a registration form. You will become a member of our customers club. Then, your name will be entered in a contest. You can win all sorts of prizes. We are giving away free CDs, DVDs, and posters. You can win coupons and gift certificates, too. The grand prize is a voucher for a free airplane ticket. You can use it to fly anywhere in the country.

To: Julia Barron
From: Kyle Henderson
Subject: Special Event

Yesterday's event was a tremendous success. We set a record for sales. We also had more than 600 people sign up for our customers club. We're sure to get more business as a result of this. Thanks so much for the idea. I'd like to compensate you for coming up with it. You will receive three extra days of paid vacation in August. Let me know when you'd like to use them.

July 31

Dear Ms. Allard,

Congratulations! You are the grand prize winner at MTR Music. Your name was selected from 631 entrants. You can come to the store anytime to collect your prize. Please be sure to bring two forms of picture ID. Ask to see Eric Thompson when you arrive.

Sincerely,

Kyle Henderson
Owner, MTR Music

96. According to the announcement, what is true about the event?

(A) Participants must provide personal information.
(B) Awards will be announced on the day of the event.
(C) All visitors will receive a free gift.
(D) Only paying customers can participate in it.

97. In the memo, the word "compensate" in line 3 is closest in meaning to

(A) accept
(B) reward
(C) announce
(D) please

98. What is indicated about MTR Music?

(A) The store has special events every month.
(B) It opened more than ten years ago.
(C) July 29 was its best day of business.
(D) It is located in a shopping mall.

99. What did Ms. Allard win?

(A) A gift certificate
(B) A poster
(C) A plane ticket
(D) A coupon

100. What does Mr. Henderson tell Ms. Allard to bring?

(A) Some identification
(B) Her membership card
(C) A receipt
(D) A credit card statement

Stop! This is the end of the test. If you finish before time is called, you may go back to Parts 5, 6, and 7 and check your work.

맨처음 토익

다락원 토익연구소 지음

정답 및 해설

기본편

RC

토익의 **기본기**를 **완성**시켜 드립니다!

- 토익에 꼭 필요한 **핵심 문법** 완벽 정리
- 문제 **유형별 학습 포인트** 및 **풀이 전략** 제시
- **최신 경향**을 반영한 파트별 **예상 적중 문제**

 다락원

맨처음 토익 기본편 RC

다락원

PARTS 5·6 단문 공란 채우기 / 장문 공란 채우기

Unit 01 | 적절한 품사 고르기

I 문장의 형식

기본기 체크업   p.019

Ⓐ

1 alternation → alternate
2 requirements → requires

1. 두 남자는 야간 근무조에서 순서대로 근무하며 교대할 계획이다.
2. 그 일자리는 모든 지원자에게 학사 학위를 소지할 것을 요구한다.

Ⓑ

1 (a) are hope → hope / are hoping
2 (b) resigning → to resign

1. 우리는 염두에 두고 있는 프로젝트가 승인 받게 되기를 바란다.
2. Gregory 씨는 연로해지고 있기 때문에 자신의 직위에서 물러날 것으로 예상된다.

Ⓒ

| 1 (b) | 2 (a) | 3 (c) | 4 (a) |

1. Patterson 씨는 마케팅 팀이 수행한 업무에 대해 찬성하는 입장을 표명했다.
   (a) approve
   (b) approval
   (c) approving
2. Sally는 학회에 가고 싶었지만, Jina가 대신 갔다.
   (a) instead
   (b) throughout
   (c) because
3. 새 인턴 사원은 사무실의 모든 것에 대해 끊임없이 질문을 하고 있다.
   (a) continual
   (b) continualness
   (c) continually
4. 이곳 실내가 너무 더우니 누군가 창문을 열어 주시겠어요?
   (a) open
   (b) be opened
   (c) opening

예상 적중 문제 01   p.020

MORE & MORE

1 (×) reproduced → reproduction / reproducing
2 (○)
3 (○)

1. 복제가 불가능한 동물들이 몇몇 있다.
2. 학생들은 오늘 신체의 생식 계통에 대해 배웠다.
3. 새로운 화폐는 복제될 수 없기 때문에, 아무도 위조할 수 없다.

어휘 be incapable of ~을 할 수 없다   reproductive system 생식계   currency 화폐, 통화   reproducible 복제할 수 있는   counterfeit 위조하다

예상 적중 문제 02   p.021

MORE & MORE

1 (○)
2 (○)
3 (×) easy → easiest

1. Walker 씨는 모든 질문에 쉽게 대답했다.
2. Carol Marlowe는 1차 면접을 쉽게 통과했다.
3. 샐러드는 가장 만들기 쉬운 음식들 중 하나다.

어휘 with ease 쉽게, 용이하게   pass 통과하다   interview 면접, 인터뷰   salad 샐러드

II 명사

기본기 체크업   p.025

Ⓐ

1 companies → company
2 contestant → contestants

1. Sullivan 씨는 오늘밤에 그녀의 집에서 손님을 맞을 것이다.
2. 프로그램의 모든 참가자들은 상당한 액수의 가치가 있는 상을 수상했다.

Ⓑ

1 (a) opens → openings
2 (a) appeared → appearance

1. 그곳의 경제가 발전해서 텍사스에 있는 기업들에 몇몇 지원 가능한 일자리들이 있다.
2. 갑작스러운 매니저의 등장으로 직원들이 일을 다시 시작해야 했다.

C

1 (a)	2 (c)	3 (b)	4 (a)

1. Jenkins 씨는 열심히 일하고 싶어 하는 조수를 필요로 한다.
   (a) need
   (b) needing
   (c) needed
2. Sam Walters는 수요일까지 남아 있던 글쓰기를 완료했다.
   (a) remains
   (b) remaining
   (c) remainder
3. 그 매장의 성공으로 주 전역에 체인점들이 문을 열었다.
   (a) franchise
   (b) franchises
   (c) franchising
4. 지원자들 중 누구도 그 직책에 필요한 자격을 갖추고 있지 않았다.
   (a) applicants
   (b) applications
   (c) applies

예상 적중 문제 03 p.026

MORE & MORE

1 (×) dedicate → dedication
2 (○)
3 (×) dedicative → dedication

1. 가족에 대한 Emily의 헌신에 모든 사람들이 놀라워했다.
2. 헌정자가 관중들에게 몇 마디 말을 했다.
3. 수년 동안 한 프로젝트에 관한 일을 하는 데 얼마나 많은 헌신이 필요한가?

어휘 amazed 놀란 audience 청중

예상 적중 문제 04 p.027

MORE & MORE

1 (×) trainee → trainees
2 (○)
3 (○)

1. 수업을 받는 교육생들이 여러 명 있다.
2. 많은 사람들이 소프트웨어를 사용하기 위한 교육을 받고 있다.
3. Powell 씨는 세계에서 가장 뛰어난 동물 조련사 중 한 명으로 여겨진다.

어휘 trainee 교육생 course 과정 consider 여기다, 간주하다

예상 적중 문제 05-08 p.028

MORE & MORE

1 (○)
2 (×) visits → visit
3 (○)

1. 그녀는 오래된 시계를 이전 상태로 복원하는 일을 하고 있다.
2. 그는 이번 주말에 고향에 계신 부모님을 방문할 것이다.
3. 방문자들은 정문을 통해 건물에 들어가야 한다.

어휘 restore 복원하다 condition 상태

Ⅲ 형용사와 부사

기본기 체크업 p.033

1 astronomy → astronomical
2 feasibility → feasible

1. 그 생명 공학 기업은 천문학적인 액수에 매각되었다.
2. 당신은 이 문제를 해결하기 위한 실행 가능한 계획을 갖고 있나요?

B

1 (b) considerably → considerable
2 (a) particularly → particular

1. Lincoln 씨는 은행에 상당한 양의 돈을 대출해 달라고 요청했다.
2. 실험실 내의 특별한 일은 실험실 조교 중 한 명에 의해 항상 문서로 기록되었다.

C

1 (c)	2 (a)	3 (b)	4 (b)

1. 그 경기는 지금부터 대략 20분 뒤에 시작할 예정이다.
   (a) rough
   (b) rougher
   (c) roughly
2. 세미나에서 몇몇 연사들이 마케팅의 다양한 측면에 대해 이야기할 것이다.
   (a) various
   (b) variety
   (c) vary
3. 내일 낮 12시부터 밤 12시 무렵까지 많은 비가 내릴 것이다.
   (a) heavily
   (b) heavy
   (c) heaviness
4. 공석이 생기면 나중에 연락 드릴 것입니다.
   (a) avail

(b) available

(c) availably

MORE & MORE

1 (O)

2 (×) lead → leader

3 (O)

1. 그는 회사에서 중요한 팀을 이끌고 있다.

2. 그녀는 그 그룹의 리더가 누구인지 모른다.

3. JD 사는 업계에서 선도적인 기업이다.

MORE & MORE

1 (×) successive → successful

2 (O)

3 (O)

1. 열심히 일하면 성공할 수 있다.

2. 그들이 계약서에 동의했으므로 회의는 성공적이었다.

3. 그녀는 자신의 성공을 그녀의 멘토인 Perkins 씨의 공으로 돌렸다.

어휘 contract 계약 credit A to B A를 B의 공으로 돌리다
successfulness 성공, 출세 mentor 멘토

Ⅳ 구와 절

A

1 to → that

2 although → in spite of / despite

1. 우리는 더 많은 직원들이 대중교통을 이용하기 시작하기를 바란다.

2. 좋지 않은 경제 상황에도 불구하고 팀원들은 가까스로 목표를 달성
했다.

B

1 (a) Despite → Although

2 (a) consequently → because

1. Henry 씨는 이곳에서 10년 동안 근무했지만, 많은 다른 직원들은
그가 누구인지 모른다.

2. 직원들은 업무를 잘 수행했고 회사가 수익을 창출하는 데 도움이
되었기 때문에 상여금을 받았다.

C

1 (c)   2 (b)   3 (a)   4 (a)

1. 상점 주인과 간략히 논의를 한 뒤, 저널리스트는 기사 쓸 준비를
마쳤다.

(a) discuss

(b) discusses

(c) discussion

2. 만약 날씨가 나빠지면 야외 음악회는 연기될 것이다.

(a) and

(b) if

(c) however

3. 우리는 현재 공석이 없어서 다음 달에 사람들을 고용할 것이다.

(a) so

(b) because

(c) but

4. Shaw 씨에게 당신이 게시판에 올리고자 하는 것을 보여 주세요.

(a) what

(b) whether

(c) if

MORE & MORE

1 (O)

2 (O)

3 (×) investors → investment

1. 현명한 투자는 가격이 낮을 때 금을 사두는 것이다.

2. Lakewood 씨는 해외 시장에 투자한다.

3. Jay는 소규모 컴퓨터 회사에 투자했다.

어휘 purchase 구입하다 foreign market 해외 시장

MORE & MORE

1 (O)

2 (×) convenient → convenience

3 (O)

1. 인터넷 쇼핑은 많은 사람들이 좋아하는 편리한 것이다.

2. 모퉁이에 있는 편의점은 밤새 문을 연다.

3. Karen은 자신의 편의대로 회의에 일찍 도착해야 한다는 사실을
잊었다.

어휘 convenience store 편의점 corner 모퉁이, 코너 forget
to ~해야 할 것을 잊다

MORE & MORE

1 (O)

2 (O)

3 (×) subscription → subscribe

1. 몇몇 파일들이 Thompson 씨에 의해 요청되었다.

2. 대다수의 주민들은 새로운 세금에 반대하는 투표를 했다.

3. 그녀는 다음 달에 신문을 구독할 계획이다.

어휘 a majority of 대다수의 resident 거주자 vote 투표하다

Unit 01 | 연습 문제 p.044

1	(C)	2	(A)	3	(B)
4	(D)	5	(A)	6	(D)
7	(C)	8	(C)	9	(A)
10	(C)	11	(A)	12	(B)
13	(B)	14	(C)	15	(D)
16	(D)	17	(B)	18	(A)
19	(B)	20	(C)	21	(A)
22	(C)	23	(A)	24	(C)

PART 5

1

Tyson 씨는 공사 현장에서 사고가 일어나지 않기를 바란다.

(A) prevent

(B) preventing

(C) to prevent

(D) has prevented

어휘 prevent A from B A가 B하는 것을 예방하다 accident 사고 occur 일어나다, 발생하다 construction site 공사 현장, 건축 부지

해설 빈칸에는 동사 hopes(바라다)와 어울리는 목적어가 들어가야 한다. hope는 to부정사를 목적어로 취하는 동사이기 때문에 정답은 (C)의 to prevent가 된다. 동사인 (A)와 (D)는 목적어로 쓰일 수 없고, 동명사인 (B)는 hope의 목적어가 될 수 없다.

2

패스워드를 올바르게 입력하지 않으면, 계정에 접근할 수 없다.

(A) access

(B) accessing

(C) accessible

(D) accession

어휘 type 타자를 치다, 입력하다 correct 올바른 password 암호, 패스워드 gain access to ~에 접근하다 account 계정 accessible 접근할 수 있는

해설 빈칸에는 동사 gain의 목적어가 될 수 있는 명사가 들어가야 하므로 (A)와 (D) 중에서 정답을 고른다. '패스워드를 올바르게 입력하지 않으면, 계정에 대한 OO을 얻을 수 없다'는 의미가 되어야 하므로, 빈

칸에는 '접근' 또는 '접근권'이라는 의미를 가진 (A)의 access가 들어가는 것이 가장 적절하다. (B)의 accessing은 '접근하는 것'이라는 의미의 동명사로 쓰이거나 '접근하는'이라는 형용사로 쓰이기 때문에 어느 경우라도 정답이 될 수 없다. (D)의 accession(가입)은 명사이기는 하지만 의미상 문맥과 어울리지 않는다.

3

시민들은 선거 공약을 어긴 정치인에게 분노를 느끼게 되었다.

(A) politics

(B) politician

(C) political

(D) politically

어휘 upset 속상한, 화가 난 politician 정치인 break 깨다; 위반하다, 어기다 campaign promise 선거 공약 politics 정치; 정계 political 정치적인

해설 빈칸 앞에 정관사 the가 있으므로 명사인 (A)와 (B) 중에서 정답을 고른다. 문맥상 '시민들은 자신의 선거 공약을 위반한 OO에게 분노를 느꼈다'라는 내용이 되어야 한다. 따라서 빈칸에는 his가 가리키는 대상이 되는 동시에 '자신의 선거 공약'(his campaign promises)을 위반한 '사람'이 들어가야 함을 알 수 있다. 인칭대명사인 his가 가리킬 수 있는 대상은 보기 중 '정치인'이라는 의미의 politician뿐이므로 (B)가 정답이다.

4

걱정이 된 경비는 문을 잠그는 버튼을 반복해서 눌렀다.

(A) repeat

(B) repeats

(C) repeated

(D) repeatedly

어휘 worried 걱정하는 guard 경비 repeat 반복하다 repeatedly 반복해서

해설 빈칸을 제외하더라도 완전한 문장이 성립되므로 빈칸은 부사가 와야 하는 자리이다. 보기 중에서 부사는 repeatedly뿐이므로 정답은 (D)이다.

5

환자는 병원에서 의사에게 자신이 지금 복통이 있다고 말했다.

(A) upset

(B) upsetting

(C) upsets

(D) upsettingly

어휘 stomach 위 upset (위장이) 불편한

해설 빈칸 앞에 부정관사인 an이 있고 빈칸 뒤에는 명사 stomach가 있으므로 형용사를 정답으로 골라야 한다. 보기 중에서 형용사는 (A)의 upset과 (B)의 upsetting인데, upsetting은 '속상하게 하는'이라는 의미이다. 정답은 '불편한'이라는 의미인 (A)의 upset이다. 'upset stomach'는 '배탈'이라는 의미이다.

6

Hemingway 씨는 자신의 역사 수업에서 과거에 대해 배우는 것을 아주 재미있게 했다.

(A) fascinate

(B) fascinatingly

(C) fascinated

(D) fascinating

어휘 fascinated 매료된 fascinating 아주 재미있는

해설 주어진 문장은 5형식 문장으로, 빈칸은 문장의 동사인 make의 보어가 와야 하는 자리이다. 따라서 형용사인 (C)와 (D) 중에서 정답을 고른다. 빈칸 앞의 it은 가목적어이며 진목적어는 빈칸 뒤의 to부터 문장의 마지막까지인데, 이는 '역사 수업에서 과거에 대해 배우는 것'이라는 의미이다. 따라서 '매료된'이라는 의미의 fascinated가 아닌 '아주 재미있는'이라는 뜻의 fascinating이 정답이 된다.

7

서점의 선반 위에 진열된 책들은 이번 주말에 할인된다.

(A) display

(B) displayer

(C) **displayed**

(D) to display

어휘 shelf 선반 on sale 판매되는; 할인 중인 display 진열하다

해설 문장의 구조를 파악하여 풀어야 하는 문제이다. 빈칸부터 shelf까지는 주어인 the books를 수식하는 형용사구인데, '선반 위에 진열된'이라는 수동의 의미가 되어야 하므로 정답은 과거분사인 (C)의 displayed이다.

8

소매점에서 판매되는 대부분의 물품들은 다른 나라에서 온 것이다.

(A) sell

(B) to sell

(C) **sold**

(D) seller

어휘 retail store 소매점

해설 문장의 구조를 파악해 보면, 주어는 most of the items이고 동사는 are이다. 빈칸부터 store까지는 주어인 items를 수식하는 수식어구인데, 물품이 판매된다는 수동의 의미이므로 정답은 (C)의 sold이다.

9

비서들 중 한 명이 Coffey 씨의 여행 준비를 처리해 줄 것이다.

(A) **travel**

(B) traveler

(C) traveled

(D) travels

어휘 secretary 비서 handle 처리하다 travel arrangement 여행 준비

해설 문맥상 빈칸에는 '여행 준비'라는 의미가 들어가야 하는데, 이러한 의미는 복합 명사인 travel arrangement로 나타낸다. 정답은 (A)이다.

10

우려하는 시민들의 항의에도 불구하고 건설 공사가 예정대로 시작되었다.

(A) concern

(B) concerning

(C) **concerned**

(D) to concern

어휘 despite ~에도 불구하고 protest 항의 construction 건설 on schedule 예정대로

해설 concern은 동사로 '우려하게 만들다'는 뜻이다. 따라서 빈칸 뒤의 citizens(시민들)를 수식하려면 과거분사인 (C)의 concerned(우려하는)가 사용되어야 한다. 참고로 (B)의 concerning은 '우려하게 만드는'이라는 뜻의 형용사로 쓰일 수 있지만, '~에 관한'이라는 뜻의 전치사로도 사용될 수 있다.

11

극심한 교통 정체 때문에 시 공무원들은 운전자들에게 Westside 몰을 피해서 갈 것을 촉구하고 있다.

(A) **heavy**

(B) heavily

(C) heaviness

(D) heavies

어휘 official 관리, 공무원 urge 촉구하다, 재촉하다

해설 명사인 traffic을 수식하는 형용사로서 '많은 교통량' 또는 '교통 정체'라는 표현을 완성시킬 수 있는 것은 (A)의 heavy뿐이다.

12

현재 온라인으로 제품을 주문하는 것은 10년 전보다 훨씬 더 쉽다.

(A) easy

(B) **easier**

(C) easiest

(D) easily

해설 much(훨씬)의 수식을 받으면서 '~보다'라는 의미인 than과 함께 어울려 사용될 수 있는 것은 비교급 밖에 없다. 따라서 정답은 easy의 비교급 형태인 (B)의 easier이다.

13

교내 재활용 프로그램은 어느 누구의 예상보다도 잘 작동하고 있다.

(A) anything

(B) **anyone**

(C) anywhere

(D) anyway

해설 빈칸에는 had expected(예상했다)의 주어가 될 수 있는 단어가 들어가야 하기 때문에, 정답은 사람을 가리키는 단어인 (B)의 anyone이다.

14

안전과 관련된 모든 규정들이 정확히 지켜져야 한다는 점이 중요하다.

(A) precise

(B) preciseness

(C) **precisely**

(D) precision

어휘 regulation 규정 regarding ~와 관련된 precisely 정확히

해설 빈칸에는 followed를 수식할 수 있는 부사가 들어가서 '정확히 지켜져야 한다'는 의미가 완성되어야 한다. 따라서 정답은 (C)의 precisely(정확하게)이다.

15

학회에 참가할 생각이 있다면 미리 등록을 해야 한다.

(A) advances

(B) advancing

(C) advanced

(D) advance

어휘 necessary 필요한 in advance 미리, 앞서 intend to ~할 의향이다

해설 빈칸 앞에 전치사가 있으므로 명사인 (D)의 advance가 정답이다. in advance는 '미리' 또는 '앞서'라는 의미이다.

16

센터빌의 대중 교통 시스템은 꾸준히 향상되어 왔다.

(A) steady

(B) steadiness

(C) steadier

(D) steadily

어휘 public transportation 대중 교통 steadily 꾸준하게

해설 주어진 문장은 빈칸에 들어갈 단어가 없이도 완벽한 의미를 전달할 수 있기 때문에, 빈칸에는 improving을 수식할 수 있는 부사가 들어가야 한다. 따라서 정답은 (D)의 steadily(꾸준히)이다.

PART 6

[17-20]

Larry's 제과점

아는 사람의 생일이 다가오고 있나요? 그렇다면 Larry's 제과점에서 생일 케이크를 구입하는 것이 어떨까요? 저희는 모든 맛의 케이크를 판매합니다: 바닐라, 초콜릿, 딸기 케이크 등이 있습니다.

저희는 주문 제작 방식의 케이크를 전문으로 합니다. 원하시는 것을 말씀하시면 저희가 만들 수 있습니다. 가격 역시 경쟁업체들보다 낮습니다. **12시간 전에만 미리 알려 주시면 작업을 할 수 있습니다.**

케이크의 사진을 보기 위해서는 저희 웹사이트인 www.larrysbakery.com을 방문해 주세요. 온라인으로도 케이크 구입이 가능합니다.

어휘 flavor 맛, 풍미 specialize in ~을 전문으로 하다, ~에 특화되다 custom-made 주문 제작 방식의 think of ~에 대해 생각하다 competitor 경쟁자, 경쟁 업체 notice 통지, 알림 concentrate 집중하다 focus 초점을 맞추다

17

(A) flavor

(B) flavors

(C) flavoring

(D) flavored

해설 보기 중에서 빈칸 앞의 형용사 all(모든)과 어울려 쓰이면서 동시에 전치사구 of cakes의 수식을 받을 수 있는 것은 복수 명사인 (B)의 flavors(맛)뿐이다.

18

(A) specialize

(B) concentrate

(C) focus

(D) research

해설 주어진 문장은 문맥상 '우리는 주문 제작 방식의 케이크를 전문으로 한다'는 내용이 되어야 한다. 따라서 정답은 (A)의 specialize(전문으로 하다)이다. 참고로 (B)의 concentrate는 '집중하다', (C)의 focus는 '초점을 맞추다', 그리고 (D)의 research는 '연구하다'라는 뜻이다.

19

(A) low

(B) lower

(C) lowest

(D) lowly

해설 빈칸 뒤에 비교를 나타내는 표현인 than(~보다)이 있으므로 빈칸에는 비교급이 들어가야 한다. 따라서 정답은 low(낮은)의 비교급 형태인 (B)의 lower이다.

20

(A) 저희는 모든 종류의 컵케이크, 쿠키, 빵을 만들 수 있습니다.

(B) 다양한 스타일의 케이크를 고르실 수 있습니다.

(C) 12시간 전에만 미리 알려 주시면 작업을 할 수 있습니다.

(D) 값이 가장 저렴한 것은 아니지만, 분명 저희가 최고입니다.

해설 빈칸이 있는 단락은 주문 제작 방식의 케이크에 대해 광고하고 있는 부분이다. 따라서 직접적으로 주문 제작 절차를 언급하고 있는 (C)가 정답이다. 해당 업체가 케이크 제조를 전문으로 한다는 점에서 (A)는 사실과 다른 내용이며, (B)는 오히려 첫 번째 단락과 관련이 있을 수 있는 문장이다. 빈칸 바로 앞 문장에서 해당 업체의 가격이 다른 업체보다 낮다고 했으므로 (D) 역시 잘못된 내용이다.

[21-24]

Golden Light에서 식사하세요

Golden Light는 시에서 가장 최근에 생긴 중식 식당입니다. 두 명의 중국인이 소유하고 있는 Golden Light에서는 정통 중국 요리가 제공됩니다. 당신은 저희가 제공하는 양질의 음식에 깊은 인상을 받게 될 것입니다.

매주 수요일 밤에, Golden Light에서는 특별 뷔페 정찬이 있습니다. **고객들은 그때 그들이 먹을 수 있는 모든 것을 식사할 수 있습니다.** 이는 1인당 단돈 12달러에 오후 6시부터 밤 9시까지 계속됩니다. Golden Light는 1년 동안 휴일을 포함하여 매일 오후 1시부터 밤 11시까지 영업합니다. 예약을 하시거나 더 많은 정보를 얻으시려면 628-9532로 전화하세요.

어휘 native 현지인 cuisine 요리 impress 깊은 인상을 주다 authentic 진짜의 authenticate 입증하다

21

(A) authentic

(B) authenticate

(C) authenticated

(D) authentically

해설 빈칸에는 Chinese cuisine(중국 요리)을 수식할 수 있는 형용사가 들어가야 한다. 보기 중에서 형용사는 (A)의 authentic(진짜의)과 (C)의 authenticated(사실로 입증된)인데, 위 지문이 광고임을 감안할 때 Chinese cuisine을 수식할 수 있는 보다 적절한 표현은 (A)의 authentic이다.

22
(A) Total
(B) Long
(C) Each
(D) Since

해설 문맥상 '매주 금요일마다'라는 의미를 완성시킬 수 있는 단어가 들어가야 한다. 보기 중에서 이러한 의미에 부합되는 단어는 (C)의 Each뿐이므로 (C)가 정답이다. 보기 중에 Every가 있었다면 이것 또한 정답이 될 수 있다.

23
(A) 고객들은 그때 그들이 먹을 수 있는 모든 것을 식사할 수 있습니다.
(B) 이는 주중 매일 있습니다.
(C) 특별 행사 동안에는 품목이 제한됩니다.
(D) 그때 예약은 필요하지 않습니다.

해설 빈칸의 바로 앞에는 매주 수요일 밤에 뷔페 정찬이 있다고 언급되어 있다. '원하는 모든 것들을 식사할 수 있다'는 내용의 (A)가 뷔페 행사와 가장 잘 설명하고 있으므로 정답은 (A)이다. 수요일의 행사라고 했으므로 (B)는 정답이 아니며, 뷔페 정찬이 특가 판매되는 것은 아니므로 (C)도 정답이 될 수 없다. 마지막 부분에 예약을 하려면 전화를 달라는 내용이 있으므로 (D) 역시 정답으로 볼 수 없다.

24
(A) many
(B) any
(C) more
(D) lot

해설 문맥상, '예약을 하거나 이제까지 안내를 했던 것 이상의 정보를 원한다면' 전화를 달라는 의미가 완성되어야 한다. 따라서 정답은 (C)의 more이다.

Unit 02 | 동사 및 동사의 변형

I 동사의 종류와 수 일치

기본기 체크업 p.051

A

1 submit of → submit
2 damaging → damaged

1. 출장에서 생긴 영수증은 가능한 한 빨리 제출해 주세요.
2. 뇌우가 많은 송전선들을 쓰러뜨리고 발전기 두 대에 피해를 입혔다.

B

1 (a) has to → have to
2 (a) agreed → agreed to

1. 정치가는 지역 주민들의 의사를 고려해야 한다.
2. Walker 씨가 주택 도면에 동의했기 때문에, 즉시 공사가 시작될 것이다.

C

1 (a)	2 (c)	3 (b)	4 (c)

1. Arnold는 중국에서 살기 때문에, 그 언어를 말하는 것을 배우는 중이다.
   (a) lives
   (b) was living
   (c) is lived

2. 당신은 웹사이트에 게재되어 있는 규정들을 따라야만 하며, 그렇지 않을 경우 문제가 생길 것이다.
   (a) following
   (b) followed
   (c) follow

3. 고객들의 모든 요청 사항들에 대해 24시간 이내에 응답해야 할 필요가 있다.
   (a) response
   (b) respond
   (c) responsible

4. 3분기에, Thompson 씨의 영업팀은 실적을 38% 증가시켰다.
   (a) increasing
   (b) increase
   (c) increased

예상 적중 문제 **01** p.052

MORE & MORE

1 (O)
2 (×) remains → remain / remained
3 (O)

1. 공연 도중에는 자리에 그대로 앉아 계십시오.
2. 경기장에 얼마나 많은 사람들이 남아 있는지는 아무도 모른다.
3. 비상 사태일 때에는 침착하게 있는 것이 중요하다.

어휘 entire 전체의 performance 공연 remain 남아 있다 calm 조용한; 침착한 emergency 비상 사태

예상 적중 문제 **02** p.053

MORE & MORE

1 (O)
2 (×) repairs → repair
3 (O)

1. 그 회사의 직원들은 텔레비전을 수리한다.
2. Jason과 Mindy는 가게에서 자전거를 수리한다.
3. 그들은 동시에 여러 대의 컴퓨터를 수리하는 중이었다.

Ⅱ 시제

기본기 체크업   p.057

A

1 scheduling → scheduled
2 will lose → lose

1. Matt은 Amanda Perkins와 점심시간 직전에 만날 예정이다.
2. 영수증을 분실하면 당신이 지불한 돈은 되돌려 받지 못할 것이다.

B

1 (c) begun → begin
2 (a) increasing → increased

1. 그날의 첫 경기가 언제 시작될지에 대해서는 알려지지 않았다.
2. 우리의 이익은 판매 부서의 노고 덕분에 지난 5년 중 3년 동안 증가해왔다.

C

| 1 (c) | 2 (b) | 3 (c) | 4 (c) |

1. 20분 동안 사무실에서 아무도 전화를 받지 않았다.
   (a) answers
   (b) answered
   (c) has answered
2. Brown 씨는 내일 아침 댈러스행 첫 비행기의 좌석을 예약했다.
   (a) reserving
   (b) has reserved
   (c) be reserved
3. Peter와 Greg이, 둘 다 Matt를 알고 있는데, 지금 문제를 논의하고 있다.
   (a) discusses
   (b) is discussing
   (c) are discussing
4. Douglas 씨의 비행기는 아침 5시 35분에 공항에 도착할 예정이다.
   (a) around
   (b) forward to
   (c) due to

예상 적중 문제 03   p.058

MORE & MORE

1 (×) visits → will visit
2 (○)
3 (×) were visited → visited

1. JL 주식회사에서 일하는 엔지니어들이 내일 새로운 고객을 방문할 것이다.
2. 몇몇 외국인 학생들이 오늘 오후에 박물관을 방문할 것이다.
3. Kennedy 씨와 그의 가족은 유럽의 몇몇 국가들을 방문했다.

예상 적중 문제 04   p.059

MORE & MORE

1 (○)
2 (○)
3 (×) has promoted → was promoted

1. 이 브로셔는 호수에서 할 수 있는 활동들을 홍보하고 있다.
2. RTT Media는 다양한 방식으로 신제품을 홍보할 것이다.
3. Sue Waters는 열심히 일한 덕분에 이사로 승진했다.

어휘 brochure 소책자, 브로셔 activity 활동 a variety of 다양한 director 이사; 감독

Ⅲ 태

기본기 체크업   p.063

A

1 permission → permitted
2 has appointed → was appointed

1. Wilson 박사가 그곳에 없다면 아무도 실험실에 들어갈 수 없다.
2. Jenkins 씨는 어젯밤 최고경영자에 의해 부사장에 임명되었다.

B

1 (c) are listing → are listed
2 (b) will charge → will be charged

1. 모든 사람들이 직원 안내서에 수록된 규정을 따르도록 요구된다.
2. 약관에 따르면, 회원에게는 비회원보다 낮은 요금이 부과될 것이다.

C

| 1 (b) | 2 (c) | 3 (b) | 4 (c) |

1. 사무실 임대료는 늦어도 매달 15일에 지급되어야 한다.
   (a) pay
   (b) be paid
   (c) have paid
2. 받은 영수증들은 모두 보관해야 하며 버려서는 안 된다.
   (a) keep
   (b) keeping
   (c) be kept
3. 예산은 다음 달에 Clark Kellogg에 의해 결정될 것이다.
   (a) will determine
   (b) will be determined
   (c) have determined
4. 어젯밤, Ed Wallis 주지사가 상대 후보인 Rick Arnold에게 패배했다.
   (a) defeated

(b) was defeating

(c) was defeated

예상 적중 문제 05
p.064

MORE & MORE

1 (○)

2 (×) knew → know

3 (×) has known → is known

1. 사무실의 누군가가 문제를 해결하는 방법을 알고 있다.

2. Jessica가 당신을 돕기 위해 무엇을 해야 하는지 알고 있었나요?

3. Peter는 업계의 많은 사람들에게 알려져 있다.

어휘 solve 풀다, 해결하다 industry 산업

예상 적중 문제 06
p.065

MORE & MORE

1 (×) considers → consider

2 (○)

3 (○)

1. 많은 직원들은 Williamson 박사가 좋은 상사라고 생각한다.

2. 부서장인 Lewis 씨는 더 많은 직원들을 채용할 것을 고려 중이다.

3. 이사회는 아시아 시장으로 확장하는 것을 고려할 것이다.

예상 적중 문제 07-10
p.066

MORE & MORE

1 (○)

2 (×) established → was established

3 (○)

1. 프로그래머들 중 한 명은 새로운 앱을 개발하는 것을 전문으로 한다.

2. 그 식당은 1994년에 Collins 씨에 의해 설립되었다.

3. 그들은 이 프로젝트와 다른 하나도 곧 끝내기를 바란다.

Ⅳ to부정사

기본기 체크업
p.071

 A

1 submission → submit

2 aptitude → apt

1. 모든 영수증을 회계부서에 제출해야 한다.

2. 나는 업무가 제시간에 끝나면 만족하는 경향이 있다.

 B

1 (b) operation → operate

2 (c) caught → catch

1. 기계 장치를 작동하는 법을 익히는 것을 완수하는 데 몇 개월이 걸린다.

2. Lewis 씨와의 회의를 준비한 후, Stan은 스페인 행 항공편에 시간에 맞게 탑승하기 위해 서둘러 공항에 갔다.

C

1 (b)	2 (c)	3 (a)	4 (b)

1. Landers 씨는 당신을 기다리고 있으니, 언제든지 그녀의 사무실에 들어가세요.

   (a) entering

   (b) to enter

   (c) enter

2. 목요일에 눈이 내리면 평소보다 일찍 출근해야 할 것이다.

   (a) departing

   (b) depart

   (c) to depart

3. Jackson 씨는 그의 예전 고용주가 계약 조건을 따르지 않은 것 때문에 그를 고소할 것 같다.

   (a) to sue

   (b) suing

   (c) sue

4. 그들은 모든 직원들이 자신들의 업무를 효율적이고 효과적으로 수행하기를 기대한다.

   (a) perform

   (b) to perform

   (c) performing

예상 적중 문제 11
p.072

MORE & MORE

1 (○)

2 (×) returning → returned

3 (×) returned → to return

1. 도서관의 프런트 데스크에서 책을 반납할 수 있다.

2. 유럽에서 돌아온 후, Mary는 곧바로 일자리를 찾기 시작했다.

3. Peter는 Pamela에게 빌린 자동차 키를 반납해야 한다는 사실을 잊었다.

예상 적중 문제 12   p.073

MORE & MORE

> 1 (×) will train → trained
> 2 (×) have trained → has trained
> 3 (○)

1. 새로운 직원들은 지난주에 하루 종일 교육을 받았다.
2. 창고에 있는 지게차 교육을 받은 사람은 아직 아무도 없다.
3. 몇몇 사람들은 새로운 소프트웨어를 배우기 위한 교육 프로그램을 수강하고 있다.

어휘 forklift 지게차   warehouse 창고

V 동명사

기본기 체크업   p.076

> 1 learn → learning
> 2 to stay → staying

1. 대부분의 직원들은 그들의 능력을 향상시킬 수 있는 새로운 기술을 배우는 것을 즐긴다.
2. Erica Jackson은 가끔씩 일이 끝난 후에 저녁 늦게까지 남아서 일하는 것을 꺼려하지 않는다.

B

> 1 (c) introduce → introducing
> 2 (a) look up to → look forward to

1. Jackson 씨는 신임 최고 경영자를 소개함으로써 연설을 끝냈다.
2. 저희는 귀하를 만나서 귀하의 몇몇 직원들과 함께 일을 하게 되기를 고대하고 있습니다.

C

> 1 (b)   2 (c)   3 (b)   4 (c)

1. 말을 잘 하는 것과 글을 잘 쓰는 것은 둘 다 모든 사무직 근로자들이 반드시 갖춰야 하는 중요한 기술이다.
   (a) written
   (b) writing
   (c) to write
2. 당신은 즉시 체육관에서 운동을 시작할 수 있다.
   (a) worked
   (b) work
   (c) working
3. Schnell 씨는 그가 발견한 도난품을 돌려주어서 보상을 받았다.
   (a) return
   (b) returning
   (c) to return

4. 해외에서 상품을 판매하는 것은 Anderson 씨가 하고 싶어 하는 일이다.
   (a) Sell
   (b) Sold
   (c) Selling

예상 적중 문제 13   p.077

MORE & MORE

> 1 (○)
> 2 (○)
> 3 (×) was checking → were checking

1. 조사관은 오늘 오후에 모든 기계장치를 점검해야 한다.
2. 아마도, 점원은 창고에 있는 물품을 점검했을 것이다.
3. 몇몇 사람들은 문제점이 있는지 확인하기 위해 점검하고 있었다.

어휘 inspector 조사관, 감독관   machinery 기계장치   storage room 창고

예상 적중 문제 14   p.078

MORE & MORE

> 1 (○)
> 2 (○)
> 3 (○)

1. 그녀는 모든 계약 조건을 읽자마자 계약서에 서명했다.
2. 당신이 모든 것을 이해했다면 양식에 서명하는 것이 중요하다.
3. 오직 한 사람만 이번 주말의 자원 봉사 신청서에 서명했다.

어휘 terms 계약 조건   form 양식, 서식   volunteer 자원하다

예상 적중 문제 15   p.079

MORE & MORE

> 1 (×) meet → meeting
> 2 (○)
> 3 (○)

1. 그들은 문제의 해결책을 협상하기 위해서 카페에서 만나고 있다.
2. 최고경영자는 법률팀의 모든 팀원들을 만났다.
3. 그녀의 사무실에서 만나는 것이 Cleveland 씨가 선호하는 거래 방식이다.

어휘 negotiate 협상하다   solution 해결책   legal team 법률팀

VI 분사

기본기 체크업   p.082

A

1 disappointed → disappointing
2 experiences → experienced

1. 나의 시험 성적은 매우 실망스러웠다.
2. 그 직원들은 매우 경험이 많지만, 여전히 때때로 실수를 저지른다.

B

1 (a) satisfying → satisfied
2 (c) location → located

1. Doug는 진행되는 프로젝트에 그가 더 많이 관여하는 것에 대하여 상사로부터 승인을 받았을 때 만족스러웠다.
2. 수상자들은 1층에 위치한 안내 데스크에서 상품을 찾아 가면 된다.

C

1 (b)	2 (c)	3 (b)	4 (c)

1. 어떤 직원도 오늘 저녁의 특별 행사에 참석하는 데 관심이 없다.
   (a) interest
   (b) interested
   (c) interesting
2. 수영하는 사람을 도우러 급히 갔을 때, 구조 대원은 그가 무사하다는 것을 확인했다.
   (a) Rushed
   (b) Be rushing
   (c) Rushing
3. 3일 이상의 병가를 요청하는 사람은 의사의 진단서를 첨부해야 한다.
   (a) request
   (b) requesting
   (c) be requested
4. 게시판에 자료를 게시하기 전에, 여러분은 Bonhoeffer 씨의 허락을 받아야 한다.
   (a) post
   (b) posted
   (c) posting

예상 적중 문제 16   p.083

MORE & MORE

1 (O)
2 (×) instructed → be instructed
3 (×) instruction → instructed

1. 사용자 설명서는 사람들에게 제품의 적절한 사용법을 알려 준다.
2. 그는 사내 최고의 트레이너에게 교육을 받게 될 것이다.
3. 그녀는 Kennedy 씨가 컴퓨터실에 왔을 때 그를 가르쳤다.

어휘 manual 설명서   usage 사용법

예상 적중 문제 17   p.084

MORE & MORE

1 (×) selecting → to select
2 (O)
3 (O)

1. 그는 혼자서 팀원들을 선발하기를 원한다.
2. 상점의 물품들을 다양하게 고르는 것은 중요하다.
3. 우리는 곧 그 문제들의 답을 모두 선택해야 할 것이다.

어휘 a wide range of 다양한

예상 적중 문제 18   p.085

MORE & MORE

1 (O)
2 (×) to transfer → transfer
3 (×) be transferred → was transferred

1. 몇몇 직원들이 댈러스 지사로 전근을 가고 싶어 한다.
2. 당신은 오늘 컴퓨터의 파일들을 전송해야 한다.
3. Samuels 박사는 시내의 병원으로 전출되었다.

어휘 branch 가지; 지점, 지사   downtown 시내로

예상 적중 문제 19-22   p.086

MORE & MORE

1 (O)
2 (×) arranging → arranged
3 (O)

1. 그는 대학을 다니는 동안 1년을 쉬었다.
2. 그는 물품들이 알파벳 순서대로 정리된 것을 알아냈다.
3. Woodson 씨는 지역의 대학교에서 마케팅 수업을 수강했다.

Unit 02 | 연습 문제   p.088

1 (D)	2 (B)	3 (B)
4 (C)	5 (A)	6 (D)
7 (B)	8 (B)	9 (C)
10 (B)	11 (D)	12 (C)
13 (C)	14 (C)	15 (C)
16 (B)	17 (B)	18 (A)
19 (B)	20 (A)	21 (B)
22 (A)	23 (D)	24 (C)

PART 5

1

그가 관리자에게 문제에 대해 전화했을 때, Fleming 씨는 상점에서 그의 돈을 환불해 줄 것을 요구했다.

(A) demand
(B) demanding
(C) to demand
(D) demanded

어휘 manager 관리자 refund 환불하다 demand 요구하다

해설 빈칸 앞의 Mr. Fleming이 주어이며 that절은 목적어의 역할을 하는 명사절이다. 따라서 빈칸에는 동사가 와야 하는데, Mr. Fleming이 3인칭 단수이므로 복수동사인 (A)는 정답이 될 수 없다. 정답은 (D)이다.

2

광고에 의하면, 우체국에서는 이틀 내에 그곳으로 소포를 배송해 줄 수 있다.

(A) deliver
(B) can deliver
(C) has been delivering
(D) will be delivered

어휘 post office 우체국 deliver 배달하다 package 소포

해설 전치사구인 according to its ads를 없다고 생각하면, 이 문제는 주어인 the post office(우체국)와 목적어인 a package(소포) 사이에 들어갈 알맞은 동사를 고르는 문제이다. '우체국'이 '소포'를 배송해 주기 때문에 능동태 동사를 골라야 하므로 정답은 (B)의 can deliver가 된다. 주어가 3인칭 단수이므로 (A)는 정답이 될 수 없다. (C)의 has been delivering은 현재완료와 진행형이 결합된 형태인데, 진행의 의미가 in two days(이틀 내)라는 표현과 어울리지 않으므로 정답이 될 수 없다. (D)는 수동태 문장으로 '우체국이 배달될 것이다'라는 어색한 의미가 된다.

3

건축가는 다음 주에 현수교의 설계를 완료할 것이다.

(A) completed
(B) will complete
(C) has completed
(D) is completed

어휘 architect 건축가 suspension bridge 현수교

해설 동사의 시제를 묻는 문제로서, 문장 맨 뒤에 미래를 나타내는 전치사구인 'by next week'이 있다. 따라서 미래시제 동사인 (B)의 will complete이 정답이다.

4

Angus 씨는 이미 포르투갈 리스본 출장을 위한 티켓들을 예매했다.

(A) reserving
(B) will reserve
(C) has reserved
(D) had been reserved

어휘 reserve 예매하다

해설 문장 맨 뒤의 부사 already는 '이미'라는 의미로서, 완료시제의 동사와 함께 쓰인다. 완료시제의 동사는 (C)와 (D)인데, 주어인 Mr.

Angus와 동사의 reserve는 능동의 관계이므로 정답은 (C)의 has reserved이다.

5

그녀의 끊임없는 노력 때문에, Matilda는 자신의 식당을 개업하는 목표를 달성했다.

(A) accomplished
(B) to accomplish
(C) accomplishing
(D) accomplish

어휘 continuous 끊임없는 effort 노력 launch 개시하다, 개업하다 accomplish 달성하다

해설 빈칸은 동사가 와야 하는 자리이므로 (A)와 (D) 중에서 정답을 골라야 한다. 주어인 Matilda가 3인칭 단수이므로 복수동사인 (D)는 정답이 될 수 없다. 정답은 (A)이다.

6

그 주택에 대한 도면은 회사에서 가장 우수한 건축가에 의해 디자인될 것이다.

(A) are designing
(B) will design
(C) have designed
(D) will be designed

어휘 plan 계획; 도면, 도안 residence 거주; 거주지, 주택 design 설계하다, 디자인하다 top 최고의 architect 건축가 firm 회사

해설 동사 design(디자인하다, 설계하다)의 알맞은 형태를 묻고 있는데, 주어인 the plans(도면)와 design의 관계를 생각해 보면 정답을 쉽게 찾을 수 있다. '도면'은 디자인의 대상이므로 빈칸에는 수동태 형식의 표현이 들어가야 한다. 그런데 보기들 중에서 수동태 형식을 갖추고 있는 것은 (D)의 will be designed뿐이므로 (D)가 정답이다.

7

훌륭한 프레젠테이션은 관리자들이 새로운 접근법을 시도하도록 설득할 수 있다.

(A) is convinced
(B) can convince
(C) was convinced
(D) ought to be convinced

어휘 well-done 잘한; 잘 익힌 presentation 발표, 프레젠테이션 convince 설득하다 try 시도하다 approach 접근, 접근법

해설 '훌륭한 프레젠테이션은 관리자들로 하여금 새로운 접근법을 시도하도록 설득시킬 수 있다'라는 능동의 의미를 완성시켜야 한다. 따라서 빈칸에는 '설득할 수 있다'라는 능동의 의미인 (B)의 can convince가 들어가야 한다. (A, (C), (D)는 모두 수동태이므로 정답이 될 수 없다.

8

Jefferson 씨는 어젯밤에 전등을 껐다는 사실을 기억하지 못한다.

(A) to turn
(B) turning
(C) have turned
(D) to be turning

어휘 remember 기억하다 turn off ~을 끄다

해설 주어진 문장은 'Jefferson 씨는 어젯밤에 전등을 껐다는 사실

을 기억하지 못한다'는 의미가 되어야 한다. 동사 remember는 목적어로서 to부정사와 동명사를 모두 취할 수 있는데, 문제에서는 last night이라는 과거를 나타내는 표현이 있기 때문에 빈칸에는 동명사 형태인 (B)의 turning이 들어가야 한다.

9
그 조종사는 약 30분 정도 늦게 공항에 도착할 예정이다.
(A) arriving
(B) will arrive
(C) to arrive
(D) having arrived

어휘 **approximately** 대략
해설 빈칸 앞에 동사 expects가 있으므로 빈칸은 목적어가 와야 하는 자리이다. 따라서 동사인 (B)는 정답에서 제외된다. expect는 to부정사를 목적으로 취하는 동사이므로 정답은 (C)이다.

10
사무실의 누군가가 어젯밤 떠나기 전에 불을 꺼야 한다는 것을 잊었다.
(A) forgets
(B) forgot
(C) was forgotten
(D) to forget

해설 빈칸은 동사 자리이며, 주어인 somebody와 동사인 forget은 능동의 관계이므로 (A)와 (B) 중에서 정답을 고른다. last night(어젯밤)이라는 과거를 나타내는 표현이 있으므로 과거시제인 (B)가 정답이다.

11
그 역사적인 건물을 보수하는 데 3개월이 소요될 예정이다.
(A) schedule
(B) schedules
(C) to schedule
(D) are scheduled

어휘 **renovation** 수리, 수선 **be scheduled to** ~할 예정이다
해설 on the historic building은 수식어구이며, 문장의 주어는 복수명사인 renovations이므로 복수동사인 (A)와 (D) 중에서 정답을 골라야 한다. schedule은 '일정을 정하다'라는 의미인데, 보수 공사의 일정이 정해진다는 수동의 의미이므로 정답은 (D)이다. '~할 예정이다'라는 의미는 be scheduled to를 알고 있다면 쉽게 풀 수 있는 문제이다.

12
직원들은 완료된 프로젝트가 성공적이어서 기뻤다.
(A) completion
(B) to complete
(C) completed
(D) completes

어휘 **pleased** 기뻐하는 **complete** 완료하다
해설 빈칸은 명사인 project를 수식하는 자리이다. 보기 중에서 명사 앞에서 수식할 수 있는 것은 과거분사인 (C)의 completed뿐이다.

13
자료의 제출 기한은 지금부터 정확히 3일 후이다.
(A) submit
(B) submission
(C) submitting
(D) submitted

어휘 **deadline** 마감, 기한 **submission** 제출
해설 전치사 for 뒤에 올 수 있고 the data를 목적어로 취할 수 있는 것은 동명사인 (C)의 submitting이다.

14
시간외 근무를 함으로써, Cooper 씨는 가까스로 자신의 주급을 25% 인상시킬 수 있었다.
(A) increase
(B) increasing
(C) to increase
(D) was increased

어휘 **manage to** 그럭저럭 ~하다, 가까스로 ~하다 **weekly pay** 주급
해설 동사 manage는 to부정사와 함께 쓰여 '가까스로 ~하다', '그럭저럭 ~하다'라는 의미를 갖는다. 따라서 정답은 to부정사의 형태를 가지고 있는 (C)의 to increase이다.

15
소포를 특급 우편으로 보내면 영업일 기준으로 이틀 내에 소포가 도착할 것이다.
(A) arriving
(B) is arriving
(C) will arrive
(D) was arrived

어휘 **express mail** 특급 우편 **business day** 영업일, 평일
해설 it이 the package를 가리킨다는 점과 arrive가 자동사로 사용된다는 점을 알고 있으면 쉽게 정답을 찾을 수 있다. (A)의 arriving은 동사가 아니므로 정답에서 제외된다. 현재진행형이 가까운 미래를 나타낼 수 있다는 점에서 (B)를 정답으로 생각할 수 있으나, 주어진 문장은 '확정된 상황'을 의미하고 있지 않으므로 (B)는 정답이 될 수 없다. (D)의 was arrived는 수동태 형식으로 정답이 될 수 없다. 따라서 정답은 (C)의 will arrive이다.

16
마케팅부 직원들은 내일 새로운 사무실로 이사를 할 것이다.
(A) moved
(B) are moving
(C) have been moving
(D) were moved

해설 tomorrow(내일)라는 부사가 있으므로 빈칸에는 미래시제를 나타내는 동사가 들어가야 한다. 보기 중에서 미래시제의 의미를 가질 수 있는 것은 (B)의 are moving뿐이므로 (B)가 정답이다. 가까운 미래나 확실히 예정된 사항은 현재진행형으로도 나타낼 수 있음을 기억하자.

PART 6

[17-20]

> **Danvers 공공 도서관이 1주일 동안 휴관할 예정입니다.** 1월 10일부터 1월 16일까지 도서관 문이 닫힙니다. 이 기간 동안 도서관이 리모델링 공사를 하게 될 것입니다. 열람실, 컴퓨터실, 그리고 참고 도서 코너가 리모델링될 것입니다.
>
> 도서관 이용객들은 이 기간 동안 도서를 대출하실 수 없습니다. 하지만 대출한 도서는 반납하실 수 있습니다. 도서관 앞에 있는 수거함에 넣으시면 됩니다. 개인들은 온라인으로, 또는 오전 9시와 오후 6시 사이에는 692-5843으로 전화해서 대출 기간을 연장할 수 있습니다. 이 기간 동안 불편을 드리게 되어 죄송합니다.

어휘 shut 닫다 public 대중 undergo 겪다, 경험하다 renovation 보수, 수리 reading room 열람실 computer lab 컴퓨터실 reference section 참고 도서 코너 patron 후원자; (도서관 등의) 이용객 check out (책을) 대출하다 borrow 빌리다 drop-off box 수거함 in front of ~의 앞에 individual 개인 renew 갱신하다 apologize 사과하다 inconvenience 불편

17
(A) Danvers 공공 도서관이 신입 사서들을 고용했습니다.
(B) Danvers 공공 도서관이 1주일 동안 휴관할 예정입니다.
(C) 새롭게 단장한 Danvers 공공 도서관을 보러 오십시오.
(D) Danvers 공공 도서관이 이번 1월을 위해 여러 가지 행사를 마련했습니다.

해설 공사로 인해 공공 도서관이 일정 기간 동안 휴관한다는 안내이다. 따라서 휴관 안내의 첫 문장으로 적합한 문장을 찾으면 정답은 휴관 예정 기간을 알리고 있는 (B)이다.

18
(A) undergo
(B) undergoing
(C) undergone
(D) to undergo

해설 빈칸 앞에 조동사 will이 있기 때문에 빈칸에는 동사원형이 들어가야 한다. 따라서 정답은 (A)의 undergo이다.

19
(A) Customers
(B) Patrons
(C) Owners
(D) Renters

해설 문맥상 빈칸에는 도서관 이용객을 지칭하는 단어가 들어가야 하므로 정답은 (B)의 Patrons이다. (A)의 Customers는 일반적인 상점의 고객을 가리키는 단어이기 때문에 정답이 될 수 없다. (C)의 Owners는 '주인', '소유주'라는 의미이고, (D)의 Renters는 '임대인' 또는 '세입자'라는 의미이므로 이들 모두 정답이 될 수 없다.

20
(A) apologize
(B) were apologizing
(C) apologized
(D) have been apologized

해설 '공사 기간 동안 불편을 드리게 되어 죄송하다'는 의미가 되어야 하므로 시제는 현재시제가 가장 적절하다. 따라서 (A) 가 정답이다.

[21-24]

> 2월 19일
>
> 친애하는 Washington 박사님께,
>
> 제 이름은 Timothy Chambers입니다. 저는 텍사스 주 댈러스에서 7월 10일부터 14일까지 열리는 제4차 국제 생물 의학 학회의 주최자입니다. 생물 의학 분야에서 귀하의 업적은 잘 알려져 있습니다. 그래서 저는 귀하께서 학회의 기조연설자가 되어 주시기를 요청하는 바입니다.
>
> **저희는 귀하께서 7월 10일에 한 시간 정도의 연설을 해 주시기를 바랍니다.** 저희는 또한 귀하께서 토론단에 참석해 주시고 연구회도 진행해 주시기를 바랍니다. 보수를 지불해 드리지는 못하지만, 저희가 귀하의 모든 비용을 부담하도록 하겠습니다. 여기에는 1등석 왕복 항공 운임, 호텔 숙박비, 그리고 모든 식비가 포함됩니다. 우리의 제안을 받아들이신다면 저에게 알려 주시기 바랍니다.
>
> Timothy Chambers 드림
> 국제 생물 의학 학회 주최자

어휘 organizer 주최자 biomedicine 생물 의학 keynote speaker 기조연설자 panel 토론단 expense 비용 round-trip 왕복 여행의 airfare 항공 운임 commerce 상업

21
(A) is
(B) be
(C) being
(D) will be

해설 문장 구조상 빈칸에는 the fourth annual International Biomedical Conference라는 표현을 수식할 수 있는 수식어가 들어가야 한다. 또한 빈칸 뒤에 held라는 과거분사가 이어지고 있으므로 빈칸에는 수동의 형태를 완성시키면서 앞에 있는 명사절을 수식하는 현재분사, 즉 (C)의 being이 들어가야 한다.

22
(A) 저희는 귀하께서 7월 10일에 한 시간 정도의 연설을 해 주시기를 바랍니다.
(B) 귀하가 해주신 연설은 행사에서 모든 이들에게 호평을 받았습니다.
(C) 연설을 수락하신다면 금전적인 사례가 있을 것입니다.
(D) 저희는 귀하가 학회 기간 3일 내내 참석해 주시기를 바랍니다.

해설 첫 번째 문단의 마지막 부분에서 Chambers 씨는 Washington 박사에게 기조연설자를 맡아 달라고 제안했으므로, 연설에 대한 일정과 대략적인 시간에 대한 정보를 전달하는 내용의 (A)가 흐름상 가장 적절하다. 나머지 보기들은 지문의 정보와 일치하지 않는다.

23
(A) commerce
(B) money
(C) funds
(D) expenses

해설 빈칸이 들어 있는 문장의 다음 문장을 통해, 빈칸에 들어갈 말은 round-trip first-class airfare(1등석 왕복 항공 운임), your hotel stay(호텔 숙박비), and all of your meals(모든 식비)를 가리키는 단어여야 한다는 점을 알 수 있다. 따라서 정답은 '비용', '경비'라는 뜻을 나타내는 (D)의 expenses이다. 경비가 money(돈)를 뜻할 수도 있지만, money는 빈칸 앞의 cover라는 동사와 어울리지 않으므로, (B)는 정답이 될 수 없다.

24
(A) are accepted
(B) will be accepted
(C) will accept
(D) have been accepted

해설 주어인 you가 '우리의 제안을 받아들인다면'이라는 능동의 의미가 되어야 하므로 (C)의 will accept가 정답이다. 나머지 보기는 모두 수동태이므로 정답이 될 수 없다.

Unit 03 | 기타 주요 문법 사항

I 전치사

기본기 체크업   p.095

1 in addition to → in spite of
2 By means of → As for

1. 프로젝트는 예산의 자금 부족에도 불구하고 계속될 것이다.
2. 그녀 자신에 대해 말하자면, Tanya는 1주일간의 휴가를 얻기를 원한다고 결정했다.

1 (c) in spite of → due to
2 (c) despite of → despite

1. 고속 도로에서 공사가 진행 중이어서, 몇몇 사람들이 교통 체증 때문에 늦을 것이다.
2. 좋은 평판을 받는 회사임에도 불구하고, Eric과 Janice는 둘 다 PTR 주식회사에서 근무하는 것을 거절했다.

1 (a)   2 (b)   3 (b)   4 (c)

1. 도심 지역으로 가는 길에, 버스가 도로 한 가운데에서 갑자기 고장 났다.
   (a) On the way to
   (b) By way of
   (c) In spite of
2. 행사에서 아무도 말을 걸지 않아서, George는 빨리 떠나기로 결정했다.
   (a) from
   (b) at
   (c) with

3. 당신의 노고에 대한 감사의 표시로 이 작은 선물을 받아 주세요.
   (a) on
   (b) as
   (c) with
4. 인터넷의 존재로, Kaylee 사는 전 세계적으로 판매량을 증가시키고 있다.
   (a) to
   (b) about
   (c) around

예상 적중 문제 01   p.096

MORE & MORE

1 (O)
2 (O)
3 (×) about → to

1. 탑승권이 없는 개인들은 비행기에 탑승할 수 없다.
2. 여행의 일부로서 정글을 통과하게 될 것이다.
3. 직원들은 관리자의 말을 매우 주의해서 들었다.

어휘 individual 개인 boarding pass 탑승권 involve 연관되다, 관련되다 staff 직원, 스태프 carefully 주의해서, 조심해서 listen to ~에 귀를 기울이다

예상 적중 문제 02   p.097

MORE & MORE

1 (×) through → on
2 (×) between → next to / in front of 등
3 (O)

1. 자동차들이 산을 넘어가는 도로를 달리고 있다.
2. 그 약국은 메인 가의 꽃집 옆에(맞은편에 등) 있다.
3. Kenmore 씨는 뛰어난 엔지니어 팀과 일한다.
어휘 pharmacy 약국 florist 꽃집

II 대명사

기본기 체크업   p.101

1 yourself → you
2 the other → each other

1. 우리는 당신이 대출금을 상환할 수 있을 것이라고 생각하지 않는다.
2. 두 남자는 서로 악수를 하기 전에 그들의 문서를 치웠다.

B

1 (a) hers → her
2 (a) any → others

1. Cindy는 잃어버린 팔찌를 찾아 보았지만, 그녀는 어디에서도 찾을 수 없었다.
2. Davis 씨가 다른 사람들보다 일을 더 잘했다; 하지만, 그 밖의 모든 사람들과 비교해 볼 때, 그는 태도가 좋지 못하다.

C

1 (a)	2 (b)	3 (c)	4 (b)

1. 동물원의 매우 다양한 외래종 동물들로 인해 이곳은 인기 있는 관광 명소이다.
   (a) it
   (b) its
   (c) itself
2. Daniels 박사는 일을 할 때 사람들이 자신을 방해하는 것을 좋아하지 않는다.
   (a) she
   (b) her
   (c) hers
3. Campbell 씨는, 관리자인데, 모든 직원들이 자신에게 매일 보고하기를 원한다.
   (a) he
   (b) himself
   (c) him
4. 몇몇 세미나들은 유익했지만, 다른 것들은 새로운 정보를 거의 제공해 주지 못했다.
   (a) other
   (b) others
   (c) ones

예상 적중 문제 03　　　　p.102

MORE & MORE

1 (×) she → her
2 (○)
3 (○)

1. Melissa는 쉬는 날에 책을 읽는 것을 좋아한다.
2. 더 많은 정보가 필요한 경우에는 그녀에게 연락하세요.
3. 저 가방은 그녀의 것이지만, 이 가방은 Mark의 것이다.

어휘 day off 쉬는 날　belong to ~에게 속하다

예상 적중 문제 04　　　　p.103

MORE & MORE

1 (○)
2 (○)
3 (○)

1. 사무실의 책상 위에 몇 권의 잡지가 놓여 있다.
2. 인터넷 검색은 새로운 정보를 거의 제공해 주지 못했다.
3. 있다고 하더라도, 주말에 기꺼이 일하려는 지원자는 거의 없다.

어휘 search 검색　provide 제공하다　if any 있다고 하더라도　be willing to 기꺼이 ~하다

Ⅲ 비교급과 최상급

기본기 체크업　　　　p.107

A

1 quick → quickly
2 more → most

1. Kane 씨는 가능한 한 빨리 일을 끝낼 것이다.
2. Gonzales 박사는 생화학 분야에서 가장 유명한 과학자이다.

B

1 (b) cheap → cheapest
2 (a) efficiently → efficient

1. 대부분의 승객들은 비행기를 탈 때 가장 저렴한 항공권을 구매하는 것을 선호한다.
2. 가장 효율적인 진공청소기가 앞으로 2주 동안 할인 판매될 것이다.

C

1 (c)	2 (b)	3 (a)	4 (b)

1. Malcolm Turner는 도시 전체에서 가장 부유한 남자이다.
   (a) rich
   (b) richer
   (c) richest
2. 몇몇 직원들이 최대한 빨리 일을 하고 있다.
   (a) swift
   (b) swiftly
   (c) swiftness
3. 새로운 요리 프로그램의 시청률은 경쟁 프로그램들보다 훨씬 더 높았다.
   (a) much
   (b) more
   (c) very

4. 사고 이후에, Vernon 씨는 마침내 실험을 하는 동안 예전보다 더 조심하기 시작했다.
  (a) cautious
  (b) more cautious
  (c) most cautious

예상 적중 문제 05
p.108

MORE & MORE

1 (O)
2 (×) efficiently → efficient
3 (×) more efficiently → more efficient

1. 엔진의 효율성으로 인해 많은 휘발유가 절약되고 있다.
2. Palmer 씨는 자신의 방식이 매우 효율적인 것이라고 주장한다.
3. 그 기계가 더 효율적이라면 고객들이 구입을 할 것이다.

어휘 save 구하다; 아끼다, 절약하다 gasoline 휘발유, 가솔린
claim 주장하다 method 방법, 방식 extremely 매우

예상 적중 문제 06
p.109

MORE & MORE

1 (O)
2 (×) efficiencies → efficient
3 (×) efficiency → efficient

1. 저것은 그 회사에서 만든 가장 효율적인 엔진이다.
2. 그는 효율적인 방식으로 자신의 목표를 달성했다.
3. 유능한 직원은 결코 시간이나 돈을 낭비하지 않는다.

어휘 manufacture 제조하다, 만들다 accomplish 달성하다
manner 방법 waste 낭비하다, 버리다

예상 적중 문제 07-10
p.110

MORE & MORE

1 (×) old → oldest
2 (O)
3 (O)

1. Hawthorne 거리에 있는 그 건물은 시에서 가장 오래되었다.
2. 한 가지 특정 분야에서 전문가가 되는 것은 많은 사람들에게 중요하다.
3. 그 책들은 뒷편의 선반에 놓여 있었다.

어휘 particular 특정한, 특별한 field 분야

IV 접속사

기본기 체크업
p.115

1 very → so
2 such that → so that

1. 공연이 매우 훌륭해서 청중들은 연기자들에게 기립 박수를 보냈다.
2. 난기류가 있을 경우 다치지 않도록 안전벨트를 착용하세요.

1 (c) thus → however 등
2 (b) however → therefore 등

1. 그 제품들은 다른 것보다 비싸다; 하지만 매우 잘 팔린다.
2. Chambers 씨는 면접에서 뛰어났다; 따라서 그는 일자리를 제안받았다.

1 (b)   2 (c)   3 (a)   4 (c)

1. 회의를 연기해야 할 경우 나는 당신에게 이메일을 보낼 것이다.
  (a) whether
  (b) in case
  (c) consequently
2. 근로자들은 추가적인 한 번의 휴가와 100달러의 상여금 중 하나를 선택할 수 있다.
  (a) both
  (b) around
  (c) either
3. 기계가 제대로 작동하지 않으면 즉시 수리 기사에게 전화하세요.
  (a) if
  (b) since
  (c) but
4. Susan은 이번 여름 여행에서 그리스뿐만 아니라 이집트도 방문할 생각이다.
  (a) according to
  (b) in addition
  (c) as well as

예상 적중 문제 11
p.116

MORE & MORE

1 (O)
2 (O)
3 (×) but → and

1. 눈이 내리더라도 연주회는 취소되지 않을 것이다.
2. 그 프로젝트에는 비용이 많이 든다; 하지만 Vick 씨가 하고 싶어 한다.

18

3. Jerry는 시내 중심가에 가서 그곳에 있는 극장에서 쇼를 관람했다.

어휘 cancel 취소하다 expensive 비싼, 비용이 많이 드는

4. 소방관들은 화재가 난 여러 건물들이 있는 현장으로 달려갔다.
   (a) who
   (b) which
   (c) where

예상 적중 문제 12
p.117

MORE & MORE

1 (O)
2 (×) neither → nor
3 (O)

1. 그 프로젝트에서는 Emily나 Sarah 중 한 명이 너를 도울 수 있다.
2. 나는 내일 회의에도, 그리고 다음 주 회의에도 참석할 수 없다.
3. 제안한 것들 중 어떤 것도 고객에게 받아들여질 수 없는 것이었다.

어휘 assist 돕다 acceptable 받아들여질 수 있는, 용인될 수 있는

V 관계사

기본기 체크업
p.121

1 which → who / that
2 how → which / that

1. 야간 근무조의 직원들은 매일 아침 6시에 작업을 멈춘다.
2. 구인 광고된 연구실 조수 직책에 겨우 다섯 명만 지원했다.

B

1 (a) which → who
2 (c) what → which / that

1. Shelby 씨는 업계에서 대부분의 사람들에게 존경 받는 인물이다.
2. 봄과 여름 동안, 시에서 가까운 곳에 있는 해변들에는 많은 방문객들이 있다.

C

1 (b)   2 (c)   3 (c)   4 (c)

1. 당신이 받은 모든 영수증은 버리지 말고 보관되어야 한다.
   (a) how
   (b) that
   (c) who
2. Jeff Masters는 일곱 개의 기업을 시작한 지역의 사업가이다.
   (a) what
   (b) which
   (c) who
3. 쇼핑몰에는 비디오나 CD에 관심이 있는 사람이 많지 않다.
   (a) which
   (b) whose
   (c) who

예상 적중 문제 13
p.122

MORE & MORE

1 (O)
2 (×) when → where
3 (×) what → who(m)

1. 이것은 많은 사람들이 즐기는 게임이다.
2. 그 아파트가 어디에 있는지는 Peters 씨만 알고 있다.
3. 나는 지금 당장 누구와 이야기해야 하는지 잘 모르겠다.

예상 적중 문제 14
p.123

MORE & MORE

1 (×) what → which / that
2 (×) which → who / that
3 (O)

1. 바닥에 놓여 있는 상자들은 옷으로 가득하다.
2. 예약을 할 사람은 Jim이다.
3. 영업 사원인 Sam 씨는 최근에 상을 받았다.

어휘 floor 바닥 be full of ~으로 가득한 clothes 의류, 옷 reservation 예약 salesman 영업 사원, 판매 사원 award 상

VI 가정법

기본기 체크업
p.126

1 have → had
2 Have → Had

1. 당신에게 더 많은 직원들이 있다면, 당신은 업무를 간신히 끝낼 수 있을 것이다.
2. 당신이 지난주에 지원서를 제출했더라면, 우리가 그것을 받았을 것이다.

1 (b) buy → would buy
2 (a) checked → had checked

1. 내가 당신이라면, 가격에 상관하지 않고 그 집을 구입할 것이다.
2. 내가 장비를 정기적으로 점검했더라면, 그것은 고장 나지 않았을 것이다.

 C

| 1 (c) | 2 (b) | 3 (a) | 4 (b) |

1. Campbell 씨가 운전할 수 있다면 그녀는 공항까지 고객을 픽업하러 갈 텐데.
   (a) able
   (b) being able
   (c) were able
2. Powell 씨가 경험이 많았더라면, 그는 더 빨리 일을 끝냈을 것이다.
   (a) has
   (b) had had
   (c) would have
3. 당신의 도움이 없었더라면, 우리는 판매 목표를 달성하지 못했을 것이다.
   (a) Without
   (b) If
   (c) Should
4. 내 주식들의 가치가 상승한다면, 나는 신차를 구입할 충분한 돈이 생길 텐데.
   (a) increase
   (b) increased
   (c) had increased

예상 적중 문제 15 p.127

MORE & MORE

1 (○)
2 (×) has arrived → arrived
3 (×) was arriving → were arriving / are arriving

1. 경기가 시작하기 전에 모든 사람이 경기장에 도착했다.
2. Lopez 씨는 3년 전에 토론토에 왔다.
3. 승객들은 하루 종일 공항에 도착하고 있었다(있다).

예상 적중 문제 16 p.128

MORE & MORE

1 (×) is → were
2 (○)
3 (×) had been → are

1. 그가 정보에 관심이 있다면, 내가 그것에 대해 말해 줄 텐데.
2. 청중들은 공연 도중에 조용히 해야 한다.
3. 지금 몇몇 사람들이 창고에 있다.

예상 적중 문제 17 p.129

MORE & MORE

1 (○)
2 (○)
3 (○)

1. Hampton 씨가 여행을 좋아한다면, 그녀는 여권을 가지고 있을 것이다.
2. 문제가 있다면, 즉시 Klondike 씨에게 보고하세요.
3. 해야 할 말이 있다면, Roberts 씨는 Caraway 씨가 발언하도록 허락하지 않을 것이다.

예상 적중 문제 18-21 p.130

MORE & MORE

1 (○)
2 (×) learning → to learn
3 (○)

1. 연설은 월요일 아침에 진행될 예정이다.
2. Davis 씨는 학회에서 많은 정보를 알게 될 것으로 기대한다.
3. Morris 씨는 최신 사무실 규정을 다시 생각해 보고 있다.

어휘 be scheduled to ~할 예정이다   regulation 규정

Unit 03 | 연습 문제 p.132

1 (D)	2 (C)	3 (C)
4 (A)	5 (C)	6 (C)
7 (C)	8 (A)	9 (D)
10 (C)	11 (A)	12 (D)
13 (D)	14 (D)	15 (B)
16 (B)	17 (C)	18 (A)
19 (A)	20 (D)	21 (C)
22 (D)	23 (A)	24 (B)

PART 5

1
바이러스와 기타 악성 프로그램들을 찾기 위해 각각의 컴퓨터들을 점검해야 한다.
(A) Some
(B) Few
(C) Little
(D) Each

어휘 virus 바이러스   malware 컴퓨터 파괴 소프트웨어, 멀웨어

해설 빈칸 다음에 one(하나)이라는 명사가 있으므로 빈칸에는 one과 어울려 쓰일 수 있는 단어가 들어가야 한다. 복수 명사와 함께 쓰이는 (A)의 Some(몇몇의)과 (B)의 Few(거의 없는)는 정답이 될 수 없고,

(C)의 Little(거의 없는)은 셀 수 없는 명사와 함께 쓰이기 때문에 이 역시 정답이 될 수 없다. 따라서 '각각의'라는 의미를 가지면서 항상 단수 취급을 받는 (D)의 Each가 정답이다.

2

Conner 씨의 도움이 없었다면, 우리는 곧 있을 발표를 준비할 수 없었을 것이다.

(A) If
(B) Should
(C) Without
(D) Were

어휘 prepare 준비하다 upcoming 다가오는, 곧 있을

해설 주절의 동사가 '조동사의 과거형 + 동사원형' 형태이므로 가정법 과거 구문이다. 그런데 if절에 동사가 없기 때문에 빈칸에는 전치사인 (C)의 without이 와야 한다. 빈칸 뒤에 명사구가 있으므로 접속사인 (A)는 정답이 될 수 없다. 조동사인 (B)가 정답이 되려면 주어 뒤에 동사원형이 있어야 하며, be동사인 (D)가 정답이 되려면 주어 뒤에 보어가 있어야 한다.

3

당신은 환불을 요청하거나 교환을 요구해야 한다.

(A) and
(B) so
(C) or
(D) but

어휘 either A or B A나 B 둘 중 하나 ask for ~을 요구하다, ~을 요청하다 exchange 교환

해설 환불과 교환은 동시에 이루어질 수 없는 것이기 때문에 빈칸에는 선택의 의미를 가지고 있는 (C)의 or가 들어가야 한다.

4

모든 관리자들 중에서, 분명 Lucy와 Eric 중 한 명이 일을 가장 잘 할 것이다.

(A) either
(B) both
(C) neither
(D) nor

어휘 either A or B A와 B 중 하나 be sure to 반드시 ~할 것이다 both 둘 다, 양쪽 모두 neither A nor B A와 B 둘 다 아닌

해설 상관접속사 문제로 'A와 B 둘 중 하나'라는 의미의 either A or B라는 표현을 알고 있어야 풀 수 있다. Lucy와 Eric 사이에 or가 있고, 문맥상 '모든 관리자들 중에서, 분명 Lucy와 Eric 중 한 명이 일을 가장 잘 할 것이다'라는 의미가 되어야 하므로, 빈칸에는 (A)의 either가 들어가야 한다.

5

확실히 모든 입사 지원자들 중에서 Karen이 가장 유능하다.

(A) competent
(B) more competent
(C) the most competent
(D) more competently

어휘 definitely 분명 competent 유능한 job applicant 취업 지원자

해설 'of + 복수명사' 앞에는 최상급의 표현이 와야 한다. 따라서 (C)의 the most competent가 정답이 된다.

6

몇몇 금융 전문가들이 자신의 고객들에게 DPD Solutions에 투자하라고 충고하고 있다.

(A) they
(B) them
(C) their
(D) themselves

어휘 financial 금융의, 재정의 analyst 분석가 invest 투자하다

해설 빈칸에는 명사인 clients(고객)를 수식할 수 있는 수식어가 들어가야 한다. 보기 중에서 수식어로 쓰일 수 있는 것은 대명사의 소유격인 (C)의 their뿐이다.

7

직원으로부터 받은 명찰이 없는 사람은 누구든지 접수처에서 받을 수 있을 것이다.

(A) over
(B) throughout
(C) without
(D) out of

어휘 nametag 이름표 staffer 직원 reception desk 접수처

해설 문장의 의미상 '~이 없는'이라는 의미가 되어야 하므로 정답은 (C)의 without이다.

8

직원들은 워크숍에서 새로운 소프트웨어에 대해서 배웠다.

(A) about
(B) under
(C) at
(D) into

어휘 employee 종업원, 직원 workshop 워크숍, 연수회

해설 문맥상 '새로운 소프트웨어에 대하여 배웠다'는 의미가 되어야 자연스러우므로 정답은 (A)의 about이다.

9

연구개발부서장은 Parrish 씨에게 직접 직책을 제안했다.

(A) he
(B) him
(C) his
(D) himself

어휘 department 부서 position 직책

해설 빈칸을 삭제하더라도 완전한 문장이 성립하므로, 강조의 역할을 할 수 있는 재귀대명사인 (D)가 정답이다.

10

Robert가 작업에 사용하고 있는 장비는 다른 어느 것보다 훨씬 더 진보된 것이다.

(A) very
(B) so
(C) much
(D) as

어휘 equipment 장비, 도구   advanced 진보된

해설 빈칸 뒤에 형용사의 비교급 more advanced가 있으므로, 빈칸에는 비교급을 강조할 수 있는 부사가 와야 한다. 비교급을 강조할 수 있는 부사에는 much, still, a lot, even, far 등이 있으므로 (C)의 much가 정답이다.

11
공장 조사관은 조립라인에서 문제점들을 거의 발견하지 못했다.

(A) few
(B) any
(C) little
(D) much

어휘 inspector 조사관, 감독관   notice 발견하다; 주목하다
assembly line 조립라인

해설 빈칸 뒤에는 가산명사인 problems가 있으므로, 불가산명사 앞에 사용되는 little과 much는 정답에서 제외된다. any는 의문문과 부정문에 쓰이므로 (B) 또한 정답이 될 수 없다. 정답은 '약간의'라는 의미인 (A)의 few이다.

12
자금에 관한 모든 세부사항은 회의 중에 교섭자들에 의해 논의되었다.

(A) Few
(B) Any
(C) Some
(D) Every

어휘 detail 세부 사항   concerning ~에 관한   finance 자금, 재정
negotiator 교섭자

해설 빈칸 뒤에 단수가산명사인 detail이 있으므로 복수가산명사 앞에 사용되는 few와 some은 정답에서 제외된다. any는 의문문과 부정문에 쓰이므로 이 또한 정답에서 제외된다. 정답은 (D)의 every이다.

13
아마도 Simmons 씨가 결국 Packard 보고서를 본인 스스로 완성시킬 것이다.

(A) him
(B) his
(C) he
(D) himself

어휘 wind up -ing 결국 ~으로 끝나다

해설 빈칸 다음에 다른 표현이 없으므로 빈칸에는 주격이나 소유격이 들어갈 수 없고, 목적격을 필요로 하는 동사나 전치사도 없다. 따라서 정답은 (D)의 himself인데, 이때의 himself는 생략이 가능하다.

14
공항으로 갈 수 있는 가장 빠른 길은 주간 고속도로를 타서 3번 출구로 빠지는 것이다.

(A) Fast
(B) Faster
(C) Fastest
(D) The fastest

어휘 reach 도달하다, 닿다   interstate 주간 고속도로

해설 way(길)는 셀 수 있는 명사이므로 그 앞에는 관사가 있어야 한다. 보기 중에서 관사를 포함하고 있는 것은 (D)의 The fastest뿐이므로 정답은 (D)가 된다. (A)와 (B)의 경우에도, A fast나 A faster처럼 관사가 있는 형태라면 정답이 될 수 있다.

15
해외 여행을 하는 승객들은 최소한 출발 2시간 전에 공항으로 와야 한다.

(A) which
(B) who
(C) what
(D) when

어휘 prior to ~에 앞서

해설 문장의 전체 구조를 파악해야 정답을 찾을 수 있다. 주어가 passengers부터 abroad까지이므로, 빈칸에는 passengers를 선행사로 받을 수 있는 관계대명사가 들어가야 한다. 보기 중에서 사람을 선행사로 받을 수 있는 것은 (B)의 who뿐이므로 (B)가 정답이다.

16
Harry는 보고서를 작성했을 뿐만 아니라 모든 문서들도 제시간에 제출했다.

(A) so that
(B) not only
(C) such that
(D) in addition

어휘 not only A but also B A뿐만 아니라 B도   report 보고서, 리포트   submit 제출하다   form 양식, 문서   in time 시간 내에, 늦지 않게

해설 '~뿐만 아니라 ~도'라는 의미의 not only ~ but (also) 구문을 알고 있으면 쉽게 문제를 풀 수 있다. 콤마 뒤에 but ~ also라는 표현이 이어지고 있으므로 빈칸에 들어갈 말은 (B)의 not only이다.

PART 6

[17-20]

> 받는 사람: Claire Hampton ⟨champton@velocity.com⟩
> 보낸 사람: Moe Smith ⟨msmith@brightongym.com⟩
> 제목: 회원 가입
> 날짜: 4월 21일
>
> 친애하는 Hampton 씨께,
>
> Brighton 체육관의 회원이 되어 주셔서 감사합니다. 귀하께서 저희 시설에서 오랫동안 운동을 즐기시게 될 것이라고 확신합니다.
>
> 귀하께서는 1년 회원으로 가입하셨습니다. 여기에는 무료 티셔츠와 반바지 한 벌이 포함되어 있습니다. 체육관에 들르실 때 저를 찾으시면 제가 귀하께 드리겠습니다. 또한 귀하께서는 사물함을 임대하실 수도 있습니다. **비용은 한 달에 10달러입니다.** 관심이 있으시면 알려 주십시오.
>
> 체육관에서 뵙기를 고대하겠습니다.
>
> Moe Smith 드림
> Brighton 체육관 관장

어휘 work out 운동하다   shorts 반바지   rent 임대하다   locker
개인 물품 보관함, 로커   interests 이익, 이해, 관계   comment 논평

17
(A) become
(B) became
(C) becoming
(D) have become

해설 빈칸 앞에 전치사 for가 있으므로 빈칸에는 명사나 동명사가 들어가야 한다. 따라서 정답은 (C)의 becoming이다.

18
(A) you
(B) your
(C) yours
(D) yourself

해설 전치사 다음에는 목적격이 와야 한다. to가 전치사이므로 빈칸에는 목적격인 (A)의 you가 들어가야 한다.

19
(A) 비용은 한 달에 10달러입니다.
(B) 가입비를 지불해야 한다는 점을 잊지 마십시오.
(C) 영업 시간은 오전 6시부터 오후 10시까지입니다.
(D) 이곳 시설이 마음에 드실 것입니다.

해설 두 번째 단락은 전체적으로 회원 가입의 혜택에 대해 논의하고 있으며 빈칸 바로 앞 문장은 그러한 혜택 중 하나로 사물함 이용에 대한 이야기를 하고 있다. 따라서 빈칸에는 사물함 이용료를 설명하고 있는 (A)가 들어가야 한다. 나머지 보기들은 모두 회원 가입의 혜택과는 무관한 내용들이다.

20
(A) interest
(B) interests
(C) interesting
(D) interested

해설 동사 interest는 원래 '흥미를 끌다'라는 의미이므로, '(사람이) 흥미를 느끼는'이라는 의미는 과거분사 형태인 interested로 나타낸다. 따라서 정답은 (D)이다.

[21-24]

귀하께서 플래티넘 신용카드를 수령하셨으니, 이 카드는 활성화되어야 합니다. 먼저, 무료 전화 1-800-409-5566으로 전화해 주세요. 연결된 후, 귀하는 귀하의 신용카드 번호를 입력하라는 요청을 받게 될 것입니다. **카드에는 16자리의 숫자가 있습니다.** 실수를 할 경우, 샵(#) 버튼을 누르시면, 다시 시작할 수 있습니다. 16개의 숫자를 모두 정확히 누르시면, 카드 뒷면에 있는 세자리 숫자의 보안 코드를 누르셔야 합니다. 숫자는 귀하의 이름을 서명해야 하는 공간에 있습니다. 이것을 입력하고 나면, 귀하의 카드는 활성화될 것입니다. 카드 뒷면에 반드시 서명을 해 주세요, 그렇지 않으면 카드는 유효하지 않을 것입니다.

어휘 now that ~이므로 activate 활성화시키다 toll-free 무료의 start over 다시 시작하다 digit 아라비아 숫자 input 입력하다 valid 유효한

21
(A) activate
(B) activating
(C) be activated
(D) have activated

해설 activate의 정확한 뜻, '활성화시키다'라는 의미를 알고 있어야 문제를 풀 수 있다. 주어인 it이 가리키는 것은 '카드'이므로 빈칸에 들어갈 activate의 알맞은 형태는 수동형인 (C)의 be activated이다. (A), (B), (D)는 모두 능동형이므로 정답이 될 수 없다.

22
(A) 그것을 하고 나서, 귀하는 카드를 사용할 수 있습니다.
(B) 교환원에게 각각의 숫자를 말하세요.
(C) 이때 귀하는 새로운 비밀번호를 요청할 수 있습니다.
(D) 카드에는 16자리의 숫자가 있습니다.

해설 빈칸 앞 문장이 '신용카드 번호를 입력하라'는 내용이며, 빈칸 뒤에는 '실수할 경우 샵(#) 버튼을 누를 것', 그리고 '16자리 숫자를 모두 누른 후 보안 코드를 누를 것' 등의 내용이 이어지고 있다. 그러므로 카드 번호에 대한 정보를 전달하는 내용의 (D)가 정답이다.

23
(A) make
(B) find
(C) correct
(D) report

해설 '실수하다'라는 의미는 make a mistake로 나타낸다. 따라서 정답은 (A)의 make이다.

24
(A) appropriate
(B) valid
(C) apparent
(D) accurate

해설 '(카드가) 유효한'이라는 의미는 형용사 valid로 나타낼 수 있다. 따라서 정답은 (B)이다.

Unit 04 | 적절한 어휘 고르기

I 명사 어휘

기본기 체크업
p.139

1 keys → keynote
2 applicant → application

1. Amy Sullivan은 부다페스트의 학회에서 기조연설자를 담당할 예정이다.
2. 만약 당신이 관심이 있다면 안내데스크에 신청서가 있다.

B

1 (b) information → knowledge / skills 등
2 (a) exchanges → discounts

1. Allen Butters는 지식을 향상시키는 데 전념했기 때문에, 일을 그만둔 후 대학원에 다녔다.
2. 고객들은 다양한 제품들을 대량 구매함으로써 할인을 받을 수 있다.

C

1 (b)	2 (b)	3 (c)	4 (a)

1. 비행 시간에 너무 늦게 도착해서 그 승객의 예약은 취소되었다.
   (a) appointment
   (b) reservation
   (c) plan
2. 몇몇 이사들이 그 결정에 항의하기 위해 사직서를 제출했다.
   (a) applications
   (b) resignations
   (c) résumés
3. Davis 씨는 면접에 참여한 모두에게 긍정적인 인상을 남겼다.
   (a) condition
   (b) situation
   (c) impression
4. 정비사가 수리를 하기 위해 자동차를 차고로 가지고 갔다.
   (a) garage
   (b) outfit
   (c) stage

예상 적중 문제 01 p.140

MORE & MORE

1 (O)
2 (O)
3 (×) statements → questions

1. 그 화학 물질은 실험실에서 많이 사용된다.
2. 매장에 지원 가능한 여러 일자리가 있다.
3. 그 연사는 기자들이 물은 모든 질문에 대답했다.

어휘 chemical 화학 물질 laboratory 실험실 several 몇몇
available 이용 가능한 reporter 기자, 리포터

예상 적중 문제 02 p.141

MORE & MORE

1 (O)
2 (O)
3 (×) balance → budget

1. 프로젝트를 시작하기에 앞서 프로젝트에 대한 승인을 받아야 한다.
2. 당신의 요청서를 마케팅부의 Smith 씨에게 보내세요.
3. Powell 씨는 회의에서 예산안 제출과 관련된 질문을 했다.

예상 적중 문제 03 p.142

MORE & MORE

1 (×) appearances → appliances 등
2 (×) wages → motorcycles 등
3 (O)

1. 선적부서는 기기를 발송하는 일을 담당한다.
2. 이 공장에서는 오토바이와 자동차 모두가 생산된다.
3. 제공되는 서비스 중 하나는 무료 배송이다.

어휘 take care of ~을 돌보다 automobile 자동차 provide
제공하다 free delivery 무료 배송

예상 적중 문제 04 p.143

MORE & MORE

1 (×) respondent → rent 등
2 (O)
3 (×) raise → items 등

1. 이 아파트 건물의 임대료가 시내에서 가장 비싸다.
2. 몇몇 직원들은 8월에 휴가를 떠날 계획을 갖고 있다.
3. 3층의 창고에 몇 가지 제품들이 있다.

어휘 plan to ~할 계획이다 storeroom 창고, 비품실

Ⅱ 동사 어휘

기본기 체크업 p.147

1 conform → comply
2 deliver → apply

1. 직원들은 근무하는 동안 모든 정부의 규정에 따를 것을 지시받았다.
2. HR 금속이 제시한 새 일자리에 거의 아무도 지원하지 않았다.

1 (b) restore → recognize / identify 등
2 (a) charge → cost

1. 몇 점의 작품만 보아도 그 화가의 스타일을 쉽게 알아볼 수 있다.
2. 속도 위반 딱지를 끊은 사람에게는 약 50달러의 벌금이 부과될 것이다.

C

1 (c)	2 (a)	3 (a)	4 (c)

1. 지난 몇 년 동안 새로운 후원자들이 많이 있어서 도서관은 확장하고 있다.
   (a) considering
   (b) opening
   (c) expanding

2. 투자를 해야 할지 여부를 결정하기 위해서 필요한 프로젝트 정보가 충분하지 않다.
   (a) invest
   (b) spend
   (c) involve

3. 영수증을 가지고 있는 경우, 고객들은 구입한 제품을 다른 제품으로 교환할 수 있다.
   (a) exchange
   (b) rebate
   (c) refund

4. Danielson 씨는 매달 셋째 주 금요일마다 집주인에게 월세를 낸다.
   (a) withdraws
   (b) deposits
   (c) pays

예상 적중 문제 05
p.148

MORE & MORE

1 (×) appointed → spoke
2 (O)
3 (O)

1. Kenny 씨는 협상 중에 변호사와 이야기를 했다.
2. 회원이 되기 위해서는 웹사이트에 등록을 해야 한다.
3. 많은 자원봉사자들이 지난 주말 축제에 참여했다.

예상 적중 문제 06
p.149

MORE & MORE

1 (O)
2 (×) paid → sold / gave 등
3 (×) guide → fly

1. 그 대리점은 광고로 인해 새로운 고객들이 매장으로 유인되기를 바란다.
2. Jason은 경기에 관람할 수 없었기 때문에 다른 사람에게 표를 팔았다.
3. 그 비행기는 대서양을 건너 브라질에서 아프리카로 비행할 것이다.

어휘 agency 대리인, 대리점 ad campaign 광고 캠페인

예상 적중 문제 07
p.150

MORE & MORE

1 (O)
2 (×) reviewed → applauded
3 (O)

1. 고객들은 제품을 계산원에게 가져가서 구입할 수 있다.
2. Ellis 씨가 연설을 마치자 청중들이 박수를 쳤다.
3. 주문하면 이틀 후에 구매자들이 제품을 받게 될 것이다.

어휘 take A to B A를 B로 데리고 가다 buyer 구매자

예상 적중 문제 08
p.151

MORE & MORE

1 (O)
2 (O)
3 (×) signed → scanned

1. Baker 씨는 멜버른행 비행기 좌석을 예약했다.
2. 그 인턴 사원을 정규직으로 채용하는 것을 누군가가 고려해야 한다.
3. 계산원이 상품들을 스캔해서 바구니에 담았다.

어휘 hire 고용하다, 채용하다 intern 인턴, 인턴 사원 full-time position 정규직

Ⅲ 형용사 및 부사 어휘

기본기 체크업
p.155

1 around → about
2 comparative → comparable

1. Harry는 곧 직장을 그만 두고 새로운 일자리를 수락하려 한다고 말했다.
2. 두 품목들은 서로 너무 달라서 그것들은 서로 비교할 수 없다.

B

1 (c) ineffective → effective
2 (c) potential → possible

1. 매우 잘 작동해서, 그 진공청소기는 매우 효과적인 기기로 광고되고 있다.
2. Davis 씨는 가능한 한 빨리 회사가 직원들을 추가로 고용해야 한다고 제안할 것이다.

C

1 (a)	2 (c)	3 (c)	4 (a)

1. 다마스쿠스 지사로의 전근에 관심이 있는 사람은 거의 없는 것으로 보였다.
   (a) apparently
   (b) scarcely
   (c) hardly

2. 한 기사가 몇몇 심각한 문제가 있다고 주장하고 있어서 우리는 그 설계에 대한 승인을 망설이고 있다.
   (a) eager
   (b) liable
   (c) hesitant

3. 유람선 여행은 항해의 다섯 번째 날에 폭풍이 있기 전까지는 상당히 순조로웠다.
   (a) rarely
   (b) every
   (c) fairly

4. 가장 효율성이 높은 직원들에게는 추가 업무가 주어진다.
   (a) efficient
   (b) outward
   (c) repeated

예상 적중 문제 09 p.156

MORE & MORE

1 (○)
2 (×) resistant → clear / obvious / apparent
3 (×) unauthorized → illegible

1. 경찰은 불법적인 행동을 한 죄로 그 남자를 기소했다.
2. 그가 부적절하게 행동했다는 점은 모든 사람들에게 명백했다.
3. 이것은 판독이 불가능한 서명이기 때문에 읽을 수가 없다.

어휘 accuse A of B A를 B라는 죄로 기소하다   behavior 행동
improperly 부적절하게 signature 서명

예상 적중 문제 10 p.157

MORE & MORE

1 (○)
2 (×) relevant → serious / severe
3 (○)

1. 새로운 계획이 기존의 것보다 훨씬 더 낫다는 점은 명백하다.
2. 엔진이 작동을 멈추었을 때 그 자동차는 심각한 문제를 겪었다.
3. 그가 만든 컴퓨터 칩은 상당히 독특하다.

어휘 shut down (기계 등이) 작동을 멈추다

예상 적중 문제 11 p.158

MORE & MORE

1 (○)
2 (×) recently → apparently
3 (×) especially → unfortunately

1. Dennis는 실수로 서류 가방을 쳐서 바닥에 떨어뜨렸다.
2. 듣자 하니 Wilson 씨가 이번 주에 사업상의 목적으로 유럽을 방문하게 될 것이다.
3. 불행하게도 로마행 기차에 기계적인 결함이 발생했다.

예상 적중 문제 12 p.159

MORE & MORE

1 (○)
2 (○)
3 (×) seldom → actually

1. Tina는 공장에서의 사고로 심각한 부상을 입었다.
2. 그들은 일을 시작할 때면 항상 타임 카드에 도장을 찍는다.
3. 실은 방금 전에 Kimbrough 씨가 직원들에게 이야기했다.

어휘 plant 식물; 공장, 플랜트   stamp 도장; 도장을 찍다 timecard
출퇴근 기록 카드, 타임 카드

예상 적중 문제 13-16 p.160

MORE & MORE

1 (×) upgrade → upgraded
2 (○)
3 (○)

1. 기사는 건물 난방에 사용되는 장비를 개선했다.
2. 무역박람회는 앞으로 3일에 걸쳐 개최될 것이다.
3. 연설에서 몇몇 문장들은 불필요했다.

어휘 equipment 도구, 장비   take place 개최되다 redundant
불필요한

Unit 04 | 연습 문제 p.162

1	(C)	2	(A)	3	(C)
4	(C)	5	(C)	6	(A)
7	(D)	8	(D)	9	(D)
10	(D)	11	(B)	12	(B)
13	(B)	14	(C)	15	(C)
16	(A)	17	(C)	18	(B)
19	(D)	20	(A)	21	(C)
22	(B)	23	(A)	24	(A)

PART 5

1

건설 인부들이 고속 도로에서 큰 진전을 이루고 있다.

(A) pavement

(B) partition

(C) progress

(D) preparation

어휘 construction worker 공사장 인부, 건설 인력 make progress 진전하다 excellent 뛰어난, 탁월한 expressway 고속 도로 pavement 포장 partition 분할; 칸막이 preparation 준비

해설 '건설 인부들이 고속 도로에서 큰 OO을 이루다'라는 의미가 되어야 한다. excellent(탁월한)와 어울릴 수 있는 단어를 생각해 보면 정답은 '발전', '진보'라는 의미인 (C)의 progress이다. '건설 인부들' (the construction workers) 그리고 '고속 도로'(expressway)라는 표현 때문에 (A)의 pavement(포장)를 정답으로 생각할 수도 있지만, 이는 excellent나 make라는 단어와 어울리지 않기 때문에 정답이 될 수 없다.

2

자료를 가능한 한 잘 이해하기 위해서는 열심히 교육을 받는 것이 필요하다.

(A) train

(B) stand

(C) recite

(D) repeat

어휘 necessary 필요한 train 훈련하다, 교육을 받다 in order to ~하기 위해서 material 재료, 자료 as ~ as possible 가능한 한 ~하게 stand 서다; 견디다 recite 암송하다 repeat 되풀이하다, 반복하다

해설 in order to는 '~하기 위하여'라는 뜻으로, in order to learn the material as well as possible(자료를 가능한 한 잘 이해하기 위해)이라는 부분과 가장 잘 어울릴 수 있는 단어를 골라야 한다. 보기 중에서 이러한 문맥에 가장 잘 어울리면서 빈칸 뒤의 hard(열심히)와 함께 쓰일 수 있는 단어는 '훈련하다' 또는 '교육을 받다'라는 의미인 (A)의 train이다.

3

도서관은 더 넓은 공간을 마련하기 위해 건물을 증축하는 것을 고려하고 있다.

(A) design

(B) requirement

(C) extension

(D) case

어휘 consider 고려하다 add 더하다 extension 확장, 확대; 증축, 증축 건물 design 설계, 디자인 requirement 필요, 요건 case 사례, 경우

해설 도서관을 '더 크게 만들기 위해'(to make it larger) 무엇을 '추가'(add)해야 할지 생각해 보면 정답을 쉽게 찾을 수 있다. 즉, 더 넓은 공간을 마련하려면 건물을 '증축'해야 하므로 빈칸에 들어갈 알맞은 단어는 (C)의 extension(증축)이다.

4

이상이 없는지 살펴보기 위해, 수의사가 소년의 개를 검진할 것이다.

(A) amplify

(B) consider

(C) examine

(D) rehearse

어휘 vet 수의사 examine 검사하다, 조사하다 wrong 잘못된 amplify 증폭시키다 rehearse 예행 연습을 하다, 리허설을 하다

해설 if가 이끄는 조건절의 내용에 유의하여 빈칸에 들어갈 동사를 찾도록 한다. '잘못된 것이 없는지'(if anything is wrong with it)를 확인하기 위해 수의사가 할 수 있는 일을 생각해 보면 정답은 (C)의 examine(검사하다)이다.

5

몇 번의 거절을 당한 후, Farmer 씨는 마침내 그 일을 담당하고 싶어 하는 사람을 찾았다.

(A) unwilling

(B) displeased

(C) eager

(D) nervous

어휘 rejection 거절, 거부 finally 마침내, 드디어 eager 간절히 바라는 accept 수락하다, 받아들이다 unwilling 꺼리는 displeased 화난, 불쾌한 nervous 초조한, 긴장한

해설 '몇 번의 거절을 당한 후, Farmer 씨는 마침내 그 일을 맡는 것을 OO하는 사람을 찾았다'라는 의미가 되어야 한다. 따라서 전후 맥락을 살펴보면 '바라는', '몹시 ~하고 싶어 하는'이라는 의미를 나타내는 (C)의 eager가 정답이다.

6

Martin 씨는 자신이 Arco 주식회사의 일자리에 합격자 후보가 되었다는 통지를 받았다.

(A) notified

(B) asked

(C) questioned

(D) suspended

어휘 notify 알리다, 통지하다 candidate 후보 job opening 일자리, 공석 suspend 매달다; 중단하다, 보류하다; 정직시키다

해설 Martin이라는 사람이 'Arco 주식회사의 일자리에 합격자 후보가 되었다'(she was a candidate for the job opening at Arco, Inc.)는 소식을 '통보 받았다'는 의미가 되어야 한다. 따라서 수동태 형식으로 '통지를 받다'라는 의미로 사용될 수 있는 (A)의 notified가 정답이다.

7

David는 지난주 금요일에 월간지인 *Modern Astronomy*를 받았다.

(A) item

(B) outline

(C) paper

(D) issue

어휘 monthly 월간의, 한 달에 한 번의 issue 화제; 발행물, 발간물 magazine 잡지 item 항목; 물품 outline 개요, 윤곽

해설 빈칸 앞의 monthly와 어울릴 수 있는 단어를 찾으면 문제를 쉽게 풀 수 있다. 즉 주어진 문장은 'David가 *Modern Astronomy* 잡지의 월간 OO를 받았다'라는 의미가 되어야 한다. (A)의 item은 '물품'이라는 의미이고, (B)의 outline은 '개요'라는 의미이며, (C)의 paper는 '종이'라는 의미이므로 모두 주어진 문장에 어울리지 않는다. 따라서 monthly(월간의) 및 magazine(잡지)과 어울리면서 가장 자연스러운 문장의 의미를 완성시키는 것은 '발행물'이라는 의미인 (D)의 issue이다.

8
몇몇 직원들은 단지 게임을 하고 있을 때에도 일을 하고 있는 척했다.
(A) avoided
(B) attempted
(C) reported
(D) pretended

어휘 pretend to ~인 척하다　merely 단지, 그저　avoid 피하다, 회피하다　attempt 시도하다

해설 working(일하다)이라는 단어와 playing games(게임하다)라는 표현은 서로 상반되는 의미를 갖는데, 이를 자연스럽게 연결시켜 줄 수 있는 동사를 골라야 한다. 따라서 '~하는 척했다'는 의미의 pretended가 빈칸에 들어갔을 때 가장 자연스러운 의미가 완성되므로 정답은 (D)이다.

9
지붕에서 물이 새지 않도록 인부들이 신중하게 지붕을 수리했다.
(A) respectively
(B) severely
(C) hopefully
(D) carefully

어휘 workman 인부, 일꾼　carefully 조심스럽게, 신중하게　repair 수리하다　roof 지붕　so that ~하기 위해　leak 누수; 새다　respectively 각각　severely 심하게, 엄하게　hopefully 바라건대

해설 '물이 새지 않도록 인부들이 지붕을 OO하게 수리했다'는 내용이 되어야 하므로 빈칸에는 '어떻게 수리했는지'에 대한 내용이 들어가야 한다. 보기 중에서 인부들의 수리 방식과 관련이 있는 단어는 '신중하게', '조심스럽게'라는 의미인 (D)의 carefully밖에 없다.

10
해외 여행객들이 모국을 떠나기 위해서는 반드시 여권을 가지고 있어야 한다.
(A) arrive
(B) travel
(C) reside
(D) depart

어휘 international 국제적인　passport 여권　in order to ~하기 위해　reside 거주하다, 살다　depart 떠나다, 출발하다

해설 관용 표현인 in order to(~하기 위해)를 알고 있으면 쉽게 정답을 찾을 수 있다. 여권을 가지고 있어야 하는 경우는 모국을 '떠나는' 경우일 것이므로 정답은 '떠나다'라는 의미를 갖는 (D)의 depart이다.

11
만족스럽지 못한 사항이 있는 경우, Dave Martin 씨에게 연락하면 된다.

(A) report
(B) contact
(C) appeal
(D) state

어휘 individual 개인　be dissatisfied with ~에 불만족하다　appeal 호소하다　state 진술하다, 주장하다

해설 무언가에 만족하지 않는 경우에 Dave Martin이라는 사람에게 취할 수 있는 행동을 생각해 보면 정답을 쉽게 찾을 수 있다. 정답은 '연락하다'라는 의미의 (B)이다.

12
Hamilton 박사는 건강이 좋지 않은 환자에게 강력한 약을 처방해 주었다.
(A) appealed
(B) prescribed
(C) took
(D) pursued

어휘 prescribe 처방하다　powerful 강력한　unhealthy 건강하지 못한　patient 환자　pursue 추구하다

해설 의사가 '환자'(patient)에게 '약'(medicine)과 관련해서 취할 수 있는 행동을 생각해 보면 쉽게 정답을 찾을 수 있다. 정답은 '처방하다'라는 의미의 (B)이다.

13
박물관의 큐레이터는 방문객들을 위해 자신이 직접 안내를 시작할 생각이다.
(A) approves
(B) intends
(C) considers
(D) mentions

어휘 curator 큐레이터　intend to ~할 의도이다　mention 언급하다

해설 빈칸 뒤의 to부정사와 어울리면서 '~할 의도이다'라는 의미를 갖는 단어는 (B)의 intends이다.

14
반대가 없다면, 그 제안은 즉시 효력을 발하게 된다.
(A) fairly
(B) repeatedly
(C) immediately
(D) apparently

어휘 objection 반대　proposal 제안　go into effect 효력을 나타내다　repeatedly 반복하여, 되풀이하여　apparently 명백히

해설 unless there are any objections(반대가 없는 경우)라는 표현과 가장 잘 어울릴 수 있는 단어를 고르면 된다. 보기 중에서는 (C)의 immediately(즉시)가 가장 적절하다.

15
Ellis 씨는 도움을 준 판매 사원에게 감사를 표했다.
(A) disapproval
(B) revision
(C) appreciation
(D) attempt

어휘 express 표현하다, 나타내다　appreciation 감사; 평가 disapproval 반감; 불승인　revision 수정, 개정

해설 helpful service(도움이 되는 서비스)에 대해 '표현할 수 있는'(expressed) 것이 무엇인지 생각해 보면 쉽게 정답을 찾을 수 있다. 서비스에 대해 긍정적인 표현을 했을 것이므로 빈칸에 들어갈 가장 적절한 단어는 '감사'라는 의미인 (C)의 appreciation이다.

16

오늘의 선거 결과는 늦어도 내일 오전에 발표될 것이다.

(A) results
(B) votes
(C) proofs
(D) candidates

어휘 result 결과　election 선거　proof 증거

해설 '선거'(election)와 관련해서 '발표될 수 있는'(will be announced) 것이 무엇인지 생각해 보면 비교적 쉽게 정답을 찾을 수 있다. (A)의 results는 '결과', (B)의 votes는 '투표', (C)의 proofs는 '증거', (D)의 candidates는 '후보'라는 의미이므로 정답은 (A)의 results이다.

PART 6

[17-20]

받는 사람: John Walton ⟨john_walton@personalmail.com⟩
보낸 사람: Karen Fields ⟨kfields@percival.com⟩
제목: 귀하의 지원서
날짜: 8월 17일

친애하는 Walton 씨께,

지역 관리자 직에 관심을 표현해 주신 점에 감사를 드립니다. 저는 당신의 지원서에 깊은 인상을 받았습니다. 저는 귀하께서 훌륭한 직원이 되실 것이라고 믿습니다.

안타깝게도, 당신은 지원서를 너무 늦게 보냈습니다. 그래서 저희는 이미 해당 직책에 다른 직원을 고용했습니다. 하지만, 저는 당신의 이력서를 서류철에 보관해 두겠습니다. 저희는 약 3개월 후에 시설 하나를 개장할 예정입니다. 신입 직원들이 많이 필요할 것입니다. 당신이 그러한 직위에 적합한 뛰어난 후보자가 될 것이라고 생각합니다. 이후 채용 공고가 게시되면 연락을 드리겠습니다.

Karen Fields 드림
인사부장
Percival 주식회사

어휘 express 표현하다　interest 흥미, 관심　regional 지역의 be impressed with ~에 감명을 받다　a great deal of 많은 experience 경험　excellent 탁월한, 뛰어난　keep ~ on file ~을 서류철 보관하다, 파일로 보관하다　facility 시설　candidate 후보 contact 접촉하다, 연락을 취하다　a couple of 두어 개의　post 게시하다

17
(A) giving
(B) talking
(C) **expressing**
(D) remembering

해설 지문은 채용 담당자가 입사 지원자에게 보내는 편지이다. 이를 고려하면 빈칸에는 an interest와 함께 '관심을 표현하다'라는 의미를 만드는 (C)의 expressing이 들어가야 한다.

18
(A) make
(B) **would make**
(C) have been made
(D) are making

해설 이메일을 보내는 Karen Fields 씨는 구직자인 Walton 씨의 지원서에 큰 감명을 받았다고 말한다. 따라서 문맥상 빈칸이 포함된 문장은 '귀하가 훌륭한 직원이 될 것이라고 믿는다'는 의미가 되어야 하므로 빈칸에는 will make나 would make가 들어갈 수 있다. 따라서 정답은 (B)이다.

19
(A) 따라서 이번 주에 당신을 면접보고 싶습니다.
(B) 사실, 당신은 다른 모든 지원자들보다 더 좋은 자격을 갖추고 있습니다.
(C) 분명히, 당신에게 꼭 알맞은 자리가 있습니다.
(D) 안타깝게도, 당신은 지원서를 너무 늦게 보냈습니다.

해설 빈칸 바로 다음 문장에서 '이미 다른 사람을 채용했다'고 밝히고 있다. 따라서 빈칸에는 수신인을 채용하지 못한 이유가 언급되는 것이 가장 바람직하다. 보기 중에서 그러한 이유가 될 수 있는 것은 (D)이다.

20
(A) many
(B) much
(C) little
(D) something

해설 빈칸 뒤에 new employees(새로운 직원들)라는 복수 형태의 명사가 있으므로 빈칸에는 복수형과 함께 사용될 수 있는 단어가 들어가야 한다. (B)의 much(많은)와 (C)의 little(거의 없는)은 셀 수 없는 명사와 함께 사용되기 때문에 정답이 될 수 없다. 따라서 정답은 (A)의 many(많은)이다.

[21-24]

수신: 전 직원
발신: Gilda Walters
제목: 전등

우리가 해결해야 할 문제가 하나 있습니다. 지난달에, 너무 많은 직원들이 실내에서 나오기 전에 전등을 끄지 않았습니다. 이러한 일은 낮 동안만이 아니라 밤에도 있었습니다. 여러 번, 저는 아침에 출근을 하면서 누군가가 전날부터 전등을 켜놓은 것을 보았습니다. 이는 엄청난 전기와 돈의 낭비입니다. 여러분이 밤에 사무실에 남은 마지막 사람이 될 경우, 반드시 전등을 꺼주세요. 또한, 여러분들이 회의실, 창고, 또는 그 밖의 이와 같은 실내에서 나올 때, 안에 아무도 없을 경우 전등을 꺼 주세요.

어휘 turn off 끄다　tremendous 엄청난　storeroom 저장소, 창고　situation 상황　appearance 겉모습　virtuous 고결한 cautious 주의 깊은　righteous 올바른

21

(A) 최고경영자가 다음 주에 방문할 예정입니다.

(B) 우리는 회계적인 문제를 발견했습니다.

(C) 우리가 해결해야 할 문제가 하나 있습니다.

(D) 몇몇 직원들이 너무 일찍 퇴근합니다.

[해설] 지문의 첫 문장으로 적합한 것을 고르는 문제이므로, 전체적인 내용을 이끌 수 있는 문장을 고르면 된다. 지문의 전체적인 내용은 직원들이 사무실에서 나갈 때 전등을 끄지 않아서 전기가 낭비되고 있다는 내용이므로, '해결해야 할 문제가 있다'는 내용의 (C)가 정답으로 가장 적절하다.

22

(A) events

(B) times

(C) situations

(D) appearances

[해설] '차례', '횟수'는 times로 나타낸다. 정답은 (B)이다.

23

(A) tremendous

(B) virtuous

(C) cautious

(D) righteous

[해설] 앞 문장에서 '밤새 전등이 켜져 있었다'는 사실을 말하고 있기 때문에, 빈칸에는 waste of electricity and money를 강조할 수 있는 수식어가 들어가야 한다. 보기 중에서 그러한 의미를 갖는 단어는 (A)의 tremendous(엄청난)이다.

24

(A) sure

(B) sureness

(C) surety

(D) surely

[해설] '확실히 ~하다', '반드시 ~하다'라는 표현은 be sure to로 나타낸다. 따라서 빈칸에 들어갈 알맞은 말은 (A)의 sure이다.

PARTS 5·6 실전 문제 연습   p.166

1 (B)	2 (D)	3 (C)
4 (B)	5 (D)	6 (B)
7 (A)	8 (A)	9 (B)
10 (A)	11 (D)	12 (C)
13 (B)	14 (D)	15 (A)
16 (B)	17 (D)	18 (A)
19 (C)	20 (A)	21 (C)
22 (B)	23 (A)	24 (A)
25 (A)	26 (C)	27 (B)
28 (D)	29 (C)	30 (A)
31 (A)	32 (C)	33 (A)
34 (B)	35 (C)	36 (B)
37 (A)	38 (C)	39 (B)
40 (D)	41 (B)	42 (C)
43 (D)	44 (B)	45 (B)
46 (C)		

PART 5

1

사무용품점에서 몇몇 제품들의 가격을 할인하고 있다.

(A) standards

(B) prices

(C) rates

(D) wages

[어휘] office supply store 사무용품점 discount 할인하다 price 가격 standard 기준 rate 비율 wage 임금

[해설] '사무용품점에서 몇몇 제품들의 OO을 할인하고 있다'는 의미가 되어야 한다. 따라서 '가격'이라는 의미인 (B)의 prices가 들어가야 가장 자연스러운 문장이 완성된다.

2

Elm 가의 도로 공사가 극심한 시내 교통 체증의 원인이다.

(A) construct

(B) constructor

(C) constructive

(D) construction

[어휘] road construction 도로 공사 be responsible for ~에 대한 책임이 있다 downtown 시내에서

[해설] 빈칸에는 road라는 단어와 함께 '도로 공사'라는 의미를 만드는 (D)의 construction이 들어가야 한다. (A)의 construct는 '건설하다', (B)의 constructor는 '제작자', '제작 회사', 그리고 (C)의 constructive는 '건설적인'이라는 의미이다.

3

Riverside 대학의 한 교수가 내일 행사에서 강연할 것이다.

(A) giving

(B) give

(C) will give

(D) has given

[어휘] professor 교수 give a speech 연설하다, 강연하다 event 행사, 이벤트

[해설] at tomorrow's event(내일 행사에서)라는 표현으로부터 빈칸에 들어갈 동사의 시제는 미래가 되어야 함을 알 수 있다. 따라서 정답은 (C)의 will give이다.

4

Wilson 씨는 휴가를 신청했지만, 그의 요청은 거부되었다.

(A) and

(B) but

(C) so

(D) for

어휘 ask for ~을 요청하다 request 요구, 요청 deny 거부하다, 거절하다

해설 'Wilson 씨는 휴가를 신청했다'라는 의미와 '그의 요청이 거부되었다'라는 두 문장을 자연스럽게 연결해 줄 수 있는 접속사를 찾아야 한다. 따라서 빈칸에 들어갈 말은 역접의 의미인 (B)의 but이다.

5

노트북 컴퓨터의 주된 문제는 배터리의 수명과 관계가 있다.

(A) repairs
(B) attempts
(C) appears
(D) concerns

어휘 main 주요한, 주된 life 생명; 수명 battery 배터리 attempt 시도하다 concern 관련되다

해설 주어진 문장은 '노트북 컴퓨터의 주된 문제는 배터리의 수명과 OO하다'는 의미이다. 따라서 '관계가 있다'라는 의미인 (D)의 concerns가 정답이 된다.

6

실수가 없도록 수치들을 정확히 계산해야 한다.

(A) precise
(B) precisely
(C) precision
(D) preciseness

어휘 precisely 정확하게 calculate 계산하다 mistake 실수

해설 주어진 문장에 빠져 있는 문장 성분이 없으므로 빈칸에는 동사인 calculate를 수식할 수 있는 부사가 들어가야 한다. 보기 중에서 부사는 (B)의 precisely(정확하게) 밖에 없다.

7

Jacobson 씨와 그녀의 고객 중 누구도 회의에 계약서를 가지고 오지 않았다.

(A) Neither
(B) Either
(C) Both
(D) And

해설 주어진 문장에 nor가 있는 것만 봐도 정답이 (A)의 Neither라는 것을 알 수 있다. neither A nor B는 'A와 B 중 어느 것도 아닌'이라는 의미이다.

8

표가 너무 비싸서 표를 구입할 수 있는 사람이 거의 없었다.

(A) expensive
(B) rare
(C) elusive
(D) desired

어휘 expensive 값비싼 afford to ~할 여유가 있다, ~할 여력이 되다 purchase 구입하다 rare 희귀한, 드문 elusive 찾기 힘든

해설 '너무 ~해서 …하다'라는 의미의 「so ~ that …」 구문을 알고 있어야 문제를 풀 수 있다. '주어진 표가 너무 OO해서 표를 구할 수 있는 사람이 거의 없었다'라는 의미이기 때문에, (A)의 expensive(비싼)가 빈칸에 들어가는 것이 가장 적절하다.

9

영업팀의 실적 향상에 대해 대표 이사가 감명을 받았다.

(A) improve
(B) improvement
(C) improved
(D) improver

어휘 improvement 향상, 개선 performance 성과, 업적 impress 인상을 남기다, 감명을 주다

해설 빈칸에는 관사인 the 다음에 쓰일 수 있고 전치사구인 of the sales team's performance의 수식을 받을 수 있는 명사가 들어가야 한다. 따라서 (B)와 (D)가 정답이 될 수 있는데, (D)의 improver는 '향상시키는 것'이라는 의미이므로 이는 자연스러운 의미를 완성시키지 못한다. 그러므로 정답은 '향상'이라는 의미인 (B)의 improvement가 된다.

10

등산객들은 10시간 동안 하산한 후에 상당히 지쳐 보였다.

(A) fairly
(B) recently
(C) remotely
(D) kindly

어휘 hiker 등산객, 하이커 appear ~처럼 보이다 fairly 상당히, 꽤 tired 지친 descent 내려가기, 하강 remotely 멀리

해설 '등산객들은 10시간 동안 하산한 후에 OO하게 지쳐 보였다'는 의미가 되어야 하므로 빈칸에는 tired를 꾸며 줄 수 있는 말이 들어가야 한다. 그러므로 '상당히'라는 의미인 (A)의 fairly 빈칸에 들어가는 것이 가장 적절하다.

11

결함이 있는 부품이 있었기 때문에 크레인이 제대로 작동하지 못했다.

(A) defect
(B) defected
(C) defection
(D) defective

어휘 crane 기중기, 크레인 properly 적절하게 defective 결함이 있는 part 부분, 부품

해설 관사와 명사 사이에 빈칸이 있으므로 명사를 수식할 수 있는 (B)와 (D) 중에서 정답을 고른다. (B)의 defected는 '이탈한'이라는 의미의 형용사이며 (D)의 defective는 '결함이 있는'이라는 의미이다. 따라서 의미상 (D)가 정답이 된다.

12

Winfield 사무용품점은 지난주 금요일부터 많은 제품들을 할인 판매하고 있다.

(A) discounts
(B) will discount
(C) has discounted
(D) was discounted

해설 since last Friday라는 부사절이 있기 때문에, 과거인 '지난주 금요일'부터 현재까지를 의미하는 완료시제가 사용되어야 한다. 따라서 정답은 현재완료 형태를 갖추고 있는 (C)의 has discounted이다.

13

그 로봇은 첨단 기술을 사용하여 예비 부품을 만든다.

(A) condition
(B) technology
(C) ideas
(D) knowledge

[어휘] state-of-the-art 최신의　technology 기술　manufacture 제조하다　spare part 예비 부품　knowledge 지식

[해설] 주어진 문장은 '그 로봇은 첨단 OO을 사용하여 예비 부품을 만든다'는 의미이다. 보기 중 빈칸 앞의 state-of-the-art(첨단의)와 어울리면서 문장의 의미를 자연스럽게 만드는 것은 '기술'이라는 의미인 (B)의 technology뿐이다.

14

극장에 몇 가지 구조적인 문제들이 있기 때문에 수리가 되어야 한다.

(A) structure
(B) structuring
(C) structured
(D) structural

[어휘] structural 구조적인　issue 화제, 이슈　theater 극장　repair 수리하다

[해설] 빈칸에는 명사인 issues를 수식할 수 있는 형용사가 와야 하므로 명사인 (A)의 structure는 정답에서 제외된다. (B)의 structuring은 '구성하는'이라는 의미이며, (C)의 structured는 '구성된'이라는 의미로서 모두 issues를 수식하기에 적절하지 않다. '구조적인'이라는 의미인 (D)의 structural이 의미상 가장 적절하다.

15

건물의 잘못된 배선이 화재 발생의 원인일 수도 있다.

(A) could be
(B) have been
(C) were
(D) had been

[어휘] faulty 흠이 있는　wiring 배선　be responsible for ~에 대한 책임이 있다　cause 일으키다　fire 불, 화재

[해설] 주어가 3인칭 단수이기 때문에, (B)의 have been이나 (C)의 were는 정답이 될 수 없다. 또한 주어진 문장 내에서는 과거완료, 즉 대과거를 쓸 이유가 없기 때문에 (D)의 had been 역시 정답이 될 수 없다. 따라서 정답은 '잘못된 배선이 화재의 원인일 수도 있다'는 의미를 완성시키는 (A)의 could be가 된다.

16

Powers 씨는 중역이 될 가능성이 있는 사람이지만, 그에게는 먼저 더 많은 경험이 필요하다.

(A) longstanding
(B) potential
(C) admired
(D) complimentary

[어휘] potential 잠재적인, 가능성이 있는　executive 중역, 이사　experience 경험　longstanding 오랫동안의, 다년간의　complimentary 칭찬하는; 무료의

[해설] but 다음의 '우선 더 많은 경험이 필요하다'(he needs more

experience first)는 표현을 통해 Powers 씨가 아직은 중역이 아니라는 점을 알 수 있으므로, 정답은 '잠재적인', '가능성이 있는'이라는 의미인 (B)의 potential이 된다.

17

보안 요원은 방문객이 건물 안으로 들어가는 것을 조용히 저지했다.

(A) easily
(B) severely
(C) yearly
(D) calmly

[어휘] security guard 보안 요원, 경비원　refuse 거절하다, 거부하다　allow 허락하다, 허가하다　enter 들어가다　severely 심하게　yearly 연간의, 매년 하는　calmly 조용히; 침착하게

[해설] 빈칸에는 동사인 refused를 수식하면서 '보안 요원은 방문객이 건물 안으로 들어가는 것을 OO하게 저지했다'는 의미를 완성시킬 수 있는 부사가 들어가야 한다. 빈칸에 들어갈 가장 적절한 말은 (D)의 calmly이다.

18

Jefferson 씨의 사무실은 엘리베이터와 라운지 사이에 위치해 있다.

(A) between
(B) within
(C) except
(D) through

[어휘] between A and B A와 B 사이에　lounge 라운지

[해설] between A and B(A와 B 사이에)라는 표현을 알고 있으면 쉽게 정답을 찾을 수 있다. 주어진 문장은 'Jefferson 씨의 사무실은 엘리베이터와 라운지의 OO에 위치해 있다'는 의미가 되어야 하기 때문에 빈칸에는 '사이에'라는 의미를 가진 (A)의 between이 와야 한다.

19

그 택배 회사는 약 40달러에 소포를 배달해 줄 수 있다.

(A) deliver
(B) being delivered
(C) can deliver
(D) will be delivered

[어휘] courier company 택배 회사　deliver 배달하다　package 소포, 꾸러미

[해설] 빈칸은 동사 자리이므로 (B)는 정답에서 제외되며, 주어가 3인칭 단수이므로 (A) 또한 정답이 될 수 없다. 주어인 the courier company와 동사 deliver는 능동의 관계이므로 수동태인 (D) 또한 정답이 될 수 없다. 따라서 정답은 (C)이다.

20

그 자료는 이해가 가지 않는 것이었는데, 이러한 점은 모든 사람들을 당황하게 만들었다.

(A) confusing
(B) determined
(C) excluded
(D) convincing

[어휘] confusing 당황하게 만드는　determined 단호한　convincing 설득력이 있는, 확실한

해설 관계대명사 which의 선행사는 앞 내용 전체이다. 따라서 '자료를 이해할 수 없다는 점'이 모두를 어떻게 만들었을지 생각해 보면 정답을 쉽게 찾을 수 있다. (A)의 confusing은 '당황하게 만드는', (B)의 determined는 '단호한', (C)의 excluded는 '배제된', 그리고 (D)의 convincing은 '확실한'이라는 의미로, 이 중 빈칸에 들어가기에 가장 적절한 말은 (A)의 confusing이다.

21

전문가들은 경쟁업체인 Viola 주식회사에 의한 PT Motors의 인수를 높이 평가했다.

(A) acquire
(B) acquired
(C) acquisition
(D) acquirer

어휘 expert 전문가 praise 칭찬하다 acquisition 취득, 인수 rival 경쟁자

해설 빈칸에는 관사 앞에서 쓰일 수 있고 전치사구인 of PT Motors의 수식을 받을 수 있는 명사가 들어가야 한다. '전문가들은 경쟁업체인 Viola 주식회사에 의한 PT Motors의 OO를 높이 평가했다'는 의미를 완성시켜야 하므로 정답은 (C)의 acquisition(인수)이 된다. (D)의 acquirer도 명사이지만, 이는 '인수자'라는 의미이므로 내용상 정답이 될 수 없다.

22

백금은 은과 금보다 더 비싼 귀금속이다.

(A) expensive
(B) more expensive
(C) most expensive
(D) the most expensive

어휘 platinum 백금 precious metal 귀금속 both A and B A와 B 둘 다

해설 비교 대상이 되는 than both silver and gold(은과 금보다)라는 표현이 있으므로 빈칸에는 비교급 형태인 (B)의 more expensive가 들어가야 한다. 문장에 than이 있으면 일단 비교급을 정답이라고 생각하면서 보기들을 검토해야 한다.

23

비행기가 연착되지 않는다면 지금부터 대략 3시간 후에 비행기가 착륙할 것이다.

(A) delayed
(B) launched
(C) postponed
(D) canceled

어휘 unless ~하지 않는다면 delay 미루다, 연착하다 land 착륙하다 roughly 대략 launch 발사하다, 출항시키다 postpone 연기하다, 미루다 cancel 취소하다

해설 '비행기가 OO하지 않는다면 지금부터 대략 3시간 후에 착륙할 것이다'라는 의미가 되어야 한다. 보기의 단어를 살펴보면 수동태 형식으로 '지연되다', '미뤄지다'라는 의미를 만드는 (A)의 delayed와 (C)의 postponed가 정답이 될 수 있을 것 같은데, '비행기의 연착'을 의미할 때에는 delay라는 단어가 사용되기 때문에 이 문제의 정답은 (A)이다.

24

Marcia Campbell은 학생 지도 교사로서 많은 사람들과 함께 일을 한다.

(A) advisor
(B) counsel
(C) handler
(D) designer

어휘 role 역할 student advisor 학생 지도 교사 counsel 조언, 충고; 변호인 handler 조련사

해설 '학생 지도 교사'를 뜻하는 student advisor라는 복합명사를 알고 있어야 풀 수 있는 문제이다. 따라서 정답은 (A)의 advisor이며, (B)의 counsel은 '조언', '변호인'이라는 의미이고 (C)의 handler는 '조련사', 그리고 (D)의 designer는 '디자이너'라는 의미이다.

25

실수를 하지 않기 위해서 디자이너들이 철저히 일하는 것이 중요하다.

(A) so that
(B) such that
(C) in that
(D) for that

어휘 thorough 철저한 in that ~라는 점에서

해설 '~하기 위해서'라는 의미의 「so that ~ may [can, will] …」 구문을 알고 있어야 풀 수 있는 문제이다. 주어진 문장은 '실수를 하지 않기 위해서 철저히 일하는 것이 중요하다'라는 의미가 되어야 하므로 빈칸에는 (A)의 so that이 들어가야 한다.

26

인기 있는 새로운 전시회 덕분에 미술관 방문객 수가 증가했다.

(A) rise
(B) rising
(C) rose
(D) risen

어휘 attendance 참석률, 참석자 수 art gallery 미술관 exhibit 전시회

해설 빈칸은 동사 자리이므로 (B)와 (D)는 정답에서 제외된다. 주어인 attendance(참석률)가 3인칭 단수이므로 정답은 (C)의 rose이다.

27

8명의 팀원들 모두가 같은 비행기의 좌석을 예약할 수 있었다.

(A) reserve
(B) to reserve
(C) will reserve
(D) have reserved

어휘 team member 팀원 be able to ~할 수 있다 reserve 예약하다

해설 '~할 수 있다'라는 '가능'의 의미를 가지고 있는 be able to를 알고 있으면 쉽게 풀 수 있는 문제이다. 정답은 (B)의 to reserve이다.

28

이름이 밝혀지지 않은 또 다른 사람이 그 사건과 관련되어 있었다.

(A) who
(B) that

(C) which
(D) whose

어휘 person 사람 release 풀어 주다; 공개하다 involve 연관
시키다 incident 사건

해설 빈칸에 들어갈 알맞은 관계대명사를 묻는 문제이다. another
person이 사람이기 때문에 which는 정답이 될 수 없고, 빈칸 앞에
콤마가 있기 때문에 that 역시 정답이 될 수 없다. 따라서 주격 관계대
명사인 who와 소유격 관계대명사인 whose 중에 하나가 정답인데,
빈칸 다음에 name이라는 명사가 있으므로 이와 어울려 쓰일 수 있는
(D)의 whose가 정답이 된다.

29
조립 라인의 노동자가 즉시 문제를 알아차려서 상사에게 연락했다.
(A) hardly
(B) youthfully
(C) instantly
(D) always

어휘 assembly line 조립 라인 instantly 즉시 notice 주목하다,
알아차리다 contact 연락하다 hardly 거의 ~ 않는 youthfully
활발하게

해설 주어진 문장은 '조립 라인의 노동자가 ㅇㅇ하게 문제를 알아차려
서 상관에게 연락을 취했다'라는 의미가 되어야 한다. 보기의 단어들을
확인해 보면, noticed를 수식하면서 자연스러운 문맥을 완성시키는
것은 instantly뿐이므로 (C)가 정답이다.

30
오늘밤에 악천후가 인근 지역을 강타할 것으로 예상되고 있다.
(A) adverse
(B) advert
(C) adversely
(D) adverseness

어휘 adverse weather 악천후 strike 치다, 강타하다 local
area 인근 지역 advert 언급하다 adversely 반대로, 역으로
adverseness 반대

해설 빈칸 뒤에 명사가 있는데 이는 that절의 주어이므로 빈칸에는
형용사가 와야 한다. 보기 중에서 형용사는 (A)의 adverse뿐이므로
정답은 (A)이다.

PART 6

[31-34]

> 수신: Jim Simmons
> 발신: Tim Harris
> 회신: 다음 주 출장
> 날짜: 3월 10일
>
> Jim,
>
> 다음 주 출장과 관련해서 작은 문제가 하나 있어요. 비록 출장이 매
> 우 중요하지만, 저는 당신과 함께 로마에 갈 수가 없어요. 대신에
> Jackson 사장님께서 저를 도쿄로 보내실 거예요.
>
> 저는 로마에 가는 것을 고대하고 있었어요. 하지만, 도쿄에 새로운
> 고객이 생겼어요. 그래서 저는 그곳에 있는 몇몇 직원들을 만나야
> 해요.

> 대신 Rosemary Carter 씨에게 로마에 가자고 요청하세요.
> **그녀는 이탈리아어를 유창하게 해요.** 그리고 회사에서 가장 우수한
> 직원 중 한 명이에요.
>
> Tim

어휘 concerning ~와 관련해서 trip 여행; 출장 client 고객
fluent 유창한

31
(A) Although
(B) Because
(C) However
(D) Therefore

해설 첫 문장을 살펴보면, 빈칸 다음의 it이 가리키는 것은 '출장'임을
알 수 있다. 따라서 빈칸이 들어 있는 문장은 '출장이 매우 중요하기는
하지만, 나는 갈 수 없다'는 의미가 되어야 한다. 그렇게 되면 '대신에
사장님이 나를 도쿄로 보내실 것이다'라는 다음 문장과도 자연스럽게
연결된다. 정답은 양보의 의미를 나타내는 (A)의 Although이다.

32
(A) up to
(B) as well as
(C) forward to
(D) around

해설 '~을 고대하다'라는 의미의 look forward to라는 표현을 알
고 있어야 풀 수 있는 문제이다. 따라서 정답은 (C)의 forward to이다.
(A)의 up to는 '~까지', (B)의 as well as는 '~뿐만 아니라', 그리고
(D)의 around는 '대략'이라는 의미이다.

33
(A) 그녀는 이탈리아어를 유창하게 해요.
(B) 그녀는 이곳에 입사 지원을 했어요.
(C) 그녀는 저와 함께 도쿄로 갈 거예요.
(D) 그녀는 지난주에 퇴사했어요.

해설 빈칸에는 Rosemary Carter가 로마로 가야 하는 이유가 들
어가야 한다. 보기 중에서 그러한 이유가 될 수 있는 것은 (A)뿐이다.

34
(A) some
(B) one
(C) few
(D) each

해설 '~ 중의 하나'라는 표현은 「one of the + 복수 명사」 구문을
이용하여 나타낼 수 있다. 문맥상 '그녀는 회사에서 가장 우수한 직원
중 한 명'이라는 의미가 되어야 하므로 빈칸에는 (B)의 one이 들어
가야 한다.

집에서 요리하는 것에 싫증이 나셨나요? 가격이 너무 비싸지 않은 맛있는 음식을 드시고 싶으신가요? 그러시다면 Alexander's Grill을 방문해 주세요. Alexander's Grill에서는 모든 종류의 맛있는 고기를 드실 수 있습니다. 메뉴를 보고 주문을 하시면 됩니다. 아니면 고기 뷔페를 이용하셔도 좋습니다.

대부분의 사람들은 이와 같은 식사가 매우 비쌀 것이라고 예상합니다. 하지만 Alexander's Grill에서는 그렇지가 않습니다. 고기 뷔페의 요금은 1인당 단 30달러입니다. 그리고 메뉴에 있는 대부분의 요리들도 20달러이거나 그 이하의 가격입니다.

어휘 delicious 맛있는　meal 식사　all kinds of 온갖 종류의
buffet 뷔페　expect 예상하다, 기대하다　expensive 비싼

35
(A) 채식주의자이신가요?
(B) 주방장이 되고 싶으신가요?
(C) 집에서 요리하는 것에 싫증이 나셨나요?
(D) 식당을 운영하겠다는 생각이 있으신가요?

해설 전반적인 내용을 통해 이 글은 식당 광고임을 알 수 있다. 따라서 빈칸에는 식당 광고의 첫 문장으로서 독자들의 시선을 끌 수 있는 문장이 들어가야 한다. 보기 중에서 식당 광고의 문구로 사용되기에 가장 알맞은 것은 (C)이다.

36
(A) much
(B) all
(C) little
(D) another

해설 kinds가 복수이기 때문에 셀 수 없는 명사와 함께 사용되는 (A)의 much나 (C)의 little은 정답이 될 수 없다. 또한 (D)의 another는 원칙적으로 단수 명사와 함께 사용되므로 정답이 될 수 없다. '많은 종류의', '온갖 종류의'라는 의미는 all kinds of로 나타낼 수 있다. 따라서 정답은 (B)의 all이다.

37
(A) Yet
(B) So
(C) Since
(D) For

해설 알맞은 접속부사를 묻는 문제이므로 빈칸 앞뒤의 내용을 살펴보도록 한다. 빈칸 앞의 문장에서는 '대부분의 사람들이 이와 같은 식사가 매우 비쌀 것이라고 예상한다'는 점이 언급되고 있지만, 빈칸 뒤의 문장에서는 'Alexander's Grill에서는 그렇지가 않다'고 했으므로 빈칸에는 '그러나'라는 의미가 들어가야 한다. 따라서 (A)의 Yet이 정답이다.

38
(A) few
(B) some
(C) one
(D) many

해설 문맥상 '1인당' 가격을 이야기하고 있으므로 빈칸에는 (C)의 one이 들어가야 한다.

수신: 전 직원
발신: Stacy Roberts
제목: 주차

시급한 보수 공사 때문에 이번 주 수요일과 목요일에 메인 주차장이 폐쇄될 예정입니다. 수요일과 목요일 양일간에는 방문객용 주차장에 주차하셔도 좋습니다. 안타깝게도, 전 직원들을 위한 충분한 공간은 없습니다. 여러분들 중 몇몇 분들께서는 다른 곳에 주차해야 할 것입니다. Western 가 95번지에 유료 주차장이 있습니다. 그곳에 주차하시는 경우에는, 그 다음 날 제게 영수증을 가져다 주십시오. **여러분들이 지불하신 금액의 100%를 돌려 드리도록 하겠습니다.** 질문이 있을 경우에는 내선번호 65번으로 제게 연락을 주십시오.

어휘 much-needed 시급히 필요한　repair 수리　unfortunately 불행하게도, 안타깝게도　space 공간　elsewhere 다른 곳에
reimburse 변제하다, 배상하다　extension 내선 번호　subtract
빼다　paycheck 급료

39
(A) because
(B) due to
(C) about to
(D) consequently

해설 '주차장 폐쇄'와 '시급한 보수 공사'는 원인과 결과의 관계이므로 (A)와 (B) 중에서 정답을 고른다. 그런데 (A)의 because는 접속사이므로 완전한 절 앞에만 올 수 있다. 따라서 구전치사인 (B)의 due to가 정답이 된다.

40
(A) They
(B) Much
(C) Little
(D) Some

해설 빈칸 뒤의 of you의 수식을 받을 수 있는 단어를 생각해 보면 정답을 쉽게 찾을 수 있는데, (A)의 They는 대명사로서 of you의 수식을 받을 수 없으며, (B)의 Much와 (C)의 Little은 셀 수 없는 명사와 어울려 사용되기 때문에 이들 역시 정답이 될 수 없다. 빈칸 앞뒤 문장의 의미를 연결시켜 보면, '전체 직원들을 위한 충분한 공간이 없으니 일부 직원들은 다른 곳에 주차해야 한다'는 내용이 언급되고 있다. 따라서 '일부', '몇몇'이라는 의미를 지닌 (D)의 Some이 정답이다.

41
(A) 저희가 여러분을 돕기 위해 할 수 있는 일은 없습니다.
(B) 여러분들이 지불하신 금액의 100%를 돌려 드리도록 하겠습니다.
(C) 주차 요금은 급여에서 차감될 것입니다.
(D) 새로운 주차 스티커는 저한테서 받아 가시면 됩니다.

해설 빈칸 바로 앞에서 '유료 주차장에 주차를 할 경우 영수증을 가지고 오라'고 안내하고 있다. 그러므로 빈칸에는 영수증을 가지고 올 때의 혜택을 언급하는 문장이 들어가야 가장 자연스러운 문맥이 완성된다. 정답은 (B)이다.

42

(A) or

(B) because

(C) if

(D) while

해설 내용상 '질문이 있는 경우에는 내선번호 65번으로 연락을 달라'는 의미가 되어야 하므로 빈칸에는 조건의 의미를 갖는 접속사인 (C)의 if가 들어가야 한다.

[43-46]

어제, James 가와 Kendall 가의 코너에서 큰 교통 사고가 있었다. **사고는 오후 4시 35분경에 발생했다.** 아마도, 트럭 한 대가 정지 신호를 무시하고 달리다가 Kendall 가에서 좌회전하던 두 대의 차량과 충돌한 것으로 보인다. 차에 있던 누구도 중상을 입지는 않았다. 하지만 트럭 운전수의 팔이 골절되었다. 그는 또한 몇몇 다른 곳에도 부상을 입었다. 사고 때문에 6시까지 도로 양방향에 교통 체증이 발생했다.

어휘 corner 코너, 모퉁이 apparently 보아하니, 아마도 run a red light 정지 신호를 무시하고 달리다 seriously 심각하게 broken 고장이 난; 부러진 major injury 중상 shut down 폐쇄하다 crash 충돌 separate 별개의

43

(A) 충돌 사고로 고속도로가 폐쇄되었다.

(B) 각기 다른 네 대의 차량이 사고를 당했다.

(C) 몇몇 사람들이 중상을 입었다.

(D) 사고는 오후 4시 35분경에 발생했다.

해설 빈칸 앞에서는 사고가 일어났다는 소식을, 빈칸 뒤에서는 사고의 원인을 알리고 있다. (A)의 highway는 언급되고 있는 교통 사고와 관련이 없고, (B)와 (C)는 이후의 내용으로 미루어볼 때 지문과 어울릴 수 없는 사항들이다. 따라서 정답은 사고 발생 시각을 부연 설명하고 있는 (D)가 되어야 한다.

44

(A) but

(B) and

(C) or

(D) when

해설 a truck ran a red light라는 문장과 (it) hit two cars turning left onto Kendall Avenue라는 문장을 가장 자연스럽게 연결시켜 줄 수 있는 접속사를 고르면 된다. 정답은 (B)의 and이다.

45

(A) Because

(B) However

(C) Therefore

(D) Although

해설 빈칸 앞의 문장은 '차에 있던 누구도 중상을 입지 않았다'는 의미이고, 빈칸이 들어 있는 문장은 '트럭 운전사의 팔이 골절되었다'는 의미이다. 따라서 이 두 문장을 가장 자연스럽게 연결시킬 수 있는 접속부사는 (B)의 However뿐이다. (A)의 Because와 (D)의 Although는 모두 접속사이기 때문에 정답이 될 수 없다. (C)의 Therefore는 접속

부사이기는 하지만 '그러므로'라는 의미를 가지고 있으므로 이 역시 정답이 될 수 없다.

46

(A) any

(B) one

(C) other

(D) another

해설 also에 주의하면 쉽게 정답을 찾을 수 있다. 앞 문장에서 운전사의 팔이 골절되었다는 내용이 언급되었기 때문에, 빈칸이 있는 문장은 '또한(also) 그 밖의 다른 부상도 입었다'는 의미가 되어야 한다. 따라서 정답은 (C)의 other가 된다. (D)의 another는 '또 다른 하나'라는 단수의 의미를 가지고 있으므로 a few(몇몇의) 및 injures(부상들)와 함께 쓰일 수 없다.

Unit 01 | 주제 및 목적 |

Ⓐ

1 (b)	2 (a)	3 (b)

1

> 내일이 휴일이라는 점을 기억해 주세요. 오늘 밤 9시에 매장 문이 닫힐 것이며, 모레 오전 8시 이후에 다시 문을 열 것입니다. 휴일을 잘 보내시기를 바랍니다.

2

> 컴퓨터 엔지니어 협회는 올해 댈러스에서 연례 학회를 개최할 것입니다. 학회는 8월 10일부터 14일까지 계속될 것이며 많은 활동을 하게 될 것입니다. 모든 신청서는 늦어도 7월 31일까지 도착해야 합니다.

어휘 annual 매년의, 연례의 last 지속되다 activity 활동 registration form 신청서 receive 받다 take place 발생하다

3

> 받는 사람: Jill Treadway
> 보낸 사람: Peter Wilson
> 제목: 영수증
> 날짜: 4월 19일
>
> Jill,
>
> 당신은 지난번 출장에서 모든 영수증을 제출해야 해요. 당신이 작성한 경비 양식은 이미 받았고, 이상 없어 보여요. 하지만 제게 영수증을 주지 않으면 제가 당신의 경비를 지급해 줄 수가 없어요.
>
> Peter

어휘 turn in ~을 제출하다 receipt 영수증 collect 모으다, 수집하다 sales trip (영업 활동을 위한) 출장 expenses 비용 reimburse 상환하다, 배상하다 accountant 회계사 banker 은행원

Ⓑ

1 (b)	2 (c)

1

> 모두 주목해 주세요. 오늘밤과 내일, 자원해서 초과 근무를 할 직원이 10명 필요합니다. Lionel 사의 주문을 처리해야 합니다. 현재 일정이 지체되고 있습니다. 하지만 여러분들 중 몇 분께서 기꺼이 초과 근무를 해 주신다면, 제때에 마칠 수가 있습니다. 자원을 하시는 경우에는 두 배의 시급을 받게 되실 것입니다. 관심이 있으시면 Matt McKinney에게 말씀을 해 주세요.

어휘 volunteer 자원하다 work overtime 초과 근무를 하다, 야근하다 complete 완성하다, 마치다 order 주문 currently 현재 behind schedule 일정이 지체된 be willing to 기꺼이 ~하다 on time 정시에, 제때에 hourly rate 시급 interested 관심이 있는, 흥미가 있는

Q. 안내는 주로 무엇에 관한 것인가?
(a) 회사의 향후 계획
(b) 초과 근무를 할 직원의 필요성
(c) Lionel 사와의 계약

2

> Campbell 씨에게,
>
> 어제 직원 회의에 늦어서 정말 죄송합니다. 제가 점심을 먹고 돌아오는 도중에 갑자기 차가 막혀서 꼼짝할 수가 없었습니다. 식당에서 회사까지는 보통 10분 정도가 걸립니다. 하지만 어제는 40분이 걸렸습니다. 게다가, 저는 휴대 전화를 책상에 두고 나왔습니다. 그래서 전화를 드릴 수가 없었습니다. 저로 인해 너무 기분 나빠하시지 않으시기를 바랍니다.
>
> Jeff Sanders

어휘 staff meeting 직원 회의 suddenly 갑자기 get caught in traffic 차가 막혀서 꼼짝하지 못하다 in addition 게다가, 또한 upset 화가 난 coworker 동료

Q. Campbell 씨는 누구인가?
(a) 식당 직원
(b) 학교의 학생
(c) Jeff Sanders의 동료

MORE & MORE

1 (○)	2 (×)	3 (○)

1. 이 공지 사항은 Silver Woods에서 살고 있는 사람들을 위한 것이다.
2. 이 공지 사항은 주로 보수 공사의 일정에 대해 이야기하고 있다.
3. 이 공지 사항은 보수 공사 기간이 얼마나 걸릴 것인지 알려 준다.

어휘 mostly 대부분, 주로 explain 설명하다

MORE & MORE

1 (○)	2 (×)	3 (×)

1. 이 메시지는 주로 신규 직원을 채용하려는 계획에 관한 것이다.
2. 필요한 일자리 유형이 안내되고 있다.
3. 이 메시지는 일자리를 찾는 사람들을 위한 것이다.

어휘 announce 알리다, 발표하다 look for ~을 찾다

예상 적중 문제 (06-10)

p.191

MORE & MORE

1 (○)	2 (×)	3 (○)

1. 기사의 주제는 공장의 폐쇄이다.
2. Sam은 Carbonite 사의 직원이다.
3. Sam은 Larry의 구직을 도와 달라는 요청을 받고 있다.

Unit 02 | 주제 및 목적 II

기본기 체크업

p.196

1 (a)	2 (c)	3 (c)

1

Quartermain 씨,

오늘 아침 면접에 늦어서 진심으로 죄송합니다. 혹한 때문에 차의 시동을 거는데 문제가 있었습니다. 그래서 면접에 10분 정도 늦게 되었습니다.

어휘 sincerely 진심으로　have trouble -ing ~하는 데 문제를 겪다　extreme 극도의　make an apology 사과하다　file a complaint 불만을 제기하다

2

Fillmore 사에 지원하기 위해서는 아래 내용을 기입해 주십시오.

이름: Sally Campbell

주소: Apple 가 19번지, 프레스콧, 애리조나

현재 직업: 실직 중

이력서 첨부: [∨] 네 [ ] 아니오

어휘 fill out (내용을) 기입하다, 작성하다　status 지위, 상태

3

받는 사람: Katherine Wellman
보낸 사람: Rick Mather
제목: 주차권

Wellman 씨께,

저는 주차권을 받기 위해 오늘 세 차례나 당신의 사무실을 방문했습니다. 하지만, 그 어느 때에도 당신은 사무실에 계시지 않았습니다. 오늘 사무실에 계시게 될 때를 저에게 알려 주시기 바랍니다.

Rick Mather 드림

어휘 parking pass 주차권　parking lot 주차장

B

1 (b)	2 (a)

1

친애하는 Simmons 씨께,

아시다시피, 다음 주에 샌안토니오에서 엔지니어링 학회가 있을 예정입니다. 저는 학회에 참가하고 싶습니다. 제 업무에 도움이 될 여러 워크숍들이 진행될 것입니다. 제가 참석하는 것이 가능할까요? 저는 제가 그곳에 가는 것이 회사와 저 모두에게 이득이 될 것이라고 생각합니다. 가능한 한 빨리 알려 주시기 바랍니다.

Dustin Sellers 드림

어휘 would like to ~하고 싶다　attend 참석하다　conference 회의, 학회　workshop 워크숍　possible 가능한

Q. Sellers 씨는 왜 이메일을 작성했는가?
　(a) 전근을 요청하기 위해
　(b) 학회 참석을 요청하기 위해
　(c) 자신이 다녀왔던 행사에 대해 논의하기 위해

2

친애하는 Whitner 씨께,

어제 귀하의 발표는 훌륭했습니다. 귀하는 판매하시는 상품의 가치를 완벽히 설명해 주셨습니다. 저희 회사는 그에 대해 큰 관심을 가지고 있습니다. 하지만 요구하신 가격이 너무나 높습니다. 가격을 약간만 내려 주실 수 있으신가요? 10%의 할인을 제공해 주신다면 저희는 귀사와 기꺼이 계약을 체결할 것입니다.

Lionel Stephens 드림

어휘 presentation 발표, 프레젠테이션　fully 완전히, 충분히　value 가치　be interested in ~에 관심이 있다, ~에 흥미가 있다　a bit 약간, 조금　discount 할인　be willing to 기꺼이 ~하다　sign a contract 계약서에 서명하다, 계약을 체결하다　firm 회사　negotiate 협상하다　set up ~을 설정하다, ~을 마련하다　apology 사과

Q. 편지의 목적은 무엇인가?
　(a) 가격을 협상하기 위해
　(b) 회의 일정을 정하기 위해
　(c) 사과를 요구하기 위해

예상 적중 문제 (01-03)

p.199

MORE & MORE

1 (×)	2 (○)	3 (○)

1. 이 기사는 축제를 비판하기 위해 쓰여졌다.
2. 이 기사의 목적은 축제에 대한 보도를 하기 위해서이다.
3. 이 기사는 얼마나 많은 사람들이 축제를 보러 왔는지를 언급하고 있다.

어휘 criticize 비판하다

예상 적중 문제 04-05

p.201

MORE & MORE

1 (×)	2 (○)	3 (○)

1. 글쓴이들은 신입 직원 채용에 대해 논의하고 있다.
2. Joann은 오늘 아침에 병가를 냈다.
3. Lewis는 Sally를 도울 동료 직원을 보낼 것이다.

어휘 call in sick 전화로 병가를 내다

예상 적중 문제 06-10

p.206

MORE & MORE

1 (×)	2 (×)	3 (○)

1. 모든 파티팩은 공식 행사를 위한 것들이다.
2. Chase 씨는 생일 파티를 위해 음식을 필요로 한다.
3. 음식은 오후 3시 30분까지 배달될 것이다.

Unit 01-02 | 연습 문제

p.207

1 (C)	2 (C)	3 (A)
4 (B)	5 (C)	6 (C)
7 (A)	8 (D)	9 (B)
10 (A)	11 (D)	12 (A)
13 (C)	14 (D)	15 (C)
16 (B)	17 (B)	18 (A)
19 (B)	20 (A)	21 (D)
22 (A)	23 (C)	

[1-2]

실험실에 있는 동안에는, 항상 다음 규정들을 준수해 주세요.

항상 실험실 담당자의 말에 귀를 기울이세요. 학생들은 담당자가 말하는 모든 것을 따라야 합니다. 지시 사항을 따르지 않으면 퇴실 명령을 받게 될 것입니다. 잊지 마시고 항상 안전 장비를 착용하세요. 여기에는 실험실 가운, 보호 안경, 그리고 때때로 보호 장갑이 포함됩니다. 어떤 도구도 버리지 마세요. 일부는 고가이며 대체하기가 어려운 것들입니다.

어휘 laboratory 실험실 follow 따르다 rule 규칙, 규정 always 항상, 언제나 coordinator 진행자, 책임자, 코디네이터 instructions 지시 사항 be sure to 잊지 말고 ~하다, 반드시 ~하다 safety equipment 안전 장비 lab coat 실험실 가운 goggle 보호 안경, 고글 glove 장갑 waste 버리다, 폐기하다 material 재료, 자료 expensive 비싼 replace 대신하다, 대체하다 conduct 실행하다 experiment 실험 behave 행동하다

1

지시 사항은 무엇을 설명하는가?
(A) 실험을 하는 방법
(B) 사용해야 할 장비
(C) 실험실에서의 행동 요령
(D) 안전 장비가 중요한 이유

해설 글의 제목인 'While you are in the laboratory, please follow these rules at all times.'를 통해 실험실 내에서 지켜야 할 규정을 안내하는 것이 이 글의 목적임을 짐작할 수 있다. 이후의 내용에서도 실험실 담당자의 말에 귀를 기울여야 한다는 점과 항상 안전 장비(safety equipment)를 착용해야 한다는 점이 안내되고 있으므로, 정답은 '실험실에서의 행동 요령'이라는 의미를 나타내는 (C)의 How to behave in a laboratory이다.

2

공지에 따르면 사실이 아닌 것은 무엇인가?
(A) 학생들은 항상 지시사항을 따라야 한다.
(B) 안전 장비가 필요하다.
(C) 학생들은 분실한 도구를 변상해야 한다.
(D) 실험 진행자의 말을 반드시 들어야 한다.

해설 지문 마지막 부분의 'Do not waste any of the materials. Some are expensive and difficult to replace.'에서 떠한 장비도 잃어버리지 말라는 내용이 언급되기는 했지만, 이를 변상해야 한다는 정보는 언급되지 않았으므로 정답은 (C)이다. (A)는 'If you do not follow instructions, you will be told to leave.'에, (B)는 'This includes a lab coat, goggles, and sometimes gloves.'에, 그리고 (D)는 'Students must do everything that individual tells you.'에 언급되어 있다.

[3-5]

담당자님께,

제 이름은 Kate Tripper입니다. 4일 전, 저는 귀사의 웹사이트에서 몇 가지 제품을 주문했습니다. 주문 번호는 545A-333B입니다. 포장된 상품이 도착은 했지만, 문제가 있습니다. 거의 모든 제품이 운송 중에 파손되었습니다. 저는 집에서 쓸 새 식기들을 주문했습니다. 안타깝게도, 제가 구입한 10개의 제품 중 9개가 손상되거나 깨져 있습니다. 즉시 새 제품을 보내 주실 것을 요청합니다. 이번 주 토요일에 있을 저녁 만찬 모임을 위해 이 물품들이 필요합니다. 교체 물품들이 늦지 않게 도착하기를 바랍니다. 이용할 수 있는 가장 빠른 배송 방법을 사용하여 주시기 바랍니다.

Kate Tripper

어휘 order number 주문 번호 package 소포, 포장된 상품 damage 손상시키다 transport 운송 dishware 식기류, 접시류 piece 조각, (세트의) 한 개 chipped 깨진 request 요구하다, 요청하다 immediately 즉시

3

편지의 목적은 무엇인가?
(A) 불만을 표시하기 위해
(B) 환불을 요청하기 위해
(C) 몇 가지 제품을 주문하기 위해
(D) 사과를 요청하기 위해

（D）최근 업적에 대해 한 팀을 칭송하기 위해

해설 회람의 첫 문장인 'In case you don't know, David Sanders will be resigning this Friday.'를 통해서 David Sanders가 이번 주 금요일에 일을 그만둘 것이라는 점을 알 수 있다. 이어서 'David has been an outstanding employee during that time.'이라는 부분을 통해 그의 직책이 '직원'(employee)임을 알 수 있다. 따라서 정답은 '동료에 관한 소식을 알리기 위해서'라는 의미인 (C)의 To notify employees about a coworker이다.

7

Sanders 씨는 무슨 일을 할 것인가?

(A) 다른 회사에서 근무한다
(B) 부서를 변경한다
(C) 해외 지사로 옮긴다
(D) 일을 그만하고 은퇴한다

해설 David Sanders가 회사를 그만 두는 이유가 언급된 문장은 'David has decided to accept a new job out of state.'이다. 즉, 그는 다른 회사에 근무하게 될 것이므로 정답은 (A)이다.

8

Powers 씨는 Sanders 씨에 대해 어떻게 생각하는가?

(A) 그는 Sanders 씨가 회사에서 최고의 직원이라고 생각한다.
(B) 그는 Sanders 씨가 열심히 일했다고 생각한다.
(C) 그는 Sanders 씨가 장래의 최고경영자로 생각한다.
(D) 그는 Sanders 씨가 훌륭한 직원이라고 생각한다.

해설 Powers 씨는 'David has been an outstanding employee during that time.'라고 작성했다. 이 문장을 통해서 그는 Sanders 씨를 뛰어난 직원이라고 생각하고 있다는 것을 알 수 있으므로 정답은 (D)이다.

9

직원은 왜 Kennedy 씨에게 이야기할 것인가?

(A) Sanders 씨의 자리를 채워달라는 요청을 하기 위해서
(B) 선물을 살 돈을 기부하기 위해서
(C) 파티에 참석한다는 신청을 하기 위해서
(D) Sanders씨와 약속을 잡기 위해서

해설 Kennedy 씨가 언급된 문장은 회람의 마지막 문장인 'Speak with Cindy Kennedy in David's department if you want to make a contribution.'에서 기부를 원하는 사람들은 Kennedy 씨에게 연락하라고 말하고 있다. 위 문장의 바로 앞에 기부의 목적이 언급되어 있는데, 'However, we will be purchasing him a farewell present.'에서 기부의 목적은 선물 구입이라는 것을 알 수 있다. 따라서 정답은 (B)이다.

[10-13]

Simmons 아카데미의 수업을 수강하십시오

Simmons 아카데미에서 현재 신입생들의 등록을 받고 있습니다. 수업은 6월 1일에 시작될 예정입니다. 모든 수업은 2개월 동안 진행될 예정이며 수업료는 300달러입니다. 여기에는 재료비가 포함되어 있지 않습니다. 재료비는 수업마다 다릅니다. 올해 6월에 4개의 새로운 수업이 개설되었다는 점을 알리게 되어 자랑스럽게 생각합니다.

해설 글쓴이는 편지 초반부에서 자신이 몇 가지 제품을 주문했다는 점을 밝힌 후, 'The package just arrived, but there is a problem.'이라고 말하면서 배송된 제품에 문제가 있었다는 점을 알리고 있다. 따라서 정답은 (A)의 To make a complaint이다. 편지의 마지막 부분에서 글쓴이는 새로운 제품을 다시 보내 줄 것을 요청하고 있으므로 편지의 목적을 '환불'이라고 밝힌 (B)는 정답이 될 수 없다.

4

Tripper 씨가 언급한 문제점은 무엇인가?

(A) 그녀의 주문품은 파티에 너무 늦게 도착했다.
(B) 그녀가 주문한 몇몇 물품들이 부서졌다.
(C) 그녀는 잘못된 물품들을 받았다.
(D) 주문에 대해 너무 많은 금액이 청구되었다.

해설 지문의 중반부에서 'Unfortunately, of the ten pieces I bought, nine are broken or chipped.'라고 하며 구체적으로 문제가 된 점은 제품이 '손상되거나 깨져 있었다'(broken or chipped)는 것을 언급했다. 따라서 정답은 (B)이다.

5

Tripper 씨가 요청한 것은 무엇인가?

(A) 사과의 편지
(B) 할인
(C) 교체 물품
(D) 무료 배송

해설 지문의 마지막 부분에서, Tripper 씨는 문제의 해결 방법으로 교체 물품들을 늦지 않게 보내줄 것(I expect the replacement items to arrive in time for it.)을 요청했다. 따라서 정답은 (C)이다.

[6-9]

받는 사람: 전 직원
보낸 사람: Robert Powers
제목: David Sanders

모든 분들께,

모르시는 경우를 위해 말씀을 드리면, David Sanders가 이번 주 금요일에 퇴사할 예정입니다. David는 다른 주에서의 일자리 제안을 수락하기로 결정했습니다. 그는 이곳에서 8년 넘게 근무했습니다. David는 이 기간 동안 뛰어난 직원이었습니다. 그가 떠나면 우리 모두가 그를 그리워하게 될 것입니다. 그가 떠나기 전에 잊지 마시고 David에게 작별 인사를 해 주세요. David는 우리가 그를 위해 송별회를 하지 말아달라고 요청했습니다. 그래서 우리는 그의 요청을 존중할 것입니다. 하지만, 우리는 그를 위해 송별 선물을 구입하려고 합니다. 기부하기를 원하시는 분들은 David 부서의 Cindy Kennedy에게 이야기해 주세요.

어휘 in case ~하는 경우에, ~하는 경우를 대비해서 resign 사임하다 accept 받아들이다, 수락하다 out of state 주 밖에서, 다른 주에서 outstanding 뛰어난, 두드러진 miss 그리워하다 say goodbye to ~에게 작별 인사를 하다 congratulate 축하하다 notify 통지하다, 알리다

6

회람의 목적은 무엇인가?

(A) 어떤 사람의 승진을 언급하기 위해
(B) 어떤 사람의 수상을 축하하기 위해
(C) 직원들에게 한 동료에 관한 소식을 알리기 위해

수업	강사	요일/시간
조각 초급반	Jim Reaves	월/화 4:00–5:00 P.M.
핑거 페인팅	Susan Bradley	수/금 9:00–11:00 A.M.
유화 고급반	Mario Fontana	월/목 1:00–3:00 P.M.
인형 제작	Amy Holliday	화 1:00–4:00 P.M.

학생들은 15달러에 1개월 주차권을 구매할 수 있습니다. 시내버스 54번, 65번, 18번 또한 학원 앞을 지나갑니다. 더 많은 정보를 얻으시려면 저희 웹사이트에 방문해 주세요.

어휘 credit 학점 scholarship 장학금

10

무엇이 광고되고 있는가?
(A) 미술 학원
(B) 요리 학원
(C) 헬스클럽
(D) 어학원

해설 광고의 첫 문장인 'The Simmons Academy is now registering new students.'를 통해 Simmons 아카데미라는 곳에서 현재 신입생들을 모집하고 있다는 점을 알 수 있다. 표를 살펴보면, Basic Sculpture(초급 조각), Finger-Painting(핑거 페인팅), Advanced Oil Painting(고급 유화), Puppet-Making(인형 제작)이 수업 과목임을 알 수 있으므로 Simmons 아카데미라는 곳은 미술 수업을 담당하는 기관임을 알 수 있다. 따라서 (A)의 An art school(미술 학원)이 정답이다.

11

1주일에 하루만 수업하는 강사는 누구인가?
(A) Reaves 씨
(B) Bradley 씨
(C) Fontana 씨
(D) Holliday 씨

해설 표에서 '요일/시간' 항목을 보면, 다른 수업들은 1주일에 두 번씩 진행되며, 'Puppet-Making'만 주 1회 진행된다는 사실을 알 수 있다. 이 수업을 진행하는 강사의 이름은 Amy Holliday이므로 정답은 (D)이다.

12

광고에 따르면, 다음의 진술들 중 사실인 것은 무엇인가?
(A) 몇몇 수업료는 300달러를 넘는다.
(B) 학원은 6월에 4개의 수업만을 제공한다.
(C) 모든 신규 수업들은 1개월 동안 진행된다.
(D) Bradley 씨는 조각 수업을 가르친다.

해설 'All classes will last for two months and cost $300. This does not include the price of materials.'라는 문장을 통해 모든 수업료가 300달러인데, 여기에 재료비가 포함되어 있지 않다는 내용이다. 즉, 재료가 필요한 수업의 경우 300달러가 넘는 수업료를 지불해야 할 것이므로 정답은 (A)이다.

13

Simmons 학원의 학생들에 대해 암시되는 것은 무엇인가?
(A) 그들은 수업들을 수강하는 것을 통해 대학 학점을 취득할 수 있다.
(B) 몇몇 학생들은 장학금을 받는다.
(C) 그들 중 몇 명은 대중교통을 이용한다.
(D) 그들은 하계 기간 동안에만 수업을 듣는다.

해설 표 아래의 'City buses 54, 65, and 18 also stop in front of the academy.'라는 문장에서 학원 앞에 정차하는 버스들의 정보를 언급하고 있다. 이를 통해, 학원생들 중 일부는 버스를 타고 다닐 것이라고 추측할 수 있으므로 정답은 (C)이다.

[14-18]

제임스타운 여름 축제

다음 주에 제임스타운 여름 축제가 시작될 예정입니다. 목요일인 8월 1일에 시작해서 일요일인 8월 4일까지 계속될 것입니다. 축제에 오시는 모든 분들을 환영합니다. 모든 종류의 행사와 놀이 기구들이 마련되어 있을 것입니다. 그리고 역사적인 제임스타운에 대해 배울 수 있는 특별한 쇼도 마련될 것입니다. 잊지 마시고 음식 가판대도 들러 보세요. 다양한 종류의 맛있는 지역 특선 요리들이 제공될 것입니다. 축제에 대해 더 많은 것을 알고 싶으시면 409-1654로 전화하세요. 축제에 참가하기 위한 티켓의 가격은 하루당 10달러입니다.

받는 사람: 제임스타운 시청 직원
보낸 사람: Carl Peterson 시장
제목: 제임스타운 여름 축제

아시다시피, 다음 주에 제임스타운 여름 축제가 시작될 예정입니다. 여러분과 여러분 가족 모두 행사에 참석해 주시기를 바랍니다. 올해 축제는 그 어느 때보다도 성공적인 축제가 되었으면 합니다. 올해에는 시청 직원 및 그 가족들께서 반값으로 축제에 참여하실 수가 있습니다. 모든 분의 성함이 매표소에 등록되어 있습니다. 표를 구매하실 때 운전면허증만 제시하십시오. 그러면 할인을 받으실 수 있습니다.

어휘 last 지속되다, 계속되다 welcome 환영하는 all sorts of 온갖 종류의 ride 타다; 놀이 기구 historic 역사적인 be sure to 반드시 ~하다 food stand 음식 가판대 serve 봉사하다; (음식 등을) 내놓다 various 다양한 delicious 맛있는 successful 성공적인 ticket booth 매표소 discount 할인 special offer 특별 할인, 특가 판매 volunteer 자원봉사자 mention 언급하다

14

광고에 따르면, 제임스타운 여름 축제에 대해 진실이 아닌 것은?
(A) 4일 동안 지속될 것이다.
(B) 그곳에 가는 사람들을 위한 놀이 기구들이 있다.
(C) 축제에 입장하려면 비용을 지불해야만 한다.
(D) 제임스타운 거주자들만 참석할 수 있다.

해설 축제와 관련해서 사실이 아닌 것을 묻고 있다. 제임스타운 거주자들만 축제에 참가할 수 있다는 내용은 찾을 수 없으므로 (D)가 정답이다. (A)는 'It will last from Thursday, August 1, to Sunday, August 4.'에서, (B)는 'There are all sorts of events and rides for people.'에서 찾을 수 있는 내용이다. 그리고 (C)는 'Tickets to attend the festival cost $10 per day.'에 언급된 내용이다.

15

제임스 타운 여름 축제에 대해 언급된 것은 무엇인가?

(A) 2년에 한 번 열리는 행사이다.

(B) 시 정부로부터 지원을 받는다.

(C) 지역의 음식을 제공할 것이다.

(D) 14세 미만의 어린이들은 무료이다.

해설 축제에 대해 언급된 사실을 묻는 문제이다. 첫 번째 지문의 중후반부에 'Be sure to check out the food stands. They will be serving various kinds of delicious local foods.'라는 내용이 있다. 그러므로 (C)가 정답인데, (C)에서는 food를 cuisine으로 바꾸어 표현하였다.

16

Peterson 씨는 왜 회람을 작성했는가?

(A) 축제 날짜를 알려 주기 위해

(B) 축제에 적용되는 특별 할인을 설명하기 위해

(C) 자원봉사자들에게 축제에서 일할 것을 요청하기 위해

(D) 축제에 있을 몇 가지 행사를 언급하기 위해

해설 Peterson 씨가 회람을 작성한 이유를 묻고 있으므로 두 번째 지문에서 정답의 단서를 찾도록 한다. 회람은 시장인 Peterson 씨가 작성한 것으로, 그는 '시청 직원들'(All Jamestown City Employees)에게 '다음 주에 있을 여름 축제에 여러분과 여러분 가족 모두가 행사에 참석하기를 바란다'(We hope you and your families will attend the event.)고 말한 후, 'This year, city employees and their family members can attend the festival for half price.'라고 안내함으로써 시청 직원이 받을 수 있는 할인 혜택에 대해 알려 주고 있다. 따라서 Peterson 시장이 회람을 작성한 이유는 축제에 적용되는 특별 할인을 설명하기 위함이라고 볼 수 있기 때문에 (B)가 정답이다.

17

왜 제임스타운 여름 축제에서 운전면허증을 보여 줘야 하는가?

(A) 무료 음식을 받기 위해서

(B) 티켓 가격을 더 적게 지불하기 위해서

(C) 그곳에 차량을 주차하기 위해서

(D) 무료 티켓을 받기 위해서

해설 운전면허증과 관련된 정보는 회람 후반부의 'city employees and their family members can attend the festival for half price.', 'Just show your driver's license when you are buying tickets. Then, you can get the discount.'에서 찾을 수 있다. 즉, 시청 직원들과 그 가족들은 입장료를 반값에 구매할 수 있는데, 이를 위해 표를 구매할 때 운전면허증을 제시하면 된다. 따라서 정답은 (B)이다.

18

제임스타운 시청 직원들에 대해 진실인 것은 무엇인가?

(A) 그들은 10달러보다 적은 가격을 지불하고 축제에 입장할 수 있다.

(B) 그들은 축제에서 자원 봉사하는 것을 요구 받는다.

(C) 그들은 축제에서 어떠한 상도 받을 수 없다.

(D) 그들의 가족들은 축제에 무료로 입장할 수 있다.

해설 정보 연계 문제이다. 두 번째 지문에 따르면 시청 직원들과 그 가족들은 반값에 축제에 입장할 수 있는데(city employees and their family members can attend the festival for half price), 첫

번째 지문의 마지막 문장인 'Tickets to attend the festival cost $10 per day.'에서 입장료가 10달러임을 알 수 있다. 따라서 10달러보다 적은 가격을 지불하고 축제에 입장할 수 있다는 내용의 (A)가 정답이다.

[19-23]

4월 12일

Richard Greer
채용 담당자
Daylight 사
Hastings 가 43번지
탤러해시, 플로리다 32303

친애하는 Greer 씨께,

지난 주말 Chattahoochee 일자리 박람회에서 뵙게 되어 기뻤습니다. 기억하시기를 바랍니다만, 귀하는 저의 이력서를 검토하셨습니다. 또한 저에게 귀사에 입사 지원할 것을 권하셨습니다.

저의 이전 직장들에서 작업했던 프로젝트들의 간단한 설명과 함께 저의 이력서를 첨부합니다. 저는 4월 21일 이후에 면접이 가능합니다. 저는 6월 30일 이후에 언제든지 플로리다로 이주할 수 있습니다. 그때 저의 현재 임대차 계약이 만기가 됩니다.

편하실 때 494-3872로 전화해 주시거나 peterstock@roadrunner.com으로 이메일을 보내 주세요.

Peter Stock 드림

받는 사람: Amanda Wright 〈a_wright@daylightco.com〉
보내는 사람: Richard Greer
　　　　　〈richardgreer@daylightco.com〉
제목: 입사지원자들
날짜: 4월 24일

Amanda,

4월 15일, 18일, 그리고 23일에 예정된 면접들이 이제 완료되었어요. 회계 부서의 업무에 지원한 상위 지원자들에 대한 당신의 추천을 받고 싶어요. 각각의 직책에 대해서 가장 우수한 세 명의 지원자들의 목록을 내일 저녁까지 저에게 보내 주세요. 제가 생각하는 목록은 이미 만들어 뒀어요. 우리가 만나서 목록들을 비교해 볼 수 있어요.

덧붙여, 한 지원자와 관련해서 정보가 있어요. Peter Stock이 예전에 두 달 후에나 이곳에서 근무를 시작할 수 있다고 말했었어요. 그는 현재 언제든지 근무를 시작할 수 있다고 알려 왔어요. 선정할 때 고려해 주시기를 바랄게요.

Richard 드림

받는 사람: 전 직원
보내는 사람: Richard Greer
제목: 중요한 소식
날짜: 5월 11일

다음 주 월요일, 5월 16일에, 세 명의 신입 직원들이 이곳에서 근무를 시작합니다. 그들의 이름은 Harold Cooper, Emily Jones, 그리고 Peter Stock입니다. 여러분의 부서에 그들 중 누군가가 있다면, 업무를 배우는 것을 도와 주시기 바랍니다. 다른 직원들 모두 그들이 환영 받고 있다고 느낄 수 있도록 해 주시기 바랍니다.

어휘 recall 기억해 내다, 상기하다 encourage 권하다, 장려하다
lease 임대차 계약 expire 만기가 되다 regarding ~에 관한 job
applicant 입사지원자 take into consideration ~을 고려하다
get-together 친목 모임

19

Stock 씨는 왜 편지를 보냈는가?

(A) 몇 가지 조언을 요청하기 위해서

(B) 입사 지원을 하기 위해서

(C) 감사함을 표현하기 위해서

(D) 추천서를 요청하기 위해서

해설 편지를 쓴 목적을 묻고 있다. 편지의 두 번째 문단에서 이전
직장에서 작업했던 프로젝트들의 간략한 설명과 함께 이력서를 첨
부했다는(I have attached my résumé along with a brief
description of the projects I worked on at my previous
jobs.) 내용이 있다. 따라서 편지를 쓴 목적은 입사 지원을 하기 위한
것이므로 정답은 (B)이다.

20

Greer 씨는 Wright 씨에게 무엇을 해달라고 요청하는가?

(A) 그녀의 의견을 제안한다

(B) 몇 건의 면접을 진행한다

(C) 몇몇 입사지원자들에게 연락한다

(D) Stock 씨와 전화 통화를 한다

해설 Greer 씨가 Wright 씨에게 요청한 것이 무엇인지 묻고 있다.
두 번째 지문을 보면, 부탁의 표현으로 시작하는 문장인 'I would like
your recommendations regarding the best applicants
for jobs in the Accounting Department.'가 있다. 이를 통해 정
답을 찾으면 되는데, Greer 씨는 Wright 씨에게 지원자들에 대한 추
천을 받고 싶다는 요청을 하고 있다. 따라서, 의견을 달라는 내용의 (A)
가 정답이다.

21

Stock 씨는 언제 Daylight 사에서 면접을 봤을 것 같은가?

(A) 4월 15일에

(B) 4월 18일에

(C) 4월 20일에

(D) 4월 23일에

해설 첫 번째 지문에서 Stock 씨는 4월 21일 이후에 면접을 볼 수 있
다고(I am available to interview after April 21.) 했고, 두 번째
지문에 따르면 면접일은 4월 15, 18, 20, 23일이다. 그러므로 정답은
(D)이다.

22

회람은 주로 무엇에 대한 것인가?

(A) 회사의 신입 직원들

(B) 회사 연수 프로그램

(C) 신입 사원 오리엔테이션

(D) 회사의 친목 모임

해설 세 번째 지문인 회람에서, 다음 주 월요일에 신입 직원 세 명이
근무를 시작한다는(Next Monday, May 16, three new individuals
will start working here.) 소식을 전한 다음, 그들의 이름과 적응을
도와 달라는 내용이 이어지고 있다. 따라서 정답은 (A)이다.

23

Stock 씨에 대해 무엇이 암시되는가?

(A) 그는 최근에 대학을 졸업했다.

(B) 그는 Greer 씨와 좋은 친구 관계이다.

(C) 그는 회계 부서에 근무하게 될 것이다.

(D) 그는 Daylight 사의 경쟁사에서 근무했었다.

해설 두 번째 지문에서 Greer 씨는 Wright 씨에게 회계 부서
에 근무할 최고의 지원자들을 추천해 줄 것을(I would like your
recommendations regarding the best applicants for
jobs in the Accounting Department.) 요청했다. 그러면서
Stock 씨가 언제든지 일을 시작할 수 있는 상황으로 변경되었다고(He
informed me that he is now able to start work anytime.)
말하며 그를 Wright 씨에게 추천하고 있다. 세 번째 지문의 신입 직원
명단에 Peter Stock이 있으므로, 그는 회계 부서에서 근무하게 될 것
임을 추론할 수 있다. 따라서 정답은 (C)이다.

Unit 03 | 세부 사항 |

기본기 체크업   p.220

A

1 (c)	2 (a)	3 (b)

1

> 모든 호텔 투숙객들은 주목해 주십시오.
>
> 주말에는 공항으로 가는 셔틀 버스의 운행 시간이 변경됩니다.
> 토요일에는 오전 6시부터 오후 11시까지 매 시간마다 운행할 것입
> 니다. 일요일에는 오전 7시부터 오후 10시까지 1시간 30분 간격
> 으로 운행하게 될 것입니다.

2

> Maxwell의 전 제품에 대해 10달러의 할인을 받을 수 있는 쿠폰을
> 받기 위해서는 다음과 같이 하시면 됩니다. 저희의 웹사이트를 방
> 문하셔서 "무료 쿠폰" 아이콘을 클릭하세요. 양식을 작성하시면 저
> 희가 우편으로 쿠폰을 발송해 드리겠습니다.

어휘 coupon 쿠폰 mail 우편으로 보내다

3

> 친애하는 Grant 씨께,
>
> 당신의 도쿄, 서울, 그리고 베이징 여행에 관한 첨부된 여행 일정표
> 의 최종본을 검토해 주세요. 제가 당신에게 필요한 예약을 해 두었
> 습니다. 변경 사항이 없다면 귀하의 회사에서 비용을 지급하도록
> 해 주세요.
>
> Julie Standish 드림

1 (c)   **2** (a)

1

> 어젯밤 Jackson 로 근처의 Westside 교에서 큰 교통 사고가 있었습니다. 사고로 인해 다리가 파손되었습니다. 그 결과, 다리가 통행하기에 안전하지 않습니다. 모든 차량들이 다리를 이용할 수 없습니다. 현재 엔지니어들이 다리를 점검하고 있습니다. 그들이 어떤 수리를 해야 할 것인지 결정할 것입니다. 수리를 하기까지 최대 6개월이 걸릴 수도 있습니다. 운전자들이 Starry 강을 건너기 위해서는 Walnut 가의 Ramsey 교를 이용해야 할 것입니다.

어휘 traffic accident 교통 사고 bridge 다리, 교각 suffer ~을 겪다 damage 손해, 손상 as a result 그 결과로, 따라서 safe 안전한 currently 현재 examine 검사하다, 점검하다 determine 결정하다 take up (시간이나 공간 등을) 차지하다

Q. 어젯밤에 어디에서 피해가 발생했는가?
    (a) Walnut 가에서
    (b) Ramsey 교에서
    (c) Westside 교에서

2

> Steve,
> 프로젝트에 관해 당신의 도움이 필요해요. 제 직원 중 한 명이 다리에 골절상을 입었어요. 그래서 일주일 동안 입원을 하게 되었죠. 그는 Davidson 고객에 관한 작업을 하고 있었어요. 우리는 이번 주에 그에 관한 발표를 하기로 예정되어 있고요. 하지만 취소시켜야 할 수도 있어요. 오늘과 내일 당신이 시간을 할애해 줄 수 있나요? 당신 도움을 받게 된다면 정말로 좋겠어요. 시간이 될 때 전화 주세요.
> Alice

어휘 break 깨다, 부수다 account 계좌; 고객 spare (시간 등을) 할애하다; 아끼다 material 자료, 재료 used to ~하곤 했다

Q. Alice는 왜 Steve에게 도움을 요청하는가?
    (a) 그녀의 직원 중 한 명이 일을 할 수 없다.
    (b) 그가 관련 내용을 매우 잘 알고 있다.
    (c) 그는 예전에 Davidson 고객에 관한 일을 했다.

예상 적중 문제 01-02   p.223

MORE & MORE

1 (×)   **2** (○)   **3** (○)

1. 고객들은 선불을 요구받는다.
2. 직원들은 작업을 시작하기 전에 작업에 대한 논의를 하라는 지시를 받는다.
3. Stillwell 씨는 자동차 시동에 문제가 있다는 점을 알리고 있다.

어휘 pay in advance 선불로 지불하다 instruct 지시하다

예상 적중 문제 03-05   p.225

MORE & MORE

1 (×)   **2** (×)   **3** (○)

1. 워크숍은 Regency 호텔에서 열릴 것이다.
2. 워크숍은 4월 4일에 열릴 것이다.
3. 워크숍은 3시간 동안 진행될 것이다.

예상 적중 문제 06-10   p.229

MORE & MORE

1 (×)   **2** (×)   **3** (○)

1. 신규 구독자들은 이메일로 신청서를 보낼 것으로 예상된다.
2. Lemon 씨는 11월 17일에 신문 구독을 시작했다.
3. 이메일에 따르면, Lemon 씨는 신용 카드로 계산을 하고 싶어 한다.

Unit 04 | 세부 사항 II

기본기 체크업   p.234

Ⓐ

1 (b)   **2** (a)   **3** (a)

1

> Wilma Deerfield 씨께서 자신의 노트북을 찾지 못하고 계십니다. 그분께서는 3층 어딘가에 두고 왔다고 생각하십니다. 만약 어딘가에서 노트북을 보시면 내선 번호 56으로 전화해 주세요.

어휘 find 찾다 laptop 노트북 컴퓨터 extension 내선 번호

2

> 현재 Hatfield 주식회사에서 신입 직원을 모집 중입니다. 모든 지원자들은 대학 학위를 소지하고 있어야 하며 최소한 하나의 외국어에 능통해야 합니다. 경력은 우대되지만, 반드시 필요한 것은 아닙니다.

어휘 college degree 대학 학위 fluent 유창한 foreign language 외국어 work experience 경력 necessary 필요한

3

> 받는 사람: 포장부서, Danielle Whitson
> 보낸 사람: 인사부서, Anna Porcini
> 제목: 임시직 직원
>
> 당신의 부서에 10명의 신규 임시직 직원들이 배정되었습니다. 당신에게 가능한 한 많은 도움이 필요하다는 점을 알고 있습니다. 문제가 있는 경우에는 저에게 연락을 주십시오.

어휘 temporary 일시적인, 임시의 assign 할당하다, 배정하다

B

1 (b)	2 (a)

1

담당자님께,

제 이름은 Janet Post입니다. 저는 어젯밤 귀하의 웹사이트에서 제품을 구매하려고 했습니다. 하지만, 저는 계속해서 에러 메시지를 받았습니다. 귀하의 웹사이트에 무언가 문제가 있는 것처럼 보입니다. 저는 정말로 제품들을 빨리 주문하고 싶습니다. 다음 주에 있을 만찬에 입고 가고 싶습니다. 귀하의 웹사이트가 언제 다시 정상적으로 운영될지 알려 주실 수 있으신가요? 감사합니다.

Janet Post 드림

어휘 purchase 구입하다 keep -ing 계속 ~하다 appear ~처럼 보이다 dinner party 만찬

Q. Post 씨는 무엇을 하려고 했는가?
   (a) 제품을 반품한다
   (b) 제품을 구입한다
   (c) 제품을 교환한다

2

12월 10일 – 지역 사업가인 Harold Carter 씨가 새로운 매장을 개장할 예정이다. Carter 씨는 시내 중심가에 슈퍼마켓을 열 계획을 가지고 있다. 이 슈퍼마켓은 인근 지역에서 사육, 재배, 제조된 제품만을 판매할 예정이다. Carter 씨는 지역 농부들을 후원하고 싶어 한다. 그리고 그렇게 할 수 있는 최선의 방법이 이러한 일이라고 믿는다. Carter 씨에 따르면 슈퍼마켓은 지금부터 2주 후에 문을 열 예정이다. 위치는 North 가 85번지가 될 것이다.

어휘 local 지역의, 인근의 businessman 사업가 intend to ~할 의도이다 raise 기르다 support 지지하다, 후원하다 locally 지역적으로 imported 수입된 exotic 외래의

Q. 슈퍼마켓에서 무엇을 판매할 것인가?
   (a) 인근 지역에서 생산된 제품
   (b) 수입품만
   (c) 다른 지역에서 온 제품

예상 적중 문제 01-02 p.237

MORE & MORE

1 (O)	2 (×)	3 (×)

1. 새로운 공장은 애슈빌에 위치하게 될 것이다.
2. 공장은 11월에 완공될 것이다.
3. 회사는 4월에 신입 직원들을 채용할 것이다.

어휘 locate 위치시키다

예상 적중 문제 03-05 p.239

MORE & MORE

1 (×)	2 (O)	3 (×)

1. 대표 이사는 올해 보너스를 받지 않겠다고 결정했다.
2. 직원들은 작년에 받았던 것보다 더 많은 보너스를 받게 될 것이다.
3. 직원들은 이미 보너스를 받았다.

예상 적중 문제 06-10 p.244

MORE & MORE

1 (O)	2 (O)	3 (O)

1. 사람들이 참가하는 네 종류의 경주들이 있다.
2. Dyson 씨는 8월 10일에 참가비를 지불했다.
3. Dyson 씨는 경주에 참가했던 어떠한 사람들보다도 빠르게 달렸다.

Unit 03-04 | 연습 문제 p.245

1 (B)	2 (C)	3 (A)
4 (B)	5 (B)	6 (C)
7 (D)	8 (C)	9 (C)
10 (B)	11 (C)	12 (D)
13 (C)	14 (D)	15 (C)
16 (B)	17 (C)	18 (C)
19 (C)	20 (A)	21 (C)
22 (B)	23 (C)	

[1-2]

받는 사람: Dave Sullivan
보낸 사람: Chet Simmons
제목: [Re] 전근
날짜: 8월 30일

Dave,

전근 요청에 관한 당신의 이메일을 받았어요. 이곳에서 일하는 것이 마음에 들지 않는다니 유감이에요. 저희 모두는 당신과 일하는 것이 좋거든요. 어쨌든, 전근을 원하는 경우에는 Lisa Madison과 이야기하세요. 그녀가 그러한 문제들을 처리하니까요. Ann West나 Eric Wright에게는 이야기하지 마세요. 둘 중 누구도 당신을 전근시킬 수 있는 권한은 갖고 있지 않아요. 저는 시카고와 디트로이트에 자리가 있다고 들었어요. 행운을 빌게요.

Chet

어휘 desire 바람, 욕망 transfer 전근하다 anyway 어쨌든, 하여간 handle 다루다 matter 문제 neither 둘 중 누구도 아닌 power 힘, 권한 opening 공석, 빈 자리

1
Sullivan 씨는 왜 전근을 요청하는가?

(A) 그는 부서의 변경을 원한다.

(B) 그는 자신의 근로 조건을 불만족스러워 한다.

(C) 그는 가족들과 더 가까운 곳에 있기를 원한다.

(D) 그는 다른 나라에 사는 것을 선호한다.

해설 Sullivan 씨는 이메일을 받는 사람인데, 메일의 초반부에서 그가 전근을 요청했고(I got your e-mail about your desire to transfer.), 그 이유는 현재 부서에 근무하는 것이 마음에 들지 않기 때문이라는(I'm sorry that you're not happy working here.) 것을 알 수 있다. 따라서 정답은 (B)이며, 보기에서는 본문의 'not happy working here'가 'unhappy with his work situation'으로 표현되었다.

2

누가 Sullivan 씨의 전근을 도울 수 있는가?

(A) Chet Simmons

(B) Ann West

(C) Lisa Madison

(D) Eric Wright

해설 편지 중간 부분의 'Anyway, if you want to transfer, speak with Lisa Madison.'이라는 문장에서 Chet Simmons는 수신인인 Dave Sullivan에게 전근을 원하는 경우 Lisa Madison에게 이야기하라고 안내하고 있다. 따라서 정답은 (C)의 Lisa Madison이다.

[3-5]

받는 사람: 마케팅부서 전 직원

보낸 사람: Gina Miller

제목: 설문 조사 결과

고객 만족도에 관한 설문 조사의 결과가 입수되었습니다. 전체적으로, 대부분이 좋은 내용입니다. 80% 이상의 단골 고객들이 우리 제품에 대해 만족하고 있습니다. 약 5%는 크게 불만족스럽다고 말했습니다. 이 회람에 설문 결과를 첨부해 두었습니다. 몇몇 사람들이 남긴 부정적인 의견들을 반드시 읽어 주세요. 여러분들의 의견을 듣고 싶습니다. 또한 이러한 몇 가지 문제점들을 해결할 수 있는 방법에 대한 여러분의 생각도 알고 싶습니다. 모든 것을 읽어 보시고 늦어도 내일 정오까지 피드백을 주시기 바랍니다.

어휘 result 결과 satisfaction 만족 overall 전체적으로 mostly 대부분, 대개 regular customer 단골 고객 be satisfied with ~에 만족하다 attach 붙이다, 첨부하다 opinion 의견 feedback 피드백, 반응

3

Miller 씨는 왜 회람을 작성하는가?

(A) 직원들에게 몇 가지 뉴스를 알리기 위해서

(B) 직원들에게 한 가지 문제점을 알리기 위해서

(C) 직원들에게 변경 사항을 공지하기 위해서

(D) 직원들에게 특별 행사를 알리기 위해서

해설 회람의 첫 부분인 'We got the results of the customer satisfaction survey. Overall, it's mostly good news.'에 회람을 작성한 목적이 드러나 있다. 회람의 목적은 설문 결과를 알리기 위함인데, 'To: All Marketing Staff Members'에서 회람의 수신자가 마케팅 부서의 직원들임을 알 수 있으므로 정답은 (A)이다.

4

메모에 무엇이 첨부되어 있는가?

(A) 새로운 설문 조사

(B) 설문 조사 결과

(C) 답을 해야 하는 질문들

(D) 토론 주제

해설 회람에 '첨부되어'(attached) 있는 것이 무엇인지 묻고 있다. 회람에서 이와 관련된 내용은 'I've attached the results of the survey to this memo.'라는 문장에서 찾아볼 수 있다. 즉, 회람에는 설문 결과가 첨부되었다는 사실을 알 수 있으므로 정답은 (B)의 Some survey results(설문 조사 결과)이다.

5

Miller 씨가 직원들에게 요청한 것은 무엇인가?

(A) 새로운 광고 캠페인을 위한 아이디어를 생각한다

(B) 설문 결과에 대한 자신들의 생각을 알려 준다

(C) 몇몇 설문 응답자들에게 연락한다

(D) 몇 가지 설문 항목들을 생각해 낸다

해설 Miller 씨가 직원들에게 요청한 사항은 회람의 중후반부에서 찾을 수 있다. 'Please be sure to read the negative comments that some people left. I want to know your opinions. I'd also like to know how you think we can solve some of these issues.'라는 부분에서 Miller 씨는 직원들에게 부정적인 설문 내용들을 읽고, 이를 해결할 수 있는 방법에 대한 의견을 제시하라는 요청을 하고 있다. 정답은 (B)이다.

[6-9]

11월 15일 – 어젯밤, 인근 지역에 강력한 뇌우가 발생했다. 두 채의 가옥이 번개에 맞아 파손되었다. 당시에 두 곳 모두에 아무도 없었기 때문에, 다친 사람은 없었다. 또한 폭풍으로 인해 강풍이 발생했다. 이러한 강풍으로 몇 그루의 나무가 바람에 날아갔다. 나무들은 전선을 쓰러뜨렸고, 이 때문에 역내 2,200명 이상의 사람들이 전기를 사용하지 못했다.

전력을 회복시키기 위해서 인부들이 밤새 작업을 했다. 오늘 오전 10시를 기준으로, 약 500명의 사람들만이 가정에서 전기를 공급받지 못했다. 전기 회사는 내일 하루가 끝날 즈음에 모두에게 전력이 복구될 것이라고 예상한다. 기상 예보에 따르면, 이번 주 내내 더 많은 비가 예상된다. 하지만, 뇌우와 강풍은 예상되지 않는다. 그러나 호우가 내릴 경우, 하루 이틀 내에 Maple 강이 제방을 넘칠 수도 있다.

어휘 severe 심한 thunderstorm 뇌우 local 지방의, 인근의 lightning 번개 destroy 파괴하다 high wind 강풍 as well 또한 blow down 불어서 쓰러뜨리다 knock down 넘어뜨리다 power line 전선 electricity 전기 crew 승무원; 인부 all night 밤새 restore 복구시키다 as of ~부로, ~일자로 flood 범람하다

6

기사에 따르면, 폭풍으로 인해 어떤 일이 발생했는가?

(A) 몇 채의 가구가 불에 타서 쓰러졌다.

(B) 시 일부가 물에 잠겼다.

(C) 많은 가옥들에 전기가 공급되지 못했다.

(D) 많은 도로들이 얼음으로 뒤덮였다.

해설 '폭풍 때문에'(because of the storm) 어떤 일이 발생했는지 묻고 있다. 기사를 읽어보면 번개로 인해 두 채의 주택이 파손되었고 폭풍으로 '강풍'(high winds)이 발생했는데, 이 강풍은 '몇 그루의 나무들'(several trees)을 쓰러뜨렸으며 이 나무들이 '송전선'(power lines)을 넘어뜨려서 '정전이 발생한'(to lose electricity) 사실을 알 수 있다. 이를 종합해 보면 정답은 (C)이다. 집 두 채가 뇌우에 맞아 파손되었다는 내용은 있지만, 이것이 '불에 타서 쓰러졌다'는 의미는 될 수 없으므로 (A)는 정답이 될 수 없다.

7
언제 도시의 모든 집에 전력이 복구되는가?
(A) 오전 10시까지
(B) 오후 늦게
(C) 당일 저녁에
(D) 다음 날에

해설 문제의 'power back'과 같은 의미의 'power restored'라는 표현이 있는 'The electric company expects to have power restored to everyone by the end of the day tomorrow.'라는 문장을 통해 정답을 찾을 수 있다. 전기 회사에서는 내일 오후에 전력이 복구될 것이라고 예상하고 있으므로, tomorrow를 the following day로 바꾸어 쓴 (D)가 정답이다.

8
기사에서 이번 주 날씨에 대해 언급한 것은 무엇인가?
(A) 때때로 강풍이 불 것이다.
(B) 강한 뇌우가 있을 것이다.
(C) 비가 더 내릴 것이다.
(D) 토네이도의 위험이 있다.

해설 주간 날씨에 대해 언급하고 있는 문장은 두 번째 문단 중반부의 'According to weather reports, more rain is predicted the rest of the week.'이다. 따라서 한 주 내내 더 많은 비가 내릴 것이 예상되므로 정답은 (C)이다.

9
기사에서 추측할 수 있는 것은 무엇인가?
(A) 도시의 날씨가 좋지 않은 경우가 자주 있다.
(B) 도시에는 약 2,000명의 사람들이 거주한다.
(C) 주 후반에 홍수가 일어날 수도 있다.
(D) 전기 회사의 인부들이 늦은 속도로 작업한다.

해설 지문의 마지막 부분에 하루 이틀 내에 강이 범람할 수도 있다는 (If the rains are heavy, the water in the Maple River may overrun its banks in the next day or two though.) 정보가 언급되었고, 그 앞에 남은 주 동안 비가 내릴 것이라는(more rain is predicted the rest of the week) 정보가 있다. 이러한 정보를 바탕으로 주 후반에 강이 범람할 수도 있다는 내용의 (C)를 추론해 볼 수 있다.

[10-13]

Jarvis Stewart	[1:05 P.M.]

저는 내일 출장을 갈 예정인데, 저와 함께 갈 사람이 필요해요.

Melissa Start	[1:08 P.M.]

세인트루이스로 가시나요, 보스턴으로 가시나요? 기억이 나지 않네요.

Jarvis Stewart	[1:10 P.M.]

둘 다 아니에요. 저는 3일 동안 애틀랜타에 있을 거예요.

Alice Schroeder	[1:12 P.M.]

제가 가고 싶군요. 하지만 저는 샌프란시스코에 있는 회사를 위한 프로젝트를 끝내야 해요.

Falco Marsini	[1:14 P.M.]

제가 갈 수 있어요. 저의 상사가 좋은 경험이 될 거라고 말씀해 주셨어요.

Jarvis Stewart	[1:16 P.M.]

고마워요, Falco. 2시에 저의 사무실로 오실래요? 출장에 대해 논의를 할 필요가 있어서요.

Falco Marsini	[1:17 P.M.]

물론이에요. 잠시 후에 뵐게요.

어휘 recall 회상하다, 기억하다 experience 경험 drop by ~에 들르다 discuss 논의하다

10
Stewart 씨는 왜 온라인 채팅을 시작했는가?
(A) 출장 관련 조언을 구하기 위해서
(B) 출장 갈 사람을 뽑기 위해서
(C) 보스턴에서의 거래에 대해 묻기 위해서
(D) 몇몇 고객들과의 회의를 준비하기 위해서

해설 Stewart 씨는 'I'm traveling on business tomorrow and need someone to go with me.'라고 말하며, 출장에 동행할 사람을 찾기 위해서 채팅을 시작하고 있다. 따라서 정답은 (B)이다.

11
Stewart 씨는 어디로 출장을 갈 것인가?
(A) 샌프란시스코
(B) 보스턴
(C) 애틀랜타
(D) 세인트루이스

해설 출장을 가게 될 곳은 채팅 창의 중간 부분, 즉 Stewart 씨가 1시 10분에 'I will be in Atlanta for three days.'라고 쓴 부분에서 확인할 수 있다. 정답은 (C)이다. (A)는 Schroeder 씨가 맡고 있는 프로젝트와 관련된 회사가 있는 곳이며, (B)와 (D)는 Stark 씨가 잘못 생각하고 있던 출장 지역이다.

12
오후 1시 12분에, Schroder 씨가 "I wish I could go"라고 작성할 때 그녀가 암시하는 것은 무엇인가?
(A) 그녀는 곧 비행기를 타고 샌프란시스코로 가야 한다.
(B) 그녀는 애틀랜타에 가 본 적이 없다.
(C) 그녀는 휴가 기간 동안 여행을 즐긴다.
(D) 그녀는 Stewart 씨와 동행할 수 없다.

해설 인용된 문장인 'I wish I could go.' 뒤에 'But I have to finish a project for a company in San Francisco.'라는 내용이 이어지고 있다. 이는 함께 가고 싶지만 해야 할 일이 있어서 갈 수 없다는 내용이므로 정답은 (D)이다.

13
Stewart 씨는 왜 Marsini 씨와 만나기를 원하는가?

(A) 곧 있을 회의를 논의하려고
(B) 그가 비행기표를 예약하는 것을 도우려고
(C) 출장에 대해 이야기하려고
(D) 면접을 위해 그를 준비시키려고

해설 Stewart 씨는 Marsini 씨에게 사무실에 들러 달라고(Why don't you drop by my office at 2:00?) 말한 다음, 출장에 대해 논의해야 한다고(We need to discuss the trip.) 이유를 말했다. 따라서 정답은 (C)이다.

[14-18]

*Southern Homes and Gardens*를 구독하십시오

주택의 외관을 단장하고 싶으십니까? 그러시다면 *Southern Homes and Gardens*를 구독하시는 것이 어떻습니까? 저희 잡지는 남부에서 가장 아름다운 주택 및 정원에 대한 사진과 기사를 싣고 있습니다. 여러분들께서는 주택과 뜰을 단장할 수 있는 여러 가지 멋진 방법들을 알게 되실 것입니다. 저희의 특집 기사들은 수상 경력이 있는 작가들에 의해 쓰여지고 있습니다. 지금 구독 신청을 하시면 30%의 할인을 받으실 수 있습니다. 이러한 할인은 5월 31일까지 계속됩니다.

받는 사람: 영업 사원
보낸 사람: Petunia Smythe 부장
제목: 최근 구독
날짜: 6월 1일

저는 놀라운 정보를 받아 보았습니다. 5월 동안, 저희는 5,000명 이상의 신규 구독자를 모집했습니다. 이는 예상했던 것보다 두 배가 많은 수치입니다. 저는 훌륭한 일을 해낸 여러분 모두에게 축하를 드리고 싶습니다. 여러분들이 진행한 광고 캠페인은 뛰어났습니다. 이제, 우리는 여름을 맞이하여 새로운 것을 생각해 내야 합니다. 저는 가능한 한 많은 신규 구독자들을 모집하고 싶습니다. 가능한 한 빨리 여러분들의 아이디어를 제게 알려 주십시오.

Petunia

어휘 improve 향상시키다, 개선시키다 appearance 외형, 외모 subscribe 구독하다 publish 발간하다, 출판하다 article 기사 garden 정원 yard 뜰, 마당 feature article 특집 기사 award-winning 상을 받은 offer 제안, 제의; 할인 excellent 탁월한, 뛰어난 double 두 배 expect 기대하다, 예상하다 congratulate 축하하다 advertising campaign 광고 outstanding 뛰어난 think of ~에 대해 생각하다 editor 편집자

14
*Southern Homes and Gardens*를 구독하는 것에 관심이 있을 것 같은 사람은 누구인가?
(A) 운동하는 것을 즐기는 사람
(B) 새로운 기술을 즐기는 사람
(C) 영화 관람을 즐기는 사람
(D) 화초 가꾸기를 좋아하는 사람

해설 첫 번째 지문에서 잡지를 통해 주택과 뜰을 단장할 수 있는 방법을 배우게 될 것이라는(You'll learn many great ways to improve the appearance of your home and yard.) 내용을 찾을 수 있다. 보기 중에서 이와 같은 대상에 속하는 사람은 화초 가꾸기를 좋아하는 사람인 (D)이다.

15
광고에 따르면, *Southern Homes and Gardens*의 긍정적인 특징은 무엇인가?
(A) 한 달에 두 번 인쇄된다.
(B) 정가의 절반에 구매할 수 있다.
(C) 저자들이 수상 이력이 있다.
(D) 온라인에서 구매할 수 있다.

해설 첫 번째 지문 후반부의 'Our feature articles are by award-winning writers.'라는 문장을 통해 수상 경력이 있는 작가들이 특집 기사를 작성한다는 사실을 알 수 있다. 이와 일치하는 보기는 (C)이다.

16
Smythe 씨의 현재 직책은 무엇인가?
(A) 영업 사원
(B) 부장
(C) 작가
(D) 편집자

해설 두 번째 지문인 회람을 살펴보면 발신자란에 Petunia Smythe, Manager라고 작성되어 있다. 따라서 Smythe 씨의 현재 직책은 매니저임을 알 수 있으므로 정답은 (B)이다.

17
*Southern Homes and Gardens*에 대해 진실인 것은 무엇인가?
(A) 월 판매 목표를 달성하지 못했다.
(B) 6월에 2회분의 발행물을 발간할 것이다.
(C) 5,000명 이상의 사람들에게 할인을 제공할 것이다.
(D) 여름 동안 작업을 중단할 것이다.

해설 정보 연계 문제이다. 첫 번째 지문의 마지막 부분에서 지금 구독 신청하면 30%의 할인을 받을 수 있으며(Sign up now, and you can get a 30% discount.) 할인은 5월 31일까지 계속된다고(This offer lasts until May 31.) 안내하고 있다. 두 번째 지문의 초반부에서 5월에 5,000명 이상의 신규 구독자를 모집했다는(During the month of May, we got over 5,000 new subscribers.) 내용이 있다. 따라서, 5,000명 이상의 사람들이 할인을 받을 것이라는 내용의 (C)가 정답이 된다.

18
Smythe 씨가 영업 사원들에게 요청한 것은 무엇인가?
(A) 더 많은 기사를 쓴다
(B) 새로운 작가들을 고용한다
(C) 몇 가지 아이디어를 브레인스토밍한다
(D) 몇 가지 광고를 만든다

해설 회람의 마지막 부분에 Smythe 씨가 영업 사원들에게 요청한 사항이 언급되어 있다. Smythe 씨는 'Now, we need to think of something new for summer. I want to get as many new subscribers as possible. Please let me know your ideas as soon as you can.'라고 작성하며 많은 신규 구독자를 모집하기 위한 아이디어를 제공해 달라는 요청을 하고 있다. 따라서 아이디어를 브레인스토밍한다는 내용의 (C)가 정답이다.

[19-23]

고객님께,

저희 제품 중 하나를 구매해 주셔서 감사합니다. 저희는 고객님께서 제품에 100% 만족하시기를 바랍니다. Morehouse 주식회사의 전 제품에는 6개월간의 제품 보증서가 포함되어 있습니다. 또한 보증 기간이 더 긴 보증서를 구입하실 수도 있습니다. 그렇게 하시려면 영업일 기준으로 제품 구입 후 7일 이내에 하셔야 합니다. www.morehouse.com으로 가셔서 "보증서"를 클릭하십시오. 그런 다음, 지시 사항을 따르십시오. 영수증 한 부를 스캔하셔야 합니다. Morehouse 주식회사의 제품 구입에 대해 다시 한 번 감사를 드립니다.

받는 사람: 고객 서비스 부서
보낸 사람: Tina Palmer
제목: 제품 보증서
날짜: 4월 19일

담당자님께,

4월 8일, 저는 MI5000 노트북 컴퓨터를 구입했습니다. 기한이 연장된 보증서를 구입하기로 결심했기 때문에, 저는 4월 13일 귀사의 웹사이트를 방문했습니다. 하지만 웹사이트가 운영되고 있지 않았습니다. 실제로, 저는 오늘 아침까지도 접속을 할 수가 없었습니다. 제가 보증서를 구입하려고 시도하자, 웹사이트는 허가를 해 주지 않았습니다. 제가 너무 오래 전에 제품을 구입했다고 알려 주더군요. 귀사의 웹사이트가 작동을 하지 않고 있었으므로 제게는 예외를 적용해 주시겠어요?

Tina Palmer 드림

제품 보증서

이 보증서는 Morehouse 주식회사의 MI5000 노트북 컴퓨터를 위한 것입니다. 올해 4월 13일부터 내년 4월 12일까지 유효합니다. Tina Palmer 씨가 요청하는 수리 및 업그레이드는 모두 무료로 이루어질 것입니다. 허가받지 않은 개인에 의해 노트북이 수리되는 경우, 이러한 보증은 취소될 것입니다.

어휘 product 상품, 제품 note 주목하다 warranty 보증; 제품 보증서 business day 영업일, 평일 follow 따르다 instruction 지시, 지시 사항 scan 살피다; 스캔하다 copy 복사; 사본 decide 결심하다, 결심하다 extended 확장된, 확대된 access 접근하다, 접속하다 try to ~하려고 노력하다 state 진술하다, 주장하다 function 기능; 기능하다 exception 예외 valid 유효한 unlicensed 자격이 없는

19
정보문에 따르면, 고객은 보증서를 구입하기 위해 무엇을 제시해야 하는가?
(A) 제품의 시리얼 번호
(B) 제품의 사진
(C) 구매 증명서
(D) 영수증 원본

해설 첫 번째 지문에 따르면 구매자는 보증 기간이 더 긴 보증서를 구입할 수 있는데(You may also purchase a longer warranty.), 이를 위해 구매자가 제공해야 할 것은 영수증의 사본이라고(You need to scan a copy of your receipt.) 안내되고 있다. receipt를 proof of purchase로 바꾸어 표현한 (C)가 정답이 된다.

20
Palmer 씨는 왜 이메일을 보냈는가?
(A) 문제를 설명하기 위해서
(B) 환불을 요청하기 위해서
(C) 사과를 요청하기 위해서
(D) 불만을 제기하기 위해서

해설 이메일 작성자인 Palmer 씨는 기한이 연장된 보증서를 구입하려고(I decided to buy an extended warranty) 웹사이트에 접속을 시도했지만, 편지를 작성한 날인 4월 19일 아침까지 접속이 되지 않아 보증서를 구입할 수 없었고(It was not working though. In fact, I could not access it until this morning.) 결국 보증서 구입 가능 기간이 경과한 상태라며 본인이 겪은 문제를 설명하고 있다. 그러므로 '문제점을 설명하기 위해서'라는 내용의 (A)가 정답이다.

21
이메일에 따르면, Palmer 씨가 처음으로 Morehouse 주식회사의 웹사이트에 접속하려고 시도한 때는 언제인가?
(A) 4월 8일
(B) 4월 10일
(C) 4월 13일
(D) 4월 19일

해설 Palmer 씨가 처음으로 Morehouse 주식회사의 웹사이트에 접속하려고 했던 때가 언제인지 묻고 있다. 두 번째 지문인 이메일에서 Palmer 씨는 4월 8일에 상품을 구매했고 기한이 연장된 보증서를 구입하려고(I decided to buy an extended warranty) 4월 13일에 웹사이트에 접속을 시도했다고 작성했다. 그러므로 정답은 (C)이다.

22
Palmer 씨에 대해 무엇이 암시되는가?
(A) 그녀는 예전에 컴퓨터를 구매했던 적이 없다.
(B) 그녀는 6개월간의 보증서에 만족하지 못한다.
(C) 그녀는 출장 중에 그녀의 컴퓨터를 사용하려고 한다.
(D) 그녀는 할인 중일 때 컴퓨터를 구매했다.

해설 첫 번째 지문에서 Morehouse 사의 모든 제품의 보증기간은 6개월이라고(Please note that all Morehouse, Inc. products come with a full six-month warranty.) 안내되어 있다. 두 번째 지문에서 Palmer 씨는 기한이 연장된 보증서의 구입을 원한다고(I decided to buy an extended warranty) 작성했다. 따라서 Palmer 씨는 6개월 보증서에 만족하지 않는다고 추론할 수 있으므로 정답은 (B)이다.

23
Morehouse 주식회사는 Palmer 씨의 이메일에 어떻게 회신했을 것 같은가?
(A) 사과의 메일을 보냄으로써
(B) 추가 비용을 청구함으로써
(C) 그녀의 요청을 승인함으로써
(D) 그녀에게 무료 상품을 증정함으로써

해설 두 번째 지문의 마지막 문장 'Since your Web site was not functioning, will you make an exception for me?'에서 Palmer 씨는 웹사이트가 작동하지 않았기 때문에 예외를 적용해 달라는 요청을 하고 있다. 세 번째 지문인 보증서에 보증 기간이 4월 13

일부터 내년 4월 12일까지라는(It is valid from April 13 of this year until April 12 of the next year.) 내용을 통해 Palmer 씨의 보증 연장 신청이 승인되었음을 알 수 있다. 정답은 (C)이다.

Unit 05 | 일치/불일치

기본기 체크업
p.258

A

1 (b)	2 (c)	3 (c)

1

> 내일부터 Ken Davidson이 우리 사무실에서 일을 시작하게 될 것입니다. Ken은 얼마 전에 대학을 졸업했기 때문에, 경력을 가지고 있지 않습니다. 그가 가능한 한 자신의 업무를 잘 익힐 수 있도록 여러분 모두가 그를 도와 주시기 바랍니다.

어휘 graduate from ~을 졸업하다 as ~ as one can 가능한 한 ~하게

2

> 담당자님께,
> 저는 주문한 제품들을 오늘 우편으로 모두 받았습니다. 200달러 이상을 지불했기 때문에, 저는 사은품 받아야 합니다. 안타깝게도, 사은품은 소포 안에 없었습니다. 제게 사은품을 보내 주실 수 있으신가요?
> Len Presley 드림

어휘 mail 우편 be supposed to ~하기로 예정되어 있다 free gift 경품, 사은품 package 꾸러미, 소포

3

> Carl Crawford의 고택을 방문하십시오. Crawford 씨는 250년 전에 그 집에서 살았는데, 이곳은 그 당시와 똑같은 모습을 보이고 있습니다. 이 역사적인 장소의 입장료는 성인인 경우 4달러, 그리고 아동인 경우에는 2달러입니다.

어휘 ancestral 조상의, 조상으로부터 전래된 exactly 정확히 admission 입장, 입장료 historical 역사적인 site 장소, 현장 adult 성인, 어른 renovate 보수하다, 개조하다

B

1 (a)	2 (b)

1

> Stephenson 씨께,
> 당신의 비행기편을 예약해 두었습니다. 당신의 일정은 다음과 같습니다.

항공편 번호 / 날짜	출발 시간 / 도시	도착 시간 / 도시	비고
RP404/ 3월 2일	1:25 P.M./ 세인트루이스	2:30 P.M./ 시카고	좌석번호 10A (비즈니스 클래스)
RP202/ 3월 4일	9:00 A.M./ 시카고	10:05 A.M./ 세인트루이스	좌석번호 38C (이코노미 클래스)

> 확정을 하시려면 저에게 전화를 주시거나 이메일을 보내 주십시오. 그 후, 제가 이메일로 귀하께 표를 보내드리겠습니다.
>
> Clair Adams 드림
> Midwest Travel

어휘 itinerary 여행 일정, 여행 일정표 both ways 왕복으로 depart 떠나다, 출발하다

Q. 티켓에 언급되어 있지 않은 것은 무엇인가?
(a) Stephenson 씨는 왕복 모두 비즈니스 석으로 비행할 것이다.
(b) 세인트루이스행 비행기편은 오전에 출발한다.
(c) 시카고행 비행기편은 3월 2일에 출발한다.

2

> 포틀랜드 (11월 11일) – 어젯밤에 전격적으로 Goldwater 주식 회사의 이사회가 대표 이사인 Miles Christopher를 해고했다. Christopher 씨는 3년 동안 대표 이사로 있었다. 하지만, 이 기간 동안, Goldwater는 매 분기마다 손실을 보았다. 또한 Christopher 씨가 취임한 이후로 직원들의 사기가 저하되었다. 이사진은 임시 대표 이사로 Laura Decker 씨를 지명했다. 현재 Christopher 씨를 영구적으로 대체할 인물을 모색 중이다.

어휘 in a surprise move 뜻밖에, 전격적으로 board of directors 이사회 fire 해고하다 quarter 사분기 morale 사기, 의욕 take over (권력 등을) 장악하다 interim 임시의 name 지명하다, 지목하다 search 찾다, 구하다 permanent 영구적인, 영속적인 replacement 대체, 대체품

Q. Christopher 씨에 대해 알려진 것은 무엇인가?
(a) 그는 이사회의 구성원이다.
(b) 그는 자신의 직위에서 해고되었다.
(c) 그는 Goldwater 주식 회사의 임시 대표 이사이다.

예상 적중 문제 01-02
p.261

MORE & MORE

1 (×)	2 (×)	3 (×)

1. 집의 주소는 언급되어 있지 않다.
2. Jones 씨의 아이들 수가 언급되고 있다.
3. Carter 씨의 전화번호는 언급되어 있지 않다.

예상 적중 문제 03-05
p.263

MORE & MORE

1 (O)	2 (×)	3 (×)

1. 이 정보문은 여행객들에게 조언을 하고 있다.
2. 여행객들은 도둑을 맞는 경우, 경찰에게 전화해야 한다.
3. 여행객들에게 개인용품에 관한 조언은 주어지지 않고 있다.

예상 적중 문제 06-10
p.267

MORE & MORE

1 (×)	2 (O)	3 (O)

1. Folsom 씨가 유럽에 가는 이유는 언급되지 않고 있다.
2. Desio 씨의 회사는 디트로이트에 있다는 점이 암시되어 있다.
3. Folsom 씨가 2시간 동안 강연을 할 것이라는 점은 사실이다.

Unit 06 | 추론 및 어휘

기본기 체크업
p.272

A

1 (a)	2 (c)	3 (a)

1

편지나 소포를 전 세계로 보내기 위해서는 Global Logistics 주식회사로 전화를 주십시오. 저희는 3일내 배송을 약속 드립니다. 전 세계 어디로 보낼 것인지는 문제가 되지 않습니다. 정시에 도착하게 될 것입니다.

2

패션 업계에서 어떻게 경력을 쌓고 싶으십니까? 업계에서 가장 혁신적인 기업 중 하나인 Diablo Fashions에서 현재 인재를 채용하고 있습니다. 더 많은 정보를 원하시면 아래 링크를 클릭해 주십시오.

어휘 career 직업; 경력 innovative 혁신적인 profitable 수익성이 있는 creative 창조적인, 창의적인

3

친애하는 Quinton 씨께,

Hungry Fisherman의 단골 고객이 되어 주셔서 감사합니다. 저희가 드리는 이 쿠폰을 받아 주십시오. 다음 번 식사 시에 50%를 할인받으실 수 있습니다.

Chris Kingston 드림

어휘 loyal 충성스러운 diner 식당 손님 accept 받아들이다, 수용하다 coupon 쿠폰

---

1 (b)	2 (b)

1

친애하는 Murray 씨께,

Golden 항공의 상용 고객 클럽에 가입해 주셔서 감사합니다. 저희와 함께한 귀하의 최근 여행이 앞으로 하시게 될 많은 여행의 첫 번째가 되었으면 합니다. 귀하께서는 1주일 후에 우편으로 멤버십 카드를 받게 되실 것입니다. 저희 비행기편으로 탑승 수속을 하실 때마다 잊지 말고 이를 제시해 주십시오. 멤버쉽과 관련해서 질문이 있으신 경우에는 제게 이메일을 보내 주시면 제가 도움을 드리도록 하겠습니다.

Carla Watson 드림

어휘 join 가입하다 frequent flyer club 상용 고객 클럽 present 제시하다, 나타내다 regarding ~에 관하여 pilot 비행기 조종사, 파일럿

Q. Watson 씨는 누구인 것 같은가?
(a) 여행객
(b) 항공사 직원
(c) 비행기 조종사

2

Sydney's Troubles : 리뷰

Sydney's Troubles 는 James Marcus의 최신 소설이다. 안타깝게도, 이번 작품을 최고의 작품이라고 할 수는 없다. 줄거리는 십대 소녀인 Sydney에 관한 것이다. 그녀는 범죄를 목격한 후, 범죄자들이 자신을 잡으려고 하자 몸을 숨긴다. 줄거리에 관한 아이디어는 뛰어나다. 하지만, Marcus는 Sydney의 캐릭터를 발전시키지 못하고 있다. 이 책을 읽지 않았다고 해서 속상해 할 필요는 없다. 어떤 것도 아쉬워할 것이 없다.

어휘 review 리뷰, 평론 latest 최신의 far from ~으로부터 먼 teenage 십대의 crime 범죄 go into hiding 몸을 숨기다, 행적을 감추다 criminal 범죄자 catch 붙잡다 develop 발전시키다 character 성격; 캐릭터 avoid 피하다 miss 그리워하다

Q. *Sydney's Troubles* 에 관해 추론해 볼 수 있는 것은 무엇인가?
(a) 베스트셀러 소설이다.
(b) 조잡하게 쓰여졌다.
(c) James Marcus의 첫 번째 책이다.

예상 적중 문제 01-03
p.275

MORE & MORE

1 (O)	2 (×)	3 (O)

1. 혼자서 리조트를 방문하는 것도 환영한다는 점이 암시되어 있다.
2. 리조트의 식당은 훌륭하다는 점이 암시되어 있다.
3. 고객들은 예약을 해야 한다는 점이 암시되어 있다.

어휘 excellent 탁월한, 뛰어난

예상 적중 문제 04-05

p.277

MORE & MORE

1 (O)	2 (×)	3 (×)

1. 로마에 있는 동안 Gordon은 자신의 이메일을 확인할 것이라는 점이 암시되어 있다.
2. Steve는 전에 본을 방문해 본 적이 없다는 점이 암시되어 있다.
3. David는 Steve와 친한 친구라는 점이 암시되어 있다.

예상 적중 문제 06-10

p.281

MORE & MORE

1 (×)	2 (O)	3 (O)

1. Vivaldi 씨는 아마도 프로 야구 선수일 것이다.
2. 새 야구 시즌이 아직 시작하지 않았다는 점이 암시되어 있다.
3. Crawford 씨는 Augusta Barons의 시즌 티켓을 구입했다.

Unit 05-06 | 연습 문제

p.282

1 (A)	2 (C)	3 (D)
4 (A)	5 (A)	6 (D)
7 (C)	8 (C)	9 (A)
10 (B)	11 (B)	12 (A)
13 (D)	14 (C)	15 (A)
16 (C)	17 (A)	18 (C)
19 (D)	20 (A)	21 (C)
22 (B)	23 (D)	

[1-2]

> 시더타운 (7월 10일) – 주 인구 조사에 따르면, 시더타운의 인구는 지난 10년 동안 증가했다. 10년 전, 시에는 약 25,000명의 사람들이 살고 있었다. 오늘날 시더타운의 인구는 40,000명 이상이다. 이 기간 동안 시는 발전을 했다. 많은 새로운 기업들이 시내로 이주를 했다. 또한 한 곳의 대학교도 시내에서 개교를 했다.

어휘 state 주 census 인구 조사 decade 10년 prosper 번영하다, 번창하다 go through 겪다, 경험하다

1

기사의 목적은 무엇인가?

(A) 도시에 대한 일반적인 정보를 제공하기 위해서
(B) 잠재적인 거주자들에게 도시를 홍보하기 위해서
(C) 사람들에게 대학에 출석하도록 독려하기 위해서
(D) 도시의 인구가 감소하고 있다는 것을 언급하기 위해서

해설 기사에서는 지난 10년 동안 시더타운의 인구가 증가했다는 소식과 시더타운에 기업들이 이주해 왔고 대학도 개교했다는 정보를 전달하고 있다. 이러한 정보들은 시더타운 시의 일반적인 정보(general information)라고 볼 수 있으므로 정답은 (A)이다. 시의 인구(a city's

2

기사에서 시더타운에 관해 언급된 것은 무엇인가?

(A) 시에는 두 개의 대학이 있다.
(B) 그곳 인구는 현재 25,000명이다.
(C) 시에 새로운 사업체들이 많이 있다.
(D) 시는 어려운 시기를 겪고 있다.

해설 기사 후반부의 'Many new businesses have moved to the city.'라는 문장에서 현재 시더타운에 많은 기업체가 있음을 알 수 있으므로 정답은 (C)이다. 기사의 마지막 문장을 읽어보면 시더타운에 위치한 대학은 한 곳임을 알 수 있으므로 (A)는 정답이 될 수 없고, 초반부의 내용을 통해 시더타운의 현재 인구가 40,000명 이상임을 알 수 있으므로 (B) 역시 정답이 될 수 없다. '시가 번영을 누리고 있다'(the city has prospered)고 기사에 나와 있으므로 (D)는 기사와 상반된 내용이다.

[3-5]

> 받는 사람: Janet Stanley 〈janets@homemail.com〉
> 보낸 사람: George Goodell 〈George_goodell@kermit.com〉
> 제목: 이사
> 날짜: 12월 10일
>
> 친애하는 Stanley 씨께,
>
> 저희 회사의 서비스를 요청하신 귀하의 이메일을 받았습니다. 전국을 가로지르는 이사를 하실 때 저희가 도움을 드릴 수 있다면 기쁘겠습니다. 직원 중 한 명이 곧 귀하의 댁을 방문해야 할 것입니다. 그렇게 함으로써 이사 비용이 얼마나 들 것인지를 계산할 수 있습니다. 또한 귀하께서 소비하시게 될 금액을 절감시킬 수 있는 방법에 대해서도 그가 안내해 드릴 것입니다. 귀하께서 약 한 시간 동안 댁에 계실 수 있는 시간이 언제인지 알려 주시기 바랍니다. 그때 제가 귀하의 댁으로 직원을 보내드리겠습니다.
>
> *George Goodell* 드림

어휘 request 요구하다, 요청하다 be delighted to ~해서 기쁘다 representative 대표; 직원 estimate 추산하다, 계산하다 discuss 논의하다 reduce 줄이다, 경감시키다 appoint 가리키다

3

Goodell 씨는 어디에서 일하는 것 같은가?

(A) 여행사에서
(B) 우체국에서
(C) 부동산에서
(D) 이사 업체에서

해설 Goodell 씨의 직업을 묻고 있다. 지문 초반부에서 이사하는 것을 돕게 되어 기쁘다는(We would be delighted to assist you when you move across the country.) 내용이 있고, 이어서 그의 회사 직원이 이사 비용을 계산해 줄 것이라는(he can estimate how much it will cost you to move) 내용도 언급되어 있다. 따라서 그는 이사 업체에서 일한다고 볼 수 있으므로 정답은 (D)이다.

4

첫 번째 단락 세 번째 줄의 reduce라는 단어와 그 의미가 가장 유사한 것은?

(A) 낮추다

(B) 지불하다

(C) 추측하다

(D) 가리키다

해설 'He can also discuss ways to reduce the amount of money you spend.'에서 also에 주목하면 reduce의 의미를 쉽게 떠올릴 수 있다. 즉, 바로 앞 문장에서 이사 비용에 대한 견적을 알려 주겠다는 언급이 있었으므로, 그 다음 문장에서는 '비용을 절감시킬 수 있는 방법'(ways to reduce the amount of money you spend)도 논의하게 될 것이라는 내용이 이어져야 자연스러운 문맥이 완성된다. 따라서 정답은 '낮추다'라는 의미를 지닌 (A)의 lower이다.

5

Goodell 씨는 무엇을 하겠다고 제안하는가?

(A) Stanley 씨를 위해 만남을 주선한다

(B) Stanley 씨와 전화 통화를 한다

(C) Stanley 씨의 문의 사항들에 답변한다

(D) Stanley 씨와 계약을 체결한다

해설 Goodell 씨는 회사의 직원이 이사 비용 계산 및 이사 비용의 절감에 대해 안내할 수 있다고 이야기한 다음, 'Please let me know when you will be home for about one hour. I can send the representative to your home at that time.'이라고 말하며 Stanley 씨가 직원을 만날 수 있는 시간이 언제인지 묻고 있다. 따라서, Goodell 씨가 제안한 것은 Stanley 씨를 위해 만남을 주선한다는(Arrange a meeting for Ms. Stanley) 내용의 (A)이다.

[6-9]

Sheldon Thomas	**[4:45 P.M.]**
지원자들과 연락해서 면접 일정을 잡았나요?	
Kay Forrester	**[4:48 P.M.]**
저는 제 리스트에 있는 모든 사람에게 연락을 했어요.	
Joseph Yang	**[4:50 P.M.]**
저는 전화를 해야 할 사람이 아직 세 명 더 있어요.	
Peter Jespen	**[4:52 P.M.]**
응답률이 어떤가요? 모두 올 예정인가요?	
Joseph Yang	**[4:53 P.M.]**
아직까지 면접 요청을 거절한 사람은 없었어요.	
Kay Forrester	**[4:55 P.M.]**
두 사람이 올 수 없다고 이야기했어요. 한 명은 얼마 전에 취직을 했더군요. Eric West였어요.	
Sheldon Thomas	**[4:58 P.M.]**
다른 한 명은요?	
Kay Forrester	**[5:00 P.M.]**
그의 이름은 Allen Johnson이에요. 전국을 가로질러 이사를 오고 싶지는 않다고 했어요. 하지만 다른 사람들은 모두 올 수 있어요.	

어휘 get in touch with ~와 연락을 취하다 response rate 응답률, 회답률 turn down ~을 거절하다, ~을 거부하다 across the country 전국을 가로질러, 전국에 걸쳐

6

참여자들은 주로 무엇을 논의하고 있는가?

(A) 다가올 행사를 위한 일정표

(B) 입사 지원자를 더 많이 모집하는 방법

(C) 가장 뛰어난 사람들을 채용하는 것의 중요성

(D) 어떤 사람들이 면접에 참여할 것인지

해설 참여자들이 논의하는 사항을 파악해야 하므로 지문의 전체적인 내용을 살펴보아야 한다. '면접 일정을 잡기 위해 지원자들과 연락해 보았는지' 물어 보면서 온라인 채팅이 시작되고 있으며, 연락된 지원자들의 면접 참석 여부에 대한 내용이 이어진다. 따라서 정답은 (D)이다.

7

온라인 채팅에 의하면, 어떤 진술이 사실인가?

(A) Thomas 씨는 몇몇 입사 지원자들에게 연락할 것이다.

(B) Yang 씨는 다른 도시로 이사를 가고 싶어 하지 않는다.

(C) Forrester 씨는 요청받은 모든 사람들에게 전화했다.

(D) Jespen 씨는 요청에 응하지 않았다.

해설 일치/불일치 문제는 주어진 보기들을 본문의 내용과 하나씩 비교해 보아야 한다. 대화의 흐름상 Thomas 씨는 지원자들과의 연락 여부를 확인하는 지위에 있는 사람이고 실제로 지원자들과 연락을 하게 될 사람은 Yang 씨이므로 (A)는 정답이 아니다. 이사 문제 때문에 입사 제의를 거절한 사람은 Yang 씨가 아니라 면접에 오지 못하는 지원자 중 한 명이므로 (B) 역시 오답이다. (D)의 Jespen 역시 입사 지원자가 아니라 회사 직원일 것으로 추정되므로 이 또한 정답이 될 수 없다. 따라서 정답은 (C)인데, 이는 4시 48분에 쓴 Forrester 씨의 글로 확인이 가능하다.

8

Yang 씨에 대해 언급된 것은 무엇인가?

(A) 그는 새로운 직책에 지원한다.

(B) 다른 대화 참여자들이 모두 그에게 보고한다.

(C) 그가 연락했던 모든 사람이 면접을 볼 것이다.

(D) 그는 예정된 시간에 올 수 없다.

해설 4시 53분에 Yang 씨가 작성한 글은 'Nobody has turned down an interview request yet.'이다. 이에 따르면 Yang 씨가 연락한 사람들 중에서 면접을 거절한 사람은 없으므로 정답은 (C)이다.

9

오후 5시에 Forrester씨가 "He said he decided he didn't want to move across the country"라고 쓸 때 그녀가 암시하는 것은 무엇인가?

(A) Johnson 씨는 면접 요청을 거절했다.

(B) 그녀의 회사는 다른 나라에 위치하고 있다.

(C) Forrester 씨는 회사에서 가까운 곳에 살고 있다.

(D) 그녀는 최근에 다른 지사로부터 전근해 왔다.

해설 Forrester 씨가 4시 55분에 작성한 글에 따르면 두 사람이 면접에 올 수 없다고(Two people told me that they couldn't come.) 했는데, 한 명은 Eric West이며 그는 이미 취업을 한 상태이다. 인용된 문장은 이사하는 문제 때문에 면접 요청을 거절했다는 의미인데, 인용된 문장 바로 앞에서 그 사람의 이름은 Allen Johnson이라고 했다. 따라서, Johnson 씨가 면접 요청을 거절했다는 내용의 (A)가 정답이다.

[10-13]

받는 사람: 영업부 전 직원, Jefferson 자동차
보낸 사람: Christine Campbell
제목: [RE] 출장

몇몇 직원들이 출장 중에 너무 많은 돈을 지출해 왔습니다. 그들은 또한 허가되지 않은 호텔에 머물러 왔습니다. 그 결과, 출장과 관련해서 회사에 몇 가지 변경 사항이 생겼습니다.

지금부터, 뉴욕, 보스턴, 또는 로스엔젤레스를 방문하실 때에는 우리와 관계를 맺고 있는 호텔의 객실을 예약하셔야 합니다. 제 사무실에 전체 목록이 있습니다. 보고 싶다면 이메일로 보내 드릴 수 있습니다.

또한, Steady 렌터카가 있는 시에서만 차량을 렌트하실 수 있습니다. 가까운 미래에 그러한 도시를 방문할 계획이 있으신 경우에는 저에게 연락을 주십시오. 여러분이 마이애미나 댈러스와 같은 다른 도시로 출장 갈 계획이 있을 경우, Joseph West에게 이야기하세요. 그는 여러분이 머물 장소와 차량을 렌트할 회사를 알려 줄 것입니다.

어휘 concerning ~와 관련해서 book 예약하다 relationship 관계 complete 완벽한, 완성된 rent 임대하다, 대여하다 in the near future 가까운 장래에

10
Jefferson 자동차의 몇몇 직원들에 대해 언급된 것은 무엇인가?
(A) 그들은 정기적으로 다른 나라로 출장을 간다.
(B) 그들은 적절하지 않게 돈을 소비해 왔다.
(C) 다양한 도시에서 교육 과정들을 수강한다.
(D) 그들은 정기적으로 다른 지점으로 전근 간다.

해설 지문의 첫 부분에 '직원들(employees)'에 대한 문제점이 언급되어 있다. 문제는 두 가지인데, 몇몇 직원들이 출장 중에 너무 많은 돈을 쓴다는(Some employees have been spending too much money on business trips) 점과 허가되지 않은 호텔에 투숙한다는(They have also been staying at unapproved hotels.) 것이다. 돈을 적절하게 쓰지 않고 있다는 내용의 (B)가 이러한 문제점을 가장 잘 설명하고 있다.

11
첫 번째 단락 두 번째 줄의 book이라는 단어와 그 의미가 가장 유사한 것은?
(A) 머무르다
(B) 예약하다
(C) 방문하다
(D) 사용하다

해설 book과 그 의미가 가장 유사한 단어를 골라야 하는 문제이다. 'when you visit New York, Boston, or L.A., you must book a room at a hotel we have a relationship with.'에서 book은 '예약하다'라는 의미로 사용되었다. 따라서 보기 중 '예약하다'의 의미를 가진 (B)가 정답이다. book의 뜻을 모르더라도 book의 목적어인 a room과 가장 잘 어울릴 수 있는 동사를 보기에서 고르면 된다.

12
Campbell 씨는 지원들에게 무엇을 보내 주고 있는가?
(A) 호텔의 목록
(B) 여행사들의 이름
(C) 회사의 신용카드
(D) 렌터카의 열쇠

해설 Campbell 씨는 직원들에게 회사와 관계를 맺고 있는 호텔의 객실을 예약하라고(you must book a room at a hotel we have a relationship with) 권장한 다음, 목록을 갖고 있으니, 원하는 사람들에게는 이메일로 보내 주겠다고(I have the complete list in my office. I can e-mail it to you if you want to see it.) 했다. 그러므로 Campbell 씨가 직원들에게 보내 주고 있는 것으로 적절한 것은 (A)의 호텔 목록이다.

13
마이애미에 방문하는 직원은 무엇을 해야 하는가?
(A) Campbell 씨에게 이메일을 보낸다
(B) 여행사에 연락한다
(C) 온라인으로 차를 렌트한다
(D) West 씨에게 이야기한다

해설 마이애미가 언급된 문장은 'If you are planning a trip to a different city, such as Miami or Dallas, talk to Joseph West.'이다. 해당 문장에 따르면 마이애미에 방문하는 직원은 Joseph West에게 이야기해야 하므로, 정답은 (D)이다.

[14-18]

Danville 사무용품점

Danville 사무용품점에서 쇼핑해 주셔서 감사합니다. 거래에 감사를 드립니다. 불만 사항이나 제안 사항이 있으신 경우에는 381-3983으로 전화해 주십시오.

제품	수량	개당 가격	총 가격
용지 (5,000장/박스)	4	$5.00	$20.00
스테이플러	1	$6.00	$6.00
스테이플 (100개/박스)	10	$0.25	$2.50
봉투 (50장/묶음)	3	$2.25	$6.75
소계			$35.25
세금 (5%)			$1.76
총계			$37.01
받은 금액			$40.00
거스름돈			$2.99

5월 27일

담당자님께,

저는 며칠 전에 귀하의 매장에 들러 그곳에서 몇 가지 사무용품을 구입했습니다. 그리고 난 뒤 무료 배송을 신청하여 제품들이 직장으로 오게끔 했습니다. 저는 결과에 매우 깊은 인상을 받았습니다. 사무실로 돌아오기 전, 저는 한 식당에서 점심을 먹었습니다. 그 후에 직장으로 돌아왔습니다. 도착했을 때, 제품들은 이미 배송되어 있었습니다. 저는 그처럼 빠른 배송 서비스는 본 적이 없습니다. 앞으로도 반드시 또 이용하도록 하겠습니다.

Eric Watkins 드림

어휘 appreciate 감사하다; 감상하다, 평가하다 complaint 불만 suggestion 제안 stapler 스테이플러 staple 스테이플(스테이플 의 심) envelope 봉투 subtotal 소계 the other day 며칠 전에 be impressed with ~에 감명을 받다 definitely 분명히, 확실히

14
영수증에서 언급된 것은 무엇인가?
(A) 상품들에 세금이 부과되지 않았다.
(B) 신용카드로 구매가 이루어졌다.
(C) 상품의 상자들이 구매되었다.
(D) 구매자는 상품들을 하나씩 구입했다.

해설 영수증의 'Paper (5,000 sheets/box)' 항목과 'Staples (100/box)' 항목을 보면, 두 상품의 경우 박스 단위로 구매했음을 알 수 있다. 따라서 정답은 (C)이다.

15
영수증에 따르면, 구매자는 어떤 상품에 가장 많은 금액을 지불했는가?
(A) 용지
(B) 스테이플러
(C) 스테이플
(D) 봉투

해설 영수증에 따르면 구매자가 가장 많은 금액을 지불한 품목은 총 20달러를 지불한 용지이다. 따라서 정답은 (A)이다. 스테이플러의 상품 개당 가격이 6달러로 가장 높다고 해서 (B)를 정답으로 선택하는 실수를 하지 말아야 한다.

16
편지의 목적은 무엇인가?
(A) 교환을 요청하기 위해서
(B) 도움을 요청하기 위해서
(C) 서비스를 칭찬하기 위해서
(D) 불만을 제기하기 위해서

해설 편지를 작성한 목적을 묻고 있다. 편지에서 Watkins 씨는 물품을 주문했는데, 그 결과에 매우 깊은 인상을 받았고(I was very impressed with the results.), 나중에 꼭 다시 이용하겠다고(I will definitely use it again in the future.) 했다. 이는 서비스에 만족한다는 의미이므로 '서비스를 칭찬하기 위해서'라는 의미의 (C)가 정답이다.

17
Watkins 씨가 구입한 제품들에 대해 무엇이 암시되어 있는가?
(A) 사무실에서 쓸 용도였다.
(B) 할인된 가격으로 판매되었다.
(C) 구입하고 하루 뒤에 도착했다.
(D) 온라인에서는 구입할 수가 없었다.

해설 편지에서 Watkins 씨는 자신이 '사무용품'(offices supplies)을 구입한 후 무료 배송을 신청했다고 말한다. 그런 다음 '직장으로 돌아오니'(Then, I returned to my workplace.) 제품들이 이미 배송되어 있었다는 점을 알리고 있으므로 해당 사무용품들은 사무실에서 쓸 용도로 구입한 것임을 짐작할 수 있다. 따라서 정답은 (A)이다.

18
Watkins 씨가 편지에서 언급한 것은 무엇인가?

(A) 그는 Danville 사무용품점에서 온라인으로 구매했다.
(B) Danville 사무용품점은 그의 직장 바로 옆에 있다.
(C) 그는 Danville 사무용품점에서 더 많이 구입할 의향이 있다.
(D) 그는 Danville 사무용품점에 여러 번 방문했었다.

해설 편지는 Danville 사무용품점으로 발송된 것인데, Watkins 씨는 편지에서 나중에 꼭 다시 이용할 것이라고(I will definitely use it again in the future.) 했다. 따라서 그가 나중에 Danville 사무용품점에서 물건을 더 구입할 의향이 있다는 내용의 (C)가 편지에 언급된 내용이다.

[19-23]

Stan Laurel이 여러분을 돕도록 해 주십시오

삶에 문제가 있으십니까? 그러시다면 새로 생긴 Stan Laurel의 자립을 위한 웹사이트를 방문하셔야 합니다. 주소는 www.stanlaurel.com입니다. Stan Laurel은 자립 업계의 신입입니다. 하지만 그는 어디서든 최고의 조언을 제공해 줍니다. 그의 말에 귀를 기울이시면, 곧 귀하의 삶이 크게 나아질 것입니다. 부정적인 상황을 긍정적인 상황으로 바꾸게 될 것입니다. 오늘 Stan의 웹사이트로 가셔서 구입할 수 있는 도서를 살펴봐 주십시오.

받는 사람: Stan Laurel ⟨stan@stanlaurel.com⟩
보내는 사람: Amy Fortuna ⟨amy_fortuna@robinson.com⟩
제목: 안녕하세요.

친애하는 Laurel 씨께,

두 달 전, 저는 한 친구로부터 귀하의 웹사이트에 대해 들었습니다. 저는 들어가서 확인해 보았습니다. 제가 읽은 기사들로부터 큰 감명을 받았습니다. 그래서 귀하의 책 중 하나를 웹사이트에서 구입했습니다. 책이 도착했을 때, 저는 책을 내려 놓을 수가 없었습니다. 굉장했습니다. 그때부터 저는 제 삶을 바꾸어 나갔습니다. 더 좋은 일자리를 얻었고, 가족과의 관계 역시 더 좋아졌습니다. 그리고 이 모두는 귀하와 귀하의 조언 덕분입니다. 정말로 감사합니다.

Amy Fortuna 드림

5월 12일

친애하는 Laurel 씨께,

제 이름은 Eric Sinclair입니다. 저는 Robinson 의 대표이며, 회사에는 150명 정도의 직원이 있습니다. 제 직원 중 한 명이 귀하의 웹사이트에 대해 제게 말해 주었습니다. 그녀가 당신을 높게 평가해서 저도 살펴 보았습니다. 저는 제가 본 것이 정말로 마음에 들었습니다. 귀하께서 저희 회사에서 강연을 해 주실 수 있으신지 궁금합니다. 저희는 귀하와 같은 동기 부여 강사를 모시고 싶습니다. 가능하신지 알려 주시기 바랍니다. 495-8472로 저에게 전화를 주시면 됩니다.

Eric Sinclair 드림
Sinclair Textiles 대표

어휘 self-help 자립의 newcomer 신입, 신참자 advice 충고, 조언 tremendously 막대하게 negative 부정적인 positive 긍정적인 impress 인상을 남기다, 감명을 주다 incredible 믿을 수 없는, 굉장한, 멋진 relationship 관계 personally 개인적으로 decade 10년 speak highly of ~을 칭찬하다, ~을 높이 평가하다 motivational speaker 동기 부여 강사

19

광고문에서, Laurel 씨에 대해 언급되고 있는 것은 무엇인가?

(A) 그는 소규모로만 강연을 한다.

(B) 그는 개인적으로 Fortuna 씨와 만났다.

(C) 그는 자신의 웹사이트에서 비디오를 판매한다.

(D) 그는 최근에 사람들을 돕기 시작했다.

해설 Laurel 씨에 관해 언급된 사항을 묻고 있다. 광고 초반부의 'Stan Laurel is a newcomer in the self-help industry.'를 통해서 그가 최근에 남들을 돕기 시작했다는 사실을 알 수 있다. 따라서 정답은 (D)이다.

20

Fortuna 씨는 왜 이메일을 썼는가?

(A) 감사함을 표현하기 위해서

(B) 제안을 하기 위해서

(C) 조언을 요청하기 위해서

(D) 환불을 요청하기 위해서

해설 두 번째 지문인 이메일의 마지막 부분에서 Amy Fortuna는 매우 감사하다고(Thank you very much.) 했다. 감사하는 이유로는 Stan Laurel의 책을 읽고 삶이 변화되었는데(I have turned my life around.), 그 모든 것들이 조언 덕분이라는(And it's all because of you and your advice.) 것이다. 따라서 감사함을 표현하기 위해 이메일을 보낸 것이므로 정답은 (A)이다.

21

Fortuna 씨는 Laurel 씨의 웹사이트에서 무엇을 구입했을 것 같은 가?

(A) 비디오

(B) 포스터

(C) 책

(D) 팸플릿

해설 첫 번째 지문의 마지막 부분에 Stan의 웹사이트에 가서 구매 가능한 책들을 검색하라는(Go to Stan's Web site today and check out the books that are available for purchase.) 내용이 있다. 두 번째 지문에서 Fortuna 씨는 Laurel 씨의 웹사 이트에서 기사를 읽고 감명을 받았고(I was impressed by the articles I read.) 그래서 웹사이트에서 구매를 했다고(So I made a purchase from your Web site.) 말했다. 두 지문 정보를 통해서 Fortuna 씨는 책을 구입했다고 추론할 수 있다. 정답은 (C)이다.

22

편지에서, Sinclair 씨는 Laurel 씨에게 무엇을 해달라고 요청 하는가?

(A) Sinclair 씨를 위한 비디오를 제작한다

(B) Sinclair 씨의 회사에서 강연을 한다

(C) 홍보 자료들을 보낸다

(D) 지불 정보를 제공한다

해설 편지에서 Sinclair 씨는 Laurel 씨에게 'I wonder if you would like to give a speech at my company.'라고 하며 자신 의 회사에서 강연해 줄 것을 요청하고 있다. 따라서 정답은 (B)이다.

23

Fortuna 씨에 대해 무엇이 암시되는가?

(A) 더 이상 Robinson 사에 근무하지 않는다.

(B) 해외로 자주 출장을 간다.

(C) 몇 가지 가정 내 곤경을 겪고 있다.

(D) 상사에게 Laurel 씨를 추천했다.

해설 두 번째 지문에서 Fortuna 씨가 이메일의 작성자라는 것을 알 수 있는데, 그녀는 Stan Laurel의 웹사이트를 방문하여 큰 도움을 받았다. 세 번째 지문에는 직원들 중 한 명이 웹사이트에 방문 했고, 그녀가 Laurel 씨를 높이 평가했기(One of my employees told me about your Web site. She spoke highly of you) 때문에 Laurel 씨에게 강연을 요청한다는 내용이 언급되어 있다. 따라서 Fortuna 씨가 자신의 상사에게 Laurel 씨를 추천했을 것이므로 정 답은 (D)이다.

Unit 07 | 글쓴이의 의도 및 문장 삽입

기본기 체크업   p.294

A

1 (c)	2 (b)	3 (a)

1

Greg Anderson	[10:01 A.M.]

Janet, 8월 매출액이 필요해요. 가지고 있나요?

Janet West	[10:03 A.M.]

Austin 씨가 아직 계산 중이라고 말하더군요. 1시쯤에는 받을 수 있을 거예요.

Greg Anderson	[10:04 A.M.]

그러면 될 것 같군요. 알려 줘서 고마워요.

어휘 calculate 계산하다   sufficient 충분한

2

친애하는 Sims 씨께,

다음 주 만남에 응해 주셔서 감사합니다. 귀하께서 저희 회사 제품 에 만족하실 것으로 확신합니다. **곧 출시될 신제품들이 여러 개 있 습니다.** 저희의 오랜 고객으로서, 귀하께서는 대량 구입시 할인을 받을 자격을 가지고 계십니다. 저희가 합의에 이를 수 있기를 바랍 니다.

이만 줄이겠습니다,

Brett Harper

어휘 long-term 장기간의   qualify for ~에 대한 자격이 있다 bulk discount 대량 구매에 따른 할인 혜택   come to an agreement 합의에 이르다

3

| Sally Johnson | [4:33 P.M.] |

MRT 주식회사로부터 연락을 받지 못했어요. 다른 회사로 결정을 했더군요.

| Paula Landers | [4:35 P.M.] |

분발해야 해요, Sally. 당신은 3개월 동안 신규 고객을 유치하지 못했어요.

| Dave Morehead | [4:39 P.M.] |

제가 몇 가지 조언을 해 줄 수 있어요, Sally. 당신은 이곳이 처음이라고 알고 있어요.

| Sally Johnson | [4:41 P.M.] |

고마워요, Dave. 정말 감사해요.

어휘 go with ~와 어울리다 have got to ~해야 한다 pointer 충고, 조언

 B

| 1 (b) | 2 (b) |

1

| Nora Woods | [8:32 A.M.] |

Brown 씨, 저는 Nora Woods예요. 제품을 언제 배송하실 계획인가요?

| Jeremy Brown | [8:34 A.M.] |

점심 시간 전에 Tom을 사무실로 보내 드릴 수 있어요. 괜찮으신가요?

| Nora Woods | [8:36 A.M.] |

3시까지는 고객과 회의가 있어서 제가 밖에 있을 거예요.

| Jeremy Brown | [8:39 A.M.] |

좋아요. 그렇다면 4시에 가져다 드리도록 하면 어떨까요?

| Nora Woods | [8:42 A.M.] |

완벽할 것 같군요. 오, 복사 용지를 2박스 더 추가해 주실 수 있나요?

| Jeremy Brown | [8:43 A.M.] |

문제 없어요. 청구서에 기입해 둘게요.

어휘 drop off ~을 가져다 주다, ~을 배달하다 alternative 대안의, 대체의

Q. 오전 8시 36분, Woods 씨는 왜 "I'm going to be out meeting a client until three"라고 쓰는가?
  (a) 실수에 대해 사과하기 위해
  (b) 제안을 거절하기 위해
  (c) 수정 제안을 하기 위해

2

받는 사람: 회계부 전 직원
보낸 사람: Leo Kinsley
제목: 직원 회의

오늘 직원 회의가 취소되었다는 점을 알려 드립니다. 몇몇 사람들이 참석할 수 없다고 이야기했습니다. 그 대신, 회의는 목요일 3시 30분에 열릴 것입니다. **이는 반드시 참석해야 하는 회의입니다.**

불참하면 여러분께 손해가 될 것입니다. 우리는 저질러진 몇 가지 실수에 대해 논의를 해야 합니다. Richards 씨께서도 참석하실 것입니다. 따라서 절대로 늦지 마시기 바랍니다. 좋지 않은 인상을 남기고 싶지는 않으실 겁니다.

어휘 advise 충고하다; 알리다 mandatory 강제의, 의무적인 show up 모습을 보이다, 나타나다 attendance 참석 impression 인상

Q. [1], [2], 그리고 [3] 중에서 다음 문장이 들어가기에 가장 알맞은 곳은 어디인가?
  "이는 반드시 참석해야 하는 회의입니다"
  (a) [1]
  (b) [2]
  (c) [3]

예상 적중 문제 01-02   p.297

MORE & MORE

| 1 (○) | 2 (×) | 3 (○) |

1. Daimler 씨는 다른 회사에서 온 제품을 필요로 한다.
2. Daimler 씨는 Wilson 씨에게 제품을 우편으로 보내 달라고 요청한다.
3. Wilson 씨가 "No problem"이라고 쓸 때 그는 회의실에 갈 수 있다는 것을 의미한다.

예상 적중 문제 03-05   p.299

MORE & MORE

| 1 (○) | 2 (×) | 3 (×) |

1. Burgess 씨는 Badger Trade의 사람들과 이야기했다.
2. Burgess 씨는 내일 올버니를 떠날 것이다.
3. Burgess 씨는 Copeland 씨에게 곧 올버니로 올 것을 요청한다.

Unit 07 | 연습 문제   p.300

1	(B)	2	(D)	3	(C)
4	(B)	5	(B)	6	(C)
7	(D)	8	(C)				

[1-4]

| Harold Murphy | [2:23 P.M.] |

심각한 문제가 생겼어요. David Marsh가 내일 오리엔테이션에 올 수 없어요.

| Yolanda Smith | [2:24 P.M.] |

그가 우리와의 약속을 취소한 건가요? 무슨 일이 있었나요?

Harold Murphy [2:25 P.M.]

그가 상한 음식을 먹고 식중독에 걸렸어요. 지금 병원에 있어요. 제안할 것이 있나요?

Stuart McCallister [2:27 P.M.]

Erica Thompson에게 강연을 부탁하도록 해요. 그녀는 2년 전에 David가 하기로 했던 발표를 했었어요. 그녀는 자료에 대해 잘 알고 있어요.

Yolanda Smith [2:29 P.M.]

합리적인 것 같군요. 어떻게 생각하나요, Harold?

Harold Murphy [2:31 P.M.]

같은 생각이에요. 두 사람 중에 그녀의 전화번호를 아는 사람이 있나요?

Stuart McCallister [2:33 P.M.]

제가 어딘가에 가지고 있을 거예요. 찾아보고 보내 줄게요.

어휘 make it 오다, 도착하다 cancel on ~와의 약속을 취소하다 food poisoning 식중독 reasonable 합리적인, 이성적인 look up (사전이나 컴퓨터 등에서) 찾다 explanation 설명

1
화자들이 논의하는 문제는 무엇인가?
(A) 장소가 컨퍼런스를 위해 사용될 수 없다.
(B) 한 강연자가 행사에 참석할 수 없다.
(C) 입사지원자가 새로운 직책을 거절했다.
(D) 오리엔테이션이 방금 취소되었다.

해설 지문의 첫 부분에서 Murphy 씨는 심각한 문제가 있다고 하면서, David Marsh가 내일 오리엔테이션에 참석할 수 없다는(David Marsh can't make it to the orientation session tomorrow.) 구체적인 문제점을 작성하였다. 따라서, '행사에 강연자가 참석할 수 없다'는 내용의 (B)가 정답이다.

2
Marsh 씨에게 생긴 일은 무엇인가?
(A) 그는 출장을 갔다.
(B) 그는 병원에 있는 사람을 방문했다.
(C) 그는 단기 휴가를 갔다.
(D) 그는 갑자기 병이 났다.

해설 Marsh 씨에게 무슨 일이 있는지를 묻고 있다. Murphy 씨가 2시 25분에 작성한 내용인 'He ate something bad and got food poisoning. He's in the hospital now.'를 보면, David Marsh가 식중독으로 인해 병원에 있음을 알 수 있다. 그러므로, 갑자기 병이 났다는 내용의 (D)가 정답이다.

3
오후 2시 29분, Smith 씨가 "That seems reasonable"이라고 쓸 때 그녀는 무엇을 의미하는가?
(A) 그녀는 Murphy 씨의 설명을 이해한다.
(B) 그녀는 직접 Thompson 씨에게 전화할 것이다.
(C) 그녀는 McCallister 씨의 말에 동의한다.
(D) 그녀는 Marsh가 강연하는 것을 듣고 싶어 한다.

해설 주어진 문장의 that이 무엇을 가리키는지 이해하면 쉽게 풀 수 있는 문제이다. 여기서 that은 David Marsh 대신 Erica Thompson에게 강연을 부탁하자는 McCallister의 의견을 나

타낸다. 그리고 Smith 씨는 이를 '합리적'(reasonable)이라고 표현하고 있으므로 결국 주어진 문장을 통해 알 수 있는 바는 그녀가 McCallister의 의견에 동의한다는 사실이다. 따라서 정답은 (C)이다.

4
McCallister 씨는 다음에 무엇을 할 것 같은가?
(A) Thompson 씨를 직접 방문한다
(B) 연락처를 준다
(C) 발표할 준비를 한다
(D) 잃어버린 파일을 찾는다

해설 Murphy 씨는 Thompson 씨의 연락처를 알고 있는 사람이 있는지(Do either of you know her phone number?) 물었고, McCallister 씨는 본인이 찾아서 보내 주겠다고(I've got it somewhere. I'll look it up and send it to you.) 대답했다. 따라서 연락처를 줄 것이라는 내용의 (B)가 정답이 된다.

[5-8]

Mercer 중공업 새로운 CEO 임명

로즈우드 (9월 9일) – Jason Cole이 Mercer 중공업의 새 CEO로 임명되었다. Mercer는 국내 최대의 선박과 석유 굴착 장치와 같은 해양 플랫폼 제조 업체이다. 1958년에 설립된 이후로, 이 회사는 건실하게 성장하여 오랜 시간에 걸쳐 서로 다른 세 지역의 30,000명 이상의 직원을 보유한 고용주가 되었다.

Cole 씨는 다음 주에 새로운 일을 시작할 것이다. 그는 현재 Mercer의 운영 담당 부사장이다. 그곳에 있기 전에는 Jefferson 사에서 일을 했다. **그 전에는 WTR 주식회사에 고용되어 있었다.** 그는 업계에서 널리 존경 받고 있다. 그는 특히 미래에 대한 비전과 세심한 부분에 대한 주의력으로 특히 정평이 나 있다.

대다수의 전문가들은 Cole 씨를 영입한 결정에 대해 찬사를 보냈다. 그들은 회사가 다시 수익을 내는 데 그가 보탬이 될 것이라고 믿고 있다. 발표가 이루어진 후, Mercer의 주식은 거래량이 활발해 지면서 주가가 3.5% 상승했다.

어휘 name 명명하다, 임명하다 presently 현재 vice president 부사장 praise 칭찬하다 profitable 수익을 내는, 수익성이 있는 heavy trading 거래가 활발한

5
기사의 주요 목적은 무엇인가?
(A) 회사의 최근 이익에 대한 최신 정보를 알려 주려고
(B) 회사의 변화에 대해 논하려고
(C) 한 경영진의 은퇴를 알리려고
(D) 신규 기업의 정보를 제공하려고

해설 기사의 첫 부분에서 Jason Cole이 Mercer 중공업의 신임 최고경영자로 임명되었다는(Jason Cole has been named the new CEO of Mercer Heavy Industries.) 소식을 전하고 있는데, 이것이 기사를 작성한 목적이다. 이러한 목적을 가장 적절하게 설명하고 있는 보기는 '회사의 변화에 대해 논하려고(To discuss a change at a company)'라는 내용의 (B)이다.

6
Mercer 중공업에 대한 다음의 진술들 중 진실이 아닌 것은?
(A) 30,000명이 넘는 사람들을 고용하고 있다.
(B) 1950년대에 설립되었다.

(C) Jason Cole이 회사의 첫 번째 최고경영자였다.

(D) 선박은 그곳에서 제조하는 하나의 품목이다.

해설 Jason Cole은 Mercer 중공업의 새로운 최고경영자이며 (Jason Cole has been named the new CEO of Mercer Heavy Industries.), 그는 현재 Mercer 중공업의 운영 담당 부사장이라는(He is presently the vice president of operations at Mercer.) 사실이 언급되어 있다. 따라서 Jason Cole이 회사의 첫 번째 최고경영자였다는 내용의 (C)가 사실이 아닌 진술이다.

7

Cole 씨에 대해 언급된 것은 무엇인가?

(A) 그는 장기적으로 생각하는 것으로 알려져 있지 않다.

(B) 대부분의 사람들은 그의 선박 건조 기술로 그를 알고 있다.

(C) 그는 예전에 Mercer 중공업에서 근무했던 적이 없다.

(D) 업계의 사람들은 그를 좋게 생각한다.

해설 Cole 씨에 대해 언급된 정보들 중에서, 두 번째 문단 마지막 부분의 'He is widely respected throughout the industry. He is particularly known for his vision for the future and his attention to detail.'에 정답의 단서가 있다. 이는 그가 업계에서 널리 존경을 받고 있으며, 미래에 대한 비전과 세심한 부분에 대한 주의력으로 잘 알려져 있다는 내용이다. 보기 중에서 이와 일치하는 것은 업계의 사람들이 그를 좋게 생각한다는 내용의 (D)이다.

8

[1], [2], [3], 그리고 [4] 중에서 다음 문장이 들어가기에 가장 알맞은 곳은 어디인가?

"그 전에는 WTR 주식회사에 고용되어 있었다."

(A) [1]

(B) [2]

(C) [3]

(D) [4]

해설 주어진 문장은 Jason Cole의 경력에 대해 이야기하고 있다. 따라서 그의 경력을 언급하고 있는 부분에 들어가야 가장 자연스러운 문맥이 완성된다. 정답은 (C)의 [3]으로, [3] 앞의 문장에서는 Jason Cole이 Jefferson 사에서 일했던 경력을 언급하고 있다.

PART 7 실전 문제 연습   p.302

1 (C)	2 (B)	3 (A)
4 (D)	5 (C)	6 (C)
7 (B)	8 (D)	9 (C)
10 (A)	11 (C)	12 (B)
13 (C)	14 (C)	15 (D)
16 (C)	17 (C)	18 (A)
19 (A)	20 (B)	21 (A)
22 (A)	23 (D)	24 (B)
25 (C)	26 (D)	27 (D)
28 (A)	29 (D)	30 (A)
31 (C)	32 (B)	33 (D)
34 (C)	35 (C)	36 (B)
37 (A)	38 (B)	39 (B)
40 (B)	41 (D)	42 (B)
43 (B)	44 (C)	45 (D)
46 (B)	47 (C)	48 (D)
49 (B)	50 (C)	51 (D)
52 (B)	53 (B)	54 (D)

[1-2]

Jefferson 엔지니어링

연구개발부에 지원이 가능한 직위가 있습니다. 이 직위에 지원하실 분들께서는 공학, 수학, 물리학의 학사 학위를 가지고 계셔야 합니다. 또한 유사한 분야에서의 2년간 경력을 가지고 계셔야 합니다. 직위에 따른 연봉은 55,000달러입니다. 고용되신 분께서는 연간 2주간의 휴가를 받으실 것입니다. 또한 완전한 복리 후생도 누리시게 될 것입니다. 여기에는 스톡 옵션, 건강 보험, 그리고 퇴직 수당이 포함됩니다. 더 많은 정보를 원하시면 674-9111로 전화를 주십시오.

어휘 available 이용 가능한 applicant 지원자 engineering 공학 physics 물리학 experience 경험 similar 유사한, 비슷한 salary 급여 per year 연간, 1년마다 individual 개인 benefit 혜택; 수당; 복지 stock option 스톡 옵션 health insurance 건강 보험 retirement benefit 퇴직 수당

1

공지의 목적은 무엇인가?

(A) 면접 일정을 정하기 위해

(B) 문제를 설명하기 위해

(C) 구인 광고를 하기 위해

(D) 보다 많은 정보를 요청하기 위해

해설 첫문장 'There is a position available in the R&D Department.'라는 문구를 통해 연구개발부에 공석이 생겼다는 점을 알 수 있다. 이후에도 지원자들의 자격 요건 및 급여 등에 대해 안내를 하고 있으므로, 이 글은 구인 광고를 위한 공지임을 알 수 있다. 정답은 (C)이다.

2

관심이 있는 사람들은 더 많은 것을 알기 위해 어떻게 하라는 안내를 받는가?

(A) 이메일을 보냄으로써

(B) 전화를 함으로써

(C) 회사를 방문함으로써

(D) 면접 일정을 정함으로써

해설 마지막 문장인 'Call 674-9111 for more information.'에서 정보를 더 얻고자 하는 경우에는 전화를 하면 된다는 점을 알 수 있다. 따라서 정답은 (B)이다.

Fred O'Neil	**[9:14 A.M.]**

Lucy, Davenport 씨께서 저에게 당장 공장으로 가라고 말씀하셨어요.

Lucy Ramsey	**[9:16 A.M.]**

11시 30분 회의는 어떻게 하죠? 올 수 있나요?

Fred O'Neil	**[9:17 A.M.]**

그럴 수가 없을 것 같아요. 내일은 시간이 있나요?

Lucy Ramsey	**[9:18 A.M.]**

저는 오전에 몬트리올로 비행기를 타고 갈 거예요.

Fred O'Neil	**[9:20 A.M.]**

그렇다면 오늘 만나는 것이 좋겠군요. 저녁 식사 약속을 하는 건 어떤가요?

Lucy Ramsey	**[9:21 A.M.]**

괜찮을 것 같아요. 하지만 예상보다 일찍 오게 되면 저에게 전화를 주세요.

[어휘] appear ~처럼 보이다 had better ~하는 편이 낫다 remark 언급하다

3
Ramsey 씨는 O'Neil 씨에게 무엇을 하라고 요청하는가?
(A) 나중에 자신에게 연락한다
(B) 점심 때 자기와 만난다
(C) 공장에 대한 보고를 한다
(D) Davenport 씨에게 자신에 관한 이야기를 한다

[해설] Ramsey 씨의 마지막 말, 'But call me if you get back earlier than you expect.'에서 Ramsey 씨는 O'Neil 씨에게 일찍 오게 되면 전화를 달라고 부탁하고 있다. 따라서 (A)가 정답이다.

4
오전 9시 17분, O'Neil 씨는 왜 "It doesn't appear that way" 라고 쓰는가?
(A) 몬트리올에 가자는 Ramsey 씨의 제안을 거절하기 위해
(B) 오늘 Davenport 씨를 만날 수 없다는 사실을 알리기 위해
(C) 자신이 지금 공장으로 갈 것이라는 사실을 언급하기 위해
(D) 오늘 Ramsey 씨와 만나지 못할 것이라는 사실을 말하기 위해

[해설] 인용된 문장은 '그럴 수 있을 것처럼 보이지 않는다'는 뜻으로, 상대방의 질문에 부정적인 의미를 전달하고 있다. 따라서 정답은 (D)이다. 바로 다음 문장에서도 '내일 시간이 되는지' 묻고 있으므로 주어진 문장이 의미하는 바를 다시 한 번 확인할 수 있다.

[5-6]

받는 사람: 전 직원
보낸 사람: Pierre Depardieu
제목: 내일
날짜: 1월 11일

일기 예보에 따르면 오늘 밤 늦게 폭설이 내릴 수도 있습니다. 오전 2시 정도에 눈이 내리기 시작해서 내일 오후까지 계속될 것입니다. 그렇게 되면, 아마도 내일은 문을 닫아야 할 수도 있습니다. 시에서 대부분의 도로의 눈을 치울 수가 없을 것입니다. **따라서 운전을**

하기에는 너무나 위험합니다. 내일은 전화기에 면밀한 주의를 기울이십시오. 어떤 일이 진행되고 있는지 아실 수 있도록 제가 8시쯤에 문자 메시지를 보내 드리겠습니다. 어떤 소식이든 저로부터 듣게 되실 것입니다.

[어휘] continue 계속되다, 지속되다 most likely 아마도 dangerous 위험한 attention 주의 text message 문자 메시지 definitely 분명히 no matter what 어떤 것이든, 어떤 것이라도

5
Depardieu 씨는 어떻게 직원들에게 연락할 것인가?
(A) 전화를 함으로써
(B) 이메일을 보냄으로써
(C) 문자를 보냄으로써
(D) 우편으로 편지를 보냄으로써

[해설] 회람 후반부의 'I'll send a text message to you by 8:00 to let you know what's going on.'이 정답의 단서이다. 상황을 문자 메시지로 알리겠다고 했으므로 정답은 (C)이다.

6
[1], [2], [3], 그리고 [4] 중에서 다음 문장이 들어가기에 가장 알맞은 곳은 어디인가?
"따라서 운전을 하기에는 너무나 위험합니다."
(A) [1]
(B) [2]
(C) [3]
(D) [4]

[해설] 주어진 문장의 접속사 so와 대명사 they에 유의하여 정답을 고르도록 한다. 주어진 문장의 drive on이라는 표현에 유의하면 they가 가리키는 것은 roads라는 점을 쉽게 유추할 수 있다. 또한 so에 유의하면 바로 앞에서 '운전이 위험한 이유'가 제시되어 있어야 하므로 정답은 'The city won't be able to clear most of the roads.' 바로 다음 위치인 (C)가 된다.

[7-9]

3월 10일 – 지난달, 주 실업률이 감소했다. 1월에는 6.5%였다. 2월에는 6.1%까지 내려갔다. 이러한 점은 주 경제를 호전시키는데 도움을 주고 있다. 2월에는 주 안팎에서 3,000개 이상의 일자리가 만들어졌다. 1월에는 주 의회가 몇 가지 새로운 법안을 통과시켰다. 이로써 기업에 부과되는 세금이 감소되었다. 그 이후로 경제는 꾸준히 호전되고 있다. 경제학자들은 1년 동안 경제가 지속적으로 나아질 것이라고 예상한다. 다수의 경제학자들은 3월이 지나면 실업률이 6.0% 밑으로 떨어질 것이라고 생각한다. 또한 이번 달에 약 4,500개의 일자리가 만들어질 것으로 예상하고 있다.

[어휘] unemployment rate 실업률 decrease 감소하다 decline 쇠퇴하다, 줄어들다 economy 경제 legislature 입법부, 의회 reduce 경감시키다, 줄이다 tax 세금 steadily 꾸준히 all year long 1년 내내 predict 예측하다, 예상하다 inflation 인플레이션

7
이 기사는 주로 무엇에 관한 것인가?
(A) 다음 달의 실업률
(B) 호전되고 있는 경제
(C) 신규 직원들을 고용하고 있는 기업

(D) 지역 경제학자

해설 기사의 주제를 묻고 있다. 시작 부분에서 '지난달 실업률이 감소했다'(In the past month, the unemployment rate in the state has decreased.)는 소식을 전한 후, 실업률 감소가 주 경제에 미치는 긍정적인 측면에 대해 논의하고 있다. 따라서 기사의 주제는 '호전되고 있는 경제'라고 볼 수 있으므로 정답은 (B)이다.

8
기사에 따르면, 경제가 변화하고 있는 이유는 무엇인가?
(A) 첨단 기술
(B) 인플레이션 상승
(C) 숙련 노동자
(D) 세금 인하

해설 기사의 중반부에서 '몇 가지 법안이 통과되어 기업의 세금이 감소되었고'(These reduced taxes on companies.), '그 이후로 경제가 꾸준히 호전되었다'(Since then, the economy has been steadily improving.)는 내용이 이어지고 있으므로 경제가 변화한 이유는 세금 인하 때문이라는 점을 알 수 있다. 따라서 정답은 (D)이다.

9
기사에 따르면, 2월의 실업률은 어떠했는가?
(A) 6.0% 미만
(B) 6.0%
(C) 6.1%
(D) 6.5%

해설 질문의 핵심 어구인 the unemployment rate in February가 언급된 부분을 지문에서 찾도록 한다. 'In February, it declined to 6.1%.'라는 문장에서 2월 실업률이 6.1%까지 줄었다고 했으므로 정답은 (C)이다.

[10-12]

Irene Decker	[12:49 P.M.]
이번 주 토요일에 회계사 시험을 볼 거예요. 충고할 점이 있나요?

James Yeager	[12:53 P.M.]
대부분의 문제가 교재에서 그대로 나올 거예요.

Kelly Hardaway	[12:56 P.M.]
하지만 그것에만 초점을 맞추지는 마세요. 수업 시간에 배운 내용 또한 중요하니까요.

Irene Decker	[12:58 P.M.]
강의 노트와 교재 중 어느 쪽에 더 집중해야 할까요?

Kelly Hardaway	[1:00 P.M.]
분명 후자죠. 그것만 공부해도 시험에 합격할 수 있을 거예요.

James Yeager	[1:02 P.M.]
저도 동의해요. 저라면 그렇게 하겠어요. 시험이 어땠는지 알려 주세요.

Kelly Hardaway	[1:04 P.M.]
그리고 행운을 빌어요.

Irene Decker	[1:05 P.M.]
고마워요.

어휘 licensing exam 자격 시험 accountant 회계사 directly 직접, 곧장 study material 학습 자료, 학습 교재 focus on ~에

초점을 맞추다 solely 오로지 emphasize 강조하다 latter 후자 course 과정; 교과 instructor 강사, 교사 register for ~에 등록하다 update 업데이트하다, 최신 정보를 알려 주다

10
온라인 채팅은 주로 무엇에 관한 것인가?
(A) 시험
(B) 수업
(C) 복습
(D) 강사

해설 '회계사 시험'(licensing exam for accountants)을 보려는 Irene Decker가 다른 사람들에게 시험 공부에 대한 조언을 구하고 있다. 따라서 채팅의 주제는 (A)이다.

11
오후 1시, Hardaway 씨가 "The latter for sure"라고 쓸 때 그녀는 무엇을 의미하는가?
(A) Decker 씨는 강의 노트에 집중해야 한다.
(B) Decker 씨는 강사와 이야기를 해야 한다.
(C) Decker 씨는 교재를 더 많이 공부해야 한다.
(D) Decker 씨는 수업에 더 자주 참석해야 한다.

해설 latter가 '후자'라는 의미로 쓰였다는 점을 알면 정답을 쉽게 찾을 수 있다. 인용된 문장의 바로 앞 부분에서 Decker 씨가 '강의 노트'(my class notes)와 '교재'(the study material) 중 무엇을 선택해야 할지 묻고 있으므로 latter가 구체적으로 의미하는 것은 바로 '교재'이다. 따라서 인용된 문장의 의미는 (C)로 보아야 한다.

12
Yeager 씨는 Decker 씨에게 무엇을 하라고 요청하는가?
(A) 빨리 시험 접수를 한다
(B) 그녀가 시험을 어떻게 보았는지 이야기한다
(C) 도움이 필요하면 전화를 한다
(D) 학습 경과에 대해 알려 준다

해설 Yeager 씨는 'Let us know how the test goes.'라고 말하면서 시험이 어떠했는지 자신들에게 알려 달라고 요청하고 있다. 따라서 그가 요청한 사항은 (B)이다.

[13-15]

8월 23일

친애하는 Claiborne 씨께,

Danvers 학원의 수업에 등록해 주셔서 감사합니다. 저희 가을 학기는 9월 1일에 시작될 예정입니다. 하지만 한 가지 변경 사항을 알려 드리고자 합니다. David Cooper는 더 이상 이곳의 강사가 아닙니다. 따라서 그는 귀하께서 등록하신 수학 수업을 담당하지 않을 것입니다. 대신, Wilson Garrett이 수업을 맡을 것입니다. 이러한 점을 고려하여, 귀하께서는 해당 수업에 대한 환불을 받으실 수 있습니다. 아니면 다른 수업으로의 변경도 가능합니다. **하지만, 8월 29일까지는 해 주셔야 합니다.** 변경을 원하시면 458-3833으로 전화를 주십시오.

그럼 이만 줄이겠습니다,
Leslie Jackson
Danvers 학원

13

Jackson 씨는 왜 편지를 보냈는가?

(A) 환불해 주기 위해

(B) 새로운 시간표를 보내기 위해

(C) 제안을 하기 위해

(D) 최신 수업 리스트를 알려 주기 위해

해설 등록한 수업의 강사가 교체되었음을 알리는 편지이다. 편지 후반
부에서 해당 수업에 대해 환불을 받을 것인지, 아니면 다른 수업으로 변
경을 신청할 것인지 묻고 있으므로 편지의 목적은 결국 두 가지 중 하
나를 선택하라는 것이다. 따라서 (C)가 정답이다.

14

Garrett 씨는 누구인가?

(A) 학생

(B) 접수 직원

(C) 강사

(D) 가정 교사

해설 편지 중반부의 'Instead, Wilson Garrett will lead the
class.'라는 문장을 통해 Garrett 씨는 David Cooper 대신 수학
수업을 맡을 '강사'임을 알 수 있다. 정답은 (C)이다.

15

[1], [2], [3], 그리고 [4] 중에서 다음 문장이 들어가기에 가장 알맞은 곳
은 어디인가?

"하지만, 8월 29일까지는 해 주셔야 합니다."

(A) [1]

(B) [2]

(C) [3]

(D) [4]

해설 주어진 문장의 접속부사 however에 유의하여 정답을 찾도록
한다. 주어진 문장에서는 must라는 의무를 나타내는 표현이 사용되
었기 때문에, 바로 앞 문장에서는 그와 대비되는 표현이 있어야 자연
스러운 문맥이 완성될 수 있다. 정답은 (D)인데, [4] 앞 문장의 may가
must와 대조를 이루고 있으며, 주어진 문장의 do so 또한 앞 문장의
change to another class를 가리키고 있다.

[16-18]

Exotic Travel은 시에서 가장 우수한 여행사 입니다. 저희가 여러
분을 위한 일생일대의 여행을 준비하게 해 주십시오. 저희는 이국
적인 장소로의 여행을 전문으로 합니다. 아시아, 아프리카, 그리고
남아메리카로 여행을 떠나 보시는 것은 어떠신가요? 여러분들께서
는 아마존 강을 따라 래프팅을 하실 수도 있습니다. 아프리카에서
사파리 여행을 하실 수도 있습니다. 그리고 아시아에서는 고대 사
원을 방문하실 수도 있습니다. 이와 비슷한 지역 어디로든 여행을
하실 수가 있습니다. Pecan 가 320번지에 있는 저희 사무실을 오
늘 방문해 주십시오. 저희와 함께하는 여행을 후회하지 않으실 것
입니다.

16

Exotic Travel에 대해 언급되지 않은 것은 무엇인가?

(A) 여행객들을 보낼 수 있는 곳이 어디인지

(B) 그곳이 어디에 위치해 있는지

(C) 여행에 어느 정도의 비용이 드는지

(D) 어떤 종류의 여행을 제공하는지

해설 (A)에서 언급된 여행 장소는 'We specialize in trips to
exotic places. How about taking a trip to Asia, Africa, or
South America?'라는 문장에 나타나 있고, (B)의 여행사의 위치는
'Visit us today at our office at 320 Pecan Avenue.'라는 문
장을 통해 알 수 있다. 그리고 'You can go on a safari in Africa.
And you can visit ancient temples in Asia.'에서는 제공되는
여행의 종류를 확인할 수 있으므로 (D) 역시 광고에서 언급된 사항이
다. 따라서 언급되지 않은 내용은 '여행 비용'을 가리키고 있는 (C)이다.

17

두 번째 줄의 arrange라는 단어와 그 의미가 가장 유사한 것은?

(A) 제안하다

(B) 시도하다

(C) 준비하다

(D) 보고하다

해설 arrange는 '준비하다', '정리하다'라는 의미이므로, 보기 중에
서 (C)의 organize(준비하다, 정리하다)와 그 의미가 가장 유사하다.

18

광고에 의하면, Exotic Travel에서는 어떤 종류의 여행을 예약할 수
있는가?

(A) 사파리 여행

(B) 유람선 여행

(C) 관광 여행

(D) 출장

해설 Exotic Travel의 여러 상품을 소개하는 부분 중, 'You can go
on a safari in Africa.'라는 문장을 통해 정답이 (A)의 A safari(사
파리 여행)임을 확인할 수 있다.

[19-21]

받는 사람: Greenbrier 아파트 입주민

보낸 사람: 관리 사무소

제목: 재활용 및 쓰레기

6월을 시작으로 재활용 및 쓰레기에 관한 새로운 방침이 적용될 예
정입니다. 플라스틱, 유리, 종이, 그리고 금속으로 만들어진 모든 물
품들은 반드시 분리를 하셔야 합니다. 그런 다음 해당 물품들을 올
바른 재활용품 용기에 넣으셔야 합니다. 재활용을 하지 않으면 그
결과로서 50달러의 벌금이 부과될 것입니다. 또한, 음식물 쓰레기
는 쓰레기통 옆에 있는 용기에 넣으십시오. 그런 다음 나머지 쓰레
기들을 쓰레기통에 넣으시면 됩니다. 음식물 쓰레기와 일반 쓰레기
를 함께 넣으면 안 된다는 점을 반드시 명심하셔야 합니다. 질문이
있으시거나 문제가 발생하면 관리 사무소를 방문해 주십시오.

어휘 concerning ~에 관한 separate 분리하다 made of ~으로 만들어진 metal 금속 recycling bin 재활용 용기 failure 실패 result in 결과로 ~이 되다 fine 벌금 container 용기 next to ~의 옆에 garbage can 쓰레기통 rest 나머지 trash 쓰레기 management office 관리 사무소 encourage 격려하다, 고무시키다 environment 환경 rent 임대료 remove 제거하다 community service 지역 봉사 활동 warning letter 경고장 punishment 처벌

19

공지의 목적은 무엇인가?

(A) 변경된 방침을 설명하기 위해
(B) 쓰레기 양을 줄일 것을 독려하기 위해
(C) 환경을 개선시키기 위해
(D) 임대료의 인상을 알리기 위해

해설 첫 문장인 'Starting in June, we will have a new policy concerning recycling and garbage.'를 통해, 재활용 및 쓰레기 배출에 관한 새로운 방침이 적용될 것이라는 안내가 이루어지고 있음을 알 수 있다. 이후에도 이에 대한 상세한 설명이 이어지고 있으므로 공지의 목적은 변경된 방침을 설명하기 위해서이다. 따라서 정답은 (A)이다.

20

공지에 따르면, 6월에 어떤 일이 일어날 것인가?

(A) 재활용품 용기가 제거될 것이다.
(B) 모든 입주민들이 재활용을 시작해야 한다.
(C) 쓰레기들이 매일 배출될 것이다.
(D) 재활용품이 1주일에 한 번 수거될 것이다.

해설 첫 문장의 Starting in June이라는 문구를 통해, 6월부터 재활용 및 쓰레기 배출에 관한 새로운 방침이 적용될 것이라는 점을 알 수 있으므로 정답은 (B)이다.

21

재활용을 하지 않는 사람에게는 어떤 일이 일어날 것인가?

(A) 벌금이 부과될 것이다.
(B) 지역 봉사 활동을 해야 할 것이다.
(C) 경고장을 받게 될 것이다.
(D) 어떠한 처벌도 받지 않을 것이다.

해설 'Failure to recycle items will result in a fine of $50.'라는 문장에서 재활용을 하지 않으면 50달러의 벌금이 부과될 것이라고 했으므로 정답은 (A)이다.

[22-25]

받는 사람: Susan Emerson <s_emerson@goldmail.com>
보낸 사람: 고객 서비스 <customerservice@bestcard.com>
날짜: 11월 15일

친애하는 Emerson 씨께,

신용 카드와 관련된 귀하의 최근의 문제를 저희에게 알려 주셔서 감사합니다. 저희는 귀하의 주장을 확인해 보았습니다. 의심을 하신 점은 옳았습니다. 권한이 없는 사람이 귀하의 카드를 사용한 것으로 보입니다. 그 사람은 귀하의 카드로 2,400달러 이상을 지불했습니다. 저희는 귀하의 카드를 취소시켰습니다. 내일 오전에 특급 우편으로 새로운 카드를 보내 드리도록 하겠습니다. 부적절한

대금에 대해서는 결제하실 필요가 없습니다. 이와 같은 일이 벌어진 것에 대해 진심으로 유감스럽게 생각합니다. 그밖에 저희가 할 수 있는 일이 있으면 알려 주십시오.

Harold Carter 드림
고객 서비스 담당
Best Card

어휘 investigate 조사하다 claim 주장 suspicious 의심하는 unauthorized 권한이 없는 charge 부과하다, 신용 카드로 사다; 대금 cancel 취소하다 improper 부적절한 sincerely 진심으로 regret 후회하다, 유감스럽게 생각하다 steal 훔치다 limit 제한, 한계, 한도 exceed 초과하다 cash advance 현금 서비스 no longer 더 이상 ~ 않는 identify 확인하다, 찾다 secret number 비밀 번호 activate 작동시키다, 활성화시키다

22

Emerson 씨는 어떤 문제점을 보고했는가?

(A) 어떤 사람이 자신의 신용 카드를 사용했다.
(B) 자신의 신용 카드를 도난당했다.
(C) 자신의 신용 카드를 분실했다.
(D) 신용 카드의 한도가 너무 낮다.

해설 발신자인 Harold Carter는 'It appears that an unauthorized person has been using your card.'라고 말하면서 수신인인 Emerson 씨의 주장이 옳았다는 점을 인정하고 있다. 이러한 점을 감안하면 Emerson 씨는 다른 사람이 자신의 신용 카드를 사용했다는 점을 보고했음을 알 수 있다. 따라서 정답은 (A)이다.

23

Emerson 씨의 신용 카드에 대해 언급되어 있는 것은 무엇인가?

(A) 신용 한도를 초과했다.
(B) 카드 온라인에서 물건을 구입했다.
(C) 카드로 현금 서비스를 받지 못한다.
(D) 더 이상 사용할 수 없다.

해설 Harold Carter는 누군가가 Emerson 씨의 카드를 허락 없이 사용한 것 같으며, Emerson 씨의 카드로 2,400달러 이상이 지불되었다는 점을 밝힌 후, 자신들이 Emerson 씨의 카드를 취소했다고 전하고 있다. 이를 통해 Emerson 씨의 해당 신용 카드는 더 이상 사용이 불가능하다고 추측할 수 있으므로 정답은 (D)이다.

24

Carter 씨는 Emerson 씨에 대해 무엇을 언급되는가?

(A) 그녀는 카드 대금으로 2,400달러를 내야 한다.
(B) 그녀가 부당한 대금을 지불할 필요는 없다.
(C) 그녀는 신용 카드를 새로 신청해야 한다.
(D) 그녀는 자신의 카드를 사용한 사람을 밝혀 내야 한다.

해설 'You will not have to pay any of the improper charges.'라는 문장을 통해 Carter 씨는 자신이 쓰지 않은 비용에 대해서는 돈을 낼 필요가 없다는 점을 알 수 있으므로 정답은 (B)이다.

25

Emerson 씨의 새 신용 카드에 대해 무엇이 암시되어 있는가?

(A) 신용 한도가 더 높을 것이다.
(B) 새 비밀 번호를 요구할 것이다.

(C) 11월 16일에 보내질 것이다.

(D) 처음으로 사용을 할 때 활성화될 것이다.

해설 'We will send you a new credit card by express mail tomorrow morning.'이라는 문장에서 정답의 단서를 찾을 수 있다. 이에 따르면 새 신용 카드는 '내일 오전'에 배달될 것인데, 편지를 작성한 날짜가 November 15이므로, 신용 카드는 11월 16일 오전에 보내질 것임을 알 수 있다. 따라서 정답은 (C)이다.

[26-29]

> 화이트 플레인즈 (10월 2일) – 10월 1일 토요일, White Plains 쇼핑몰이 개장했다. 쇼핑몰을 건설하는 데 2년 이상이 걸렸다. 이는 시의 동쪽에 위치해 있다. Pine 로와 Lakeshore 로 사이의 Hartford 가에 있다. 쇼핑몰에는 200개 이상의 매장이 있다. 3개의 백화점, 25개의 식당, 그리고 2개의 극장이 있다. 영업 첫 날, 3,000명 이상의 사람들이 쇼핑몰을 방문했다. 대부분의 쇼핑객들은 자신의 경험에 대해 만족해 한다고 말했다. Tim Harris는 "드디어 쇼핑몰이 개장을 하다니 정말 기뻐요. 이곳에는 다양한 매장들이 있어요. 제 아내와 저는 이곳 몰에서 쇼핑을 하면서 멋진 시간을 보냈어요."라고 말했다.

어휘 department store 백화점 movie theater 영화관, 극장 be pleased with ~으로 기뻐하다, ~에 만족하다 finally 마침내, 드디어 wide 넓은 selection 선정; 선정된 것 district 구역 lake 호수 a large number of 많은 different 서로 다른, 다양한 range 범위 vision 시력; 시야 appearance 외형, 외모

26

White Plains 쇼핑몰은 어디에 위치해 있는가?

(A) 시의 북쪽에

(B) 극장가 근처에

(C) 호숫가에

(D) **Hartford 가에**

해설 'It is located in the eastern part of the city. It is on Hartford Street between Pine Road and Lakeshore Drive.'라는 문장을 통해 쇼핑몰의 구체적인 위치를 파악할 수 있다. 정답은 (D)이다.

27

White Plains 쇼핑몰에 대해 언급되어 있지 않은 것은 무엇인가?

(A) 많은 식당이 있다.

(B) 첫째 날에 3,000명의 사람들이 방문을 했다.

(C) 200개 이상의 매장들이 있다.

(D) **토요일에 모든 매장들에서 세일을 했다.**

해설 White Plains 쇼핑몰에는 25개의 식당이 있다고 했으므로 (A)는 옳은 설명이다. 'More than 3,000 people visited the mall on its first day of business.'라는 문장에서 개장 첫 날 3,000명 이상이 방문했다는 점을 알 수 있으므로 (B) 역시 지문과 일치하는 내용이다. 'The shopping mall has more than 200 stores.'라는 문장을 통해서는 쇼핑몰에 200개가 넘는 매장이 있다는 점을 확인할 수 있으므로 (C) 역시 맞는 내용이다. '토요일에 전 매장에서 세일을 했다'는 내용은 언급되지 않았으므로 정답은 (D)이다.

28

18번째 줄의 selection이라는 단어와 그 의미가 가장 유사한 것은?

(A) **선택**

(B) 시력

(C) 외형

(D) 스타일

해설 selection은 '선정', '선택'이라는 의미와 함께, '선정된 것', '선택된 것'이라는 의미로도 사용된다. 보기 중에서 이러한 selection과 가장 의미가 유사한 단어는 (A)의 choice(선택)이다.

29

Harris 씨는 누구인 것 같은가?

(A) 매장 소유주

(B) 화이트 플레인즈 주민

(C) **쇼핑객**

(D) 쇼핑몰 직원

해설 지문 오른쪽의 중간 부분에 'Most of the shoppers said that they were pleased with their experience.'라는 문장이 나온 후, 그에 대한 예로 Tim Harris라는 사람과의 인터뷰 내용이 언급되고 있다. 이를 통해 Tim Harris는 쇼핑객임을 알 수 있으므로 (C)가 정답이다.

[30-34]

> 4월 10일 – 이번 주 금요일 밤 Rosewood 호텔에서 특별 행사가 진행될 예정이다. 저녁 6시부터 10시까지 자선 무도회가 열릴 것이다. 이번 행사는 Adams Group이 후원하고 있다. 이 기관은 27년 전 David Adams에 의해 설립되었다. 그 이후로, Adams Group은 워싱턴 지역의 사람들을 위해 많은 도움을 제공해 왔다. 주로 고아뿐만 아니라 저소득 가정에 초점을 맞추고 있다. 금요일 행사에는 입찰식 경매도 포함될 예정이다. 참가자들은, 새로 출시된 스포츠카를 포함하여, 여러 가지 특별한 물품에 대해 입찰을 하게 될 것이다. 이 자동차의 가격은 25,000달러에서 35,000달러 사이가 될 것으로 예상되고 있다. 경매로 인한 수익은 Adams Group에게 돌아갈 것이다. 행사의 입장권을 구매하고자 한다면 839–1023으로 전화하면 된다.

> 4월 12일
>
> Townshend 씨께,
>
> 이틀 전 자선 행사에 보내 주신 귀하의 성원에 큰 감사를 드립니다. 스포츠카에 대해 40,000달러라는 귀하의 입찰 가격이 가장 높았습니다. 귀하의 차는 은행에서 수표가 결제되는 대로 배송될 것입니다. 또한, 저는 귀하께서 Adams Group에게 전해 주신 10,000달러의 기부금에 대해서도 감사를 드리고 싶습니다. 귀하의 두 가지 기부는 모두 워싱턴 및 인근 지역의 많은 사람들의 삶을 향상시키는데 도움이 될 것입니다.
>
> 지난 6년 동안 귀하께서는 저희 기관을 적극적으로 후원해 주셨습니다. 저는 이 기간 동안 귀하께서 베풀어 주신 모든 것에 대해 정말로 감사를 드립니다. 워싱턴을 이처럼 살기 좋은 곳으로 만드는 데 도움을 주신 분들은 다름아닌 귀하와 같은 분들이십니다.
>
> *David Adams* 드림
> Adams Group 회장

어휘 charity ball 자선 무도회 sponsor 후원하다 organization

조직, 기관, 단체 establish 설립하다 lower-income 저소득층의
orphan 고아 silent auction 입찰식 경매 bid 입찰하다 brand-new 신상품의 proceeds 수익금 check 수표 clear (수표가)
결제를 받다 fundraising 기금을 모집하는 grand opening 개장식,
개업식

30
기사의 주제는 무엇인가?
(A) 기금 마련 행사
(B) 특별 세일
(C) 미술품 경매
(D) 개업식

해설 기사의 첫 문장과 두 번째 문장을 통해 이번 주 금요일 밤
Rosewood 호텔에서 특별 행사, 즉 '자선 무도회'(charity ball)가
열릴 것이라는 소식을 전하고 있다. 이후에도 행사를 후원하는 곳, 행사
의 목적, 행사의 참여 방법 등에 관한 소식을 전달하고 있으므로 정답은
(A)이다.

31
David Adams는 누구인가?
(A) Townshend 씨의 상사
(B) 자동차 영업 사원
(C) 자선 단체의 설립자
(D) Rosewood 호텔의 소유주

해설 기사의 'The event is sponsored by the Adams
Group. This organization was established by David
Adams twenty-seven years ago.'라는 부분을 통해 Adams
Group은 David Adams가 설립한 단체임을 알 수 있다. 따라서 정
답은 (C)이다.

32
Adams 씨는 왜 편지를 썼는가?
(A) Townshend 씨를 행사에 초청하기 위해
(B) Townshend 씨에게 감사를 표하기 위해
(C) Townshend 씨에게 질문을 하기 위해
(D) Townshend 씨에게 사과를 하기 위해

해설 Adams 씨가 작성한 편지 중 'Thank you very much for
your support at the charity event two nights ago.'라는 부
분에서 Adams 씨는 Townshend 씨에게 자선 행사를 후원해 준
점에 대해 감사를 표하고 있다. 따라서 정답은 (B)의 To thank Mr.
Townshend이다.

33
Townshend 씨는 자동차 값으로 얼마를 지불했는가?
(A) 10,000달러
(B) 25,000달러
(C) 35,000달러
(D) 40,000달러

해설 두 번째 지문의 'Your bid of $40,000 was the highest for
the sports car. Your car will be delivered to you as soon
as the check clears the bank.'라는 부분을 통해 Townshend
씨가 자동차 값으로 지불한 금액은 (D)의 40,000달러임을 알 수 있다.

34
Townshend 씨에 대해 무엇이 암시되어 있는가?
(A) 여러 대의 스포츠카를 소유하고 있다.
(B) Adams 씨와 친한 친구이다.
(C) 과거에도 몇 차례 기부를 한 적이 있다.
(D) 워싱턴 시장이다.

해설 편지의 하단부에서 Adams 씨는 Townshend 씨에게
'For the past six years, you have been an outstanding
supporter of our organization.'이라고 했으므로 Townshend
씨는 이전에도 이 자선 단체에 후원했음을 알 수 있다. 따라서 (C)가 올
바른 추론이다.

[35-39]

받는 사람: Wilkinson 아파트 입주자 전체
보낸 사람: Peter Tewksbury, 아파트 관리인
제목: 임대료 인상
날짜: 9월 16일

10월 1일부로, Wilkinson 아파트의 각 세대에 대한 임대료가
월35달러씩 인상될 예정입니다. 이러한 인상은 유가의 상승 때문
입니다. 이로 인해 전기료가 더 높아지고 있습니다. 아파트 단지의
전기 요금은 지난 3개월 동안 46%이상 상승했습니다. 임대료를
인상시킴으로써 이처럼 높아진 요금을 감당할 수 있습니다. 모든
입주자분들께서는 9월 30일까지 관리 사무소에 보고를 하셔야
합니다. 이때 새로운 임대 계약서에 서명을 하실 수 있습니다.
인상된 요금을 지불하지 않고자 하시는 경우에는 10월 31일까지
아파트를 비워 주셔야 합니다. 하지만, 10월에 대해서는 인상된
요금을 납부하셔야 합니다. 하실 말씀이나 질문이 있으신 경우에는
peter@wilkinsonapt.com으로 이메일을 보내셔서 제게 연락
을 주십시오.

받는 사람: peter@wilkinsonapt.com
보낸 사람: j_arnold@personalmail.com
제목: 이사
날짜: 9월 19일

친애하는 Tewksbury 씨께,

제가 9월 30일에 Wilkinson 아파트에서 이사를 갈 것이라는 점
을 알려 드리고자 합니다. 저희 가족들은 최근에 인상된 임대료를
감당할 수가 없습니다. 그래서 보다 저렴한 장소를 찾았습니다. 저
희는 그날 늦어도 오후 1시에는 떠날 것입니다. 떠나기 전에 열쇠
를 넘겨 드리겠습니다.

저희가 떠나기 전에 아파트를 점검하셔야 하나요? 그러시다면, 언
제 방문할 생각이신지 알려 주시기 바랍니다. 또한, 제 보증금은 어
떻게 돌려 받게 되나요? 저는 현금을 선호하나, 자기앞 수표도 괜
찮습니다. 저희 가족과 제가 이사를 가는 날 보증금을 받을 수 있을
까요? 시간이 있으실 때 제 문의에 답변해 주시기 바랍니다.

Jeff Arnold 드림
306호

어휘 as of ~ 부로 unit 단위; (아파트 등에서의) 세대 reason
이유 lead to ~으로 이끌다, ~으로 이어지다 electricity 전기
apartment complex 아파트 단지 offset 상쇄시키다 lease 임대
계약 vacate 비우다 comment 논평 notification 공지 afford
감당하다 affordable (가격 등을) 감당할 수 있는, 저렴한 depart
출발하다, 떠나다 conduct 실행하다, 실시하다 inspection 조사

intend 의도하다 security deposit 보증금 banker's check 자기
앞수표 respond 응답하다 inquiry 질문, 문의 demand 요구하다
appeal 호소하다

35

공지의 목적은 무엇인가?

(A) 전기를 더 적게 사용해야 한다고 말하기 위해
(B) 모든 입주자들에게 Tewksbury 씨에게 전화를 하라는 요청을
하기 위해
(C) 임대료 인상을 알리기 위해
(D) 몇 가지 개선이 이루어질 것이라고 말하기 위해

해설 'As of October 1, the rent for each unit in Wilkinson
Apartments is going to increase by $35 a month.'라는 문장
에서 10월 1일부터 Wilkinson 아파트의 모든 세대에 대한 임대료가
월 35달러씩 인상될 것이라는 소식을 접할 수 있다. 따라서 정답은 '임
대료 인상을 알리기 위해'라는 의미의 (C)이다.

36

모든 입주자들은 언제까지 새로운 임대 계약서에 서명을 해야 하는가?

(A) 9월 16일
(B) 9월 30일
(C) 10월 1일
(D) 10월 31일

해설 공지 중반부의 'All tenants need to report to the
management office by September 30. You can sign a
new lease at that time.'이라는 부분에서 입주자들은 9월 30일까
지 새로운 계약서에 서명을 해야 한다는 점을 알 수 있다. 따라서 정답
은 (B)이다.

37

Arnold 씨와 그 가족들은 왜 이사를 갈 것인가?

(A) 변경된 임대료가 너무 비싸다.
(B) 현재의 집을 좋아하지 않는다.
(C) 다른 주로 이사를 갈 것이다.
(D) 현재의 집이 너무 좁다.

해설 Arnold 씨가 작성한 이메일을 읽어 보면 그는 9월 30일에 아파
트를 비우겠다고 한 후, 그 이유를 '최근 인상된 임대료를 감당할 수 없
기 때문'(My family cannot afford the recent increased rent.)
이라고 말한다. 따라서 이사를 가는 이유는 비싼 임대료 때문이므로 정답
은 (A)가 된다.

38

Arnold 씨의 이메일에는 무엇이 언급되어 있는가?

(A) 그는 더 큰 집으로 이사갈 것이다.
(B) 그는 보증금을 현금으로 돌려받고 싶어 한다.
(C) 그는 자신의 집을 직접 점검할 것이다.
(D) 그는 며칠 후에 새로운 임대 계약에 서명할 것이다.

해설 작성자인 Jeff Arnold는 'I would prefer cash, but I will
also accept a banker's check.'라고 말하면서 일차적으로는 현
금으로, 이차적으로는 자기앞 수표로 보증금을 되돌려 받고 싶다는 의
견을 나타내고 있다. 따라서 정답은 (B)이다.

39

이메일에서, 세 번째 단락 다섯 번째 줄의 inquiries라는 단어와 그 의
미가 가장 유사한 것은?

(A) 요구
(B) 질문
(C) 대답
(D) 호소

해설 inquiries는 inquiry의 복수형으로, '질문', '문의'라는 의
미를 갖는 명사이다. (A)의 demands는 '요구', '요구 사항', (B)의
questions는 '질문', (C)의 responses는 '대답', '반응', 그리고 (D)
의 appeals는 '호소', '간청'이라는 의미이므로 이 중에서 inquiries
와 가장 유사한 의미를 갖는 것은 (B)의 questions이다.

[40-44]

공지 사항

Bradbury 공항에서 장기 주차장에 대한 보수 공사를 실시할 예
정입니다. 공사는 12월 1일에 시작되어 2월 26에 완공될 것입니
다. 완공이 되면 장기 주차장에는 3층짜리 주차장 건물이 들어서게
될 것입니다. 보수 공사 기간에는 공항을 방문하는 모든 차량들이
단기 주차장에 주차되어야 합니다. 이 기간 동안에 주차 공간이 부
족할 수도 있을 것입니다. 따라서, 공항에서는 시내의 대형 호텔로
셔틀 버스를 운행할 예정입니다. 더 많은 정보를 원하시면
www.bradburyairport.com을 방문하셔서 "셔틀 버스 시간
표"를 클릭해 주십시오. 불편을 드려서 죄송합니다.

받는 사람: Chris Masters 〈cmasters@mpp.com〉
보낸 사람: Bruce Wilder 〈bruce_W@mpp.com〉
제목: 출장
날짜: 1월 18일

Chris,

지금 현재 공항에서 대규모 공사가 진행되고 있다는 것이 기억났어
요. 주차 건물이 지어지고 있죠. 저는 우리가 내일 공항으로 차를 몰
고 가는 것이 좋지 못한 아이디어가 될 수 있다고 생각해요. 요즘에
는 주차할 자리를 찾는 것이 어려울 거예요. 그리고 10일 동안 고객
을 만나야 할 것이기 때문에, 단기 주차장 이용 요금이 상당히 많이
나올 거예요. 그 대신, 우리가 Dynasty 호텔에서 공항으로 가는
것이 어떨까요? 그곳은 당신 아파트와 제 아파트 모두와 가까운 곳
에 있죠. 우리가 그곳에서 9시 30분에 만나면 틀림없이 넉넉한 시
간 안에 도착할 수 있을 거예요. 제게 문자 메시지를 보내서 당신도
괜찮은지 알려 주세요.

그럼 이만,
Bruce

Bradbury 공항의 커다란 변화

브래드버리 (2월 20일) – Bradbury 공항에서 대규모 공사가 진
행되고 있다. 먼저, 공항 측은 터미널을 새로 건설했다. 이는 1월에
개장을 했다. 현재 국제선 비행기편을 위해 사용되고 있다. 다음으
로, 장기 주차장이 2월 18일에 문을 열었다. 공항의 승객수가 증가
했기 때문에 주차장이 확장되었다. 이번 봄에는 두 곳의 국내선 터
미널에 더 많은 공사가 진행될 예정이다. 공사는 늦은 여름에 끝날
것이다.

어휘 renovate 보수하다, 개조하다 long-term 장기의 parking garage 주차장 건물, 주차 시설 vehicle 차량 short-term 단기의 shortage 부족, 결핍 operate 가동하다, 운영하다 shuttle bus 셔틀 버스 inconvenience 불편 construction project 공사 construct 건설하다 spot 장소, 자리 fee 요금 huge 거대한, 막대한 in plenty of time 넉넉한 시간 안에 text message 문자 메시지 expansion 확장, 확대 terminal 터미널 international 국제적인 warn 경고하다

40
공지 사항의 목적은 무엇인가?
(A) 공항 터미널의 확장을 알리기 위해
(B) **공사에 대해 알리기 위해**
(C) 공항에 일찍 올 것을 권고하기 위해
(D) 차로 공항에 마중을 나오는 사람들에게 경고를 하기 위해

해설 시작 부분에 'Bradbury 공항에서 장기 주차장에 대한 보수 공사를 실시할 예정이다'(Bradbury Airport is going to renovate its long-term parking area.)라는 공지가 있은 후, 보수 공사 기간 동안 공항 방문객들이 어떻게 해야 할지에 관한 안내가 이루어지고 있다. 따라서 정답은 (B)의 To let people know about a construction project(공사에 대해 알리기 위해)이다.

41
Masters 씨와 Wilder 씨는 무엇을 하게 될 것인가?
(A) 호텔에서 고객과 만난다
(B) 공사 현장을 둘러본다
(C) 공항에서 고객을 차에 태운다
(D) **출장을 간다**

해설 두 번째 지문인 이메일을 살펴보면 Wilder 씨는 Masters 씨에게 '내일 공항에 차를 가지고 가는 것이 좋은 생각은 아닌 것 같다'고 언급한 후, '고객을 만나러 열흘이나 나가 있어야 하기 때문에 차를 가지고 가면 주차비가 많이 나올 것'(And since we're going to be meeting our clients for 10 days, the fee for using the short-term parking area will be huge.)라고 그 이유를 설명한다. 이를 통해 Masters 씨와 Wilder 씨는 출장을 갈 것임을 알 수 있으므로 정답은 (D)이다.

42
Wilder 씨는 어떻게 공항에 가고 싶어 하는가?
(A) 자동차로
(B) **버스로**
(C) 택시로
(D) 기차로

해설 Wilder 씨는 이메일에서 Dynasty 호텔을 통해 공항에 가는 제안을 하고 있다. 첫 번째 지문을 읽어 보면 '공항과 대형 호텔들을 오가는 셔틀 버스가 제공되고 있다는 점'(As a result, the airport will operate shuttle buses from large hotels downtown.)을 알 수 있다. 결국 Wilder 씨는 공항에서 버스를 타고 공항에 가는 제안을 하고 있으므로 정답은 (B)이다.

43
Masters 씨는 무엇을 하라는 요청을 받는가?
(A) Wilder 씨의 아파트를 방문하라고
(B) **Wilder 씨에게 메시지를 보내라고**

(C) 자신의 전화로 Wilder 씨에게 전화하라고
(D) Wilder 씨에게 이메일을 보내라고

해설 이메일에서 Wilder 씨는 Masters 씨에게 호텔을 통해 공항에 가는 제안을 한 후, 'Send me a text message to let me know if that is fine with you.'라고 말하면서 제안의 수락 여부를 문자 메시지로 알려 달라고 말한다. 따라서 정답은 (B)이다.

44
장기 주차장에 대해 무엇이 암시되어 있는가?
(A) 정부 지원금으로 지어졌다.
(B) 국제선 터미널 근처에 있다.
(C) **예정보다 빨리 개장을 했다.**
(D) 단골 승객에게 낮은 요금을 부과한다.

해설 첫 번째 지문에서 장기 주차장은 2월 26일에 완공될 것이라고 언급한 반면, 마지막 지문에서는 장기 주차장이 1월에 개장을 했다는 사실을 알리고 있다. 이를 통해 예정보다 빨리 주차장이 개장을 했다는 사실을 알 수 있으므로 정답은 (C)가 된다.

[45-49]

인터넷을 이용하여 귀하의 사업을 더욱 번창시키세요!

이번 주 토요일인 6월 12일에 Stross E-Marketing에서 단 하루만 진행되는 특별 세미나를 개최할 예정입니다. 매출을 즉각적으로 향상시키는데 도움이 될 여러 워크숍들이 마련될 것입니다.

시간	워크숍	강사
9:00 A.M. – 10:30 A.M.	블로그 활동	Solomon Whistler 씨
10:45 A.M. – 12:15 P.M.	소셜 미디어를 효과적으로 이용하는 법	Ken Pollux 씨
12:15 P.M. – 1:00 P.M.	점심 식사	
1:00 P.M. – 3:00 P.M.	인터넷 광고 구매	Sam Medina 씨
3:15 P.M. – 5:00 P.M.	광고가 입소문을 타게 하는 법	Lucia Merino 씨

세미나는 Broadway 가 21번지의 Daley 회의장에서 열릴 예정입니다. 온라인으로 등록하시는 경우, 행사 등록비는 1인당 150달러입니다. 세미나 당일에 신청하시는 경우에는 1인당 200달러입니다. 더 많은 정보를 원하시면 487-2476으로 Sandra Jackson 씨에게 전화해 주세요. 자리가 한정되어 있습니다. 좌석은 선착순으로 채워집니다.

받는 사람: Eric Foreman <ericforeman@griswold.com>
보낸 사람: Walt Flanagan <w_flanagan@tna.com>
제목: 특별 세미나
날짜: 6월 9일

Eric,

저는 이번 주에 열리게 될 세미나에 관한 광고를 보았어요. 당신이 그날 집에 페인트를 칠할 계획이라는 점은 저도 알고 있어요. 하지만 당신이 그 일을 미루는 것에 대해 생각하고 싶어 할 수도 있을 것 같아요. 이 세미나는 큰 도움이 될 것처럼 보여요. 저는 블로그 활동에 대한 강연을 듣기 위해 그곳에 갈 거예요. 제가 회사 블로그를

운영 중인데, 그다지 성공적이지가 못하거든요. 운이 좋다면, 제가 잘못하고 있는 점에 대한 유용한 조언을 얻게 될 거예요. 저는 당신이 당신 회사의 온라인 광고 구매에 대해 이야기하고 다닌다는 점을 알고 있어요. 그런 경우라면, 분명 당신이 흥미를 가질 만한 워크숍이 있을 거예요.

세미나에 참석하고자 한다면 저에게 알려 주세요. 세미나가 시작하기 전에 같이 만나서 식당에서 아침을 먹을 수도 있고요. 제가 회의장 근처에 있는 멋진 곳을 알고 있거든요.

그럼 이만,
Walt

받는 사람: David Bynum
보낸 사람: Karl Theroux
제목: 토요일 세미나

저는 이번 토요일 세미나의 연사들과 이야기를 나누어 보았습니다. 작은 문제가 하나 있었습니다. 그중 세 명은 오겠다는 확답을 했습니다. 하지만 Ken은 최근에 몸이 좋지 않다고 말했습니다. 그는 대체 강사를 구할 것을 제안했습니다. 제가 워크숍을 진행하면 어떨까요? 전에 해 본 적이 있습니다. 이번에 제가 그 일을 하게 되어도 상관은 없습니다. 차후 세미나를 위해서는 다른 사람을 찾는 것이 좋을 것 같습니다. Ken이 우리에게 취소 통보를 한것은 이번이 세 번째입니다.

어휘 social media 소셜 미디어 effectively 효과적으로 go viral 입소문을 타다 registration 등록, 신청 per person 1인당 space 공간 limited 제한된, 한정된 a first-come, first-served basis 선착순 원칙 consider 고려하다, 생각하다 delay 미루다, 연기하다 helpful 도움이 되는 lecture 강연 operate 운영하다, 가동하다 tip 유용한 정보, 조언 get together 모이다 look into ~을 조사하다 cancel on ~을 바람맞히다 separate 분리된, 별도의 obtain 얻다, 획득하다

45
세미나에 관해 언급되지 않은 것은 무엇인가?
(A) Broadway 가의 한 장소에서 열릴 것이다.
(B) 각기 다른 두 가지 요금이 존재한다.
(C) 더 많은 정보는 전화 통화로 얻을 수 있다.
(D) 100개의 좌석만 이용할 수 있다.

해설 (A)의 'Broadway 가의 한 장소에서 열릴 것이다'라는 내용은 첫 번째 지문의 'The seminar will be held in the Daley Conference Center at 21 Broadway Avenue.'라는 문장을 통해 확인할 수 있으며, '두 가지 요금이 존재한다'는 (B)의 내용은 'Registration for the event is $150 per person if you sign up online. It costs $200 per person if you sign up on the day of the seminar.'라는 부분을 통해 확인이 가능하다. '더 많은 정보를 얻고자 한다면 전화를 하라'는 (C)의 내용 역시 'Call Ms. Sandra Jackson at 487-2476 for more information.'에서 확인할 수 있다. 좌석이 제한되어 있다는 내용은 있지만 '100개의 좌석만 이용할 수 있다'는 내용은 찾아볼 수 없으므로 (D)는 언급되지 않은 사항이다.

46
광고에 따르면, 150달러를 지불하여 세미나에 참석할 수 있는 방법은 무엇인가?
(A) 전화로 신청을 함으로써
(B) 웹사이트에서 신청을 함으로써
(C) 세미나 당일에 신청을 함으로써
(D) 우편으로 신청을 함으로써

해설 'Registration for the event is $150 per person if you sign up online.'이라는 문장을 통해 온라인 등록을 하면 150달러를 지불해야 한다는 점을 알 수 있으므로 정답은 (B)이다.

47
Flanagan 씨는 Foreman 씨에게 어떤 세미나에 참석할 것을 제안하는가?
(A) 블로그 활동
(B) 소셜 미디어를 효과적으로 이용하는 법
(C) 인터넷 광고 구매
(D) 광고가 입소문을 타게 하는 법

해설 두 번째 지문인 이메일에서 Flanagan 씨는 Foreman 씨에게 그가 회사의 '온라인 광고'(online ads) 구매에 대해 이야기하고 있다는 점을 알고 있는데, 그런 경우라면 Foreman 씨가 흥미를 가질만한 워크숍이 있을 것이라고 말한다. 이를 바탕으로 Foreman 씨는 Purchasing Ads on the Internet(인터넷 광고 구매) 세미나에 관심을 보일 것임을 짐작할 수 있으므로 정답은 (C)이다. (A)는 Flanagan 씨가 듣고자 하는 강연의 주제이다.

48
Flanagan 씨는 세미나가 시작하기 전에 어디에서 Foreman 씨와 만나고 싶어 하는가?
(A) 회의장에서
(B) 자신의 직장에서
(C) Foreman 씨의 아파트에서
(D) 식당에서

해설 이메일의 마지막 부분을 살펴보면, Flanagan 씨는 'We can get together at a restaurant for breakfast before it begins.'라고 말하면서 Foreman 씨에게 식당에서 만나자는 제안을 하고 있다. 따라서 정답은 (D)이다.

49
Theroux 씨는 몇 시에 워크숍을 진행할 것인가?
(A) 오전 9시 – 오전 10시 30분
(B) 오전 10시 45분 – 오후 12시 15분
(C) 오후 1시 – 오후 3시
(D) 오후 3시 15분 – 오후 5시

해설 마지막 지문에서 Karl Theroux는 Ken을 대신하여 자기가 워크숍을 진행하겠다고 제안했다. 한편 첫 번째 지문의 시간표에 Ken의 담당 시간대는 오전 10시 45분에서 오후 12시 15분까지로 적혀 있으므로, 결국 Theroux 씨가 진행을 맡을 시간은 (B)의 시간대이다.

[50-54]

솔즈베리 문화 센터가 폐쇄될 수도 있다

솔즈베리 (10월 3일) – Keith Gooding 시장은 올해 시 예산이 부족하다고 발표했다. 그 결과로 다수의 서비스에 대한 시 예산이 삭감될 예정이다. 예산 문제는 솔즈베리 문화 센터에도 영향을 끼칠 것이다. Gooding 시장에 따르면, 이곳은 시로부터 많은 지원을 받고 있다. 상당히 적은 금액만 기부자들로부터 나오고 있다. Gooding 시장은 이러한 점이 바뀌어야 한다고 언급했다. 시장은 10월 31일을 기한으로 설정했다. 그때까지 기부금이 충분히 모이지 않으면 문화 센터는 폐쇄될 것이다.

10월 27일
친애하는 Van Pelt 씨께,

솔즈베리 문화 센터를 위한 펀드에 기부해 주셔서 고맙습니다. 많은 금전적인 지원에 감사를 드립니다. 귀하와 같은 분들께서 문화 센터에 적극적인 관심을 가져 주셔서 기쁘게 생각합니다. 저희는 충분한 금액을 모금하기 위해 계속 노력 중입니다. 이번 주말까지 총 200,000달러의 기부금을 모아야 합니다. 그렇게 되면 다음 12개월 동안 문화 센터를 운영하는데 필요한 경비를 마련하게 될 것입니다.

이만 줄이겠습니다,
Brett Hauser
솔즈베리 문화 센터

솔즈베리 문화 센터의 특별 행사 일정

12월 중에 진행될 특별 행사는 아래와 같습니다.

12월 2일	아이스 스케이팅 강습	문화 센터 뒤편 얼음 연못에서 스케이트 타는 법을 배워봅시다.
12월 11일	화환 만들기	화환 만들기를 배우면서 휴가 기분을 느껴봅시다.
12월 19일	크로스컨트리 스키	인근 지역에서 스키를 배워봅시다.
12월 31일	불꽃놀이	매년 열리는 불꽃놀이에 참석함으로써 한 해를 마무리합시다.

모든 특별 행사는 일반에게 무료로 공개됩니다

어휘 shortfall 부족 cut back 삭감하다, 줄이다 funding 자금, 자금 지원 donor 기부자, 기증자 deadline 기한, 마감 시간 donation 기부, 기증 contribute to ~에 기여하다, ~에 기부하다 generous 후한, 너그러운 financial 재정적인 raise 기르다; 모금하다 frozen 언 wreath 화환 spirit 정신; 기분 fireworks show 불꽃놀이 mayoral election 시장 선거 closure 폐쇄 organize 기획하다, 조직하다 establish 설립하다 operate 가동하다, 운영하다 manufacture 제작하다 arts and crafts 공예

50
기사는 주로 무엇에 관한 것인가?
(A) 솔즈베리 시장 선거
(B) 문화 센터의 보수 공사
(C) 예산 문제의 영향
(D) 시 건물 일부의 폐쇄

해설 기사 전반에 걸쳐 예산 삭감의 결과로 문화 센터가 폐쇄될 가능성이 있다고 알리고 있다. 따라서 정답은 (C)이다. 문화 센터가 '시의 건물'이라고 보기도 힘들며, 문화 센터 이외의 다른 건물들에 대한 이야기는 언급되지 않고 있으므로 (D)를 정답으로 골라서는 안 된다.

51
솔즈베리 문화 센터를 위한 펀드에 대해 추론할 수 있는 것은 무엇인가?
(A) 10명의 직원이 있다.
(B) 주민들을 위한 특별 행사를 기획하고 있다.
(C) Gooding 씨에 의해 운영되고 있다.
(D) 10월에 설립되었다.

해설 직원 수에 관한 이야기는 찾아볼 수 없으므로 (A)는 정답이 아니고 (B)는 펀드가 아니라 문화 센터가 주관하고 있는 일이므로 이 역시 정답이 될 수 없다. Gooding 씨는 시장이므로 (C) 또한 사실이 아니다. 정답은 (D)인데, 첫 번째 지문인 기사와 두 번째 지문인 편지를 종합해 보면 펀드는 10월 초 문화 센터 지원 문제가 불거진 후 만들어졌을 것으로 추측할 수 있다.

52
편지에서, 다섯 번째 줄의 running이라는 단어와 그 의미가 가장 유사한 것은?
(A) 준비하다
(B) 운영하다
(C) 제조하다
(D) 사용하다

해설 문장에서 run은 '달리다'라는 뜻이 아니라 '운영하다'라는 뜻으로 사용되었다. 정답은 (B)로, (B)의 operate는 '운영하다', '가동하다'라는 의미를 나타낸다.

53
12월 19일에는 어떤 행사가 진행될 예정인가?
(A) 공예 수업
(B) 스포츠 행사
(C) 음악 공연
(D) 불꽃놀이

해설 마지막 지문에서 12월 19일 행사를 찾아보면 이 날은 Cross-country skiing(크로스컨트리 스키)이 예정되어 있음을 알 수 있다. 보기 중 이에 해당되는 내용은 (B)이다.

54
솔즈베리 문화 센터에 관해 암시되어 있는 것은 무엇인가?
(A) 11월 특별 행사를 취소시켰다.
(B) 그곳에서는 자원봉사자들만이 일을 한다.
(C) 지역 주민들에게 회원권을 판매한다.
(D) 200,000달러 이상의 기부금을 모았다.

해설 첫 번째 지문에서 모금 기한이 10월 말까지, 그리고 두 번째 지문에서 모금액 하한선이 200,000달러라는 사실을 알 수 있다. 그런데 마지막 지문에서 솔즈베리 문화 센터가 폐쇄되지 않고 12월의 특별 행사를 안내하고 있다는 것을 알 수 있으므로 문화 센터는 10월 말까지 200,000달러 이상을 모금했을 것으로 추측할 수 있다. 따라서 정답은 (D)이다.

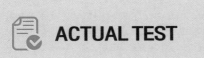
ACTUAL TEST

PART 5

1 (B)	2 (C)	3 (C)
4 (B)	5 (B)	6 (A)
7 (B)	8 (C)	9 (D)
10 (B)	11 (C)	12 (A)
13 (C)	14 (C)	15 (C)
16 (C)	17 (A)	18 (B)
19 (A)	20 (D)	21 (A)
22 (A)	23 (B)	24 (A)
25 (B)	26 (C)	27 (A)
28 (B)	29 (B)	30 (A)

PART 6

31 (D)	32 (D)	33 (C)
34 (C)	35 (D)	36 (B)
37 (B)	38 (B)	39 (B)
40 (A)	41 (B)	42 (C)
43 (A)	44 (C)	45 (A)
46 (C)		

PART 7

47 (C)	48 (C)	49 (D)
50 (A)	51 (D)	52 (B)
53 (C)	54 (A)	55 (C)
56 (D)	57 (A)	58 (C)
59 (D)	60 (D)	61 (A)
62 (C)	63 (A)	64 (C)
65 (D)	66 (C)	67 (B)
68 (C)	69 (A)	70 (B)
71 (C)	72 (B)	73 (D)
74 (B)	75 (B)	76 (D)
77 (D)	78 (A)	79 (A)
80 (C)	81 (B)	82 (C)
83 (D)	84 (C)	85 (D)
86 (C)	87 (B)	88 (A)
89 (C)	90 (C)	91 (D)
92 (B)	93 (A)	94 (C)
95 (C)	96 (A)	97 (B)
98 (C)	99 (C)	100 (A)

PART 5

1
Perkins 씨의 신용 대출 신청은 은행에 의해 거부되었다.
(A) deposited
(B) rejected
(C) proposed
(D) afforded

어휘 application 신청, 지원　personal loan 신용 대출　reject 거절하다, 거부하다　deposit 쌓이다; 예금하다　afford 여유가 있다, 여력이 있다; 제공하다

해설 해당 문장은 '신용 대출 신청이 은행에 의해 OO되었다'라는 의미이다. 명사 application(신청)과 어울릴 수 있는 동사를 생각해 보면 빈칸에는 '거부하다'라는 의미인 (B)의 rejected가 들어가야 한다.

2
Sanderson 씨는 이번 주 초에 Juliet 계좌에 지급을 허가했다.
(A) authorize
(B) authorizing
(C) authorized
(D) authorizes

어휘 authorize 인가하다, 권한을 부여하다　payment 지급　account 계정

해설 earlier this week(이번 주 초)라는 표현이 과거를 나타내고 있으므로 빈칸에는 과거시제의 동사가 들어가야 한다. 보기 중에서 과거시제를 나타내는 것은 (C)의 authorized밖에 없으므로 (C)가 정답이다.

3
석사 학위를 받기 위해 학교로 돌아가는 것은 많은 정규직 직원들에게 힘든 일이다.
(A) Registering
(B) Attending
(C) Returning
(D) Signing

어휘 graduate degree 석사 학위　full-time employee 정규직 직원

해설 '석사 학위를 받기 위해 학교로 OO하는 것은 많은 정규직 직원들에게 힘든 일이다'라는 의미의 문장이다. 통상적으로 '직원'이라는 말은 일정한 교육 기관을 졸업한 사람들을 의미하기 때문에 '직원'과 '학교'라는 개념의 연관성을 생각해 보면 빈칸에 들어갈 단어는 (C)의 Returning(돌아가는 것)임을 알 수 있다.

4
몇몇 직원들은 그들의 말하는 위험한 조건에서 근무하는 것을 거부한다.
(A) danger
(B) dangerous
(C) dangerously
(D) dangers

어휘 refuse to ~하는 것을 거부하다　dangerous 위험한　condition 상황, 상태; 조건

해설 빈칸 뒤에 명사 conditions(조건)라는 명사가 있으므로 빈칸에는 형용사가 들어가야 한다. 보기 중에서 형용사는 (B)의

dangerous(위험한)밖에 없으므로 (B)가 정답이다.

5
밤 사이에 매장에 도둑이 들었다는 사실을 한 직원이 알아냈다.
(A) stolen
(B) robbed
(C) deprived
(D) taken

어휘 rob 도둑질을 하다　steal 훔치다　deprive 빼앗다

해설 (A), (B) (C)가 서로 비슷한 의미를 가지고 있는 어휘들이다. (A)의 steal은 '물건을 훔치다'라는 의미이고 (B)의 rob은 '도둑질하다', '(상점 등을) 털다'라는 의미로 사용되며, (C)의 deprive는 보통 deprive A of B의 형태로서, 'A에게서 B를 빼앗다'라는 의미로 쓰인다. 이들 셋 중에서 store(매장)와 함께 수동태 형식으로 자연스러운 의미를 완성시킬 수 있는 동사는 (B)의 rob이다.

6
경기 호황 때문에 Hamilton 몰의 매출이 증가하고 있다.
(A) on account of
(B) by way of
(C) with respect to
(D) in other words

어휘 sales 매출　on account of ~ 때문에　booming economy 경기 호황　by way of ~을 경유하여, ~을 거쳐　with respect to ~에 대하여　in other words 다시 말하면, 즉

해설 '매출(sales)의 증가'와 '경제 호황'(booming economy)의 관계를 생각해 보면 전자가 결과이고 후자가 원인임을 알 수 있다. 보기 중에서 '~ 때문에'라는 원인의 의미를 가지고 있는 것은 (A)의 on account of이다.

7
취업 면접을 본 사람들 중에서 Harper 씨가 받아들일 만한 사람은 거의 없었다.
(A) accept
(B) acceptable
(C) accepting
(D) accepts

어휘 few 거의 없는　individual 개인　interview 인터뷰하다　acceptable 받아들일 수 있는, 수용할 수 있는

해설 빈칸은 주격보어 자리이므로 동사인 (A)와 (D)는 정답에서 제외된다. '면접을 본 사람 중에서 Harper 씨가 받아들일 만한 사람은 거의 없었다'는 의미가 되어야 하므로 빈칸에는 '받아들일 수 있는'이라는 의미의 형용사인 acceptable이 들어가야 한다. 정답은 (B)이다.

8
몇몇 직원들이 창고에서 전자 제품의 재고를 확인하고 있다.
(A) device
(B) scale
(C) inventory
(D) registration

어휘 inventory 재고　warehouse 창고　device 기기, 장치　scale 규모; 저울

해설 items(제품)와 warehouse(창고)라는 어휘와 함께 문장의 의미를 가장 자연스럽게 완성시킬 수 있는 명사를 찾는다. 주어진 문장은 문맥상 '몇몇 직원들이 창고에서 전자 제품 재고를 확인하고 있다'는 의미가 되어야 하므로 빈칸에는 '재고'라는 의미의 명사인 (C)의 inventory가 들어가야 한다.

9
환자의 상태를 개선시키기 위한 약물 요법이 실패로 돌아가자 의사들이 당황하고 있다.
(A) puzzle
(B) have puzzled
(C) puzzling
(D) are puzzled

어휘 puzzle 당황하게 만들다　failure 실패　medication 약, 약물　patient 환자

해설 puzzle의 정확한 의미는 '당황하게 만들다'이다. 따라서 문맥상 의사들이 '실패'(failure)로 인해 '당황을 했을' 것이므로 주어진 문장은 수동태의 형식의 갖추고 있어야 한다. 보기 중에서 수동태 형식은 (D)의 are puzzled뿐이다.

10
Starling 주식회사와의 계약 협상이 다음 주에 시작될 것으로 예상된다.
(A) signings
(B) negotiations
(C) appeals
(D) debates

어휘 negotiation 협상　signing 서명　appeal 호소; 매력　debate 토론

해설 빈칸에는 (B)의 negotiations(협상)이 들어가야 '계약 협상이 다음 주에 시작될 것이다'라는 자연스러운 의미가 완성된다.

11
급여 및 초과 근무 수당이 높은 직책에 몇몇 지원자들이 지원해 있다.
(A) apply
(B) applicant
(C) applicants
(D) applications

어휘 salary 급여, 월급　overtime 초과 근무, 초과 근무 수당

해설 빈칸에는 동사 has의 목적어 역할을 하면서 형용사 several의 수식을 받을 수 있는 명사가 들어가야 한다. 빈칸 앞에 '몇몇의'라는 의미인 several이 있으므로 복수 명사인 (C)의 applicants가 정답이 된다. (D)는 '지원서'라는 사물을 의미하므로 정답이 될 수 없다.

12
PYT 컨설팅에 의해 제공되는 서비스의 질은 업계 최고이다.
(A) provided
(B) responded
(C) written
(D) stated

어휘 respond 응답하다　state 진술하다, 주장하다

해설 service와 가장 잘 어울릴 수 있는 동사가 빈칸에 들어가야 한

다. 주어진 문장은 문맥상 'PYT 컨설팅에 의해 제공되는 서비스의 질이 최고이다'라는 의미가 되어야 하므로 빈칸에는 (A)의 provided가 들어가야 한다.

13

그 사무실은 시내 중심가의 또 다른 지역으로 이전할 예정이다.

(A) other
(B) others
(C) another
(D) the others

어휘 downtown area 시내 중심가

해설 빈칸 뒤에 location(지역)이라는 단수 명사가 있으므로 정답은 부정관사 a의 의미가 포함되어 있는 (C)의 another이다.

14

금 가격이 지난 몇 개월 동안 평상시보다 더 높게 올랐다.

(A) high
(B) as high
(C) higher
(D) the highest

해설 빈칸 뒤에 than(~보다)이 있으므로 빈칸에는 비교급이 들어가야 한다. 정답은 high(높은)의 비교급 형태인 (C)의 higher이다.

15

회사 전체에서 Denver 지사가 가장 수익이 높은 지사이다.

(A) profit
(B) profits
(C) profitable
(D) profiteer

어휘 profitable 수익이 있는, 유익한 profiteer 부당 이득자, 폭리를 취하는 사람

해설 빈칸 앞에 the most가 있고, 빈칸 뒤에 명사인 one이 있으므로 형용사인 (C)의 profitable(수익이 있는)이 정답이 된다.

16

이번 달 말이 되면 Williamson 씨는 10년간 이곳에서 근무한 것이다.

(A) was worked
(B) working
(C) will have worked
(D) have been worked

해설 by the end of the month는 '이번 달 말까지', '이번 달 말이 되면'이라는 의미이다. 따라서 '이달 말이 되면 10년째 계속 일해온 셈이 된다'라는 '미래'의 의미와 '계속'의 의미를 동시에 나타내기 위해서는 미래시제와 완료형이 함께 사용된 (C)의 will have worked가 빈칸에 들어가야 한다.

17

보아하니, Max가 설계한 새로운 소프트웨어에는 반드시 해결되어야 할 문제들이 몇 가지 있다.

(A) must be
(B) have to
(C) should
(D) ought to

어휘 apparently 보아하니; 분명 design 설계하다, 디자인하다
work out (문제 등을) 해결하다

해설 '문제'(problems)가 스스로 '해결하는 것'이 아니라 '해결되어야 하는 것'이므로 빈칸에는 worked와 함께 수동의 의미를 만드는 be동사가 들어가야 한다. 따라서 정답은 (A)의 must be이다.

18

우리는 연구개발부서의 몇몇 직원들과 함께 그 프로젝트를 공동으로 작업하게 될 것이다.

(A) promote
(B) collaborate
(C) investigate
(D) conduct

어휘 collaborate 협력하다, 공동으로 작업하다 investigate 조사하다 conduct 실행하다; 지휘하다

해설 '연구개발부서의 몇몇 직원들과 함께'(with several members of the R&D Department)라는 표현과 가장 자연스럽게 어울릴 수 있는 동사를 찾아야 한다. 따라서 정답은 '협력하다', '공동으로 작업하다'라는 뜻을 갖는 (B)의 collaborate이다.

19

Watts 씨가 매장의 관리자와 접촉하려고 시도하는 중이다.

(A) touch
(B) touching
(C) touched
(D) touchable

어휘 attempt to ~을 시도하다 get in touch with ~와 연락을 취하다, ~와 접촉하다

해설 '~와 접촉하다', '~와 연락을 취하다'라는 의미의 관용 표현인 get in touch with를 알고 있어야 풀 수 있는 문제이다. 정답은 (A)의 touch이다.

20

이전 분기에 42명의 개인들이 회사에 고용되었다.

(A) future
(B) former
(C) late
(D) previous

어휘 previous 이전의 quarter 분기, 1/4

해설 동사인 was hired가 과거시제이므로, 과거시제와 어울릴 수 있는 표현이 들어가야 한다. 따라서 (D)의 previous(이전의)가 정답이다. (A)의 future는 '미래의'라는 의미이므로 적절하지 못하고, (B)의 former는 주로 사람이나 사물을 나타내는 명사와 어울려 '전임의', '전자의'라는 의미로 사용되므로 이 역시 정답이 될 수 없다. (C)의 late는 '늦은', '고인의'라는 의미이다.

21

Kimberley 씨는 하고 있는 업무의 진행 상황에 만족하고 있다.

(A) progress
(B) progressive
(C) progressively
(D) progressed

어휘 be pleased with ~에 기뻐하다, ~에 만족해 하다 progress 진행, 진전 progressive 진취적인, 진보적인 progressively 점차적으로, 계속해서

해설 빈칸 앞에 정관사 the가 있고 빈칸 뒤에 the에 이어지는 명사 형태가 없으므로 명사를 정답으로 골라야 한다. 보기 중에서 명사는 (A)의 progress뿐이므로 정답은 (A)이다.

22
그 회사의 최신 제품은 상당히 정교해서 많은 고객들에게 깊은 인상을 남기고 있다.
(A) sophisticated
(B) atrocious
(C) tedious
(D) uneventful

어휘 sophisticated 정교한, 복잡한 atrocious 끔찍한 tedious 지루한 uneventful 특별한 일이 없는

해설 많은 고객들에게 '인상을 줄 수 있는'(impresses) 특징이 무엇인지 생각해 보면 정답을 쉽게 찾을 수 있다. 정답은 '정교한'이라는 의미인 (A)의 sophisticated이다.

23
Worthy 씨는 내일 오전까지 1차 면접이 끝나기를 바란다.
(A) complete
(B) to complete
(C) completed
(D) completing

해설 hope는 목적어로서 to부정사를 취하는 동사이다. 따라서 빈칸에는 to부정사의 형태가 들어가야 하기 때문에 정답은 (B)의 to complete이다.

24
직원들은 출장에서 돌아온 후 5일 이내에 구매한 것들의 영수증을 제출해야 한다.
(A) receipts
(B) contracts
(C) leases
(D) signatures

어휘 receipt 영수증 purchase 구입, 구입한 것 lease 임대, 리스 signature 서명

해설 '구매한 것으로부터'(from purchase) 생길 수 있는 것이 무엇인지 생각해 보면 정답은 (A)의 receipts(영수증)라는 것을 쉽게 알 수 있다. (B)의 contracts는 '계약', (C)의 leases는 '임대', (D)의 signatures는 '서명'이라는 의미이다.

25
Rutherford 씨는 계약서에 몇 가지 문제가 있다고 보고했다.
(A) a little
(B) some
(C) much
(D) a great deal

해설 빈칸 뒤의 problems(문제들)라는 복수 명사를 수식할 수 있는 표현이 들어가야 한다. (A)의 a little(약간의)과 (C)의 much(많은)는 셀 수 없는 명사와 함께 사용되는 표현이기 때문에 정답이 될 수 없다.

(D)의 a great deal(다량)은 셀 수 없는 명사 취급을 받는다. 따라서 정답은 셀 수 있는 명사 및 셀 수 없는 명사에 모두 쓰일 수 있는 (B)의 some이다.

26
그 회사의 웹사이트는 업그레이드되기 위해 현재 폐쇄되어 있다.
(A) upgrade
(B) upgraded
(C) be upgraded
(D) be upgrading

어휘 currently 현재 so that ~ can ~하기 위하여

해설 동사 upgrade(업그레이드하다)의 알맞은 형태를 묻는 문제이다. upgrade의 주어인 it이 the firm's Web site를 가리키고 있으므로 빈칸에는 수동태 형식이 들어가야 한다. 따라서 정답은 (C)의 be upgraded이다.

27
WT 산업이 곧 파산을 선언할 것이라는 소문이 있다.
(A) declare
(B) declaration
(C) declarable
(D) declarative

어휘 rumor 소문, 루머 declare bankruptcy 파산을 선언하다 declarative 서술문의, 평서문의

해설 '~할 것이다'라는 의미를 가진 be going to 다음에는 동사원형이 들어가야 한다. 따라서 정답은 (A)의 declare(선언하다)이다.

28
사무실 내의 모든 파일들은 알파벳 순서로 서류함에 넣어야 한다.
(A) style
(B) order
(C) type
(D) kind

어휘 cabinet 서류함, 캐비닛 order 순서; 명령; 주문 style 양식, 스타일

해설 '알파벳 순서'라는 의미는 alphabetical order로 나타낸다는 점을 알고 있으면 문제를 쉽게 풀 수 있다. 정답은 '순서'라는 뜻을 가지고 있는 (B)의 order이다.

29
조사 결과에 따르면 고객들은 회사의 여러 가지 서비스에 만족한다.
(A) service
(B) services
(C) serviced
(D) servicing

어휘 survey 조사 indicate 가리키다, 나타내다 be pleased with ~에 만족하다, ~에 기뻐하다

해설 셀 수 있는 명사와 함께 쓰이면서 '많은'이라는 의미를 나타내는 many에 유의하면 빈칸에는 명사 service의 복수 형태인 (B)의 services가 들어가야 함을 알 수 있다.

30
그녀는 지금 새로운 계약을 수주하기 위해 고객과 협상 중이다.

(A) is negotiating
(B) was negotiated
(C) has negotiated
(D) were negotiating

어휘 win a new contract 새로운 계약을 수주하다

해설 right now(지금)라는 표현에 주목하면 빈칸에는 현재진행형시제가 들어가야 한다는 점을 알 수 있다. 따라서 정답은 (A)의 is negotiating이다.

PART 6

[31-34]

받는 사람: 영업부 직원
보낸 사람: Rebecca Taylor
제목: 회의
날짜: 10월 12일

내일 회의가 취소되었습니다. Mark Jackson이 회의에 참석할 수 없습니다. 그래서 회의 시간을 다시 정해야 합니다. Mark는 이번 주 목요일까지 시간이 되지 않습니다. 저는 여러분들 다수가 금요일 오후에 바쁘다는 점을 알고 있습니다. 그래서 저는 회의 시간을 그날 오전 10시로 정했습니다. 회의는 소회의실에서 열릴 것입니다.

이 회의에도 참석할 수 없는 경우에는 즉시 제게 알려 주십시오. 퇴근 시간까지 연락이 없으면 참석하는 것으로 생각하겠습니다. 이미 예정되어 있는 다른 일정이 없는 경우, 참석은 의무입니다.

어휘 cancel 취소하다 attend 참석하다, 출석하다 reschedule 일정을 조정하다 immediately 즉시, 당장 assume 가정하다, 추측하다 mandatory 의무의, 강제적인

31
(A) 의견을 주셔서 여러분 모두에게 감사를 드립니다.
(B) 세미나는 예정대로 열릴 것입니다.
(C) 저는 회의 일정을 수요일로 변경하기로 결정했습니다.
(D) **내일 회의가 취소되었습니다.**

해설 일반적으로 회람의 첫 문장은 회람의 목적을 나타낸다. 지문 전반에 걸쳐 회의의 일정이 조정되었다는 사실을 밝히고 있기 때문에 빈칸에는 '내일 회의가 취소되었다'는 의미인 (D)가 들어가야 한다.

32
(A) appear
(B) perform
(C) visit
(D) attend

해설 meeting을 목적어로 취할 수 있는 동사는 보기 중에서 (D)의 attend(참석하다, 출석하다)밖에 없으므로 (D)가 정답이다.

33
(A) schedule
(B) was scheduled
(C) have scheduled
(D) will have scheduled

해설 내용상 회람을 작성한 Rebecca Taylor가 이미 회의 스케줄을 정한 상태이기 때문에 빈칸에는 과거의 의미를 포함하고 있는 시제가 들어가야 한다. 보기 중에서 과거의 의미를 담고 있는 표현은 (C)의 have scheduled뿐이므로 (C)가 정답이다.

34
(A) immediate
(B) immediateness
(C) **immediately**
(D) immediacy

해설 빈칸이 있는 문장에 빠져 있는 문장 성분이 없으므로 빈칸에는 수식어가 들어가야 한다. 따라서 동사 know를 수식할 수 있는 부사인 (C)의 immediately(즉시)가 정답이다.

[35-38]

친애하는 Sullivan 씨께,

최근 보내 주신 편지에 감사를 드립니다. 귀하께서 저희 식당에서 좋은 경험을 하셨다니 기쁩니다. 저희는 고객들에게 우수한 서비스를 제공하고 있다는 점을 자랑스럽게 생각합니다. 저는 귀하를 맞이한 종업원이었던 Cindy와 이야기를 했고, 그녀에게 귀하의 말씀을 전해 주었습니다. 그녀는 귀하께서 자신에게 많은 칭찬을 해주신 점에 기뻐했습니다.

저희는 고객들로부터 긍정적인 평가를 받는 것을 좋아합니다. 그리고 그러한 고객들이 계속 저희를 다시 찾아 주는 것을 좋아합니다. 그러니 이 쿠폰을 받아 주십시오. 다음 번 저희 식당을 찾으시는 경우 메인 요리를 무료로 받으실 수 있는 쿠폰입니다.

앞으로도 언제든지 의견을 보내 주십시오. **항상 고맙게 생각하겠습니다.**

Russell Carter 드림
Steak Plus 사장

어휘 recent 최근의 take pride in ~을 자랑스럽게 여기다 provide A with B A에게 B를 제공하다 comment 주석, 논평 positive 긍정적인 feedback 피드백 entree 메인 요리, 앙뜨레 feel free to 마음껏 ~하다

35
(A) provide
(B) to provide
(C) provided
(D) **providing**

해설 빈칸 앞에 전치사 in이 있으므로 빈칸에는 명사나 동명사가 들어가야 한다. 따라서 정답은 (D)의 providing이다.

36
(A) us
(B) our
(C) ourselves
(D) we

해설 빈칸 뒤에 customers(고객들)라는 명사가 있으므로 빈칸에는 대명사의 소유격인 (B)의 our가 들어가야 한다.

37

(A) purchase

(B) accept

(C) award

(D) bring

해설 문맥상 '이 쿠폰을 받아 달라'라는 의미가 되어야 앞서 제시된 '우리는 고객들이 저희 식당을 다시 찾아와 주는 것을 좋아한다'는 문장과 이후 '이것은 다음 번 저희 식당을 찾으시는 경우 사용할 수 있는 메인 요리 쿠폰이다'라는 문장과 자연스럽게 연결된다. 따라서 빈칸에 들어갈 적절한 단어는 (B)의 accept(받아들이다)이다.

38

(A) 언제라도 쿠폰을 사용하실 수 있습니다.

(B) 항상 고맙게 생각하겠습니다.

(C) 누군가가 귀하를 도울 수 있을 것입니다.

(D) 귀하의 가장 최근의 의견은 아직 읽지 못했습니다.

해설 바로 앞 문장에서 '차후에도 의견을 달라'고 했으므로 빈칸에는 '의견은 항상 고맙게 생각한다'는 의미인 (B)가 들어가는 것이 가장 자연스럽다.

[39-42]

받는 사람: Steven Kowalski 〈stevenk@homemail.com〉
보낸 사람: Customer Service
　　　　　〈customerservice@waltons.com〉
제목: [Re] 귀하의 주문
날짜: 7월 12일

친애하는 Kowalski 씨께,

Walton's에서 온라인 주문을 해 주신 점에 감사를 드립니다. 귀하는 지난 5년 동안 저희의 소중한 고객이셨습니다. 항상 고맙게 생각합니다.

주문하신 제품 중 하나만 제외하고 모두 보유하고 있습니다. 그 하나는 제품 번호가 59T-432(남성용 파란색 긴팔 버튼다운 셔츠)인 것입니다. **다음 주까지는 재고가 없습니다.**

재고가 있는 제품들은 오늘 발송해 드리겠습니다. 나머지 제품이 도착하면 특급 우편으로 보내 드릴 것입니다. 이 제품에 대해서는 배송비가 부과되지 않습니다.

Janet Hoskins 드림
Walton's 고객 서비스 부서

어휘 valuable 소중한, 귀중한　button-down 버튼다운 식의, 단추가 달린　out of stock 재고가 없는　express mail 특급 우편　delivery fee 배송비

39

(A) value

(B) valuing

(C) values

(D) valuable

해설 빈칸 뒤에 customer(고객)라는 명사가 있으므로 빈칸에는 형용사가 들어가야 한다. 또한 주어진 문장은 문맥상 '귀하는 지난 5년 동안 저희의 소중한 고객이었다'라는 의미가 되어야 하므로 빈칸에는 '소중한'이라는 의미인 (D)의 valuable(소중한)이 들어가야 한다.

40

(A) but

(B) and

(C) however

(D) therefore

해설 but은 접속사로서 '그러나'라는 의미로도 사용되지만, '~을 제외하고'라는 의미의 전치사로도 사용될 수 있다. 특히 all but이라는 형태는 '~을 제외한 모든 것'이라는 의미를 나타낸다. 따라서 이 문제의 정답은 (A)의 but이다.

41

(A) 이 제품은 이미 발송이 되었습니다.

(B) 다음 주까지는 재고가 없습니다.

(C) 보다 저렴한 가격으로 구입하실 수 있습니다.

(D) 조금 전에 이곳에 도착했다는 사실을 아시면 기쁠 것입니다.

해설 빈칸 앞 부분에서 주문한 것 중 하나의 제품이 발송되지 않았다는 사실을 알리고 있고, 세 번째 단락에서는 해당 제품이 들어오는 대로 이를 발송하겠다고 안내하고 있다. 따라서 정답은 발송되지 않은 이유를 언급하고 있는 (B)이다. (A)와 (D)는 지문과 상반되는 내용이며 (C)는 관련이 없는 내용이다.

42

(A) some

(B) few

(C) other

(D) another

해설 문맥상 '(재고가 없는) 나머지 제품'이 도착하면 보내 주겠다는 의미가 완성되어야 하므로 빈칸에는 관사 the와 함께 '(특정한) 다른 것'을 가리키는 (C)의 other가 들어가야 한다. 즉, 여기에서 the other는 재고가 없는 남성용 파란색 긴팔 버튼다운 셔츠를 가리킨다.

[43-46]

선거가 5월 16일에 실시됩니다

모든 시민분들께서는 5월 16일 화요일에 보궐 선거가 실시된다는 점을 알고 계셔야 합니다. 이 선거는 시장 선출을 위한 것입니다. 2월에 Erwin Galt 시장이 건강 문제로 사임을 했기 때문에 선거가 실시될 것입니다.

주민들은 시청이나 기타 투표소에서 투표를 할 수 있습니다. **어디에서 투표를 할 수 있는지 알아보시려면 684-9004로 전화해 주십시오.** 투표는 오전 6시에 시작되어 오후 10시에 종료됩니다. 유권자 등록을 하기 위해서는 늦어도 5월 15일까지 시청을 방문하십시오. 5월 16일에 등록한 주민은 선거에서 투표할 수 없습니다.

어휘 special election 보궐 선거　be aware of ~을 알다　mayor 시장　resign 물러나다, 사임하다　regulation 규정, 규제　vote 투표하다　polling place 투표소　no later than 늦어도 ~까지　permit 허락하다, 허가하다　insist 주장하다　acquire 얻다, 획득하다　close election 당락을 가리기 힘든 선거, 막상막하의 선거

43

(A) special

(B) specials

(C) specialism

(D) specialty

해설 빈칸 뒤에 명사인 election(선거)이 있으므로 빈칸에는 election을 꾸며줄 수 있는 형용사가 들어가야 한다. 따라서 정답은 (A)의 special이다. special election은 '보궐 선거'라는 의미이다.

44
(A) resigns
(B) has resigned
(C) **resigned**
(D) was resigned

해설 in February(2월에)라는 명백한 과거를 나타내는 표현이 있기 때문에 빈칸에는 과거시제의 동사가 들어가야 한다. 따라서 (C)의 resigned가 정답이다.

45
(A) **어디에서 투표를 할 수 있는지 알아보시려면 684-9004로 전화해 주십시오.**
(B) 시장과 시의원을 뽑으셔야 한다는 점을 기억하십시오.
(C) 이번이 역사상 가장 치열했던 선거였습니다.
(D) 시의 웹사이트에서 온라인으로 등록하실 수 있습니다.

해설 빈칸 바로 앞 문장 중 other polling places가 정답의 단서이다. 시청을 제외한 기타 투표 장소에 대한 안내가 이어져야 자연스러운 문맥이 완성되므로 정답은 (A)이다.

46
(A) demanded
(B) insisted
(C) **permitted**
(D) acquired

해설 앞서 '유권자 등록을 하기 위해서는 늦어도 5월 15일까지 시청을 방문하라'고 했으므로, 빈칸이 들어 있는 문장은 문맥상 '5월 16일에 등록한 주민은 투표가 허용되지 않을 것이다'라는 의미가 되어야 한다. 따라서 정답은 '허락하다', '허가하다'라는 의미인 (C)의 permitted이다.

PART 7

[47-48]

받는 사람: pamelaharris@bestmail.com
보낸 사람: customerservice@lifestyles.com
제목: 돌아오신 것을 환영합니다!
날짜: 2월 15일

Harris 씨께,

*Lifestyles*의 구독을 연장해 주셔서 고맙습니다. 또 다시 한 해 동안 저희 잡지를 보내 드릴 수 있게 되어 기쁩니다. 올해에는 멋진 기사들을 많이 읽으시게 될 것입니다. 또한 스타일과 가정 생활에 관한 다양한 정보도 얻으시게 될 것입니다. 그리고 각 호마다 들어 있는 요리법으로 5성급 식사를 하실 수도 있을 것입니다. **다음 호는 1주일 후에 도착할 것입니다.** 이달 말까지 받지 못하시면 제게 알려 주시기 바랍니다. 또한 사은품도 곧 받게 되실 것입니다. 도착하는 우편물을 살펴봐 주십시오.

다시 한번 감사를 드립니다.

Kyle Jeffries
고객 서비스 담당

어휘 renew 갱신하다 subscription 구독 expect 기대하다, 예상하다 article 글; 기사 various 다양한 five-star (호텔 등이) 5성급의, 최고 등급의 recipe 요리법 issue 호, 권 free gift 경품, 사은품

47
이메일에 의하면 *Lifestyles*에 포함되지 않는 것은 무엇인가?
(A) 스타일에 관한 팁
(B) 요리법
(C) **운동에 관한 조언**
(D) 기사

해설 이메일 중반부에서 잡지에는 '훌륭한 기사'(great articles), '스타일 및 가정 생활에 관한 팁'(tips on style and home life), 그리고 '요리법'(recipes)이 실릴 것이라고 안내되어 있다. 하지만 (C)의 '운동에 관한 조언'은 언급되지 않았다.

48
[1], [2], [3], 그리고 [4] 중에서 다음 문장이 들어가기에 가장 알맞은 곳은 어디인가?
"다음 호는 1주일 후에 도착할 것입니다."
(A) [1]
(B) [2]
(C) [3]
(D) [4]

해설 정답은 (C)인데, [3] 바로 뒤의 문장에서 it이 가리키는 것이 주어진 문장의 your next one이라는 점을 파악하면 쉽게 정답을 찾을 수 있다.

[49-50]

Ronald Phillips	[4:29 P.M.]

Dave, 사무실 에어컨이 10분 전에 작동을 멈추었어요.

David Jefferson	[4:31 P.M.]

또요? 제가 오늘 아침에 알려 준 대로 고쳐 보았나요?

Ronald Phillips	[4:32 P.M.]

그랬지만 소용이 없었어요. 이리로 와서 봐 줄 수 있나요?

David Jefferson	[4:35 P.M.]

저는 지금 5층의 누수 파이프를 수리하고 있어요. 끝나는 대로 갈게요.

Ronald Phillips	[4:37 P.M.]

그게 언제쯤일 것 같나요? 사람들이 더위에 대한 불만을 제기하고 있거든요.

David Jefferson	[4:39 P.M.]

알려 드릴 수가 없을 것 같아요. 먼저 이 일부터 끝낼게요.

어휘 fix 고치다, 수리하다 leaky (물이) 새는 official 공식적인 give directions 지시하다

49
Phillips 씨는 왜 Jefferson 씨에게 글을 쓰는가?
(A) 공식적으로 항의를 하기 위해
(B) 그가 곧 방문할 것이라는 점을 확인시키기 위해
(C) 그의 위치를 묻기 위해
(D) **고장 난 기계를 알리기 위해**

해설 Phillips 씨는 고장 난 에어컨 수리를 요청하기 위해 문자를 보내고 있다. 따라서 정답은 (D)이다.

50

4시 39분, Jefferson 씨는 왜 "I couldn't tell you"라고 쓰는가?

(A) 언제 수리를 마칠지 모른다.

(B) 어디로 가야 할 것인지 모른다.

(C) 전화로 어떻게 지시를 해야 할지 모른다.

(D) 예비 부품이 어디에 있는지 모른다.

해설 인용된 문장은 'When do you think that will be?'라는 질문에 대한 대답인데, 이는 문맥상 누수에 대한 수리가 언제 끝나는지를 묻는 질문이다. 이에 대해 '알려 줄 수가 없다'라는 대답을 하고 있으므로 정답은 (A)이다.

[51-53]

Gerald Lombardi	[9:57 A.M.]

오픈을 하기 전에 일부 진열품들을 다시 배치할 거에요.

Horace Barnes	[9:59 A.M.]

Ito 씨가 그렇게 하라고 말씀하셨나요?

Gerald Lombardi	[10:01 A.M.]

예, 가을 의류들이 정문 가까이에 놓이기를 원하시더군요.

Linda Watson	[10:02 A.M.]

30분 후에 오픈할 예정이에요. 그때까지 모든 일을 끝낼 수 있나요?

Gerald Lombardi	[10:03 A.M.]

잘 모르겠어요. 전에 이런 일을 해 본 적이 없고, 제가 어떻게 하면 될지도 잘 모르겠어요.

Linda Watson	[10:04 A.M.]

5분만 주세요. 제가 작년 봄에 똑같은 일을 했기 때문에 Ito 씨가 원하시는 것을 알고 있어요.

Amy Cho	[10:05 A.M.]

저도 도울게요. 저는 그런 종류의 일을 하는 것을 좋아하거든요.

어휘 rearrange 다시 배열하다 doubt 의심하다 lend ~ a hand ~을 돕다 pharmacy 약국 warehouse 창고 task 임무, 일

51

작성자들은 어디에서 일을 하는 것 같은가?

(A) 서점

(B) 약국

(C) 창고

(D) 의류 매장

해설 세 번째 문장, 'Yeah, she wants the clothes for fall near the front.'에서 화자들이 일하는 장소는 (D)의 '의류 매장'일 것으로 짐작할 수 있다.

52

Cho 씨는 이다음에 무엇을 할 것인가?

(A) Ito 씨를 만난다

(B) 진열 작업을 한다

(C) 고객들을 입장시킨다

(D) 웹사이트를 살펴본다

해설 Amy Cho가 작성한 글은 맨 마지막 줄에 적혀져 있다. 'I'll lend you a hand as well.'이라는 문장에서 그녀는 진열 작업을 도

울 것이라는 사실을 알 수 있다. (B)가 정답이다.

53

10시 3분, Lombardi 씨가 "I doubt it"이라고 쓸 때 그는 무엇을 의미하는가?

(A) 사업장은 한참 후에야 문을 열 것이다.

(B) Ito 씨는 어떤 지시도 할 수 없다.

(C) 그는 시간 내에 업무를 끝낼 수 없다.

(D) 그가 기다릴 수 있는 시간은 없다.

해설 주어진 문장에서 doubt는 '의심하다'라는 뜻이고 it은 문맥상 '시간 내에 일을 끝내는 것'을 의미한다. 따라서 인용된 문장을 통해 Lombardi 씨가 의미한 바는 (C)로 보아야 한다.

[54-56]

Morrison이 여정을 마치다

로스앤젤레스 (9월 1일) – 거의 1년에 걸쳐 은퇴 교사인 Joseph Morrison이 마침내 자전거 전국 일주를 마쳤다. 그는 작년 10월에 뉴욕 시에서 출발했다. 그리고 서쪽으로 향했다. 그의 경로는 29개 주를 통과하는 것이었다. 그는 원했던 것만큼 빠르게 여정을 마칠 수는 없었다. 하지만 자선 사업을 위해 많은 돈을 마련했다. 자전거 일주 동안, 3백 2십만 달러 이상이 그의 재단에 기부되었다. **이 돈은 암 연구를 지원하는 데 쓰일 예정이다.** Morrison 씨는 이다음에 무엇을 할 계획인지 질문을 받았다. 그는 "쉴 겁니다. 그 다음에는 동쪽으로 다시 자전거 여행을 시작할 것입니다"라고 말했다.

어휘 retire 은퇴하다 head 향하다 route 길, 경로 raise 올리다; (돈을) 모으다 plenty of 많은 charity 자선, 자선 사업 contribute 기여하다, 기부하다 foundation 재단 intend to ~할 의도이다 quit 그만두다 recover 회복하다

54

Morrison 씨는 작년 10월에 무엇을 했는가?

(A) 자전거 여행을 시작했다

(B) 직장을 그만 두었다

(C) 돈을 기부했다

(D) 병에서 회복했다

해설 'He started in New York City last year in October.'라는 문장에서 Morrison 씨는 작년 10월에 자전거 여행을 시작했음을 알 수 있다. 정답은 (A)이다.

55

Morrison 씨에 대해 무엇이 암시되어 있는가?

(A) 그는 프로 사이클 선수이다.

(B) 그는 자전거를 타다가 부상을 입었다.

(C) 그는 자전거를 타고 뉴욕 시로 갈 것이다.

(D) 그는 교직을 구하고 있다.

해설 마지막 문장에서 Morrison 씨는 '다시 동쪽으로 자전거를 타고 갈 것'(start bicycling back east)이라고 했는데, 문맥상 동쪽은 자전거 여행을 시작한 뉴욕 시를 뜻한다. 따라서 보기 중 추측할 수 있는 사항은 (C)이다.

56

[1], [2], [3], 그리고 [4] 중에서 다음 문장이 들어가기에 가장 알맞은 곳은 어디인가?

"이 돈은 암 연구를 지원하는 데 쓰일 예정이다."

(A) [1]
(B) [2]
(C) [3]
(D) [4]

해설 주어진 문장의 the money가 more than $3.2 million를 가리킨다는 점을 알면 정답을 쉽게 찾을 수 있다. 정답은 (D)이다.

[57-59]

> ### 은행 업무는 Gold Star에서
>
> Gold Star 은행이 멈퍼드에 새로운 지점을 개설할 예정입니다. 이 지점은 Watertown 로 98번지에 위치하게 될 것입니다. Hillsdale 쇼핑 센터의 맞은 편이며 Calico 주유소 근처입니다. Gold Star 은행은 40년 이상 멈퍼드 주민들에게 서비스를 제공해 왔습니다. 새로운 지점의 개설을 축하하기 위해 신규 고객분들께는 특별 이율을 제공해 드릴 것입니다. 보다 자세한 사항은 은행으로 문의해 주십시오. Gold Star 은행은 모든 종류의 금융 서비스를 제공하고 있습니다. 여기에는 주택 담보 대출, 자동차 담보 대출, 그리고 기업 대출이 포함됩니다. 저희는 또한 금괴와 은괴도 판매합니다. 보다 자세한 내용을 원하시면 374-4737로 전화를 주십시오.

어휘 branch 가지; 지점, 지사 across the street from ~의 맞은 편에 serve 봉사하다; 복무하다 celebrate 축하하다, 기념하다 interest rate 이자율 inquire 묻다 financial 금융의, 재정의 include 포함하다 loan 대출, 융자 bullion 금괴, 은괴 international 국제적인 personal loan 신용 대출 student loan 학자금 대출

57
이 광고는 누구를 대상으로 하는 것 같은가?
(A) 신규 고객
(B) 해외 고객
(C) 신용 대출이 필요한 사람들
(D) 학자금 대출이 필요한 사람들

해설 'To celebrate the opening of our new branch, we are offering special interest rates for new customers.'라는 문장에서 새로운 지점 개설을 축하하기 위해 신규 고객들에게 특별 이율이 제공될 것이라는 사실을 알 수 있다. 이를 바탕으로 이 광고는 신규 고객을 유치하기 위한 것임을 알 수 있으므로 광고의 대상은 (A)의 New customers이다.

58
Gold Star 은행은 어디에 생길 것인가?
(A) Hillsdale 쇼핑 센터에
(B) Calico 주유소 옆에
(C) Watertown 로에
(D) 멈퍼드 시 외곽에

해설 'The branch will be located at 98 Watertown Drive.'라는 문장을 통해 정답은 (C)임을 알 수 있다. 이곳은 Hillsdale 쇼핑 센터의 '맞은 편'이고 Calico 주유소 '근처'이므로 (A)와 (B)는 정답이 될 수 없다.

59
Gold Star 은행은 고객들에게 무엇을 제공할 것인가?
(A) 금괴에 대한 할인
(B) 주택 담보 대출에 대한 재융자
(C) 온라인 뱅킹 서비스
(D) 특별 이율

해설 Gold Star 은행이 몇몇 고객들에게 제공하는 것이 무엇인지 묻고 있다. 'To celebrate the opening of our new branch, we are offering special interest rates for new customers.'라는 문장을 통해 신규 고객들에게는 특별 이율이 제공될 것이라는 점을 알 수 있다. 따라서 정답은 (D)이다.

[60-62]

> 받는 사람: 마케팅부 직원
> 보낸 사람: Carl Martin
> 제목: 광고
>
> 드디어 우리 제품을 텔레비전으로 광고하는 것에 대한 승인을 받았습니다. 이것은 놀라운 발전입니다. 대표 이사이신 Roberts가 광고 제작에 22,000달러의 예산을 책정해 주셨습니다. 우리는 광고에 대한 아이디어를 떠올려야 합니다. 모든 사람들이 즉시 브레인스토밍을 시작해야 합니다. 이에 관한 회의를 내일 오후 1시에 하도록 하겠습니다. 416호에서 만납시다. 잊지 마시고 논의해야 할 아이디어들을 가지고 오십시오. 저는 여러분들이 가지고 있는 모든 아이디어를 듣고 싶습니다. 이번 광고를 잘 처리한다면 우리는 더 많은 광고를 승인받을 수 있을 것이라고 확신합니다. 이번 기회를 최대한 활용합시다.

어휘 commercial (상업) 광고 finally 마침내, 드디어 approval 승인 advertise 광고하다 budget 예산; 예산을 책정하다 come up with (아이디어 등을) 떠올리다 brainstorm 브레인스토밍하다 regarding ~에 관한 make the most of ~을 최대한 활용하다 opportunity 기회 broadcast 방송하다, 방영하다 film 촬영하다; 필름

60
Carl Martin의 직업은 무엇인 것 같은가?
(A) 회사의 최고 경영자
(B) 광고 디렉터
(C) 텔레비전 광고 제작자
(D) 마케팅부서 직원

해설 회람을 작성한 사람이 Carl Martin이고 회람을 볼 사람이 '마케팅부 직원'(Marketing Staff Members)이다. 또한 회람 초반에 텔레비전 광고에 대한 허가가 났으므로 '우리는 광고를 위한 아이디어를 떠올려야 한다'(We need to come up with ideas for the ad.)고 말하면서, Carl Martin은 자신을 포함한 마케팅부를 '우리'라고 지칭하고 있다. 이러한 점을 고려해 볼 때 Carl Martin 역시 마케팅부의 일원임을 알 수 있으므로 정답은 (D)의 A Marketing Department employee이다.

61
회람에 따르면 내일 어떤 일이 일어날 것인가?
(A) 회의가 열릴 것이다.
(B) 광고가 방송될 것이다.
(C) 광고가 촬영될 것이다.

(D) 대표 이사가 조언을 들을 것이다.

[해설] 'We'll have a meeting regarding this tomorrow at 1:00 P.M.'이라는 문장을 통해 내일 오후 1시에는 회의가 진행될 것임을 알 수 있다. 정답은 (A)이다.

62
Carl Martin에 대해 무엇이 암시되고 있는가?
(A) 이전에 TV업계에서 일한 적이 있다.
(B) 광고를 촬영할 생각이다.
(C) 브레인스토밍 회의를 주관할 것이다.
(D) 광고를 어떻게 촬영할지에 관한 아이디어를 가지고 있다.

[해설] 지문 중반부에서 Carl Martin은 브레인스토밍 회의를 하자고 제안한 후 직원들에게 논의할만한 아이디어를 준비해 오라고 했다. 또한 그 이후에는 'I want to hear every idea you have.'라고 말하면서 자신이 직원들의 아이디어를 듣겠다고 했다. 이러한 언급을 통해 Carl Martin이 회의를 주관할 것이라는 점을 추측해 볼 수 있으므로 정답은 (C)이다.

[63-65]

10월 17일

친애하는 Lewis 씨께,

Rockwell 은행에서 신용 카드를 신청해 주셔서 감사합니다. 저희는 귀하의 신청이 승인되었음을 알리게 되어 기쁘게 생각합니다. 이 편지에 동봉되어 있는 Rockwell 은행 골드 카드를 살펴봐 주십시오.

귀하의 신용 한도는 2,500달러입니다. 현금 서비스 한도는 500달러입니다. 잊지 마시고 이 편지에 들어 있는 책자를 읽어봐 주십시오. 그렇게 하시면 새로운 신용 카드의 모든 혜택들을 확인하실 수 있습니다.

카드를 활성화시키기 위해서는 1-800-555-2928로 전화하셔야 합니다. 5분만 시간을 내시면 됩니다. 또한 이때 비밀 번호를 선택하실 수도 있습니다. 저희 교환원들이 하루 24시간 동안 대기하고 있습니다. 그러니 주저하지 마시고 언제라도 전화를 주십시오.

Chandra Nelson 드림
고객 서비스 담당
Rockwell 은행

[어휘] approve 승인하다, 허가하다 enclose 에워싸다, 동봉하다 credit limit 신용 한도 cash advance 현금 서비스 booklet 소책자 accompany 동반하다, 수반하다 benefit 혜택, 이득 activate 활성화하다 PIN 개인 식별 번호, 비밀 번호 operator 교환원 stand by 대기하다 voucher 상품권, 할인권, 바우처 mileage 마일리지 emergency 긴급, 위급 상황 call a number 전화하다

63
편지와 함께 무엇이 보내졌는가?
(A) 책자
(B) 쿠폰
(C) 청구서
(D) 상품권

[해설] 질문의 핵심 어구인 with the letter와 관련된 부분은 'Please find enclosed with this letter a Rockwell Bank

Gold Card.'라는 문장과 'Be sure to read the booklet that accompanies this letter.'라는 문장에서 찾을 수 있다. 이들을 통해 편지에 들어 있는 것은 '카드'와 '책자'(booklet)임을 알 수 있으므로 정답은 (A)이다.

64
Lewis 씨의 신용 카드에 대해 사실인 것은 무엇인가?
(A) 신용 한도가 500달러이다.
(B) 플래티넘 카드이다.
(C) 현금 서비스를 이용할 수 있다.
(D) 마일리지가 적립된다.

[해설] '현금 서비스'(cash advance) 한도가 500달러라고 설명되어 있으므로 정답은 (C)이다. '신용 한도'(credit limit)는 2,500 달러이므로 (A)는 사실이 아니며, (B)와 (D)는 편지에서 언급되지 않은 사항들이다.

65
이 편지는 Lewis 씨에게 무엇을 하라고 권장하는가?
(A) 비밀 번호를 다른 사람에게 노출하지 않는다
(B) 긴급 상황에서만 카드를 사용한다
(C) 5분 동안 웹사이트를 읽는다
(D) 전화해서 카드를 활성화시킨다

[해설] 'You need to call 1-800-555-2928 to activate your card.'라는 문장을 통해 카드를 활성화시키기 위해서는 은행에 전화를 해야 한다는 것을 알 수 있다. 마지막 단락의 나머지 부분에서도 전화 통화의 편의성 등이 언급되고 있으므로 정답은 (D)이다.

[66-68]

Hampton 스키 리조트가 겨울 시즌을 맞아 다시 문을 열 예정입니다. 리조트는 올해 11월 5일에 개장할 것입니다. 지면에 더 이상 눈이 있지 않을 때까지 문을 열 것입니다.

여름 동안 리조트에 리모델링 공사가 실시되었습니다. 리조트에 있는 140개의 객실 전체가 리모델링되었습니다. 또한 임대를 할 수 있는 12개의 스위트룸이 생겼습니다. 개인들은 673-1935로 전화해서 예약할 수 있습니다. 온라인에 접속해서 리조트의 웹사이트인 www.hamptonskiresort.com을 방문할 수도 있습니다.

Hampton 스키 리조트는 3개의 주에 걸쳐 있는 뛰어난 스키 환경을 제공합니다. 스키를 타는 사람들은 장비를 대여할 수 있고, 스키와 스노보딩에 관한 강습을 받을 수도 있습니다. 스키를 타지 않는 사람들은 리조트 주변의 다양한 산책로에서 하이킹을 할 수가 있습니다. Hampton 스키 리조트는 가족과 개인을 위한 멋진 장소입니다.

[어휘] ground 지면, 지상 undergo 겪다 renovation 수리, 보수 suite 스위트룸 provide 제공하다 tristate 3개 주의, 3개 주에 걸친 instruction 가르침, 지도 path 길 slope 경사, 비탈 sponsor 후원하다 competition 경쟁; 경기, 대회 function 기능하다

66
광고에 따르면 11월 5일에 어떤 일이 일어날 것인가?
(A) 보수 공사가 끝날 것이다.
(B) 예약이 받아질 것이다.
(C) 리조트가 문을 열 것이다.
(D) 첫눈이 내릴 것이다.

해설 'The Hampton Ski Resort is reopening for the winter season. The resort will open on November 5 this year.'라는 문장을 통해 11월 5일에 Hampton 스키 리조트가 개장할 것이라는 사실을 알 수 있다. 정답은 (C)이다.

67
Hampton 스키 리조트에 대해 언급된 것은 무엇인가?
(A) 12개의 스키 슬로프를 가지고 있다.
(B) 객실이 보다 좋아졌다.
(C) 스키 대회를 후원한다.
(D) 웹사이트는 아직 운영되지 않고 있다.

해설 'All of the 140 rooms at the resort have been improved.'라는 문구를 통해 모든 객실의 환경이 개선되었다는 점을 알 수 있으므로 정답은 (B)이다. (A)의 경우, 12개인 것은 슬로프가 아니라 스위트룸의 개수이며, 스키 대회를 후원한다는 내용은 언급되지 않았으므로 (C) 역시 정답이 될 수 없다. 웹사이트가 운영되고 있다는 점도 광고에 나타나 있기 때문에 (D) 또한 사실이 아니다.

68
스키를 타지 않는 사람들에 대해 무엇이 암시되어 있는가?
(A) 리조트를 방문하지 말아야 한다.
(B) 리조트의 식당을 이용할 수 있다.
(C) 리조트에서 기타 야외 활동을 할 수 있다.
(D) 리조트에서 스케이트 타는 법을 배울 수 있다.

해설 'Non-skiers can hike on the many paths around the resort.'라는 문장에서 스키를 타지 않는 사람은 하이킹을 할 수 있다고 했으므로 정답은 (C)이다.

[69-71]

받는 사람: Jermaine Wilson 〈jermainew@bradbury.com〉
보낸 사람: Tom Comstock 〈tcomstock@powers.com〉
제목: 분실 서류
날짜: 4월 7일

친애하는 Wilson 씨께,

저는 조금 전에 귀하께서 택배로 보내신 문서를 받았습니다. 신속히 보내 주신 점에 감사를 드립니다. 안타깝게도, 귀하께서는 무언가를 보내야 한다는 점을 잊으신 것 같습니다. 저는 Holder 프로젝트의 파일 사본을 요청했습니다. 하지만 이는 포함되어 있지 않았습니다. 가능한 한 빨리 그것들을 보내 주실 수 있으신가요? 결정을 내리기 전에 제가 살펴보아야 할 필요가 있습니다.

귀하의 사무실로 전화를 드렸지만 아무도 전화를 받지 않았습니다. 제가 귀하에게 이메일을 쓰고 있는 이유가 바로 그것입니다. 이 메시지를 읽고 제게 전화를 주시면 감사하겠습니다. 언제 파일을 받을 수 있는지 알아야 합니다. 제 전화번호는 404-2387(내선 39)입니다. 저는 오늘 하루 남은 시간 동안 사무실에 있을 것입니다. 귀하의 연락을 기다리고 있겠습니다.

Tom Comstock 드림

어휘 courier 배달원, 택배 회사 promptly 신속하게 include 포함하다 make a decision 결정하다 appreciate 감사하다 expect 기대하다, 예상하다; 기다리다 additional 추가적인, 부가의 in person 직접, 몸소

69
Comstock 씨는 왜 Wilson 씨에게 이메일을 보냈는가?
(A) 추가로 문서를 요청하기 위해
(B) 다가 올 회의에 대해 논의하기 위해
(C) 택배 회사에 비용을 내겠다고 제안하기 위해
(D) 실수한 점을 사과하기 위해

해설 Comstock 씨는 자신이 'Holder project의 파일 사본' (a copy of the files for the Holder project)을 요청했지만 이것이 빠져 있었다는 점을 밝힌 후 Wilson 씨에게 'Could you please send them as soon as possible?'이라고 물으면서 사본을 다시 보내 줄 것을 요청하고 있다. 따라서 이메일을 쓴 목적은 (A)의 To request additional documents(추가로 문서를 요청하기 위해)이다.

70
이메일에서 언급되어 있는 것은 무엇인가?
(A) Wilson 씨는 Comstock 씨의 회사에서 일한다.
(B) Comstock 씨는 Wilson 씨에게 전화를 했다.
(C) Comstock 씨와 Wilson 씨는 모두 변호사이다.
(D) Wilson 씨는 Comstock 씨에게 이메일을 보냈다.

해설 Comstock 씨는 Wilson 씨에게 'I tried calling your office, but nobody answered the phone.'(귀하의 사무실로 전화 했으나 아무도 받지 않았다)이라고 말하고 있다. 이를 통해 그가 전화 통화를 시도했다는 점을 알 수 있으므로 정답은 (B)이다.

71
Comstock 씨에 대해 암시되어 있는 것은 무엇인가?
(A) 그는 직접 Wilson 씨를 만난 적이 없다.
(B) 그는 Holder 프로젝트의 책임자이다.
(C) 그는 오늘 Wilson 씨의 전화를 기다릴 것이다.
(D) 그에게는 오후에 예정되어 있는 회의가 있다.

해설 Comstock 씨는 이메일의 마지막 부분에서 'I will be in my office the rest of the day. I'll be waiting for your call.'이라고 말하면서 자신이 오늘 하루 남은 시간 동안 사무실에서 전화를 기다릴 것이라는 점을 밝히고 있다. 따라서 정답은 (C)이다.

[72-75]

회람

받는 사람: 전 직원
보낸 사람: 보안실 Marge Westin
제목: 사내 보안

어젯밤에 연구개발부 건물에 침입하려던 사람을 경찰이 체포했습니다. 다행히도 그 사람은 건물 안으로 진입하지 못했습니다. 하지만 지난 4개월 동안 이번이 세 번째 침입 시도입니다.

따라서 이곳의 보안 조치를 강화시킬 예정입니다. 현재 전 시설 주위에 울타리를 설치하고 있습니다. 보안 요원을 몇 명 고용할 것입니다. 그리고 구역 내에 방범 카메라도 설치할 것입니다. 카메라는 시설 내부 및 외부에 놓일 것입니다. 마지막으로, 전 직원분들에게 신분증을 발급해 드릴 것입니다. 이는 신원 확인용으로 사용될 것입니다. 또한 문을 잠그고 여는데도 사용될 것입니다.

이러한 변경 사항과 관련된 정보들은 이번 주 후반에 더 알려 드리도록 하겠습니다.

어휘 security 보안 apprehend 체포하다 beak into ~에 침입하다 gain access to ~에 접근하다 break-in 침입 measure 수단, 조치; 측정하다 install 설치하다 fence 울타리 facility 시설 security guard 보안 요원, 경비원 security camera 방범 카메라 premises 부지 issue 발급하다, 발행하다 identification 신원 확인 feature 특징, 특성 observe 관찰하다; 준수하다 suspect 의심하다 front gate 정문 police officer 경찰관 expert 전문가

72

회람은 주로 무엇에 관한 것인가?

(A) 도둑들로부터 스스로를 지킬 수 있는 법

(B) 보안을 강화시킬 수 있는 몇 가지 새로운 방법

(C) 새로운 신분증의 특징

(D) 새 카메라들이 있게 될 장소

해설 '연구실에 침입하려던 사람'(an individual attempting to break into the R&D building)이 붙잡혔다는 소식과 함께, 이것이 세 번째 침입 시도라서 '보안 조치'(security measures)를 강화할 계획이라는 점이 안내되고 있다. 이후에도 그에 관한 세부적인 내용들이 다루어지고 있으므로 회람의 주제는 (B)이다.

73

첫 번째 단락 첫 번째 줄의 apprehended라는 단어와 그 의미가 가장 유사한 것은?

(A) 관찰했다

(B) 놓쳤다

(C) 의심했다

(D) 붙잡았다

해설 apprehend는 '이해하다'라는 의미와 '우려하다'라는 뜻도 가지고 있지만, 여기에서는 '체포하다'라는 의미로 사용되었다. 이와 유사한 의미의 단어는 (D)의 caught(붙잡다)이다.

74

회람에 따르면 신분증은 무엇을 위해 사용될 것인가?

(A) 주차장에 들어가기 위해

(B) 문을 열기 위해

(C) 실험실에 들어가기 위해

(D) 정문을 잠그기 위해

해설 회람의 후반부에서 신분증의 용도는 '신분 확인'(for identification)과 '문을 열고 잠그기 위한 것'(to lock and unlock doors)임을 알 수 있다. 따라서 정답은 이 중 후자를 언급하고 있는 (B)이다.

75

Westin 씨는 누구인 것 같은가?

(A) 경찰관

(B) 보안 전문가

(C) 연구개발부 직원

(D) 비서

해설 회람 작성자란을 통해 Marge Westin은 Security Office(경비실) 소속임을 알 수 있다. 따라서 그녀는 (B)의 A security expert(보안 전문가)일 것이다.

[76-80]

**Greenbrier Language Center:
외국어를 학습할 수 있는 최적의 장소**

Greenbrier Language Center에서는 모든 종류의 수업을 제공합니다. 학생들은 배울 수 있는 50개 이상의 언어 중에서 선택을 할 수가 있습니다. 모든 강사들은 원어민입니다. 하지만 이들은 영어에도 능통합니다.

여러분들께서는 일대일 수업을 받으실 수도 있습니다. 두 명을 위한 수업을 들으실 수도 있습니다. 또는 소규모 수업(학생수 5명), 중간 규모 수업(학생수 10명), 대규모 수업(학생수 15명)을 들으실 수도 있습니다. 저희는 오전, 오후, 저녁, 그리고 야간에 수업을 진행합니다. 그러니 여러분께서 배우실 수 있는 시간은 언제나 마련되어 있습니다.

저희는 시내에서 가장 저렴한 수강료를 제시합니다. 하지만 최고의 수업을 제공합니다. 보다 자세한 정보를 원하시는 경우에는 607-4538로 전화를 주십시오. 아니면 Butler 가 39번지로 찾아 오십시오.

받는 사람: Emily Carter 〈ecarter@personalmail.com〉
보낸 사람: Joe Wilson 〈j_wilson@mymail.com〉
제목: 중국어
날짜: 8월 23일

Emily,

당신이 학교에서 중국어를 배우고 싶다고 말했던 것을 기억하나요? 음, 저는 최근에 당신이 흥미를 가질 만한 것을 보았어요. Greenbrier Language Center에서 중국어 수업을 하더군요. 저는 센터에 관한 광고를 보았어요. 그곳 사람에게 연락을 해서 수업에 대해 물어보았죠. 그녀는 중국어 선생님이 뛰어나다고 말해주었어요.

저는 이번 겨울에 홍콩으로 전근을 가게 되었다는 사실을 알게 되었어요. 그래서 그곳의 소규모 수업에 등록할 거예요. 우리가 함께 수업을 듣는 것이 어떨까요? 아마도 우리는 재미있게 빨리 배울 수 있을 거예요. 오늘밤에 전화를 주세요. 저는 내일 12시까지 수업에 등록해야 해요.

Joe

어휘 instructor 강사 native speaker 모국어를 사용하는 사람, 원어민 fluent 유창한 one-on-one class 일대일 수업 mention 언급하다, 말하다 find out 알다, 알아내다 enroll 등록하다 private 개인적인, 사적인 major in ~을 전공하다

76

Greenbrier Language Center에 대해 언급되지 않은 것은 무엇인가?

(A) 개인 교습을 한다.

(B) 수업료가 비싸지 않다.

(C) 교사로서 원어민들을 고용하고 있다.

(D) 온라인 수업이 있다.

해설 'You can take one-on-one classes.'라는 문장에서 일대일 수업이 가능하다고 했으므로 (A)는 언급된 내용이다. 'We offer the cheapest rates in town.'에서는 이곳이 시내에서 수강료가 가장 저렴한 곳임을 알 수 있으므로 (B) 역시 언급된 사항이다. 또한 'All of our instructors are native speakers.'라는 문구를 통해

서는 모든 교사들이 원어민임을 알 수 있으므로 (C) 역시 언급된 사실이다. 하지만 온라인 수업에 관한 내용은 찾아볼 수 없으므로 정답은 (D)이다.

77
광고는 관심이 있는 사람들에게 무엇을 할 것을 권하는가?
(A) 센터의 웹사이트를 방문한다
(B) 신청서를 요청한다
(C) 무료 책자를 신청한다
(D) 직접 센터로 찾아온다

해설 마지막 부분의 'Call 607-4538 for more information. Or visit us at 39 Butler Street.'라는 문구를 통해 이 광고는 고객들에게 전화 통화나 방문을 요청하고 있음을 알 수 있다. 따라서 정답은 이 두 가지 사항 중 후자에 대해 언급하고 있는 (D)이다.

78
이메일의 목적은 무엇인가?
(A) 수업을 들을 것을 권장하기 위해
(B) 더 많은 정보를 요청하기 위해
(C) 외국어에 대해 논의하기 위해
(D) 시간표에 관한 정보를 제공하기 위해

해설 Joe Wilson은 이메일의 두 번째 단락에서 'So I am going to enroll in a small class there. Why don't we take the class together?'라고 말하면서 Emily Carter에게 수업을 같이 듣자는 제안을 하고 있다. 따라서 정답은 (A)이다.

79
Wilson 씨는 왜 중국어를 배우려 하는가?
(A) 그는 업무 때문에 중국어를 알아야 한다.
(B) 그는 학교에서 중국어를 전공하고 있다.
(C) 그의 가족들이 홍콩에서 살고 있다.
(D) 그는 외국어를 배우는 것을 좋아한다.

해설 Wilson 씨는 'I just found out I am getting transferred to Hong Kong this winter. So I am going to enroll in a small class there.'라고 말하면서 자신이 이번 겨울에 홍콩으로 전근을 가게 되어 중국어 수업을 듣고자 한다는 점을 밝히고 있다. 따라서 그가 중국어를 배우려고 하는 이유는 업무상의 목적 때문이므로 정답은 (A)이다.

80
Wilson 씨는 어떤 수업을 들을 것 같은가?
(A) 개인 교습
(B) 2인 수업
(C) 5인 수업
(D) 10인 수업

해설 'So I am going to enroll in a small class there.'라는 문장을 통해 그가 들으려는 수업은 '소규모 수업'(small class)임을 알 수 있다. 광고의 두 번째 단락에서 small class의 학생 수는 5명임을 알 수 있으므로 정답은 (C)이다.

[81-85]

Centerville 북클럽의 모든 회원분들을 특별 행사에 초대합니다. 5월 30일 월요일, 소설가인 Doug Harper가 Centerville 도서관에 올 예정입니다. 그는 자신의 최신 도서에 대해 이야기를 할 것입니다. 또한 베스트셀링 소설가로서의 삶에 대해서도 이야기할 것입니다. 이번 행사에 예약은 필수입니다. 단 150석의 자리만 있습니다. 북클럽 회원은 5월 24일 화요일까지 행사를 위해 좌석을 예약해야 합니다. 583-0185로 Ann King에게 전화 하셔서 참석할 예정이라는 점을 알려 주십시오.

받는 사람: Joe Jenkins ⟨joejenkins@cbc.org⟩
보낸 사람: Carol Thomas ⟨carolthomas@mymail.com⟩
제목: Doug Harper
날짜: 5월 22일, 일요일

Joe,

Doug Harper의 강연에 초대해 줘서 정말 고마워요. 저는 *The Walking Shadows* 에 관해 그가 이야기하는 것을 정말로 듣고 싶었어요. 저는 그 책이 정말 좋았어요. 그리고 현재 그의 또 다른 책을 읽고 있는 중이에요. 저는 그가 우리 시대의 최고의 판타지 소설가 중 한 명이라고 생각해요.

우리가 손님을 데리고 가는 것이 가능할까요? 초대장에는 그에 관한 언급이 없더군요. 저는 옆집 이웃인 Bill Henry를 꼭 데리고 가고 싶어요. 그는 Doug의 모든 책을 읽었고, 그 책들을 매우 좋아해요. 어떻게 생각하시나요? 그를 위한 자리를 예약하는 것도 괜찮을까요? 괜찮기를 바라요. 그러면 제 친구가 정말로 기뻐할 거에요. 내일까지 이메일로 답장을 받았으면 해요. 자리를 예약하기 위해서는 King 씨에게 빨리 전화를 해야 해요.

Carol Thomas 드림

어휘 novelist 소설가 recent 최근의 seat 자리, 좌석 invitation 초대, 초대장 fantasy 공상의, 판타지의 guest 손님, 게스트 mention 언급 next-door 옆집의 spot 자리 last 지속되다, 계속하다 get to ~에 도달하다 textbook 교과서 professional 전문적인, 직업의

81
초대장은 무엇을 설명하고 있는가?
(A) 행사 비용이 얼마나 드는지
(B) 표를 어떻게 예매하는지
(C) 행사 시간이 얼마나 오래 걸릴지
(D) 도서관에 어떻게 가는지

해설 초대장은 특별 행사에 대해 소개한 후 'Reservations for this event are required.'라고 말하면서 예약이 필수라는 점을 안내하고 있다. 그 후에는 언제까지 예약을 해야 하는지, 예약 여부는 누구에게 알려 주어야 하는지 등에 대해 언급하고 있으므로 초대장이 설명하고 있는 사항은 (B)이다.

82
초대장에서 여섯 번째 줄의 spaces라는 단어와 그 의미가 가장 유사한 것은?
(A) 방
(B) 시간
(C) 좌석
(D) 사람

해설 space는 '공간', '우주'라는 의미도 가지고 있지만, 위 문장에서는 '좌석'이라는 의미로 사용되었다. 따라서 정답은 (C)의 seats이다.

83

The Walking Shadows에 대해 무엇이 암시되어 있는가?

(A) 교과서이다.

(B) 베스트셀러이다.

(C) 아동용 책이다.

(D) 신작 소설이다.

해설 두 번째 지문인 이메일에서 발신자인 Carol Thomas는 'I'm really looking forward to hearing him speak about The Walking Shadows.'라고 말하면서 자신이 The Walking Shadows에 대한 작가의 강연을 듣고 싶다고 말한다. 한편, 첫 번째 지문에서는 소설가인 Doug Harper가 Centerville 도서관에 올 것이며, '그가 자신의 가장 최근 책에 대해 이야기 할 것'(He is going to give a talk about his most recent book.)이라고 안내되어 있다. 이러한 두 가지 사항을 종합해 볼 때 The Walking Shadows는 Doug Harper의 신작 소설임을 알 수 있으므로 정답은 (D)이다.

84

Thomas 씨는 왜 이메일을 썼는가?

(A) 표를 예매하기 위해

(B) 책을 주문하기 위해

(C) 질문하기 위해

(D) 소설에 대해 논의하기 위해

해설 이메일에서 Thomas 씨는 'Is it possible for us to bring a guest?'라고 말하면서 동행이 있어도 되는지를 상대방에게 묻고 있다. 따라서 그가 이메일을 쓴 이유는 질문을 하기 위함임을 알 수 있으므로 (C)가 정답이다.

85

Thomas 씨는 누구인 것 같은가?

(A) 사서

(B) 전문 작가

(C) Jenkins 씨의 이웃

(D) 북클럽 회원

해설 초대장의 첫 문장에 'Centerville 북클럽의 모든 회원분들을 특별 행사에 초대한다'(All members of the Centerville Book Club are invited to a special event.)고 나와 있고, 이메일의 첫 문장에서는 Thomas 씨가 'Doug Harper의 강연에 초대해 줘서 고맙다'(Thanks so much for the invitation to Doug Harper's talk.)고 쓰여 있다. 이 두 문장을 통해 Thomas 씨는 Centerville 북클럽의 회원일 것이라는 점을 짐작할 수 있으므로 정답은 (D)이다.

[86-90]

Lakeside 부동산
Mercer 로 875번지, 몽고메리, AL

몇 군데의 매물이 나와 있습니다. 저희 부동산을 방문하셔서 이곳과 이와 비슷한 다른 곳들을 알아보십시오.

Blossom 가 48번지: 침실 3; 욕실 2; 커다란 뒷마당; 초등학교 및 공원 인근; 조용한 주변 환경; 매매(94,000달러) 또는 임대(월 1,500달러)

Third 가 91번지: 침실 2; 욕실 1; 10층 건물의 2층; 시내 중심가에 위치; 대중 교통 가까움; 89,000달러

Washington 로 125번지: 침실 4; 욕실 2; 수영장; 주립 공원 근처; 시내로부터 35분 거리; 130,000달러

Kenmore 로 77번지: 침실 3; 욕실 3; 대학 인근; 맞은 편 버스 정류장; 쇼핑 및 식당 이용 편리; 76,000달러

11월 21일

담당자님께,

제 이름은 Gilbert Martin입니다. 제 가족과 저는 내년 2월에 내슈빌에서 몽고메리로 이사를 할 예정입니다. 저희는 그 전까지 집을 구해야 합니다. 저희 가족은 넷입니다: 아내, 아들 둘, 그리고 저입니다. 제 아들들은 4학년과 1학년입니다. 적어도 3개의 침실이 필요합니다. 저는 12월 10일에 몽고메리로 갈 예정입니다. 그때 담당자님을 만날 수 있기 바랍니다. 그때 제게 보여 줄 장소를 준비해 주실 수 있으신가요?

Gilbert Martin 드림

받는 사람: gilbert_m@wisenhunt.com
보낸 사람: alice@lakesiderealty.com
제목: 제안
날짜: 12월 15일

친애하는 Martin 씨께,

몇 가지 좋지 못한 소식을 알리게 되어 유감입니다. 제가 귀하께 추천해 드렸던 집이 얼마 전 다른 사람에게 팔렸습니다. 하지만 두 번째로 선택하셨던 곳은 아직 매매가 가능합니다. 저는 귀하께서 요청하신 대로 집주인께 말씀을 드렸습니다. 그분께서는 가격에 대해 협상하지 않을 것이라고 말씀하시더군요. 따라서 목록에 적혀 있는 130,000달러를 지불하셔야만 합니다. 그 집을 구매하고자 하신다면 제게 알려 주십시오.

이만 줄이겠습니다,

Alice Walker
Lakeside 부동산

어휘 residence 주거; 주거지, 주택   similar 유사한, 비슷한   backyard 뒷마당   public transportation 대중 교통   bus stop 버스 정류장   inform A of B A에게 B를 알리다   be unwilling to ~하는 것을 꺼리다   negotiate 협상하다   eatery 식당   home loan 주택 담보 대출

86

Kenmore 로 77번지의 주택에 대해 언급되지 않은 것은 무엇인가?

(A) 학교 근처에 있다.

(B) 근처에 식당이 있다.

(C) 임대가 가능하다.

(D) 버스 노선 상에 있다.

해설 각 보기들과 첫 번째 지문인 광고의 77 Kenmore Road 항목을 비교해 보면서 정답을 찾도록 한다. near university에서 (A)를, great shopping and restaurants에서 (B)를, 그리고 bus stop across street에서 (D)의 내용을 확인할 수 있다. 광고에는 매매 가격만 제시되어 있고 (C)의 '임대'에 관한 내용은 찾아볼 수 없다.

87

Martin 씨는 왜 편지를 작성했는가?

(A) 주택 담보 대출에 도움을 요청하기 위해

(B) 집을 구하는 것에 관한 관심을 나타내기 위해

(C) 집에 관한 제안을 하기 위해

(D) 집주인과 협상을 하기 위해

해설 편지를 작성한 이유는 'We need to find a house before then.'에서 찾을 수 있다. 즉 이사 후 살 집을 구하기 위해 부동산 업자에게 편지를 쓴 것이므로 편지의 작성 목적은 (B)이다.

88

Martin 씨에 대해 암시되어 있는 것은 무엇인가?

(A) 결혼을 했다.

(B) 고향이 몽고메리이다.

(C) 학교 교사로 일하고 있다.

(D) 집을 임대하고 싶어한다.

해설 두 번째 지문인 편지에서 아내와 두 명의 아들이 있다는 언급을 통해 그는 결혼을 했다는 사실을 알 수 있다. (A)가 정답이다.

89

Walker 씨가 추천을 했을 것 같은 집의 매매 가격은 얼마인가?

(A) 76,000달러

(B) 89,000달러

(C) 94,000달러

(D) 130,000달러

해설 두 번째 지문인 편지를 통해 Martin 씨가 원하는 주택의 조건은 최소 3개의 침실이 있는 주택인 동시에 두 아들을 위해서 초등학교와 인접한 곳이어야 할 것이다. 첫 번째 지문인 광고에서 이 두 가지 조건을 만족하는 곳은 48 Blossom Street의 주택인데, 이곳의 매매 가격은 (C)의 94,000달러라고 적혀 있다.

90

Martin 씨가 두 번째로 선택한 곳은 어디에 위치해 있는가?

(A) Blossom 가 48번지

(B) Third 가 91번지

(C) Washington 로 125번지

(D) Kenmore 로 77번지

해설 마지막 지문인 이메일에서 Martin 씨가 두 번째로 선택한 곳의 매매 가격은 '130,000달러'임을 알 수 있다. 매매 가격인 130,000달러인 곳을 첫 번째 지문에서 찾으면 결국 그가 두 번째로 선택한 곳은 (C)의 'Washington 로 125번지' 주택일 것이다.

[91-95]

East Side 인테리어

844 Madison 가 844번지, 랜싱, 미시간

(843) 281-2824

고객: Wes Powell

전화번호: (843) 837-9200

주소: Pine 로 78번지, 랜싱, 미시간

제품 번호	설명	수량	개당 가격
OT45	오크 나무 식탁	1	$670
OC98	오크 나무 의자	4	$95
MW11	단풍 나무 옷장	1	$1,200
PD23	소나무 서랍장	1	$820
		계	$3,070

주문 날짜: 4월 21일

배송 날짜: 4월 27일

주문품은 오전 10시에서 오후 12시 사이에 배송될 것입니다. 배송 일정을 조정하시려면 위의 전화번호로 전화를 주십시오. 배송비는 없습니다.

받는 사람: johnsmiles@eastsideinterior.com

보낸 사람: wespowell@mymail.com

제목: 배송

날짜: 5월 1일

Smiles 씨께,

귀하의 배송 직원이 조금 전에 저의 집에서 나갔습니다. 안타깝게도 두어 가지의 문제가 있었습니다. 첫째, 의자 하나의 다리에 커다란 흠집이 있었습니다. Davidson 씨가 이를 가지고 갔습니다. 저는 귀하께서 곧 다른 것을 보내 주실 것으로 기대합니다. 둘째, 제가 주문한 제품 중 하나가 도착하지 않았습니다. 문제가 무엇인지 말씀해 주실 수 있나요? Davidson 씨는 모르더군요.

이만 줄이겠습니다.

Wes powell 드림

받는 사람: wespowell@mymail.com

보낸 사람: johnsmiles@eastsideinterior.com

제목: Re: 배송

날짜: 5월 1일

Powell 씨께,

문제에 대해 진심으로 사과를 드립니다. 새 의자가 내일 오전 9시에 배송될 것입니다. 제품 번호 MW11인 것과 관련해서는, 현재 재고가 없는 상태입니다. 누군가가 이를 귀하께 알려 드렸어야 한다고 생각합니다. 상품은 이번 주 금요일에 배송될 것입니다. 귀하의 댁을 방문하기에 언제가 좋은 시간인가요? 알려 주세요.

어휘 deliveryman 배송 직원　scratch 흠집, 스크래치　sincerely 진심으로　out of stock 재고가 없는　carpenter 목수　get in contact with ~에게 연락하다

91

청구서에 관해 암시되어 있는 것은 무엇인가?

(A) Powell 씨는 배송료를 지불해야 한다.

(B) Powell 씨의 직장 주소와 집 주소는 동일하다.

(C) Powell 씨는 현금으로 제품에 대한 값을 지불했다.

(D) Powell 씨는 매장이 위치해 있는 도시와 동일한 곳에 산다.

해설 배송은 무료이므로 (A)는 잘못된 내용이고, Powell 씨의 직장 주소나 결제 수단에 대해서는 언급되지 않았으므로 (B)와 (C)는 정답이 될 수 없다. East Side Interior라는 업체의 주소란과 Powell 씨의 주소란에 모두 Lansing이라고 적혀 있으므로 (D)가 정답이다.

92

Powell 씨에 대해 무엇이 암시되어 있는가?

(A) 구매 시 할인을 받았다.

(B) 배송 날짜를 변경했다.

(C) 선물용으로 제품을 샀다.

(D) 전에 매장에서 주문한 적이 있다.

해설 첫 번째 지문인 주문서에 배송 날짜가 '4월 27일'로 적혀 있는데, 두 번째 지문인 이메일 첫 문장에는 'Your deliveryman just left my home.'이라고 적혀 있고, 이메일 작성 날짜는 5월 1일로 되어 있다. 따라서 Powell 씨는 주문 날짜를 변경했을 것으로 짐작할 수 있으므로 (B)를 정답으로 보아야 한다.

93

Davidson 씨는 누구인 것 같은가?

(A) 배송 직원

(B) 고객

(C) 매장 주인

(D) 목수

해설 Davidson이라는 명칭은 두 번째 지문인 이메일에서 발견할 수 있다. 그는 흠집이 난 의자를 되가져가고 누락된 주문품에 어떤 일이 있는지 질문을 받은 사람이다. 따라서 그는 (A)의 '배송 직원'일 것이다.

94

금요일에 어떤 제품이 배송될 것인가?

(A) 오크 나무 식탁

(B) 오크 나무 의자

(C) 단풍 나무 옷장

(D) 소나무 서랍장

해설 세 번째 지문인 이메일에서 금요일에 배송될 제품은 제품 번호가 MW11인 누락된 주문품임을 알 수 있다. 제품 번호가 MW11인 것을 첫 번째 지문에서 찾으면 정답은 (C)의 '단풍 나무 옷장'이다.

95

Smiles 씨는 Powell 씨에게 무엇을 하라고 요청하는가?

(A) 주문에 대한 결제를 한다

(B) 대체 물품을 제안한다

(C) 자신에게 연락한다

(D) 파손 보고서를 작성한다

해설 마지막 지문인 이메일의 마지막 부분 'When is a good time to visit your home? Please let me know.'가 정답의 단서이다. Smiles 씨는 Powell 씨에게 편한 방문 시간을 알려 달라고 요청하고 있으므로 (C)가 정답이다.

[96-100]

Visit MTR Music을 방문해서 경품을 받으세요.

MTR Music에서 이번 주 토요일 7월 29일에 특별 행사를 개최합니다. 매장을 방문하시고 경품 행사에 응모하십시오. 구매를 하실 필요는 없습니다. 신청서만 작성하시면 됩니다. 저희의 고객 회원이 되실 것입니다. 그렇게 되면 귀하의 이름이 추첨 행사에 등록될 것입니다. 모든 종류의 경품을 받으실 수 있습니다. 저희는 CD, DVD, 그리고 포스터를 무료로 나누어 드릴 것입니다. 쿠폰이나 상품권을 받으실 수도 있습니다. 최우수상은 무료 항공권입니다. 이것을 사용하셔서 전국 어디로든 가실 수 있습니다.

받는 사람: Julia Barron

보낸 사람: Kyle Henderson

제목: 특별 행사

어제 행사는 커다란 성공을 거두었습니다. 우리는 매출 신기록을 달성했습니다. 또한 고객 회원을 신청한 사람이 600명을 넘었습니다. 이러한 결과 중 하나로서 우리의 사업은 분명 더욱 확대될 것입니다. 귀하의 아이디어에 큰 감사를 드립니다. 저는 아이디어를 떠올린 것에 대해 보상을 하고 싶습니다. 귀하께서는 8월에 유급 휴가를 3일 더 받게 될 것입니다. 언제 휴가를 사용하고 싶은지 제게 알려 주세요.

7월 31일

친애하는 Allard 씨께,

축하합니다! 귀하는 MTR Music의 경품 행사의 최우수상 수상자이십니다. 631명의 응모자 중에서 귀하의 이름이 선택되었습니다. 아무 때나 매장으로 오셔서 경품을 받아 가세요. 반드시 사진이 들어 있는 두 개의 신분증을 가지고 오셔야 합니다. 도착하시면 Eric Thompson을 찾으세요.

Kyle Henderson 드림

MTR Music 대표

어휘 win a prize 상을 타다 contest 대회, 시합 give away 나누어 주다 gift certificate 상품권 grand prize 최우수상, 대상 voucher 바우처 tremendous 막대한 set a record 기록을 세우다 as a result of ~의 결과로 compensate 보상하다 paid vacation 유급 휴가 select 선정하다, 선택하다 entrant 응모자 credit card statement 신용 카드 명세서

96

공지에 따르면 행사에 대해 사실인 것은 무엇인가?

(A) 참가자들은 개인 정보를 제공해야 한다.

(B) 수상 내역은 행사 당일 발표될 것이다.

(C) 모든 방문객들이 경품을 받게 될 것이다.

(D) 참가비를 낸 고객만 참여할 수 있다.

해설 첫 번째 지문에서 행사 참여 조건은 '고객 회원'(a member of our customers club)이 되어 이름을 알려 주는 것으로 설명되어 있다. 따라서 정답은 (A)이다. 결과 발표 시점은 언급되어 있지 않으므로 (B)는 알 수 없는 내용이고, (C)와 (D)는 잘못된 정보이다.

97

회람에서 세 번째 줄의 compensate와 그 의미가 가장 유사한 것은?

(A) 승인하다

(B) 보상하다

(C) 발표하다

(D) 기쁘게 하다

해설 compensate는 '보상하다'라는 의미로 (B)의 reward(보상하다, 보답하다)와 뜻이 가장 유사하다.

98

MTR Music에 대해 무엇이 암시되어 있는가?

(A) 매달 매장에서 특별 행사를 개최한다.

(B) 10년 전에 문을 열었다.

(C) 7월 29일에 최대의 매출을 달성했다.

(D) 쇼핑몰 안에 위치해 있다.

해설 두 번째 지문인 회람에서 회람 작성자는 경품 행사의 성공을 알리며 이날 '최대의 매출을 기록했다'(set a record for sales)고 말한다. 한편 첫 번째 지문에서 경품 행사는 '7월 29일'로 예정되어 있다고 했으므로 이 두 가지 사실을 종합하면 보기 중 유추할 수 있는 사항은 (C)이다.

99

Allard 씨는 무엇을 받았는가?

(A) 상품권

(B) 포스터

(C) 비행기 티켓

(D) 쿠폰

해설 세 번째 지문을 통해 Allard 씨는 최우수상 당첨자임을 알 수 있는데, 첫 번째 지문에서 최우수상은 항공권이라는 것이 안내되어 있으므로 결국 그녀가 받은 것은 (C)의 '비행기 티켓'일 것이다.

100

Henderson 씨는 Allard 씨에게 무엇을 가지고 오라고 말하는가?

(A) 신분증

(B) 회원 카드

(C) 영수증

(D) 신용 카드 명세서

해설 마지막 지문 중 'Please be sure to bring two forms of picture ID.'라는 문장에서 정답의 단서를 찾을 수 있다. 신분증을 지참해야 경품을 받아 갈 수 있다고 설명되어 있으므로 Allard 씨가 가지고 가야 할 것은 (A)의 '신분증'이다.

맨처음 토익

기본편

RC

기본기가 튼튼해야 흔들리지 않습니다!

파트별 문제 유형을 예제를 통해 쉽게 파악할 수 있습니다.

핵심 문법 사항과 연습 문제를 통해 기본기를 다질 수 있습니다.

예상 적중 문제를 통해 학습한 내용을 토익에 바로 적용해 볼 수 있습니다.

ACTUAL TEST를 통해 자신의 실력을 가늠할 수 있습니다.